FALÜ JIN SHEQU CONGSHU
·法律进社区丛书·

刘知函 ‖ 主编

小微企业法律事务与风险防控

闫冬梅◎著

XIAOWEI

QIYE FALÜSHIWU YU FENGXIAN FANGKONG

中国政法大学出版社

2017·北京

图书在版编目（ＣＩＰ）数据

小微企业法律实务与风险防控/闫冬梅著. —北京:中国政法大学出版社，　2016.11
ISBN 978-7-5620-7149-5

Ⅰ. ①小… Ⅱ. ①闫… Ⅲ. ①中小企业－企业法－研究－中国 Ⅳ. D922.291.914

中国版本图书馆CIP数据核字(2016)第269899号

出　版　者	中国政法大学出版社
地　　　址	北京市海淀区西土城路 25 号
邮寄地址	北京 100088 信箱 8034 分箱　邮编 100088
网　　　址	http://www.cuplpress.com（网络实名：中国政法大学出版社）
电　　　话	010-58908437（编辑室）58908334（邮购部）
承　　　印	保定市中画美凯印刷有限公司
开　　　本	710mm×1000mm　1/16
印　　　张	30.5
字　　　数	550 千字
版　　　次	2017 年 9 月第 1 版
印　　　次	2017 年 9 月第 1 次印刷
定　　　价	65.00 元

在《中华人民共和国中小企业促进法》和《国务院关于进一步促进中小企业发展的若干意见》（国发〔2009〕36号）政策的扶持下，小微企业群体正在茁壮成长。但相比大型企业的成熟完善，小微企业在管理体系、人力资源、合同和财务等方面的法律风险防控还有着较大差距，而法律风险已成为企业健康快速发展的重大障碍。这些法律风险的具体成因，包括如下几个方面：

一是经营者法律意识淡薄。目前，大部分小微企业的经营决策是由经营者直接做出的，而整体来讲企业经营者的法律风险意识相对淡薄，在决策时往往轻视或者忽视法律风险的存在，而更注重利润和效益的提高。法律风险管理投入不足。大多数经营者在企业法律风险管理上几乎是零投入，在碰到纠纷和诉讼之前，经营者从未意识到应在日常的经营活动中聘请专业的人员进行法律风险评估，纠纷一旦发生，不但达不到决策的预期目标，而且会造成不必要的损失，甚至给企业生产经营带来严重危害。对法律的尊崇和信仰不够。纠纷发生之后并非第一时间寻求法律的解决途径，作为债务人一味厌讼、避讼，企图回避自身所要承担的法律责任；作为债权人时往往不及时寻求法律救济，私下协商，错过了最佳的追诉时间。甚至出现待债务人倒闭后，债权人一窝蜂地向法院起诉的现象。而此时，早已过了债权实现的黄金时间。

二是企业对利润的追逐。根据著名经济学家科斯的交易成本理论（又称科斯定理），在存在交易成本的现实世界，不同的交易方式有不同的成本，因此在具体的交易活动中，应该选取交易成本最低的交易方式，以增大交易的经济效益。约·登宁的一段话形象地描述了资本家的贪婪本性："资本害怕没有利润或利润太少，就像自然界害怕真空一样。一旦有适当的利润，资本就胆大起来。如果有10%的利润，它就保证到处被使用；有20%的利润，它就活跃起来；有50%的利润，它就铤而走险；为了100%的利润，它就敢践踏一切人间法律；有300%的利润，它就敢犯任何罪行，甚至冒绞首的危险。"小微企业的经营者都是理性的经济人，懂得根据成本—风险—收益分析作出对其"最有利"的选择，面对利润，即便是触犯法律，抱有侥幸心理的他们往往也在所不惜。

三是市场"潜规则"的影响。市场的本质在于自由竞争，竞争是市场经济健康运行的前提。市场竞争的正常目的是要求经营者在比商品质量、比价格、比服务的过程中，通过公平竞争实现优胜劣汰，从而促进社会经济的健康发展。对于小微企业而言，市场是残酷的、竞争是激烈的，当一些投资者看到自己投下的资金迟迟见不到回报的时候，一部分经营者就会"另辟蹊径"，寻找抢先一步的良方，常见的手段包括假冒商标、仿冒专利、非法手段获取他人商业秘密、生产假冒伪劣产品、虚假宣传等等。这仿佛成为一些小微企业发展的"潜规则"。在这种"囚徒困境"之下，遵守"明文规定"的企业为了求得生存往往也会转而拜倒在"潜规则"之下，进而壮大了"潜规则"队伍的力量，从而形成恶性循环。市场上很容易形成一种"逆淘汰"机制，出现"正规军打不过游击队"的畸形局面，那些信誉好、实力强、质量和服务过硬的守法企业往往会败给那些深谙"潜规则"的不法经营者。

综上，本书本着社会实用的原则，以法律规定为基准，以企业设立、运营、消灭为主线，从不同类型的小微企业内部管理、外部经营角度出发，阐释小微企业运营的总体法律风险，并对行政执法、司法审判中的典型案例进行深入解读，提出对应的细致化、规范化、实务化的防控策略，以期为小微企业经营者提供一定的法律管理知识，帮助其实现小微企业的运行和管理规范化、科学化、法制化。

闫冬梅

2016 年 7 月 2 日

CONTENTS 目 录

第一章
小微企业的发展概况与法律实务现状

第一节　小微企业的基本概况

　　小型、微型企业是除大中型企业以外的各类小型、微型企业的统称，在我国，个体工商户被视为小型、微型企业。在 2011 年以前，微型企业在我国还未正式确立身份，未纳入我国官方正式统计库。2011 年 7 月，我国发布了最新版本的《中小企业划型标准规定》，新规定在原先划分的中型、小型企业之外，增添了微型企业这一企业新类别。自此，微型企业在我国终于正式确立了身份，被纳入我国官方正式统计库。2011 年 11 月，我国著名经济学家郎咸平教授开创性地将小型企业和微型企业合二为一，提出"小微企业"这一概念，同时也唤起了社会公众对这一经济组织的关注。事实上，在我国，小微企业数量庞大，已成为国民经济的重要支柱，是经济持续稳定增长的坚实力量。

一、小微企业占市场主体的绝对多数，是经济持续稳定增长的基础

　　据 2014 年 3 月 28 日国家工商总局发布的《全国小微企业发展报告》显示，截至 2013 年底，我国共有小微企业 1 169.87 万户，占全国企业总数 76.57% 。若将 4 436.29 万户个体工商户视作微型企业纳入统计，则小微企业在全部工商登记注册的市场主体中所占比重达到 94.15% 。近两年随着国家对于小微企业财税、金融扶持力度的进一步加大，公司法修改对于公司设立门槛的降低，小微企业的数量在持续增加，在我国市场经济秩序中发挥越来越重要的作用。根据 2016 年国家工商总局对第一季度市场主体的调研，该季度全国新登记市场主体 301.1 万户，比上年同期增长 10.7% ；注册资本（金）8.8 万亿元，增长 68.9% 。其中企业 106.3 万户，增长 25.9% ；个体工商户 187.8 万户，增长

3.2%；农民专业合作社 7 万户，增长 25.0%。新设企业保持较快增长势头，而且小微企业占据新设企业的绝大多数。另外，按照百县万家小微企业调查机构对 2015 年第一季度设立的小微企业的调查显示，小微企业发展形势总体良好，企业开业率达到 71.4%，除此之外，小微企业还在优化经济结构、解决劳动就业、提高科技创新力、促进市场多元化发展等方面扮演了重要角色。

二、小微企业成为社会人员就业的主要承担者

我国劳动力人数将近 8 亿，就业人数已达 7.67 亿。全国的小微企业，仅企业主自身一项就解决了几千万人的就业问题，加上企业已经雇用的员工，解决了我国 1.5 亿人口的就业问题。新增就业和再就业人员的 70% 以上集中在小微企业。小微企业成为社会就业的主要承担者，其主要表现在以下三个方面：

第一，从资产净值人均占有份额上来看，同样的资金投入，小微企业可吸纳就业人员数倍于大中型企业。小微企业单位投资的劳动力（就业容量）和单位产值使用劳动力（就业弹性）都明显高于大中型企业。也就是说，相同资本投入，小微企业的就业岗位单位产出最高。同样的资金投入，小微企业可吸纳就业人员平均比大中型企业多 4~5 倍。

第二，从绝对份额来看，小微企业是解决我国城镇就业和农村富余劳动力向非农村领域转移就业问题的主渠道。相对大中型企业，小微企业创业及就业门槛较低，创办小微企业所使用的资源少，对环境的适用性更强，小微企业创办速度更快，从而使得数目众多的小微企业提供社会的就业机会在总量上更多。根据第二次全国经济普查数据显示，包括有证照的个体工商户和微型企业从业人员占第二次全国经济普查全部法人企业从业人员的 38.7%。目前中国 70% 的城镇居民和 80% 以上的农民工都在小微企业就业。

第三，从容纳就业人数的空间上来看，大型企业扩大就业的能力与资本的增长呈反比例的变化。随着大企业技术构成和管理水平的不断提高，加上企业的优化重组，大中型企业特别是大型企业能够提供的新的就业岗位将越来越有限，劳动密集型的特征正在迅速淡化，集中在轻工业和服务业的小微型企业，成为新劳动力就业和失业人员再就业的主要承担者。

三、小微企业的优势分析

（一）规模小、反应快、治理灵活

与大中型企业相比，小微企业的首要特征，即在于企业规模小、经营决策权高度集中。小微型企业，基本上是一家一户或者是一人在自主经营，资本追

求利润的动力完全体现在经营者的积极性上。由于经营者对千变万化的市场反应非常灵敏,实行所有权与经营管理权两者合一,既可以节约所有者的监督成本又有利于企业快速作出决策。此外,小微企业与大中型企业相比员工人数较少,组织结构简单,个人在企业中的贡献容易被识别,因而便于对员工进行有效的激励制度,与在大企业工作的员工不同,大企业的员工在庞大的阶层化组织内容易产生怠惰与无效率的问题。可见,小微企业在经营决策和人员激励上与大中型企业相比具有更大的弹性和灵活性,因而能对不断变化的市场迅速作出反应,即所谓"企业小、动力大、机制灵活且有效率"。尤其是当一些大公司和跨国企业在世界经济不景气的情况下不得不压缩生产规模的时候,部分优质的小微企业却能通过不断调整经营方向和产品结构,从而获得新的快速发展。

(二)专业性强、业务精细

小微企业由于自身规模小,人、财、物等资源相对有限,既无力经营多种产品以分散风险,也无法在某一产品的大规模生产上与大企业竞争,因而往往将有限的人力、财力和物力投向那些被大企业所忽略的微小市场,专注于某一领域的产品经营并不断改进产品质量、提高生产效率,以求在市场竞争中站稳脚跟,进而获得更大的发展空间。

(三)技术创造性高

以开发新型小产品为起点,小微企业成为科技创新的重要力量。现代科技在工业技术装备和产品发展方向上有着两方面的重要规划:一方面是向着大型化、集中化的方向发展;另一方面又向着小型化、分散化方向发展。产品的小型化、分散化生产为小微企业的发展提供了有利条件。特别是在新技术革命条件下,许多小微企业的创始人往往是大企业和研究机构的技术专家,他们常常集管理者、所有者和发明者于一身,对新技术的发明创造可以立即付诸实践。正因为如此,20世纪80年代以来,新技术型的小微企业如雨后春笋般出现,他们在现代制造、信息技术、互联网等方面取得了极大的成功,有许多小微企业用短短几年或十几年的时间就迅速成长为闻名于世的知名企业,如华为、腾讯、小米等。

四、小微企业的劣势分析

尽管小微企业有其自身的优势,但在其发展过程中也存在诸多问题会制约其发展。

(一)抵抗风险能力较弱

随着市场经济的发展,在绝大多数商业领域已经形成了买方市场,市场竞争日益激烈。小微企业在利用经济资源、获取市场信息、争取外部支持等方面明显比大企业逊色。同时,大量的小微企业比较集中的存在于技术、资本等进入门槛较低的经营领域,竞争主体多,竞争激烈,且存在大量的不规范的恶性竞争行为。因而当金融危机席卷全球,市场出现激烈动荡之时,受到冲击最重的往往就是小微企业。抗风险能力较低的劣势使得小微企业,尤其是创办时间不长的小微企业失败率非常高。

(二)融资相对困难

据有关部门调查发现,融资困难已经成为制约我国小微企业发展的第一大屏障。主要体现在以下几个方面:

1. 融资方式比较单一,缺乏直接的市场融资渠道。小微企业很少能够采用发行债券的融资方式募集资金,能够发行股票上市融资的企业也为数不多。据统计,我国小微企业融资总量中主要依靠银行商业贷款和民间借贷的融资方式占到了一半以上,而且由于小微企业规模偏小,发展前景不明朗,本身的资信水平不高,加之银行等金融机构的信息不对称,提高了金融机构在向小微企业提供信贷时的交易成本与风险,使得小微企业向银行贷款困难。

2. 小微企业向银行的借贷期限较短且数目普遍不大,主要是用来解决临时性的流动资金问题,很少用于项目的开发和扩大再生产等方面。

3. 人力资源相对匮乏。企业发展需要整个团队的努力,需要大批优秀的人才。西奥多舒尔茨曾说过:"人力资本是人的知识、能力、健康等,其质量的提高对于经济成长的贡献远比物质资本和劳动力数量的增加重要。"人才已经成为企业确立竞争优势、把握发展机遇的关键,但由于小微企业自身的一些特点,比如规模小、缺乏稳定性等,导致人才流失情况严重。再者,许多小微企业或因不重视人才,或因对人才认识错误,而不能根据企业的发展需求选择合适的人才,导致人才流失、人才浪费,不能人尽其才地发挥出最优的经济效果。

4. 管理粗放。从发展历程看,小微型企业往往带有小作坊式的个体经营的烙印,在形式上具备了一个企业的架构,但在经营决策中容易出现家长式的一言堂、随意性的情况;内部管理粗放,财务制度和用人制度混乱。

5. 缺乏诚信。一些小微型企业缺乏诚信不仅体现在产品质量和日常经营方面,而且在贷款、纳税方面体现得更为明显。一些小微型企业有多套账目和报表,有些是请专门的"高手"编造的,与企业生产经营的实际情况相背离。虚假报表不仅严重影响银行、税务部门对小微企业的信用评价,也严重影响社会对它们的评价。

第二节　小微企业法律实务方向与法律风险概述

小微企业既有其独特的发展优势，又有其无法忽视的面临的难题。在组建、运营小微企业的过程中不仅需要重视如何创造经济增长率，还不能忽略企业在发展过程中需要解决的一系列法律问题，特别是在现今我国建设社会主义法治国家的大潮中，作为市场经济主体的小微企业必须依法经营管理，依法开展各种经济活动。而与此同时，小微企业的各种行为如合并分立、对外投资、契约合同和产销行为等都存在不同程度的法律风险，因此如何快速的应对市场变化，有效防范其在现行市场经济条件下的法律风险，建立健全小微企业的法律风险防控体系，将小微企业纳入规范化管理轨道，是实现小微企业持续发展的重要保障，也是小微企业投资人的关注重点。

小微企业作为社会企业的一个分支，其法律风险属于一般企业的法律风险，但又存在自身的特征。

具体的企业法律风险是指基于法律规定或者合同约定，由于企业外部环境及其变化，或者企业及其利益相关者的作为或者不作为导致的不确定性，对企业实现目标的影响。其中，"法律规定"是指宪法、法律、行政法规、地方性法规、自治条例、单行条例、国务院部门规章、地方政府规章及规范性文件。根据上述关于小微企业的简要分析，其不同于一般治理比较完善的大中型企业，由此导致其所面对的法律风险也具有自身独特的属性。

一是小微企业法律风险的发生领域十分广泛。因为小微企业涉足的行业种类繁多，每一个行业又可能处在社会生产生活的不同环节和业务领域，具备各自独特的属性，涉及的社会关系更是复杂多样，再加之小微企业创新性较强，有的小微企业从事的业务可能较法律规制的进程更为先行一步，因此，可以说小微企业面对的法律风险更加广泛而且多元化，需要企业具备相应的法律风险应变能力，才能有效地管理企业，实现企业依法运行。

二是具有更易可预见性。一般情形下，企业的法律风险是基于法律规定或者合同约定产生的。而小微企业所签订的合同一般情况下数额相对较小、标的相对单一，因此，对于当事人而言，企业的法律风险可以更加容易的在事前预见到，也就是说小微企业可以通过对法律规定或者合同约定的解读，预先判断哪些行为会给企业带来风险，以及风险发生后会给企业带来什么样的后果。

三是具有更强的可控性。因为小微企业经营的业务范围相对单一，经营主体人数相对较少，利益关系相对简单，再加之现今行政权力对于市场经营的干预进一步放宽，小微企业自身可以快速地通过规范自身行为对于法律风险的发生作出反应，有效避免法律风险现实化。因此，可以说在面对大多数复杂多样的法律风险时，小微企业能够更快的通过相应的有效措施予以防范和控制。

小微企业到底存在哪些风险呢？根据不同的标准可以划分不同的种类，常见的包括以下几种类型。

一是合同法律风险。合同与企业日常经营管理工作密切相关，涉及企业经营管理活动的方方面面，因此，对合同行为的法律风险防范非常重要。

二是市场营销法律风险。按照麦卡锡1960年所下的定义：市场营销是企业经营活动的职责，它将产品及劳务生产从生产者直接引向消费者或者使用者以便满足顾客需求及实现公司利润。美国市场营销协会（AMA）于1985年对市场营销下了更完整和全面的定义：市场营销是对思想、产品及劳务进行设计、定价、促销及分销的计划和实施的过程，从而产生满足个人和组织目标的交换。

虽然对于市场营销的定义有不同的说法。但归纳起来，市场营销可以概括为：市场营销是一个综合的管理过程，贯穿于企业经营活动的全过程；以满足顾客需要为中心来组织企业经营活动，以实现企业获利和发展的目标；以整体性经营手段，来适应和影响需求。市场营销面向企业的广大客户甚至社会公众，特别是小微企业，涉及面广，涉及人数众多，法律风险的大小可想而知。因此，小微企业在开展市场营销活动过程中，必须分析市场营销活动中可能出现的法律风险，制定控制措施和方案来防控风险，以保证最终实现企业的营销目标。

三是招投标法律风险。招投标是市场经济中十分常见的一种采购方式，它通过事先公布采购条件和要求，让众多的投标人按照同等条件进行竞争，然后由招标人按照规定程序从中选择订约方。通过这种方式，可以从程序上保证"公开、公平、公正"的市场竞争原则，推进优胜劣汰，实现资源优化配置。世界各国中，凡是市场经济比较健全的国家，大多数有比较悠久的招投标历史。近年来，随着市场经济的不断发展，我国企业采用招投标方式进行采购的范围也越来越广。与此同时，随着招投标法律制度的日趋完善，招投标的法律风险也逐渐成为一种比较常见的企业法律风险，而小微企业在不断壮大的过程中无疑也在参与这种日渐盛行的活动，同时面临这种风险。

四是知识产权法律风险。知识产权是民事主体所享有的支配创造性智力成果、商业标志以及其他具有商业价值的信息并排斥他人干涉的权利，是有别于传统财产所有权的一种新型权利。具体说来，知识产权包括专利权、商标权、著作权（版权）、商业秘密权、植物新品种权、地理标记权、集成电路分布图设计专有权等。随着经济全球化和知识经济发展进程的加快，知识产权的创造、应用、管理与保护已经成为各国经济发展和社会进步的重要推动力量。以商标权、专利权、著作权和商业秘密等为主要内容的企业知识产权已经成为企业重要的经营资源和战略资源。与此同时，与企业知识产权相关的法律风险对企业的影响也越来越重要，特别是一些创新性小微企业，其相关的知识产权管理与风险更需要慎重对待。

五是劳动用工法律风险。劳动用工管理是任何一个企业都不可或缺的管理活动。近年来随着劳动用工法律制度的不断完善，劳动者维权意识的不断增长，作为用人单位的企业在劳动用工领域的法律风险也日渐凸显。而作为解决就业大户的小微企业，其劳动用工的依法依规进行对于推动社会劳动管理秩序，保障企业永续发展具有战略性意义。

以上是从小微企业对外运营的角度阐释的其所面临的法律风险，值得提的是其在投资设立、融资壮大、财务税务、并购转型、解散清算等方面也需要同样按照法定规则进行，如何有效的防控其中的风险也是小微企业主体应当考虑的重中之重的问题。

第三节　构建小微企业法律风险防控与管理制度

小微企业法律风险防控与管理制度就是企业在未来总体目标和战略过程中，将法律风险产生的影响控制在企业可接受范围内的过程和系统性方法。所谓"可接受范围"，就是指企业法律风险防范与管理虽然不能给企业总体目标和战略的实现提供"绝对"的保证，但可以提供一个"合理"的保证，使得企业法律风险总体水平降低至企业可承受能力范围之内，或虽不能避免，但能够提前预防。例如，企业股东或者董事会有信心，如果不发生极端、重大或紧急的情况，企业的战略就可能实现，但总会有一定的法律风险事故的发生是无法绝对保证，也无法避免的。在经济全球化和国家法治化背景下，企业的一切商务活动都脱离不了法律规范的约束。法律不仅调整着企业组织实体的设立、变更、合并、分立与注销，还调整着企业的商业交易，保护企业及其投资人的财产所有权。法律使企业得以在一个有序的社会环境下创造财富，并不受非法干预。法律是企业商务活动的基本游戏规则，与企业生命周期相伴随。每一个理性的企业都应当在法律的框架下寻求自身利益的最大化，都应当重视对法律风险的管理，建立健全法律风险管理体系。

目前，小微企业的法律风险防范和管理体系相对具有滞后性。由于现阶段很多小微企业缺乏对其总体目标和战略的法律风险进行评估和控制，企业也没有健全的法律风险防范与管理体系，常常习惯于传统的法律顾问的工作模式，甚至有的微型企业并没有法律专业人才的指导，缺乏识别法律风险和潜在法律风险的手段，缺乏精细化风险防范管理所必需的数据积累，不能准确评估企业面临的法律风险的大小，甚至有时候根本不会意识到法律风险的存在，忽视企业所面临的种种法律风险之间的关系，最终导致企业为法律风险防范与管理问题支付越来越多费用，甚至付出更大的代价。因此，现有的法律风险管理模式已经无法满足现实的需要，这就要求企业必须全面掌握经营运作的全部法律规则，并掌握潜在的法律风险，采取措施，进行全面防控。现阶段我国小微企业法律风险防控与管理发展的基本模式有以下几种：

（1）偶然性应急管理模式。很多企业缺乏制度性、常规性的法律风险防范与管理机制，只是将法律作为企业经营管理活动遇到问题的救命稻草。企业管理者一般认为，法律风险管理只在偶然的危急情况下才对企业商务活动发挥重要作用。这些企业仅仅是注意到了已经显现出来的法律风险，而对潜在的法律风险视而不见，整个企业在没有意识到法律风险的状况下从事着商务活动。法律风险的防范与管理主要为事后救济，是一种应急性的应对措施，法律风险表现出滞后性。实践中大部分小微企业采取的就是这种法律风险应对模式。

（2）常规性法律顾问管理模式。这种模式下的企业一般具有一定的规模，认识到很多事情都需要具有法律上的论证。企业管理者在作出某项决定时，往往需要判断这个决定是否符合法律规定。这些企业将法律风险管理作为商务活动的辅助工具，通过建立法律事务部门或聘请法律顾问，将偶然性的法律风险管理工作变成常规性的法律风险防范与管理工作，体现出一定的对可能出现的法律风险的事前防范。但这些企业的法务部门或者法律顾问往往是集中的解决一些诉讼案件，对法律风险的防范与管理仍然具有局部性和滞后性。有一部分规模稍大的小微企业采用的就是这种防范与管理模式。

通过对以上两种小微企业适用的法律风险的管理模式的分析可知，这些模式各自存在不同程度的缺陷，无法有效适应目前社会主义市场经济条件下企业的规范化管理。因此，可以说现阶段我国小微企业的法律风险防范与管理模式亟待完善，应当建立科学完善的法律风险防范与管理的体系，以提升企业的生存能力和竞争力。

第二章

设立小微企业的法律实务与对应风险防控

第一节　确定企业形态的法律实务与风险防控

不同类型的企业，适用不同的设立条件，从事不同的业务，具有不同的组织结构，承担不同的法律责任和社会责任。选择合适的企业类型，是投资人设立企业时首先需要解决的问题。设立企业所采用的类型，不但关系到如何设立企业、能否设立成功的问题，也关系到企业未来经营的能力以及经营的责任与风险等问题，如果选择不当，轻则给企业经营管理造成不便，影响到企业发展，重则可能直接影响企业的生存，给投资人带来风险、造成损失。因此对于企业法律形态的确定问题至关重要，而这一问题的妥善解决依赖于对企业类型基本法律规定的了解。

一、企业的具体类型

企业可以按照不同的标准划分为不同的类型。如，按照资金来源划分为内资企业和外商投资企业；按照是否具有法人资格划分法人企业和非法人企业；按照组织形式划分为公司制企业和非公司制企业；按照对企业债务承担责任的形式划分为有限责任制企业和无限责任制企业。另外，还可以按照企业所在行业划分，如工业企业、农业企业、运输企业等等。

从企业设立的法律实务角度出发，按照国家立法划分企业的类型也许更有意义。根据我国现行企业立法，设立企业时可供选择的类型分别为有限责任公司、股份有限公司、个人独资企业、合伙制企业、中外合作经营企业、中外合资经营企业、外商独资企业。另外，对于小微企业而言，还包括个体工商户。

（一）公司

这是最常见的企业类型，需要根据《公司法》的规定而依法设立。按照

《公司法》第 3 条的规定："公司是企业法人，有独立的法人财产，享有法人财产权。公司以其全部财产对公司的债务承担责任。"同时该法第 2 条规定，公司包括有限责任公司和股份有限公司两种类型。

1. 有限责任公司

（1）有限责任公司的概念。根据《公司法》第 3 条第 2 款规定，有限责任公司是指股东以其认缴的出资额为限对公司承担责任的公司。简而言之，就是在有限责任公司当中，每个股东以其认缴的出资额为限对公司承担责任，公司以其全部财产对其债务承担责任。

（2）有限责任公司的特征。与其他公司类型相比较，有限责任公司具有以下特征：

一是股东人数的限制性。对有限责任公司的股东人数，凡是不承认一人公司的国家的《公司法》都有上限和下限的规定，一般规定股东人数为 2 人以上 30 人或者 50 人以下；凡是承认一人公司的国家的《公司法》一般仅规定股东人数的上限，而无下限的规定。我国原《公司法》不承认一人公司，规定有限责任公司股东人数为 2～50 人。2005 年修订后的《公司法》承认一人公司，取消了股东人数下限的规定，规定股东人数上限为 50 人。这是适应有限责任公司人合性而为。在有限责任公司中，股东之间须相互信任，这就决定了其股东人数不可能太多。

二是股东责任的有限性。有限责任公司的股东仅以其出资额为限对公司负责，除此之外对公司及其债权人不负任何财产责任，公司的债权人亦不得直接向股东主张债权或请求清偿。这也是有限责任公司和无限责任公司的根本区别。

三是股东出资的非股份性。股份有限公司的资本，要划分为若干金额相等的股份，股东就其所认购的股份对公司负责。而有限责任公司的资本，一般不分为股份，每个股东只有一份出资，其数额可以不同，股东仅以其出资额为限对公司负责。有限公司的股东出资一般均采单一出资制，其出资的非股份性十分明显。

四是公司资本的封闭性。有限责任公司的资本只能由全体股东认缴，不能向社会募集股份，不能发行股票。公司发给股东出资数额的证明书被称为股单，股单不能在证券市场上流通转让。由于有限责任公司不向社会募集股份，其会计账簿亦无须公开。有限责任公司对公司股东出资份额的转让也有严格的限制，须经全体股东过半数同意；不同意转让的股东应当购买该转让的出资份额，如果不同意购买该转让的出资份额，则视为同意转让。因此，可以说相对股份有限公司而言，有限责任公司的封闭性很强。

五是公司组织的简便性。有限责任公司的设立程序简便，只有发起设立，没有募集设立；另外，其组织机构也相对简单、灵活，其股东会由全体股东组成，董事由股东会选举产生，股东会的召集方法及决议的形成程序也较为简便。

六是资合与人合的统一性。有限责任公司虽然从本质上说是一种资本的联合，但因其股东人数上限有规定，资本又有封闭性的特点，故股东相互之间又有人身信任因素，具有人合的色彩，这就决定了此种公司一般是适合于中小微企业的组织形式。有限责任公司资合与人合的统一性，反映了它是集股份有限公司和人合公司的优点而形成的一种公司形式。

（3）利弊评析。我国有限责任公司实践证明，有限责任公司不仅适用于中外合资企业、私营企业，而且还适用于国有企业联合出资组成的公司、集体所有制企业联合组成的公司，以及不同所有制法人或者自然人的联合。有限责任公司融合了各类公司的优点，但同样也存在无法克服的缺点。一是因采用有限责任制度具有人合的特点，使得有限责任公司的股东可以利用此种方式从事个人业务。由于缺乏社会公众的监督，难免会出现个别股东滥用公司形式，逃避自身责任。二是不注意公示，这虽然有利于公司经营秘密的保护，但同时使交易相对方与第三人对其财务状况和资信能力不易了解。三是出资转让不像股份转让那样自由，通常须获得其余股东的同意，且允许出资转让必须修改公司章程，对股东而言，不利于其实现投资的流动性和增强投资的变现能力，故投资风险相对较高。

2. 股份有限公司

（1）股份有限公司的概念。根据《公司法》第3条第2款规定，股份有限公司是指股东以其认购的股份为限对公司承担责任的公司。具体地说，是指注册资本由等额股份构成并通过发行股票筹集资本，股东以其认购的股份为限对公司承担责任，公司以其全部资产对公司债务承担责任的企业法人。

（2）股份有限公司的特征。股份有限公司与其他公司类型相比较，具有以下特征：

一是股东责任的有限性。股份有限公司的股东仅以其所认购的股份为限对公司负责。此外，对公司及公司的债权人不负任何财产上的责任，公司的债权人不能直接向公司股东提出清偿债务的要求，更不能要求用股东个人的财产清偿债务。股份有限公司股东责任的有限性是它区别于无限责任公司的重要特征。

二是资本募集的公开性。股份有限公司可以通过发行股票的形式来筹集资本，任何人只要愿意支付股金购买股票，就可以成为股份有限公司的股东。资本募集的公开性决定了公司股东的广泛性，同时也决定了股份有限公司的账目必须公开，以使公司的股东对公司的经营状况有所了解。

三是股东出资的股份性。这是股份有限公司与有限责任公司的又一区别。股份有限公司的资本要均分为等额的股份，每个股东所持有的股份数额可以不同，但是每股的金额必须相等。公司资本的股份化不仅方便筹集资本，而且方便股权的行使和利润的分配。而实行单一出资制的有限责任公司则不具备这一特点。

四是公司股票的流通性。股份有限公司的股票可以作为交易的标的，原则上可以自由买卖。股票交易有两种形式：一为上市交易，即在证券交易所挂牌交易；二为柜台交易，即在证券公司的柜台交易。无论上市交易还是柜台交易，都充分表现了股票的可流通性。股票的流通性使股票的持有者有了更多的投资选择机会，使公司可以拥有众多的股东，但这样也会导致股东的频繁变动。

五是公司资产的独立性。股份有限公司股东的出资，构成了公司的独立财产，形成了公司法人所有权，使股份有限公司成为最典型的法人组织。股东向公司出资，使其对投入公司财产的所有权转化为股权，从而实现了股权与公司法人所有权的分离。

（3）利弊评析。股份有限公司是社会投资领域中众多投资者乐于投资的选择之一。原因是其具备其他公司所不具备的优点：①集资便捷。股份有限公司将巨额的资本划分为金额较小且数额相等的股份，向社会公开募集，有利于广泛吸收社会资金，达到积少成多之功效。②分散风险。任何企业的生产经营都存在着程度不等的风险。如果仅以个人的资本去单独进行有风险的经营活动，那么许多行业将无人从事。但是，如果以众多的小额股份来承担风险，就可以使风险高度分散，每个投资者都只承担较小的风险。③投资灵活。投资者可以基于自己的动机和意愿，自由的选择投资方式，或者认购公司发行的普通股份，或认购公司发行的特别股份，还可以认购公司的各种债券。当投资者决定收回投资或者转移其投资方向时，还可以转让他所持有的公司股份，投入与退出的方式特别灵活。④组织永恒。他种类型公司形式都比较重视股东的人的条件，或多或少具有人合的因素，股东的变动性往往影响其组织与营业。而股份有限公司以资本的结合为基础，是典型的资合公司，一般股东的变动对公司并无影响，故它更适合长期性的企业。

任何事物都是一分为二的，对股份有限公司也要进行辩证的分析。在肯定其上述优点的同时，也必须看到其不利之处：①此种公司的设立程序较为复杂、严格，发起人的设立责任较重；②此类公司的股东人数众多，股份高度分散，只要有个别股东掌握一定比例的股份，就能够操纵公司的业务，使公司成为少数股东的工具，甚至损害多数小股东的利益；③由于股份有限公司股东流通性，许多股东对公司缺乏责任感，当公司经营欠佳时，股东就纷纷抛售股票变动较频繁弃之而去，这对于公司无疑是雪上加霜、釜底抽薪，甚至可能导致公司的解体；④股票的交易市场极易成为不法者的投机场所。因此，投资者在选择企业形态时应当对这些方面进行细致的考量。

（二）合伙企业

1. 合伙企业的概念、分类和特征

（1）合伙企业的概念。合伙是指两个以上的人为着共同目的，相互约定共同出资、共同经营、共享收益、共担风险的自愿联合。《中华人民共和国合伙企业法》（以下简称《合伙企业法》）第2条第1款规定："本法所称合伙企业，是指自然人、法人和其他组织依照本法在中国境内设立的普通合伙企业和有限合伙企业。"

（2）合伙企业的分类。合伙企业根据不同标准，可进行不同的分类。我国《合伙企业法》将合伙企业分为普通合伙企业和有限合伙企业。普通合伙企业由普通合伙人组成，合伙人对合伙企业债务承担无限连带责任。《合伙企业法》对普通合伙人承担责任的方式有特别规定的从其规定。有限合伙企业由有限合伙人和普通合伙人共同组成，普通合伙人对合伙企业债务承担无限连带责任，有限合伙人以其认缴的出资额为限对合伙企业债务承担责任。

（3）合伙企业的特征。

第一，全体合伙人订立书面合伙协议。合伙企业是全体合伙人根据其共同意志而自愿组成的经济组织。该组织的设立、活动、变更、解散等一系列行为都必须符合一定的行为规则，而合伙协议就是合伙企业的行为规则。合伙协议必须是书面的。如果没有合伙协议，合伙企业就不能成立，其经营运转更无法开展。

第二，合伙人共同出资、合伙经营、共享收益、共担风险。合伙企业的资本由全体合伙人共同出资构成。共同出资的特点决定了合伙人原则上均享有平等的参与执行合伙事务的权利。共同出资的特点也决定了对于合伙经营的收益和风险，由合伙人共享共担。合伙企业作为人合企业，它完全建立在合伙人之间相互信赖的基础上，因此，各合伙人彼此间的权利义务并无不同，不存在特殊合伙人。在合伙经营过程中，某一合伙人的死亡、丧失行为能力或者退伙，都有可能导致合伙人之间信赖关系的解体,从而导致合伙企业解散。

第三,合伙企业是不具备法人资格的营利性经济组织。合伙企业的非法人性,使得它与具有法人资格的市场主体相区别;合伙企业的营利性,使得它与其他具有合伙形式但不以营利为目的的合伙组织相区别;合伙企业的组织性,使得它与一般的民事合伙区别开来,从而成为市场经济活动的主体和多种法律关系的主体。

合伙企业不具有法人资格,但是,它具有与投资者紧密联系的民事主体资格或者称之为非法人组织人格,合伙企业有自己的名称,有自己相对独立的财产,有一定数量的从业人员,有自己的组织机构,合伙企业以自己的名义而不是以企业主或者投资人的名义从事经营活动。

第四,普通合伙人对于合伙企业的债务承担无限连带清偿责任。即当合伙财产不足清偿合伙企业债务时,普通合伙人对于不足的部分承担连带清偿责任。这样的规定能够使合伙人谨慎、勤勉的执行合伙企业的事务,使合伙企业的债权人的合法权益能够得到保障和实现。这一特征也是与其他企业最主要的区别。

2. 利弊评析

合伙企业是基于合伙人之间的相互信任而成立并维系的,其信用和经营状况取决于合伙人的信用、能力和健康状况等,其人格和合伙人的人格不完全的分离、其财产与合伙人的财产不完全的分离,其对于投资人的要求较高,且投资人需要承担较大的风险和责任。

(三)个人独资企业

1. 个人独资企业的概念和特征

(1)个人独资企业的概念。个人独资企业,又称单一业主制企业,是指依法在中国境内设立,由一个自然人投资,财产为投资人个人所有,投资人以其个人财产对企业债务承担无限责任的经营实体。[1]

(2)个人独资企业的特征。目前,个人独资企业是与公司企业、合伙企业并存的三大企业形态,这三种企业形态有各自的法律特点。对这三种企业形态进行比较,可以看出个人独资企业的下列法律特征:

一是投资主体仅为一个自然人,是"一人制"企业。从投资主体看,独资企业是由一个投资主体投资形成的企业,目前在我国依据投资主体的不同,独资企业中除了个人独资企业外,还包括国有独资企业和外商独资企业。但个人

---

〔1〕 参见《中华人民共和国个人独资企业法》第2条

独资企业的投资主体只能是自然人，且必须是具有权利能力和行为能力的自然人。其投资主体不包括法人和其他组织，由法人和其他组织投资设立的企业不属于个人独资企业。如国有独资企业、国有独资公司和外商独资企业，这些企业是由其他法律加以规制的。

二是不具有法人资格，但仍具有相对独立的法律人格。从法律地位看，个人独资企业不具有法人资格，它是自然人从事经营活动的一种组织形式，其从事经营活动往往不能独立于企业主，因为个人独资企业的企业财产及责任与企业主个人财产及责任常常混同，企业没有独立财产权，所有权和经营权都统一于企业主，企业盈利由企业主独自享有，并自由处分，所以企业负债等于投资人个人负债，并由其个人承担。因此，无论在财产关系上，还是经营管理、利益分配、财产责任等关系上，个人独资企业都无法独立于企业主之外，故这种企业组织形式本身无法成为完全独立的法律主体，无法成为法人企业，这和公司企业具有法人资格是相区别的。然而，个人独资企业是一个经营实体，具有组织体的特征，在经营过程中仍具有相对独立的法律人格。它可以有自己的商号，并以企业名义进行经营活动，订立合同，设有单独的财产目录和业务账簿，用于记载投入企业经营的财产情况和企业业务状况，也可以以企业名义进行诉讼，从而使个人独资企业与投资人相对分离而具有相对独立的法律人格。

三是投资人对于企业的财产依法享有所有权。个人独资企业的全部财产，包括企业经营中所获得的利润均为投资人个人所有，"企业自身不是一个独立的财产所有权主体，这种产权关系是个人独资企业区别于其他企业形态的重要特点之一"。[1]同时，也正是因为这种产权关系，使投资人对企业具有完全的控制权和支配权，法律也无法强制规定企业所有权和企业经营权分离的机制，投资人完全可以自主选择经营管理方式，企业只是个人进行商事活动的一种形式。

四是投资人以其个人财产对企业的债务承担无限责任。由于个人独资企业的投资人对企业的财产依法享有所有权，企业财产与投资人的个人财产没有界限，企业没有独立财产，也就不可能独立承担责任。因此，企业负债，等于投资人个人负债，当企业资不抵债时，投资人要以其个人财产对企业债务负无限连带责任，这是个人独资企业与公司企业的主要区别之一，所以，个人独资企业债权人债权的实现有赖于投资人的信用和偿债能力。

---

[1]　杨紫烜、徐杰主编：《经济法概论》，北京大学出版社1999年版，第146页。

2. 利弊评析

《中华人民共和国个人独资企业法》对个人独资企业的组织机构没有立法规定，董事会、监事会等企业组织机构是否设立、如何设立，个人独资企业主享有绝对的话语权。

《国务院关于个人独资企业和合伙企业征收所得税问题的通知》规定，个人独资企业和合伙企业从 2000 年 1 月 1 日起，停止征收企业所得税，比照个体工商户生产经营所得征收个人所得税。个人独资企业不是单独的纳税主体，独资企业之经营和收入可看做业主的经营和收入，由业主个人缴纳各种税收。就所得税而言，因业主缴纳个人所得税，企业不需要缴纳企业所得税，因而个人独资企业业主的税负较轻，且不存在同一笔收入两次征税的问题。这是个人独资企业的另外一个重要优势。

（四）个体工商户

《中华人民共和国民法通则》（以下简称《民法通则》）第 26 条规定："公民在法律允许的范围内，依法经核准登记，从事工商业经营的，为个体工商户。个体工商户可以起字号。"国务院 2011 年 4 月 16 日发布，2011 年 11 月 1 日施行的《个体工商户条例》第 2 条第 1 款规定："有经营能力的公民，依照本条例规定经工商行政管理部门登记，从事工商业经营的，为个体工商户。"第 27 条规定："香港特别行政区、澳门特别行政区永久性居民中的中国公民，台湾地区居民可以按照国家有关规定，申请登记为个体工商户。"从上述规定可以看出，设立个体工商户的投资主体须为有经营能力的公民，"公民"一词具有政治色彩，在此处指具有中国国籍的自然人，港澳地区永久性居民中的中国公民、我国台湾地区的居民亦可以作为投资主体申请设立个体工商户。

《个体工商户条例》第 8 条第 1 款规定："申请登记为个体工商户，应当向经营场所所在地登记机关申请注册登记。申请人应当提交登记申请书、身份证明和经营场所证明。"根据《最高人民法院关于适用〈中华人民共和国民事诉讼法〉的解释》（2014 年 12 月 18 日通过）第 59 条规定："在诉讼中，个体工商户以营业执照上登记的经营者为当事人。有字号的，以营业执照上登记的字号为当事人，但应同时注明该字号经营者的基本信息。营业执照上登记的经营者与实际经营者不一致的，以登记的经营者和实际经营者为共同诉讼人。"个体工商户为商自然人，法律交往产生的权利义务均由设立者承受，除了可能拥有自己的名称（字号）外，其人格几乎完全为投资人所吸收。关于其债权债务承担问题，《民法通则》第 29 条规定："个体工商户、农村承包经营户的债务，个人经营的，以个人财产承担；家庭经营的，以家庭财产承担。"个体工商户是一种中国特有的公民参与生产经营的活动形式，也是个体经济的一种法律形式，其不具有法人资格。

二、选择企业形态的法律风险

从以上分类与区别可以看出，从最低级的市场竞争主体——个体工商户开始，个人独资企业、合伙企业、有限责任公司、股份有限公司，是一个企业规模由小到大、企业治理制度由任意到严格、承担责任由无限到有限的进化链。独资企业和合伙企业都是企业的低级形态，随着资本的积累，企业类型和组织形式都在向规模化方向和更高层次发展。所以，在选择企业设立形态时应当综合考虑实际情况，并分析优劣势进行抉择：

一是需要考虑个人投资还是与他人合作投资：个人投资的，可以选择个体工商户、个人独资企业、一人有限责任公司；合作投资的，可以选择合伙企业、公司等。

二是要考虑企业规模的大小：规模小的，可以考虑个体工商户、个人独资企业、合伙企业；规模大的，应当考虑有限责任公司甚至股份有限公司。小微企业者一般适合选择有限责任公司形式。

三是要考虑企业经营风险的大小以及投资人承担风险的能力或预期：风险大或投资人承担风险的能力较差的，宜选用公司；风险小的，可以选择个体工商户、个人独资企业、合伙企业等。

四是要考虑企业管理与控制能力的差异：对企业的管理与控制能力强的，可以选择风险较大的个体工商户、个人独资企业、合伙企业等；否则，应当选择公司。

案例 B公司诉请A公司及其投资人甲、乙、丙合同纠纷案[1]

▋基本案情

2002年3月2日，甲、乙、丙三家法人公司分别出资50万元，设立A有限责任公司，主营纺织品的加工与销售。2006年5月3日，A公司与B公司签订供销合同一份，约定由B公司向A公司供应深蓝色布料，用于加工某款式西服套装，布料总价款132万元，货到后支付32万元，余款2月内付清。合同签订后，B公司将合同项下货物全部交付A公司，A公司向B公司支付32万元货款

---

[1]《中华人民共和国公司法（案例注释版）》（第3版），中国法制出版社2016年版，第4页。

后，随即投入生产。但两个月后，B 公司并未收到 A 公司支付的尾款 100 万元。经查，A 公司生产的服装款式老旧，再加上销路不畅，出现了大量滞销，且 A 公司多年来一直经营不善，长期处于亏损状态，已无力支付 B 公司的尾款。B 公司与 A 公司多次交涉未果，但发现 A 公司的发起人甲、乙、丙三家公司的经营状况尚佳，遂将 A、甲、乙、丙四公司一起告上法庭，要求 A 公司支付尾款 100 万元，并赔偿延期付款利息损失（计算至尾款实际给付之日），同时要求甲、乙、丙三家公司对此债务承担连带责任。

法院认为，A 公司与 B 公司签订的供销合同是双方真实意思的表示，且不违反法律法规的强制性规定，合法有效。B 公司依约履行了交付货物的义务，其要求 A 公司支付尾款的诉讼主张于法有据，应予支持。A 公司是企业法人，应以其全部财产对公司的债务承担责任；而甲、乙、丙三公司作为 A 公司的股东，仅以其认缴的出资额为限对公司承担责任。遂判决如下：一、A 公司在判决生效后 7 日内将尾款 100 万元支付给 B 公司，同时赔偿 B 公司迟延付款利息损失（按中国人民银行同期贷款基准利率计算到实际给付之日）；二、驳回 B 公司的其他诉讼请求。

▌案例评析

有限公司的股东仅以其认缴的出资额为限对公司承担责任，而公司则以其全部财产对公司的债务承担责任。由此可知，有限责任公司对于投资人而言，是有限责任，对于公司整体而言仍是无限责任。这种企业形态对于投资人是一种有利的保护。

▌防控策略

1. 要谨慎选用"无限责任"的企业形态

个体工商户、个人独资企业、合伙企业均是"无限责任"的企业形态，即投资人对企业的债务承担无限责任，企业的债权人可以追索投资人的个人全部资产甚至家庭财产。选择这种形态，投资人有可能获得较少纳税、灵活管理和宽松监管的便利，但投资风险在理论上是无限大的，任何一次市场风险，均有可能导致投资人彻底陷入困境。

因此，在选择这些"无限责任"的企业形态之前，投资人应当有充分的思想准备与风险意识，并在企业经营中时刻注意防范各种风险，对企业应当有充分的控制与管理能力。

如果已经选择设立了"无限责任"的企业形态，则随着企业的发展，应及时变更为"有限责任"的企业形态。因为企业规模扩大后,风险也随之扩大,对企业投资人的管理与控制能力也提出了更高的要求,一旦企业投资人有所疏忽,则有可能导致公司陷入风险中。而"有限责任"的企业形态,将企业投资人的投资风险锁定在责任范围内,即使企业经营不善甚至破产,也不会影响企业投资人的个人生活与家庭。也正是因此,有限公司才在全世界蓬勃发展,成为企业设立形态的主流。

2. 投资人之间事先达成一致协议,防范后期纠纷发生

任何个人或企业之间的合作,都不可能是一帆风顺、永无分歧的。与婚姻相类似,在洽谈合作投资时,双方之间正处于"蜜月期",但不能因此就认为今后双方能"白头偕老"了,"结婚"之时必须清醒地认识到"离婚"的可能性。趁早就双方相关的矛盾处理以及日后可能"分手"的方式方法做出安排,这种明智而防患于未然的投资,才是真正的理性投资。

例如,在设立合伙企业时,未雨绸缪就显得尤为重要。因为合伙人之间是相互承担无限连带责任的。如果因其中一个合伙人的失误,导致企业陷入困境的话,则其他合伙人均将被拖入泥潭。所以,在合伙之初,合伙协议的约定就尤为关键。

同样,有一定人合性质的有限责任公司,虽然不至于像合伙企业一样"一荣俱荣、一损俱损",但由于人合性在有限责任公司中的巨大影响,一旦股东之间产生矛盾而又没有预设解决机制,则很容易导致公司陷入僵局。所以,在有限责任公司章程中,对防范今后出现的矛盾及产生矛盾后的解决机制,应尽可能做出详尽的约定。

第二节　企业设立的基本程序与法律风险防控

一、有限责任公司的设立条件和具体程序

（一）有限责任公司的设立条件

1. 股东符合法定人数

根据《公司法》第 23 条第 1 款的规定,设立有限公司的首要条件是具有符合法律规定的股东人数。而具体的人数限定规定在《公司法》第 24 条:"有限责任公司由五十个以下股东出资设立。"另外,一个自然人或一个法人可以投资设立一人有限责任公司（以下简称"一人公司"）,一人公司应当在公司登记中注明自然人独资或者法人独资,并在公司营业执照中载明。

2. 有符合公司章程规定的全体股东认缴的出资额

2013 年 12 月 28 日最新修订的《公司法》取消了法条中规定的"股东出资须达到法定资本最低限额"的规定,取而代之的是"有符合公司章程规定全体股东认缴的出资额"的规定,体现了有限公司出资要求从实缴向认缴转变的立法思路,公司设立的资本门槛降低了,这样会推动更多的投资人选择有限责任公司这一企业形态进行生产经营。

3. 有股东共同制定的公司章程或一人公司股东制定的章程

公司章程常常被认为是一个公司的"宪法",公司的设立与运营直至最终解散,都离不开章程的约束。章程还是解决公司股东矛盾和公司治理问题的最权威、最有效的文件。由于不同的公司往往具有不同的特点,为便于公司自治,《公司法》在多处特别注明了"公司章程另有规定的除外"。这既表明了法律对于公司自治的鼓励和保护,也体现了公司章程在法律上的重要意义和现实中的重大作用。

4. 有公司名称并建立符合有限责任公司要求的组织机构

公司的名称应符合名称登记管理有关规定,名称中标明"有限责任公司"或"有限公司"字样。企业名称登记一般与公司开业登记同时进行,但根据《中华人民共和国公司登记管理条例》(以下简称《公司登记条例》)第 17 条的规定,设立公司应当申请名称预先核准。法律、行政法规或者国务院决定规定设立公司必须报经批准,或者公司经营范围中属于法律、行政法规或者国务院决定规定在登记前须经批准的项目的,应当在报送批准前办理公司名称预先核准,并以公司登记机关核准的公司名称报送批准。具体应当提交下列文件:①有限责任公司全体认股人署名公司名称预先核准申请书;②认股人的身份证明文件;③登记机关要求的其他证明文件。登记机关在收到上述文件 10 日内作出核准或者驳回决定,如作出核准决定,应发给《企业名称预先核准申请书》。预先核准的公司名称保留期为 6 个月。在保留期内,不得以预先核准的公司名称从事营业,也不得转让预先核准的公司名称。

5. 有自己的住所

公司住所对于公司来说是必不可少的,它是公司章程的绝对必要记载事项之一,也是公司注册登记的事项之一。公司住所应依法登记而不做登记的,其存在的合法性即具有瑕疵。公司变更住所而不变更章程,不作变更登记的,不得以其对抗第三人。《公司法》第 10 条规定:"公司以其主要办事机构所在地为住所。"所谓办事机构所在地,是指公司开展业务活动、决定和处理公司事务的公司机构所在地。

（二）有限责任公司的设立程序

按照《公司法》第二章第一节的有关规定，设立有限责任公司需要经过下列程序：

1. 签订发起人协议

发起人协议是发起人之间就设立公司事项所达成的明确彼此之间权利义务关系的书面协议。在公司设立程序中，组建公司的方案、股权分散或集中的程度、发起人之间的职责分工等，均由发起人协议形成最初格局。因此，签订发起人协议不仅对公司的组建工作至关重要，而且对公司的未来发展也有着重要的影响。

2. 订立公司章程

订立章程是公司设立的一个必经程序，订立公司章程的目的是为了确定公司的宗旨、设立方式、经营范围、注册资本、组织机构以及利润分配等重大事项，为公司设立创造条件，并为公司成立后的活动提供一个基本的行为规范。

3. 报经主管部门批准

根据《公司法》第6条的规定，我国实行的是核准主义的公司设立制度，因此，报经批准并不是公司设立公司的必经程序，只有法律、行政法规规定设立公司必须报经批准的，方须在公司登记前依法办理批准手续。

4. 缴纳出资

公司的资本来源于股东的出资。出资是股东基于股东资格对公司所为的一定给付。凡股东都有必须履行约定的出资义务。因此，缴纳出资是有限责任公司设立的关键性程序，没有股东的出资行为，公司便无从成立。

5. 确立机关

公司的机关是对内管理事务、对外代表公司的法定机构。作为法人组织的有限公司，其意志的形成和实现，均须依赖于法人机关及其成员的活动。因此，公司在登记前必须对公司的权力机关、业务执行机关和监督机关的组成及其成员的分工作出决定，并须符合法律规定。

6. 申请登记

设立有限责任公司，应当由全体股东指定的代表或共同委托的代理人向公司登记机关申请登记。申请设立有限责任公司应当向公司登记机关报送公司登记申请书、公司章程等文件。法律、行政法规规定设立时必须经过审批的还应提交有关审批文件。公司登记机关对于申请设立登记的公司进行认真审查，凡符合《公司法》规定条件的，应予以登记。经公司登记机关核准并发给营业执照，公司即告成立。公司营业执照的签发日期为公司成立日期。公司凭公司登记机关核发的《企业法人营业执照》刻制印章、开立银行账户、申请纳税登记。

二、股份有限公司的设立条件和具体程序

（一）设立股份有限公司的条件

根据《公司法》第76条的规定，设立股份有限公司应当符合下列条件：

1. 发起人符合法定人数

发起人就是创办股份有限公司的人，即为设立股份有限公司而签署公司章程、向公司认购出资或者股份并履行公司设立职责的人。发起人既是股份有限公司成立的要件，也是发起或设立行为的实施者。

设立股份有限公司，发起人应为2人以上200人以下，其中须有半数以上的发起人在中国境内有住所。

2. 有符合公司章程规定的全体发起人认购的股本总额或者募集的实收股本总额

股份有限公司采取发起设立方式的，注册资本为在公司登记机关登记的全体发起人认购的股本总额。在发起人认购的股份缴足前，不得向他人募集股份。股份有限公司采取募集方式设立的，注册资本为在公司登记机关登记的实收股本总额。法律、行政法规以及国务院决定对股份有限公司注册资本实缴、注册资本最低限额另有规定的，从其规定。股东可以用货币出资，也可以用实物、知识产权、土地使用权等可以用货币估价并可以依法转让的非货币财产作价出资；但是，法律、行政法规规定不得作为出资的财产除外。对作为出资的非货币财产应当评估作价，核实财产，不得高估或者低估作价。法律、行政法规对评估作价有规定的，从其规定。

以发起设立方式设立股份有限公司的，发起人应当书面认足公司章程规定其认购的股份，并按照公司章程规定缴纳出资。以非货币财产出资的，应当依法办理财产所有权的转移手续。发起人不依照上述表述缴纳出资的，应当按照发起人协议承担违约责任。发起人认足公司章程规定的出资后，应当选举董事会和监事会，由董事会向公司登记机关报送公司章程以及法律、行政法规规定的其他文件，申请设立登记。需要特别注意的是，并不是所有的股份有限公司均无出资数额的限制。以募集设立方式设立股份有限公司的，发起人认购的股份不得少于公司股份总数的35%；但是法律、行政法规另有规定的，从其规定。

3. 股份发行、筹办事项符合法律规定

建立股份有限公司须发行股份和办理其他筹备事项符合法律规定，这是股份有限公司获得国家承认并取得合法主体资格的基本条件。《公司法》规定了一系列关于股份发行及公司筹办事项的规则，如设立股份有限公司必须获得必要

的行政审批。制定公司章程，向社会公众公开募集股份必须经过国家证券监管主管部门的批准，召开创立大会，申请设立登记等事项，发起人只有依法发行股份并筹办各项事务，股份有限公司才能依法设立。

4. 发起人制定公司章程并经创立大会通过

股份有限公司的章程是关于该股份有限公司组织及活动的基本准则，也是记载公司基本准则的法律文件，这是股份有限公司设立的基本条件。股份有限公司的章程由发起人负责制定。章程经发起人制定好后，应交由创立大会通过。创立大会应有代表股份总数过半数的认股人出席，方可举行，公司章程必须经出席会议的认股人所持表决权的过半数通过。根据我国《公司登记管理条例》第23条规定，股份公司进行设立登记时，公司章程有违反法律、行政法规的内容的，登记机关有权要求公司作相应的修改。

5. 有公司名称，建立符合股份有限公司要求的组织机构

《公司法》第8条第2款规定："依照本法设立的股份有限公司，必须在公司名称中标明股份有限公司或者股份公司字样。"

股份有限公司是企业法人，虽然可以作为权利义务的主体，但是由于它只是一种社会组织，不具有生命和思维能力，所以其本身不能自动活动。更具体地说，股份有限公司通过其组织机构中的自然人成员来表达其意志，实施其行为。因此，股份有限公司必须依法设立组织机构，只有建立了必要的组织机构，股份有限公司才能组成一个法人有机体。股份有限公司的组织机构有股东会、董事会和监事会。

6. 有固定的生产经营场所和必要的生产经营条件

固定的生产经营场所是股份有限公司持续性的从事生产经营活动的所在地。股份有限公司离开固定的生产经营场所，就无法开展生产经营活动，因而，固定的生产经营场所是股份有限公司从事生产经营活动的物质基础，也是设立股份有限公司的必要条件。固定的生产经营场所与公司的住所具有不同的法律意义。住所对于确定诉讼管辖、债务履行、登记机关、法律文书的送达具有重要法律意义；固定的生产经营场所主要的法律意义是有利于维护公司生产经营活动的持续性和稳定性。

生产经营条件是指股份有限公司应当具备与其生产经营规模相配套的其他客观条件。如股份有限公司开展生产经营活动应当具备的原材料来源、原料的供应以及必要的设施等。

（二）设立股份有限公司的程序

鉴于股份有限公司的设立方式有两种，因此，发起人需要根据自身的实际

情况，选择适用其中一种并按照对应的程序进行。

1. 发起设立的程序

如上所述，发起设立，由发起人认购公司应发行的全部股份而设立公司，无须公开招募股份，因此以发起设立方式创办股份有限公司的，其设立程序具体如下：

（1）办理公司名称的预先核准登记。此处与有限责任公司的名称预先核准登记基本一致，故不再赘述。

（2）订立公司章程。制定公司章程是发起人设立股份有限公司的重要工作，是进行其他设立活动的基础。章程经全体发起人同意后并由发起人签名盖章。

（3）发起人以书面形式认足公司发行的股份。根据《公司法》的规定，股份有限公司的发起人必须按照《公司法》规定认购其应当认购的股份。以发起方式设立股份有限公司的，发起人应当认购公司发行的全部股份，发起人应以书面形式认足公司章程规定的股份。

（4）按所认股份缴纳全部股款。依据《公司法》第83条第1款、第2款的规定，发起人以书面形式认足公司章程规定期认购的股份后，按照公司章程规定缴纳出资，发起人的出资方式既可以是货币，也可以是实物、工业产权、非专利技术、土地使用权。对于这类非货币财产出资，应当依法办理其财产权的转移手续。

（5）选举公司的董事和监事。依据《公司法》第83条第3款的规定，发起人认足出资后，应当选举公司的董事会和监事会。

（6）申请设立登记。股份有限公司董事会选举产生后，由董事会向公司登记机关报送设立公司的批准文件、公司章程、验资证明等文件，申请设立登记。公司登记机关在接到股份有限公司设立登记申请之日起30日内作出是否予以登记的决定。

（7）公告。公司成立后，应当依法进行公告，使得社会得知公司登记注册的事项，以便与之交易。

2. 募集设立的程序

与发起设立的程序相比较，募集设立的程序要复杂烦琐得多。依《公司法》的规定，其设立程序如下：

（1）办理公司名称的预先核准登记（参见发起设立的程序）。

（2）草拟公司章程。发起人应当制定公司章程草案，以备提交大会进行审议、修改并通过。

（3）发起人认购法定比例的股份。依据《公司法》第84条的规定，以募集设立方式设立股份有限公司的，发起人认购的股份不得少于公司股份总数的35%；但是，法律、行政法规另有规定的，从其规定。据此，发起人认购的股份达到法定比例后，才能向社会募集股份。

（4）向社会公众招募股份。向社会公众招募股份，直接关系到广大投资者的切身利益，为了防止发起人利用招募股份为借口从事欺诈活动，《公司法》第85条和87条规定，发起人向社会公开募集股份，必须公告招股说明书，制作认股书并由依法设立的证券公司承销。

（5）缴纳股款。发起人认足法定比例的股份以及认股人填写好认股书后，发起人、认股人应当按所认股数在规定的期限内向代收股款的银行缴纳全部的股款，并经依法设立的验资机构进行验资。

（6）召开创立大会。发行股份的股款全部缴足并经法定验资机构验资后，发起人应当在30日内主持召开创立大会。创立大会是股份有限公司于募集设立过程中由全体认股人所组成的决议机关。发起人应于创立大会召开15日前将会议通知各认股人或者予以公告。发起人在法定期限内不能召开创立大会则会导致不能设立股份有限公司的后果。依据《公司法》第90条的规定，创立大会的职权有：审议发起人关于公司筹办情况的报告；通过公司章程；选举董事会成员；选举监事会成员；对公司的设立费用进行审核；对发起人用于抵作股款的财产的作价进行审核；发生不可抗力或者经营条件发生重大变化直接影响公司设立的，可以作出不设立公司的决议。

（7）申请设立登记。董事会一经选出，则应于创立大会结束后的30日内，向公司登记机关报送有关文件，申请设立登记。报送的主要文件有：公司登记申请书；创立大会的会议记录；公司章程；验资证明；法定代表人、董事、监事的任职文件及其身份证明；发起人的法人资格证明或者自然人身份证明；公司住所证明。以募集方式设立股份有限公司公开发行股票的，还应当向公司登记机关报送国务院证券监督管理机构的核准文件。

（8）公告。股份有限公司营业执照签发日期为公司成立日期，在公司成立后同样应当进行公告。

三、合伙企业的设立条件和具体程序

我国《合伙企业法》规定的合伙企业是指自然人、法人和其他组织依照本法在中国境内设立的普通合伙企业和有限合伙企业。两种企业在设立条件及设立程序上存在相同之处，也存在不同之处，先从普通合伙企业角度出发，介绍两种合伙企业在设立上的相同之处，然后再对有限合伙企业的不同之处进行

解读。

（一）合伙企业设立的条件

第一，有两个以上的合伙人，合伙人为自然人的，应当具有完全民事行为能力。合伙企业合伙人至少为 2 人以上，对于普通合伙企业合伙人数的最高限额，我国《合伙企业法》并未作出规定，完全由设立人根据所设企业的具体情况决定。

关于合伙人的资格，《合伙企业法》作了以下限定：

其一，合伙人可以是自然人，也可以是法人或者其他组织。除法律另有规定外，任何组成不受限制。

其二，合伙人为自然人的，合伙企业设立时其必须具有完全民事行为能力。无民事行为能力人和限制民事行为能力人不得成为普通合伙企业的合伙人。企业成立以后，合伙人变为无民事行为能力人或者限制民事行为能力人的，经全体合伙人一致同意，可以将其转为有限合伙人，普通合伙企业因此转为有限合伙企业。

其三，国有独资公司、国有企业、上市公司以及公益性的事业单位、社会团体不得成为普通合伙人。

其四，外商可以在中国举办合伙企业。按照《外国企业或者个人在中国境内设立合伙企业管理办法》的规定，外国企业或者个人在中国境内设立合伙企业有三种形式：一是两个以上外国企业或者个人在中国境内设立合伙企业，合伙人全部为外国企业或者个人；二是外国企业或者个人与中国的自然人、法人和其他组织在中国境内设立合伙企业；三是中国的自然人、法人和其他组织在中国境内设立的合伙企业，外国企业或者个人通过入伙或者受让合伙企业财产份额方式成为合伙人。香港特别行政区、澳门特别行政区和我国台湾地区的企业或者个人在内地设立合伙企业，参照本办法的规定执行。

第二，有书面合伙协议。合伙协议是合伙企业成立的法律基础。合伙协议是指由各合伙人通过协商，共同决定相互间的权利义务，达成的具有法律约束力的协议。合伙协议应当依法由全体合伙人协商一致，以书面形式订立。合伙协议经全体合伙人签名盖章后生效。合伙人按照合伙协议享有权利，履行义务。修改或者补充合伙协议，应当经全体合伙人一致同意；但是，合伙协议另有约定的除外。合伙协议未约定或者约定不明的事项，由全体合伙人协商决定；协商不成的，依照本法和其他有关法律、行政法规的规定处理。

根据《合伙企业法》第 18 条的规定，合伙协议应当载明下列事项：合伙企业的名称和主要经营场所的地点；合伙目的和合伙经营范围；合伙人的姓名或者名称、住所；合伙人的出资方式、数额和缴付期限；利润分配、亏损分担方式；合伙事务的执行；入伙与退伙；争议解决办法；合伙企业的解散与清算；违约责任。

根据《合伙企业法》第 103 条的规定，合伙人违反合伙协议的，应当依法承担违约责任。合伙人履行合伙协议发生争议的，合伙人可以通过协商或者调解解决。不通过协商、调解解决或者协商、调解不成的，可以按照合伙协议约定的仲裁条款或者事后达成的书面仲裁协议，向仲裁机构申请仲裁。合伙协议中未订立仲裁条款，事后又没有达成书面仲裁协议的，可以向人民法院起诉。

第三，有合伙人认缴或者实际缴付出资。合伙协议生效后，合伙人应当按照合伙协议的规定缴纳出资。由于普通合伙人要对合伙企业债务承担无限连带责任，所以《合伙企业法》并没有关于合伙企业注册资本最低限额的要求。合伙人可以用货币、实物、土地使用权、知识产权或者其他财产权利出资，需要评估作价的，可以由全体合伙人协商确定，也可以由全体合伙人委托法定评估机构评估。合伙人以劳务出资的，其评估办法由全体合伙人协商确定，并在合伙协议中载明。合伙人应当按照合伙协议约定的出资方式、数额和缴付期限，履行出资义务。以非货币财产出资的，依照法律、行政法规的规定，需要办理财产权转移手续的，应当依法办理。

第四，有合伙企业的名称和生产经营场所。普通合伙企业应当在其名称中标明"普通合伙"字样；特殊普通合伙企业应当在其名称中标明"特殊普通合伙"字样，合伙企业的名称必须与"合伙"联系起来，名称中必须有"合伙"二字。国务院 2014 年 2 月修订的《中华人民共和国合伙企业登记管理办法》（以下简称《合伙企业登记管理办法》）第 7 条规定："合伙企业名称中的组织形式后应当标明'普通合伙'、'特殊普通合伙'或者'有限合伙'字样，并符合国家有关企业名称登记管理的规定。"由于法律规定普通合伙人对企业债务承担无限连带责任，因此，禁止在合伙企业名称中出现"有限""有限责任""股份"等字样，根据行业习惯可在合伙企业名称中采用"厂、店、所、会、吧、中心、堂、楼"等字样，在名称后缀上标明"普通合伙""特殊普通合伙"或者"有限合伙"字样。违反《合伙企业法》的规定，合伙企业未在其名称中标明"普通合伙""特殊普通合伙"或者"有限合伙"字样的，由企业登记机关责令限期改正，处以 2000 元以上 1 万元以下的罚款。

合伙企业如同其他企业一样，必须有生产经营场所，否则企业无从开展生产经营活动，生产经营场所是合伙企业从事营业活动的所在地。经企业登记机关登记的合伙企业主要经营场所只能有一个，并且应当在其企业登记机关登记管辖区域内。

第五，法律、行政法规规定的其他条件。设立普通合伙企业，除应满足上述四项必要的共同条件外，法律还根据企业从事的主要行业的实际需要确定概括性的特殊条件，这种特殊条件无法在统一的《合伙企业法》中一一列举，可能在法律、行政法规规范行业经营的相关规定中体现，如生产型企业比咨询企业所要求的条件复杂，《合伙企业法》则予以笼统认可。

（二）合伙企业的设立程序

根据《合伙企业法》和国务院 2014 年修订的《合伙企业登记管理办法》的规定，合伙企业的设立登记，应按如下程序进行：

第一，报主管部门办理相关事项的审批。《合伙企业法》第 9 条第 2 款规定："合伙企业的经营范围中有属于法律、行政法规规定在登记前须经批准的项目的，该项经营业务应当依法经过批准，并在登记时提交批准文件。"《合伙企业登记管理办法》第 11 条第 3 款规定："法律、行政法规或者国务院规定设立合伙企业须经批准的，还应当提交有关批准文件。"第 12 条规定："合伙企业的经营范围中有属于法律、行政法规或者国务院规定在登记前须经批准的项目的，应当向企业登记机关提交批准文件。"由此可见，涉及合伙企业的审批事项有两种情形：一是关于合伙企业的设立审批，这是对特殊的合伙企业采取核准设立的表现；二是特殊行业的合伙企业涉及经营事项的许可，必须报经批准获得经营许可证，才能从事相应的经营活动。凡合伙企业的经营范围中包括法律、法规或者国务院规定须报经批准的事项，合伙人必须在办理设立登记之前向主管部门办理相应的审批事项。然而，大部分的合伙企业其经营范围一般不涉及审批项目，因此，并不需要每一个合伙企业在设立程序中都办理相关审批手续。

第二，提出设立申请。申请设立合伙企业，申请人应当向登记机关提交下列文件：其一，全体合伙人签署的设立登记申请书；其二，全体合伙人的身份证明；其三，全体合伙人指定代表或者共同委托代理人的委托书；其四，合伙协议；其五，全体合伙人对各合伙人认缴或者实际缴付出资的确认书；其六；主要经营场所证明；其七，国务院工商行政管理部门规定提交的其他文件。

第三，核准登记。申请人提交的登记申请材料齐全、符合法定形式，企业登记机关能够当场登记的，应予当场登记，发给营业执照。除前款规定情形外，企业登记机关应当自受理申请之日起 20 日内，作出是否登记的决定。予以登记的，发给营业执照；不予登记的，应当给予书面答复，并说明理由。合伙企业营业执照签发日期为合伙企业成立日期。合伙企业领取营业执照前，合伙人不得以合伙名义从事合伙业务。

（三）有限合伙企业的特殊规定

1. 有限合伙企业人数

《合伙企业法》规定，有限合伙企业设立人数为 2～50 人；但是，法律另有规定的除外。有限合伙企业至少应当有一个普通合伙人。按照规定，自然人、法人、其他组织可以依照法律规定设立有限合伙企业，但国有独资公司、国有企业、上市公司以及公益性事业单位、社会团体不得成为有限合伙企业的普通合伙人。

在有限合伙企业存续期间，有限合伙人的人数可能发生变化。然而，无论如何变化，有限合伙企业中必须包括有限合伙人与普通合伙人，否则，有限合伙企业应当进行组织形式变化。《合伙企业法》第 75 条规定："有限合伙企业仅剩下有限合伙人的，应当解散；有限合伙企业仅剩普通合伙人的，转为普通合伙企业。"

2. 有限合伙企业名称

《合伙企业法》规定，有限合伙企业名称中应当标明"有限合伙"字样。按照企业名称登记管理的有关规定，企业名称中应当还有企业的组织形式。为便于社会公众以及交易相对人对有限合伙企业的了解，有限合伙企业名称中应当标明"有限合伙"字样，但不能标明"普通合伙""特殊普通合伙""有限公司""有限责任公司"等字样。

3. 有限合伙企业协议

有限合伙企业协议是有限合伙企业生产经营的重要法律文件。《合伙企业法》第 63 条规定，有限合伙企业协议除符合普通合伙企业协议的规定外，还应当载明下列事项：①普通合伙人和有限合伙人的姓名或者名称、住所；②执行事务合伙人应具备的条件和选择程序；③执行事务合伙人权限与违约处理办法；④执行事务合伙人的除名条件和更换程序；⑤有限合伙企业入伙、退伙的条件、程序以及相关责任；⑥有限合伙人和普通合伙人相互转变程序。

4. 有限合伙人出资形式

《合伙企业法》第 64 条规定："有限合伙人可以用货币、实物、知识产权、土地使用权或者其他财产权利作价出资。有限合伙人不得以劳务出资。"由此条规定，可以看出以下几点：①因为出资形式包括其他财产权利，据此，有限合伙人的债权、股权等均可以作为出资；②应能以货币估价作为必要条件；③劳务不得作为出资形式的原因在于，劳务出资的实质是用未来劳动创造的收入来投资，其难以通过市场变现，法律上执行困难。如果普通合伙人用劳务出资，有限合伙人也用劳务出资，将来有限合伙企业将难以承担债务责任，这不利于保护债权人的利益。因此，有限合伙人不能用劳务出资。

5. 有限合伙人出资义务

《合伙企业法》第 65 条规定："有限合伙人应当按照合伙协议的约定按期足额缴纳出资；未按期足额缴纳的，应当承担补缴义务，并对其他合伙人承担违约责任。"按期足额出资是有限合伙人必须履行的义务。合伙人未按照协议的约定履行缴纳出资义务的，首先应当承担补缴出资的义务，同时还应对其他合伙人承担违约责任。

6. 有限合伙企业登记事项

《合伙企业法》第 66 条规定："有限合伙企业登记事项中应当载明有限合伙人的姓名或者名称及认缴的出资数额。"

四、个人独资企业的设立条件和具体程序

（一）个人独资企业的具体条件

第一，投资人为一个自然人，且只能是中国公民。个人独资企业的投资人，应当是具有相应的民事权利能力和完全的民事行为能力并不受法律限制的自然人。下列几类自然人不能设立个人独资企业：其一，法律、行政法规禁止从事营利性活动的人，例如，政府公务员不得作为投资人申请设立个人独资企业；其二，无民事行为能力人或者限制民事行为能力人等；其三，个人负有竞业禁止义务的人，在任职期间不得设立与任职公司同类性质的个人独资企业；其四，个人负债较多，未能及时清偿者。

第二，有合法的企业名称。一般情况下，其名称由"行政区划＋字号＋行业＋厂（店、部等）"构成。根据《个人独资企业法》的规定，个人独资企业使用的名称与其在登记机关登记的名称不相符合的，责令限期改正，处以 2000 元以下的罚款。

第三，投资人要申报必要的与其申办企业规模相当的经营资金。《个人独资企业法》对设立个人独资企业的出资额未作限制。根据 2000 年国家工商行政管理局《关于贯彻实施〈个人独资企业登记管理办法〉有关问题的通知》的规定，设立个人独资企业可以用货币出资，也可以用知识产权、土地使用权或者其他财产权利出资，采取实物、土地使用权、知识产权或者其他财产权利出资的，应将其价值折算为货币数额，投资人申报的出资额应当与企业的生产经营规模相适应。究竟多少，该通知并未作出规定，因此，小微企业投资人可以根据自身企业规模作出决定。投资人可以以个人财产出资，也可以以家庭共有财产出资。以家庭共有财产作为出资的，投资人应当在设立（变更）登记申请书上予以注明。

第四，有固定的生产经营场所和必要的生产经营条件。

第五，要有必要的从业人员。企业是人的要素和物的要素相结合而产生的实体，所以个人独资企业必须要有与其经营规模相适应的从业人员。关于从业人员人数的多少，《个人独资企业法》没有做出具体的规定，它由企业自行决定。特别是针对专业性较强的企业，其必须具有具备专业技能的人，才能提供合格的产品和服务。

（二）个人独资企业的具体程序

由于个人独资企业资本少、规模小，经营活动相对简单，所以设立程序也比其他形式的企业简单。主要包括如下几道程序：

第一，提出设立申请。设立个人独资企业，投资人必须向工商行政管理机构申请工商登记，因此，《个人独资企业法》规定，申请设立个人独资企业，应当由投资人或者委托的代理人向个人独资企业所在地的登记机关提交申请书、投资人身份证明、生产经营场所使用证明等文件。设立申请书应当载明下列事项：企业的名称和住所、投资人的姓名和居所、投资人的出资额和出资方式、经营范围及方式。个人独资企业投资人以其家庭共有财产作为个人出资的，应当在设立申请书中予以明确。

第二，审查登记。登记机关应当在收到设立申请文件之日起 15 日内，对符合条件的予以登记，发给营业执照；对不符合《个人独资企业法》规定条件的，不予登记，并发给企业登记驳回通知书。依据 2014 年国家工商行政管理总局颁布的《个人独资企业登记管理办法》第 8 条的规定，个人独资企业的登记事项应当包括：企业名称和住所、投资人姓名和居所、出资额和出资方式、经营范围。和公司、合伙企业一样，个人独资企业营业执照签发日期为个人独资企业的成立日期，在领取个人独资企业营业执照以前，投资人也不得以个人独资企业名义从事生产经营活动。

五、个体工商户的设立条件和具体程序

（一）个体工商户的设立条件

1. 有合格的经营主体

2016 年新修订的《个体工商户条例》第 2 条规定："有经营能力的公民，依照本条例规定经工商行政管理部门登记，从事工商业经营的，为个体工商户。"个体工商户可以个人经营，也可以家庭经营。因此，个体工商户的经营者必须是具备经营能力的公民。

2. 经营范围符合法律规定

《个体工商户登记条例》第4条第2款规定："申请办理个体工商户登记，申请登记的经营范围不属于法律、行政法规禁止进入的行业的，登记机关应当依法予以登记。"生产经营范围是指企业或者个体工商户等生产经营商品的范围或者提供服务的范围。生产经营服务的范围必须符合法律规定。这里有以下几层含义：首先，商户不得从事法律所禁止的生产经营性或服务性活动，诸如淫秽色情音像制品的生产与销售；其次，生产经营特殊产品的商户，必须经有关主管部门的特殊批准和许可；再次，生产或经营必须具有生产许可证或者经营许可证的产品，企业必须取得生产或者经营许可证方可进行生产经营活动，如烟草的销售。一个商户的生产和服务范围与其资本、设备条件、技术力量及生产经营场所有直接的关系，商户只有明确了生产经营范围，才能在设立过程中根据生产经营的需要去创造各种物质条件进行经营工作。商户具有了符合法律规定的和明确的生产经营范围，有关主管机关才能按照从事该项商品生产和经营业务的要求，对企业设立是否具备法定条件进行审核和登记注册。因此，依法确定自己的经营范围并进行法定的登记是非常重要的，投资人在设立过程中应当予以重视。同时，在商户的经营过程中，其经营范围可能会因主客观情况的变化而发生变化，要及时到工商行政主管部门，并进行核准、变更登记。如果其变化不符合法律的规定，则工商行政部门将不予核准。

3. 有自己的名称

根据2011年国家工商行政管理总局制定发布的《个体工商户登记管理办法》的规定，个体工商户可以使用名称，也可以不使用名称。如果个体工商户决定使用名称，应当将名称作为企业登记事项，向登记机关提出申请，经核准登记后才可以使用。

4. 必要的生产经营场所

此处的"必要"是以能保证正常生产经营之需为限。另外，需要说明的是，随着互联网的发展，一些商户在网上开业。这类商户的经营场所与现实生活中的经营场所有所区别。虽然他们不是现实的经营场所，但能通过虚拟处所进行经营活动。故而对这种不具有现实经营场所的企业应根据实际情况作出判断，只要在网上设有经营场所的地域，并能满足经营之需，应认为符合本项规定的条件。

（二）个体工商户的设立程序

相对于企业，个体工商户的设立程序较为简单，主要是取得工商行政管理部门的登记。

《个体工商户条例》第 8 条规定："申请登记为个体工商户，应当向经营场所所在地登记机关申请注册登记。申请人应当提交登记申请书、身份证明和经营场所证明。个体工商户登记事项包括经营者姓名和住所、组成形式、经营范围、经营场所。个体工商户使用名称的，名称作为登记事项。"

对于申请人提交的登记申请，材料齐全、符合法定形式的，当场予以登记，申请材料不齐全或者不符合法定形式要求的，当场告知申请人需要补正的全部内容；需要对申请材料的实质性内容进行核实的，依法进行核查，并自受理申请之日起 15 日内作出是否予以登记的决定；不符合个体工商户的登记条件的，不予登记，书面告知申请人并说明理由，告知申请人有权依法申请行政复议、提起行政诉讼。予以注册登记的，登记机关应当自登记之日起 10 日内发给营业执照。如果申请注册登记的事项中有属于依法须取得行政许可的，应当向登记机关提交许可证明。

六、小微企业设立过程中的法律风险

（一）小微企业设立过程中可能面临的法律风险

第一，未签订完备的股东协议，对于股东之间权利义务关系约定不明确引发纠纷。

第二，忽视公司章程的订立工作，对企业运行事宜未进行全面的规范，导致后期发生争议，欠缺有效的救济途径和解决标准。

第三，公司登记过程中的法律风险。公司登记的风险，体现在公司不能取得登记、登记瑕疵等所引发的经济与法律责任。公司不能取得登记可以分为两种原因，一是不符合法律规定的条件，无法取得公司登记机关的核准，例如，股东人数等方面的限制条件；二是股东或者发起人由于各种原因，停止公司登记，例如，未能筹集到资金、各方就公司成立事项无法达成一致、投资环境发生变化等等。公司不能登记的后果，一是公司筹备过程中发生的交易费用，例如，筹备期间的开支、房租等等；二是已经认缴的股款的返还与利息。根据《公司法》的规定，公司筹备股东或发起人应当对以上后果承担责任。

公司登记瑕疵，是指公司由于登记过程中的故意或者过失，导致虽已取得登记，但实际上存在着未能满足法定条件或有其他违法行为。最典型的是虚假出资行为。登记瑕疵的后果视具体瑕疵而定，严重者会导致公司登记无效并且相关责任人需接受行政处罚甚至承担刑事责任。

在实践中，投资者往往很少亲自办理公司登记事项，而是委托相关人员办理。由于委托人办理水平与法律意识的参差不齐，公司登记瑕疵时有发生，

甚至因一些受托经办人员的失误给投资者造成重大损失或为投资者引起法律纠纷。

案例 股东协议纠纷案

▌基本案情

钱甲、王乙和李丙三人是生意场上多年朋友，钱甲经营一家印染厂、王乙拥有一家制衣厂、李丙从事多年的贸易生意，三人虽在不同行业打拼，但也常有合作，相互之间彼此信任，私交甚好。随着各自生意不断扩大，手中掌握的资源日益增多，三人决定强强联手，合资组建一家家纺公司。三人口头约定钱甲出资5000万建造厂房、王乙将其制衣公司搬入新建厂房内、李丙出资3 000万作为装潢费用和流动资金。三人说干就干，不到一月投资资金全部到位，厂房建设一年内竣工验收，王乙制衣厂所有设备和人员全部迁入新建厂房并开始投入生产。但是，正式投产不到一年，三人因为经营问题以及其他各方原因出现严重分歧，矛盾激化，于是决定结束合资。但是，由于当初没有签订股东协议，也没有注册合资公司的法律实体，想当然以为王乙将其制衣厂搬迁至新厂房就已经完成合资行为，在处理企业解散事宜时，产生了一系列的法律纠纷：钱甲诉王乙将其制衣公司迁出新建厂房、李丙诉钱甲返还厂房装潢补偿并赔偿生产损失、李丙起诉王乙返还装潢借款3000万元。

▌案例评析

这个案例反映了经济活动中二人以上合资经营企业普遍存在的法律风险，即筹集项目投资时忽视签订合资合同或股东协议，究其原因，有些是没有签订法律文件的意识；有些是因为私人情感的掺入，以为什么事情都好商量，如果提出签订法律文件，会搞僵相互之间的信任关系，影响合资企业发展。但是，项目投产运营后，无论是盈利还是亏损，因为涉及各自利益关系，很容易导致关系破裂。案例中钱甲、王乙、李丙三人投资时各重要事项均为口头协商，投资后很快发生法律纠纷，由于当初没有对合资项目、投资方式、出资比例、经营管理、公司僵局、纠纷解决等重大问题做出书面约定，最后导致不必要的法律纠纷。

案例

中国长城资产管理公司乌鲁木齐办事处与新疆华电工贸有限责任公司、新疆华电红雁池发电有限责任公司、新疆华电苇湖梁发电有限责任公司等借款合同纠纷案

▌基本案情

2004 年 8 月 17 日，新疆华电工贸有限责任公司（以下简称工贸公司）与工商银行乌鲁木齐市新民路支行（以下简称工行新民路支行）签订 2004 年北字第 0456 号《流动资金借款合同》，向该支行借款 5000 万元、借款期限从当日起至 2005 年 8 月 16 日。2005 年 7 月 22 日，工商银行新疆维吾尔自治区分行与长城乌鲁木齐办事处签订《债权转让协议》，将上述借款合同所涉债权转让给长城乌鲁木齐办事处。2005 年 8 月 11 日，长城乌鲁木齐办事处就债权转让事宜向工贸公司发布公告。债权受让后工贸公司向长城乌鲁木齐办事处返还借款1 473 500 元。本案借款在 2005 年 3 月 20 日至 2005 年 5 月 27 日期间的利息为7 508 803 元。据此上诉人长城乌鲁木齐办事处请求工贸公司给付借款本金48 526 500元、利息 5 808 622 元，红雁池发电公司、苇湖梁发电公司、哈密发电公司、喀什发电公司、昌吉热电公司、红能公司、金马公司、安装公司承担连带清偿责任。

法院审理查明，工贸公司于 2003 年 6 月 5 日成立，注册资本为 1000 万元，其发起人股东为红雁池发电公司、苇湖梁发电公司、哈密发电公司、喀什发电公司、昌吉热电公司、红能公司、金马公司、安装公司。工贸公司成立时的章程第 9 条记载了各发起人股东约定的出资比例及出资方式，内容如下：红雁池发电公司以价值 300 万元的库房、储油罐等出资；苇湖梁发电公司以价值 200 万元的库房、储油罐出资；哈密发电公司以价值 150 万元的库房、储油罐出资；喀什发电公司以价值 150 万元的库房、储油罐出资；昌吉热电公司以价值 150 万元的库房、储油罐出资；红能公司以货币 25 万元出资；金马公司以货币 10 万元出资；安装公司以货币 15 万元出资。红能公司、金马公司、安装公司均依照约定足额向工贸公司履行了货币出资义务。工贸公司成立后，红雁池发电公司、苇湖梁发电公司、哈密发电公司、喀什发电公司、昌吉热电公司作为出资的库房未办理所有权变更手续。2006 年 7 月 25 日，新疆维吾尔自治区工商行政管理局据此做出新工商处〔2006〕21 号行政处罚决定，责令工贸公司补足出资。2006 年 8 月 6 日，工贸公司股东会决议由红雁池发电公司、苇湖梁发电公司、哈密发电公司、喀什发电公司、昌吉热电公司以机器设备作为出资补足未到位的房产出资并置换原设备出资。2006 年 9 月 20 日，工贸公司对成立时的公司章

程第9条中红雁池发电公司、苇湖梁发电公司、哈密发电公司、喀什发电公司、昌吉热电公司的出资方式进行修改，规定红雁池发电公司以价值300万元的设备出资、苇湖梁发电公司以价值200万元的设备出资、哈密发电公司以价值150万元的设备出资、喀什发电公司以价值150万元的设备出资、昌吉热电公司以价值150万元的设备出资。

法院生效裁判认为在工贸公司设立过程中，红雁池发电公司、苇湖梁发电公司、哈密发电公司、喀什发电公司、昌吉热电公司作为出资的库房未办理所有权变更手续，属于未足额出资。后经工贸公司股东会同意，上述股东承诺将各自的储油罐、供油泵等相关设备置换房产作为实物重新出资。但至本案诉前，上述设备还未实际交付工贸公司，仍由股东单位占有使用，工贸公司出具的实物交接手续未能反映本案真实情况。上述设备属于动产，根据《中华人民共和国物权法》第23条的规定，动产物权的设立和转让，自交付时发生效力。动产所有权的转移以实际交付为准。本案上述股东承诺出资的相关设备并未实际交付给工贸公司，应当认定上述股东未能实际履行实物出资承诺，相关出资没有实际出资到位。

根据《公司法》第28条第1款、第31条的规定，参照最高人民法院《关于企业开办的其他企业被撤销或者歇业后民事责任承担问题的批复》《关于人民法院执行工作若干问题的规定》《关于金融机构为企业出具不实或者虚假验资报告资金证明如何承担民事责任问题的通知》等相关规定，出资人未出资或者未足额出资，对于该企业财产不足以清偿债务的，由出资人在出资不实或者虚假出资范围内承担责任。红雁池发电公司、苇湖梁发电公司、哈密发电公司、喀什发电公司、昌吉热电公司应当在各自出资不实的范围内对工贸公司所欠本案债务承担补充清偿责任。

▌案例评析

注册资本是公司最基本的资产，对于奠定公司基本的债务清偿能力，保障债权人利益和交易安全具有重要价值。股东出资是公司资本确定、资本维持原则的基本要求。出资是公司股东最基本、最重要的义务，同时也是《公司法》规定的股东必须承担的法定义务。《最高人民法院关于适用〈中华人民共和国公司法〉若干问题的规定（三）》第13条第2款规定："公司债权人请求未履行或者未全面履行出资义务的股东在未出资本息范围内对公司债务不能清偿的部分承担补充赔偿责任的，人民法院应予支持。"由此，为避免陷入不必要的纠纷，企业投资人应当按照法律规定的方式依法足额缴纳自己所认缴的出资额。

案例　公司虚假登记被处罚案

▌基本案情

某物资公司原系某市政府某局下属的国有企业。1991年，在改制的大潮中，该公司改制为由20多名职工持股的有限责任公司。公司注册资本50万元，其中公司董事长兼总经理陈某持股10%，其余职工股东则在该比例以下分别持有数额不等的股权。

2002年，陈某计划对公司增资扩股。故提议召开了股东会，提出了一个《扩股方案》并获得通过。但是，该《扩股方案》中并没有提出各股东增加出资的份额以及股东的股权比例是否变更。

2003年3月，陈某以仿冒签名、移花接木等手段，伪造了股东签名，瞒着大部分股东出具了《关于同意增加注册资本的决定》和《自然人股东签名》等文件，向工商登记机关申请变更登记，将物资公司注册资本增加到170余万元，将其个人的股权比例增加到28%。而其他一部分职工股东却在不知情的情况下，被减少了股权比例。

但是，世上没有不透风的墙。部分职工股东后来偶然得知此事，大为惊讶，并立即向工商登记机关及物资公司上级主管部门市政府某局反映，要求调查处理。市政府某局纪委为此委托司法鉴定机构，对上述变更申请文件进行了笔迹鉴定，确定上述增资扩股申请资料存在虚假签名的事实。

2007年2月，市政府某局专门就此事致函工商登记部门，请工商登记部门依法查处。工商登记部门在认真调查并听证后决定撤销物资公司该次变更登记，并对公司予以罚款。

▌案例评析

该案例中存在的法律问题即是公司的虚假登记行为。这种虚假登记的危害不仅仅在于破坏了国家对于公司的行政管理，更在于对社会公众、公司或其股东利益的侵害。正如案例中出现的情形一样，当陈某以伪造虚假资料的方式骗取了公司登记之后，陈某股权增加的同时，其他股东的利益就受到了损害。我国《公司法》第198条规定："虚报注册资本、提交虚假材料或者采取其他欺诈手段隐瞒重要事实取得公司登记的，由公司登记机关责令改正，对虚报注册资本的公司，处以虚报注册资本金额百分之五以上百分之十五以下的罚款；对提交虚假材料或者采取其它欺诈手段隐瞒重要事实的公司，处以五万元以上五十万元以下的罚款；情节严重的，撤销公司登记或者吊销营业执照。"因此，小微企业投资人在投资设立有限责任公司时，应当严格按照《公司法》《公司登记管理条例》等法律、行政法规的规定，进行设立登记或者变更登记。

（二）股份有限公司设立过程中可能面临的法律风险

《公司法》第94条规定了发起人的一系列责任，具体如下：

一是公司不能成立时，对设立行为所产生的债务和费用负连带责任；二是公司不能成立时，对认股人已缴纳的股款，负返还股款并加算银行同期存款利息的连带责任；三是在公司设立过程中，由于发起人的过失致使公司利益受到损害的，应当对公司承担赔偿责任。从学理的角度划分，上述责任可分为：

1. 合同责任

发起人在股份有限公司设立阶段，可能需要对外签订一些合同，例如购入办公场所、办公设备的合同。对于这些合同，发起人按照下列原则负责：

第一，发起人为设立公司以自己名义对外签订合同，合同相对人有权请求该发起人承担合同责任；公司成立后对发起人为设立公司以自己名义对外签署的合同予以确认，或者已经实际享有合同权利或者履行合同义务，合同相对人有权请求公司承担合同责任。

第二，发起人以设立中公司名义对外签订合同，公司成立后合同相对人有权请求公司承担合同责任。但是，公司成立后有证据证明发起人利用设立中公司的名义为自己的利益与相对人签订合同，公司有权以此为由主张不承担合同责任，但相对人为善意的除外。

第三，公司因故未成立，债权人有权请求全体或者部分发起人对设立公司过程中所产生的费用和债务承担连带清偿责任；部分发起人承担责任后，有权按照发起协议约定的责任承担比例分担责任；没有约定责任承担比例的，按照约定的出资比例分担责任；没有约定出资比例的，按照均等份额分担责任。

2. 过错责任

（1）因部分发起人的过错导致公司未成立，其他发起人有权要求过错人就其过错行为对公司设立过程中所产生的费用和债务承担相应的责任。

（2）发起人因履行公司设立职责造成他人损害，公司成立后由公司承担侵权赔偿责任；公司未成立，由全体发起人承担连带赔偿责任。如果公司或者无过错的发起人承担赔偿责任后，可以向有过错的发起人追偿。

（3）返还股款并加付利息的责任。股份有限公司因某种原因未能设立，发起人对认股人已缴纳的股款，负返还股款并加算银行同期存款利息的连带责任。如下述所列举的案例，在公司未召开创立大会导致公司无法成立的情形下，发起人应当返还认股人的股款并加付利息。

案例　认股人请求撤回股份有限公司股款案

▌基本案情

某股份有限公司发起人在招股说明书中承诺自 2006 年 3 月 1 日至 2006 年 5 月 1 日止，两个月内首批向社会公开募集资金五千万元后，召开公司创立大会，但是某股份有限公司发起人在按期募足资金后，拖延至 2006 年 6 月 5 日仍未发出召开创立大会通知，股东要求股份有限公司发起人按照所认购的股金加算利息予以返还，某股份有限公司发起人认为公司按期募足了股份，目前正在积极筹备召开创立大会，股东的要求不仅有违股本不可抽回的法律规定，而且这一行为将直接导致公司因未按期募足资金而不能成立，致发起人遭受较大的经济损失，不同意股东的要求。双方几经协商未达成一致，诉至人民法院，经审理，人民法院判决某股份有限公司的发起人按股东所缴股款加算银行利息在判决生效后 10 日内予以一次性退还并承担此案诉讼费。

▌案例评析

《公司法》第 89 条第 2 款规定："发行的股份超过招股说明书规定的截止期限尚未募足的，或者发行股份的股款缴足后，发起人在 30 日内未召开创立大会的，认股人可以按照所缴股款并加算银行同期存款利息，要求发起人返还。"某股份有限公司在招股说明书中规定的募股截止期限为 2006 年 5 月 1 日，股款已全部缴足，发起人应该在股款募足后 30 日内召开创立大会，但是某股份有限公司的发起人至 2006 年 6 月 5 日仍未召开创立大会，依照《公司法》第 89 条第 3 款的规定，认股人提出发起人按照所认购的股金加算银行利息返还所缴股款的请求理应得到支持。《公司法》之所以规定认股人在一定条件下撤回股款的权利，就是从保护弱者的利益出发，即保护认股人的利益，从而加重发起人的责任，防止其利用设立行为侵害认股人的利益。发起人相对于认股人而言处于强势地位，信息更充分，资金实力强大，如果法律不赋予认股人在一定条件下撤回股款的权利，就会使某些发起人借发起设立公司之名，从事不法行为，侵害无辜投资者的利益。而该案例从另外一个角度讲，也在敦促发起人在设立公司的过程中要遵循法定程序，及时按照法律规定召开创立大会，保护认股人的利益不受侵犯。

▌防控策略

1. 重视公司章程的制定及其作用的发挥

公司投资人应当高度重视公司章程这部"宪法"的制定和运用。具体的制定要求应当符合如下要求：

第一，根据公司的特点和需要制定公司章程。

世界上没有一个国家的宪法与另一国家的宪法是完全相同的，因为没有一个国家与其他国家是完全相同的。所以，也没有一个公司可以完全照搬照用其他公司的章程。因此，虽然《公司法》第25条规定了有限责任公司章程应当载明的基本事项[1]，但是仍然应当结合本公司自身实际情况，作出既合法又合理的公司章程。

制定章程的过程，也是确定股东今后在公司管理决策中的权利、地位的过程。章程条款的合理设置，是股东利益博弈的结果。而这种利益的博弈，与股东的特点和持股比例密不可分。

例如，对于小股东而言，扩大股东会表决事项的比例要求，就等于为自己争取到了今后的发言权。如果公司章程中将重大事项均列入需全体股东一致同意才能通过的范围，则小股东将在公司运营中占有优势地位，这比通过《公司法》中的强制性规定来保护小股东合法权益更具有效率。

又如，关于董事的产生，是根据股权比例由股东委派还是通过股东会选举产生，区别就在于股东们是更愿意由内部人员来管理公司还是外部人员来管理公司。

股东的特点包括股东之间的关系、股东关注利益或事项的区别等等。而股东持股比例的不同，则直接影响到章程今后的实施以及公司的运行效率。对于小微企业而言，如章程约定经营管理的具体事项要经股东会一致同意才能通过，则该公司今后极可能陷入僵局。因此，为了发挥小微企业决策快、效率高的优势，有限责任公司章程要根据股东的特点和持股比例而定。

第二，章程要根据公司的行业特点、运行机制来制定。

公司所处的行业不同，决策的产生与执行的要求不同，运行的机制不同就导致不同公司需要不同的公司章程。在章程的规定适应公司的行业特点、执行

---

〔1〕《公司法》第25条规定："有限公司章程应当载明下列事项：（一）公司的名称和住所；（二）公司经营范围；（三）公司注册资本；（四）股东的姓名或者名称；（五）股东的出资方式、出资额和出资时间；（六）公司的机构及其产生办法、职权、议事规则；（七）公司法定代表人；（八）股东会会议认为需要规定的其他事项。"

机制时，公司股东之间、股东与公司之间的矛盾就会减少；反之，则纠纷不断。

第三，公司章程应细化、明确、具有可操作性。

《公司法》规定了公司章程的必备内容，也对相关内容做出了原则性的规定。很多小微企业投资人往往认为法律已经规定得很明确了，公司章程照抄就行了。殊不知如此制定章程就失去了制定章程的必要性了。实际上，公司章程的作用，就是将这些法律规定的内容细化、使其具有可操作性、符合本公司的实际情况。

例如，关于召开股东会的通知程序。一般章程中都会规定召开股东会应提前15日通知，但章程中更需要明确的是：通知由谁来发出，是董事长还是公司其他负责人？董事长不履行职责，能否由副董事长或其他股东来发出通知？通知以何种形式发出，是书面的还是口头的？通知发往的地址，是股东的法定地址还是实际地址？地址变更如何处理？拒收通知的效力如何推断，如果某股东将通知退回，是认定其未收到通知还是拒绝参加会议？未收到通知但参加了会议，事后却提出异议，那么应认定为股东会召集瑕疵，需要重新召集，还是应认定为有效召集？

另外，规定违反章程的后果以及救济方式也很重要。例如，《公司法》第41条第2款规定，"出席会议的股东应当在会议记录上签名"。但如果股东参加会议却拒不在会议记录上签名，那么意味着什么？是认定该股东弃权、反对还是同意？同样的这些问题，也适用于董事会会议的程序。

第四，尽可能地将股东关注的内容与约定写入章程。

无论是公司设立协议中的约定，还是在公司运行中，股东就公司管理、权利制约、利益分配等达成的协议，都可以列入公司章程的内容。同时，尽可能地预测纠纷产生的风险并建立解决机制，这将是章程在公司运行中发挥作用的重点。股东只有将这些内容都规范地写入章程，成为公司运行的规则，才能使得股东与股东之间、公司与股东之间建立起良好的关系，也才能将公司的自治纳入到法律的体系中，使其得到法律的保护。

2. 在法律规定的出资方式内依法出资

为了从根本上维护公司及债权人的合法权益，我国《公司法》特别强调公司资本的充实，要求股东应当按期足额缴纳章程所规定的各自所认缴的出资额。其中，股东以货币出资的，应当将货币出资足额存入准备设立的有限责任公司在银行开立的临时账户；以非货币财产出资的，应当依法办理财产权转移手续。如果股东违反上述义务，除应当向公司足额缴纳出资外，还应当向已按期足额缴纳出资的股东承担违约责任。

3. 依照法律规定进行公司的登记

（1）及时、正确的办理变更登记。登记是公司的成立要件，没有依法登记，公司就不能成立。登记同时公司产生对抗第三人的效力。没有取得登记，权利主体不能对抗第三人。所以，及时、正确的办理公司登记，既是取得法律规定的主体资格的强制要求，也是保障自身合法权益的有效办法。实践中，小微企业投资者往往对公司的设立登记比较重视，因为没有设立登记就无法取得营业执照，公司不能成立。但对于变更登记，则往往怠于办理，甚至不予办理或者虚假办理，从而引发了相应的纠纷，造成了不必要的损失。

例如，根据《公司登记条例》的规定，公司变更名称、法定代表人、经营范围以及股东转让股权的，均应在30日内申请变更登记。逾期未登记的，公司登记机关可处以1万元以上10万元以下的罚款。而以虚假方式申请办理登记，则将受到更严厉的处罚。由此，应当按照法律规定在法定时限内进行公司登记。

（2）在选择委托人办理公司登记手续时，投资者应对相关法律文件进行认真审核，并谨慎签名。

第三章
小微企业治理的法律实务与对应风险防控

第一节　公司治理的法律实务与风险防控

公司治理，是指规范公司行为的基本契约框架，该契约框架以股权结构为基础，规范公司决策与经营机关的行为，以实现投资人创建公司的目的。公司治理包括很多方面，最为重要的无疑是公司治理的组织结构问题，如股东会、董事会、监事会和公司管理层的构建方式，职责、权限的配置，以及权力行使方式和程序的规范。

公司治理中的风险也主要来自于公司的治理结构，主要有股东会治理中的法律风险、董事会治理中的法律风险、监事会治理中的法律风险、高管人员治理中的法律风险等。鉴于股份公司多为大型企业，小微企业一般采用有限责任公司形式，因此，本节重点介绍有限责任公司治理的法律风险问题。

一、公司股东资格的认定

（一）股东资格的概念

所谓股东资格，又称股东地位，是投资人取得和行使股东权利，承担股东义务的基础。确认股东资格，无论对于投资者还是公司，以及公司债权人来说都具有重要意义。

（二）隐名股东的法律风险

现实中股东出资存在"有名无实""有实无名"等不规范现象，这种行为属于隐名投资。隐名投资，系指双方协议约定，以一方的名义对外投资经营业务，另一方对该方经营的业务进行投资、分享利润。名义出资人可能对经营业务实际投入资金的人，也可能只是隐名出资方的代言人，无论何种方式，隐名出资人都在其出资限度内分担风险。隐名出资会产生如下几种法律风险：

第一，隐名投资人作为实际出资人，其与显名投资人存在委托代理关系，但其法律地位并不具有公示效力，如无其他约定或规定，隐名出资人的股东地位不一定会被认可。

第二，显名投资人尽管为名义持股人，但在外部效力而言，其可以作为股东行使一切股东权利，作为名义持股人，其与隐名出资人存在代理成本和道德风险，如果显名股东违背隐名股东的意愿，擅自转让登记在其名下的股权，如果有第三人根据善意取得制度取得股权，隐名出资人的股权将得不到保障。

第三，在显名股东代表隐名股东控制公司的情况下，显名股东很可能为了自己的利益作出决定，擅自处分公司财产或在公司财产上设立权利负担，使得第三人善意取得该项财产权利。

第四，显名股东因个人债务原因使其名下股权被司法冻结或强制执行，导致隐名股东的股权在自己不知情的情况下被司法处置。

第五，显名股东实际控制公司，架空隐名股东。

第六，显名股东与隐名股东发生矛盾时消极行使名义股东权利，损害公司利益或隐名股东的股东权利。

第七，如上所述，在隐名出资的情况下，为了规避风险，隐名股东会要求与显名股东签订代持股协议，约定各自的权利义务，但该代持股协议的约定不得对抗与外部第三人的交易。

第八，我国有些产业限制外国投资者（包括港、澳、台投资者）投资或者禁止外国投资者投资。如果外国投资者规避中国法律，通过股权代持方式进入相关行业，股权代持协议会因违反中国法律规定而被认定为无效。

第九，显名股东死亡或离婚时，其代持股权作为财产有可能涉及继承或离婚分割的法律纠纷。

第十，股权代持转为实际投资人自己持有时，主管税务机关可能不认可是代持转自己持有，而将其认定为股权转让，因此会按照股权评估增值征收企业所得税或个人所得税。

案例

胡占海与庆阳市腾祥房地产开发有限责任公司及张㴬、宁培艳、张雪梅股东资格确认纠纷案〔1〕

▌基本案情

胡占海诉称：2009年6月原告与张㴬就合作开发位于西峰区世纪大道西侧土地事宜分别签订协议，就双方取得土地开发权、后续共同开发、及以张㴬名义注册公司、原告投入450万元占该公司45%股份、原告所持公司股份暂由张㴬代为持有并就办理工商登记、公司管理等事宜进行约定。原告及张㴬依约进行了项目开发建设，在建设过程中于2012年6月28日双方就前期实际出资、股权享有进行书面确认，并约定公司项目建设后续资金由张㴬以公司名义对外采用融资等方式继续投入。公司项目开发建设继续进行，但此后张㴬将其在被告腾祥房地产公司的股权全部转让给其妻子即被告宁培艳，并向原告提供了其与宁培艳签订的《股权转让协议》《自愿离婚协议》。后经查询，该股权确已变更至宁培艳名下，6个月后宁培艳又将股权转给其女儿张雪梅。原告认为，张㴬在工商登记中的股份，该股份的实际权利人应是原告，原告是该公司股东，且原告按约定参与了公司经营，并履行了约定义务。然而，在原告不知情的情况下，张㴬采用与妻子协议离婚的方式，将财产、股份全部分给妻子，将债务全部由自己承担，其行为严重侵害了原告的合法权益。遂请求法院：依法确认原告在被告腾祥房地产公司的股东资格及45%股权；依法确认张㴬与宁培艳于2013年1月7日签订的《股权转让协议》无效，及宁培艳向张雪梅的转让行为无效；依法确认张㴬与宁培艳于2012年12月27日签订的《自愿离婚协议书》"财产分割"及"其他事项"中涉及公司部分内容无效。

法院经审理认为本案争议的焦点为：原告在被告腾祥房地产公司的股东资格及45%股权能否确认；原告要求确认张㴬与宁培艳签订的股权转让协议及宁培艳向张雪梅转让腾祥房地产公司股权的行为无效及原告要求确认张㴬与宁培艳签订的离婚协议书中涉及公司部分的内容无效的诉讼请求能否成立。

首先，关于原告在被告腾祥房地产公司的股东资格及45%股权的确认。《公司法》第28条规定："股东应当按期足额缴纳公司章程中规定的各自所认缴的出资额。股东以货币出资的，应当将货币出资足额存入有限责任公司在银行开设的账户；以非货币财产出资的，应当依法办理其财产权的转移手续。"《最高

─────────────

〔1〕　甘肃省庆阳市中级人民法院（2014）庆中民初字第12号民事判决书。

人民法院关于适用〈中华人民共和国公司法〉若干问题的规定（三)》第 23 条规定："当事人之间对股权归属发生争议，一方请求人民法院确认其享有股权的，应当证明以下事实之一：（一）已经依法向公司出资或者认缴出资，且不违反法律法规强制性规定；（二）已经受让或者以其他形式继受公司股权，且不违反法律法规强制性规定。"原告胡占海请求法院确认其享有股权的主要证据为两份协议书和一份双方确认的对账清单，张檄在法庭质证过程中虽对此予以认可，但因胡占海不能提供其向公司出资的入股凭证等直接证据或其他间接证据证明其主张真实性而无法被法院采信；18 张支票存根因未载明付款人和收款人，无法确定该款项是否被汇入被告腾祥地产公司账户，且腾祥房地产公司 2009 年 7 月 30 日设立，胡占海提供的 18 张支票存根属于 2010 年 12 月 20 日至 2012 年 4 月 24 日期间的，并非腾祥房地产公司设立期间。胡占海是否向腾祥房地产公司出资因证据不足，不能认定，故胡占海要求确认其在被告腾祥房地产公司的股东资格及 45% 股权的诉讼请求，因证据不足，不予支持。

其次，原告要求确认张檄与宁培艳签订的《股权转让协议》、宁培艳向张雪梅的转让行为无效及张檄与宁培艳签订的自愿离婚协议书中涉及公司部分内容无效的诉讼请求能否成立的问题。因原告胡占海无证据证实其系腾祥房地产公司的股东或者实际出资人，即胡占海与腾祥房地产公司不存在法律上的利害关系，故胡占海该请求于法无据，不能成立。

综上，原告胡占海的诉讼请求因证据不足，不予支持。依据《中华人民共和国公司法》第 28 条、第 72 条，《最高人民法院关于适用〈中华人民共和国公司法〉若干问题的规定（三)》第 23 条，《最高人民法院关于民事诉讼证据的若干规定》第 2 条和《中华人民共和国民事诉讼法》第 64 条之规定，法院判决驳回原告胡占海的诉讼请求。

▌案例评析

本案主要针对的问题是如何认定隐名股东的资格。隐名投资在经济生活中普遍存在。出于各种原因，有些投资者在投资一家企业时，不方便注册为该公司股东并对外公示，于是采用隐名投资的方式，委托他人代持股权，实际投资人和代持人签订一份代持股协议，明确该股权系代为持有，股东权利名义上由受托人行使，但实质的经济利益由隐名投资人享有，有关股权的处置、变更等事项须有实际投资人授权方可进行。通常，如果代持股协议由专业律师起草，条款对各种可能出现的情况均有规定，实际投资人和受托代持股人之间一般不会发生争议。如果实际投资人和代持人之间就股权的归属发生争议，根据

《最高人民法院关于适用〈中华人民共和国公司法〉若干问题的规定》第 25 条的规定，法院也会按照代持股协议的规定做出支持实际投资人的判决。我国法律并没有禁止隐名出资，隐名投资协议属于私法自治的范畴，应认定具有法律效力，但不产生对抗第三人的效力，仅在隐名投资人与代其投资的显名股东之间产生权利义务关系。

■ **防控策略**

1. 充分了解国家法律法规的规定，确定隐名投资人有无投资项目的准入限制。

2. 对显名投资者做资信尽职调查，确定显名投资者的信用等级。

3. 在实际出资人与显名股东签订委托持股协议时，由实际出资人与显名股东签订借款协议，双方再根据这份借款协议签订股权质押协议，然后将股份出质记载于股东名册，并到工商登记管理机关办理出质登记。这样可以防止名义出资人擅自转让股权的行为发生。

4. 在公司章程中作出显名股东在几年之内不得转让股权的规定，且约定的时间一般应与实际出资人可适合直接出面担任股东的时间大体吻合。

5. 为了今后发生纠纷时可以有效地保护自己的权益，隐名投资者应该妥善保存实际出资的各种证据。只要证据充分，隐名出资人完全能够在必要时依法确认自己的股东资格。

6. 隐名投资协议作为隐名投资行为的核心法律文件，是保护隐名出资人权益最为重要的材料证据，虽不具有对抗第三人的效力，但有对内效力。因此务必要求全面、具体、细致，尽可能保护隐名出资人的合法权益。请专业律师草拟协议并由律师见证是对权利的最大保护。

7. 由其他股东和公司出具证明隐名股东为实际出资人的证明文件。

8. 为避免将来代持变为自己持有时主管税务机关以股权转让征收所得税的风险，建议实际出资人签署代持股协议时办理公证手续，并保留银行转账记录等出资证明材料。

二、有限责任公司的股东会制度

（一）有限责任公司股东会的基本内涵

公司是一种法人组织体，不具有自然人那样的生理机能，因而公司自身无法表达意思和实施行为。公司的治理依赖于公司的组织机构。在有限责任公司里最重要的组织机构之一就是股东会。股东会是依照我国《公司法》和公司章程的规定，由公司全体股东组成的对公司经营管理、各种涉及股东和公司利益的事项拥有最高决策权的公司权力机构。有限责任公司的股东会由全体股东组成，是公司的意思形成机构和最高权力机构。它不是公司的常设机构，只是一个通过开会和投票方式存在的权力机构。

（二）有限责任公司股东会的基本法律实务

1. 明确股东会职权

《公司法》第 37 条规定，股东会行使下列职权：

（1）决定公司的经营方针和投资计划；

（2）选举和更换非由职工代表担任的董事、监事，决定有关董事、监事的报酬事项；

（3）审议批准董事会的报告；

（4）审议批准监事会或者监事的报告；

（5）审议批准公司的年度财务预算方案、决算方案；

（6）审议批准公司的利润分配方案和弥补亏损方案；

（7）对公司增加或者减少注册资本作出决议；

（8）对发行公司债券作出决议；

（9）对公司合并、分立、解散、清算或者变更公司形式作出决议；

（10）修改公司章程；

（11）公司章程规定的其他职权。

对前款所列事项股东以书面形式一致表示同意的，可以不召开股东会会议，直接作出决定，并由全体股东在决定文件上签名、盖章。

从上述规定事项来看，股东会仍享有较为广泛的职权。前述事项均为其法定职权。此外，公司章程若规定股东会行使法定职权以外的其他职权，自然亦为法律所允许。

2. 区分股东会种类

股东会是全体股东组成的公司权力机构，是定期或者临时举行的由全体股东出席的会议。依据会议召开的原因及时间和方式的不同，股东会分为定期会议和临时会议两种。

（1）定期会议，又称股东年会，是指公司按照法律或者公司章程的规定按时召开的会议。定期会议是每年必须召集的股东会议，一般是一年一次，在每个会计年度终结后 6 个月内召开，但也有公司章程规定一年召开两次定期会议。

定期会议是全体股东行使最高决议权的基本形式，它通常行使法律或章程所规定的基本职权。当然，除行使股东会的法定职权外，也可以安排议定一些特殊事项。

（2）临时会议是指必要时在两次定期会议之间不定期召开的全体股东会议。《公司法》第 39 条规定："代表十分之一以上表决权的股东，三分之一以上的董事，监事会或者不设监事会的公司的监事提议召开临时会议的，应当召开临时会议。"

3. 按照法定程序召开股东会会议

（1）召集人。无论是定期会议还是临时会议，原则上都由董事会召集。

在我国的公司实践中，出于种种原因，经常存在着股东会会议无法召开的情形。为此《公司法》做出了十分缜密的规定。根据《公司法》第 38 条、第 40 条的规定，有限责任公司的首次股东会会议由出资最多的股东召集和主持。设立董事会的，股东会会议由董事会召集，董事长主持；董事长不能履行职务或者不履行职务的，由副董事长主持；副董事长不能履行职务或者不履行职务的，由半数以上董事共同推举一名董事主持。有限责任公司不设董事会的，股东会会议由执行董事主持。董事会或者执行董事不能履行或者不履行召集股东会会议职责的，由监事会或者不设监事会的公司的监事召集和主持，监事会或者监事不召集和主持的，代表 1/10 以上表决权的股东可以自行召集和主持。

（2）召集程序。股东会之召集应以书面形式于会议召开的一定期限之前通知或公告股东。根据《公司法》第 41 条的规定，召开股东会会议，应当于会议召开 15 日前通知全体股东；但是公司章程另有规定或者全体股东另有约定的除外。依照《公司法》的有关规定在"通知"或"公告"中，应载明股东会决议的事项，即召集股东会的事由，以便股东做准备。

4. 按照法定表决规则行使股东表决权

为了使股东会形成公平、有效的决议，提高中小股东参与公司治理的积极性，防止大股东利用控股地位侵害中小股东利益，必须严格按照法律规定的股东会议事规则作出股东会决议。

（1）达到股东法定出席比例。召开合法有效的股东会，出席会议的股东所代表的表决权应满足法律规定的基本标准，以防止少数股东操纵股东会损害其他股东利益。我国《公司法》在这一方面比较缺失，因此，小微企业主在治理有限责任公司的过程中可以通过章程或者全体股东的决议对此问题作出规定，以保障公司股东会召开的有效性、合理性。

（2）按照股东表决权的基本原则行使自身权利。股东会的决议通过股东投票表决的方式作出，股东表决权是指股东基于股东地位而享有的、就股东会的议案作出一定意思表示的权利。表决权是股东权利的中心内容，是基于股东地位而享有的一种固有权利，除非法律另有规定，不得以公司章程或股东会决议予以剥夺或限制。具体如何行使股东的表决权，《公司法》第42条规定："股东会会议由股东按照出资比例行使表决权；但是，公司章程另有规定的除外。"也就是通常所说的"一股一票"制。

（3）股东会最终决议必须达到法定通过比例方为有效。根据股东会表决事项的重要性不同，股东会的决议可以分为普通决议和特别决议。

第一，普通决议。普通决议是指决定公司的普通事项时采取的以简单多数通过的决议。"简单多数通过"是指由出席会议的股东所持有的1/2的表决权通过决议即可生效。《公司法》第43条规定："股东会的议事方式和表决程序，除本法有规定的外，由公司章程规定"。因此，《公司法》并未明确规定有限责任公司股东会对于普通决议通过的法定比例，参考关于股份有限公司对于普通决议通过的法定比例，我们可以理解为，有限责任公司股东会决议除了《公司法》明文规定的特别事项外，一律经全体股东表决权的过半数通过即可。此处的"过半数"指的是公司全体表决权的"过半数"。

第二，特别决议。特别决议是指决定公司的特别事项时采用的以绝对多数才能通过的决议。《公司法》第43条第2款规定："股东会会议作出修改公司章程、增加或者减少注册资本的决议，以及公司合并、分立、解散或者变更公司形式的决议，必须经代表三分之二以上表决权的股东通过。"此处的2/3表决权，指的是有限责任公司全体股东表决权的2/3，而不同于股份有限公司股东大会特别决议的2/3，股份有限公司是以出席会议的股东所持表决权为计算依据的。

（4）依法形成会议记录并审慎签字。股东会的决议事项应当有完备的会议记录。在记录当中，应标明会议的时间、场所、主席的姓名、议事的内容和结果等，并由主席签名盖章。《公司法》第41条第2款规定："股东会应当对所议事项的决定作成会议记录，出席会议的股东应当在会议记录上签名。"这里的签字需要承担相应的责任，因此，小微企业的各股东在签字确认时应当尽量谨慎，防止恶意股东利用股东会签字侵犯自身合法权益。

（三）有限责任公司股东会运行过程中面临的主要法律风险

《公司法》第22条规定："公司股东会或者股东大会、董事会的决议内容违反法律、行政法规的无效。股东会或者股东大会、董事会的会议召集程序、表决方式违反法律、行政法规或者公司章程，或者决议内容违反公司章程的，股东可以自决议作出之日起六十日内，请求人民法院撤销。"因此，股东会行使职权必须依照法律和公司章程的规定，否则其决议可能会被法院撤销或认定无效。

案例 安徽省合肥市中院判决股东诉兴达公司股东会决议效力确认纠纷案

▌基本案情

兴达公司是改制企业，现共有25名自然人股东，谢某、刘某系该公司的股东。在本案起诉前，谢某、刘某因认为公司法定代表人及其他一些管理人员侵害公司及谢某、刘某的利益，双方发生诉讼，谢某、刘某在诉讼中提出由兴达公司给谢某、刘某40万元补偿款的调解方案。兴达公司为此召开股东会，股东会通过决议，决议内容为兴达公司给予每位股东发放补偿款40万元，谢某、刘某签字表示不同意。后公司通过转账方式向每位股东支付40万元。谢某、刘某诉至法院，请求确认上述股东会决议无效。谢某、刘某认为公司发放的40万元是分红款，兴达公司认为是福利。

一审法院经审理认为，兴达公司经股东会通过决议给每位股东发放补偿款40万元，应定性为福利，不应认定为分红。公司发放福利属于公司自治权范畴，司法权不宜主动干涉。据此，判决驳回谢某、刘某的诉讼请求。

宣判后，谢某、刘某不服上述判决，向所在市中级人民法院提起上诉。二审法院认为，案涉股东会决议是公司股东滥用股东权利形成，属于变相分配公司资产，违反了《中华人民共和国公司法》的强制性规定，应为无效。故二审法院作出判决，撤销原审判决，确认案涉股东会决议无效。

▌案例评析

本案是一起典型的公司股东会决议在内容上存在瑕疵引起诉讼的案件。案件的审查重点在于涉案的股东会决议内容是否违反法律、行政法规的规定。《公司法》第4条规定，公司股东依法享有资产收益的权利。具体的资产收益，即为在公司存续期间，股东按照实缴出资比例分取的公司红利。而用于分红的利润，则是公司存续期间所有者资产权益中唯一脱离于公司经营资产之外、归于股东个人的财产权益。无论是何种形式均是为股东谋取利益，变相分配公司利益的行为，该行为贬损了公司的资产，造成公司资产不正当地流失，也可能损害了部分股东、公司职工和债权人的利益。此种情形的股东会决议违反了《公司法》第20条关于股东依法行使股东权利的强制性规定，应为无效。结合案涉股东会决议，作如下分析：

首先，关于决议内容所涉款项的来源，兴达公司认为分发的款项来源于兴达公司账面余额，但无法明确是利润还是资产。我国公司法采取的是法定公积金分配准则,即公司在未补亏以及未留存相应比例公积金的情形下,所获利润不得用于分配。兴达公司未提供证据证明其已按照法律规定弥补亏损并提取了法定公积金。

其次,关于款项的性质,兴达公司辩称分发款项系福利性质。根据通常理解,"福利"指员工的间接报酬,一般包括健康保险、带薪假期、过节礼物或退休金等形式。"福利"的发放对象为员工,而本案中,决议内容明确载明发放对象系每位股东。且发放款项数额巨大,不符合对"福利"的通常理解。若兴达公司向每位股东分配公司弥补亏损和提取公积金后的所余税后利润,则应当遵守《公司法》第35条的规定进行分配。本案中,在全体股东未达成约定的情况下,不按照出资比例分配而是对每位股东平均分配的决议内容违反了上述规定。案涉股东会决议表面上是对股东发放补偿款,实质上是以此形式掩盖变相分配公司资产的目的,违反了法律的强制性规定,符合《公司法》关于股东会决议无效的情形,二审判决认定案涉股东会决议无效是正确的。

案例 成都某电器有限公司与何某某其他股东权纠纷上诉案

▌基本案情

何某某和成都某电器有限公司的法定代表人雷某某系夫妻关系。1998年,二人投资100万元人民币成立了雷神电器公司。雷某某出资70万元,占该电器公司70%的股份,何某某出资30万元,占该电器公司30%的股份。2004年5月20日,该电器公司增加注册资本为600万元,并进行了工商变更登记,《验资报告》中载明,何某某以净资产1 262 265.65元出资,占该电器公司26.04%的股份。2004年8月1日,为了办理贷款,该电器公司的股东雷某某、方某某、胡某、高某等18名股东签署了《出资人协议》,载明:"该电器有限公司以2004年3月31日为基准日进行了增资扩股工作……一、原公司所有记在老股东雷某某先生名下的六套房屋(原值1 006 862.08元)本次增资扩股工作中暂不过户,但其产权虽说在雷某某先生私人名下,实质归增资后的该电器有限公司所有,公司新老股东共同对其拥有权益……"作为股东的何某某未在该《出资人协议》上签名。该电器公司以此《出资人协议》证明登记在雷某某名下的六套房屋已经由雷某某、何某某以实物出资的方式出资到了该电器公司,只是没有及时办理过户手续仍旧挂在雷某某个人名下。雷某某、何某某作为以该房屋出资的股东,有义务协助签订以该房屋抵押贷款的有关《抵押合同》等手续。2006年6月13日,雷某某、何某某与深圳发展银行成都分行签订了《房地产抵押合同》，载明登记所有权人为雷某某、位于成都高新区元通二巷的七套房屋为何某某与深圳发展银行成都分行签订的《个人循环授信额度合同》设定 120 万元的抵押，雷某某、何某某均在该《房地产抵押合同》上签名。该电器公司据此顺利贷款 120 万元。

2007 年 10 月 15 日，该电器公司形成《股东决议》，决定向所在市某农村合作银行的一个支行申请授信贷款 360 万元用于购买生产材料。雷某某、何某某等 17 名股东在该《股东决议》上签字。2007 年 10 月 25 日，该农村合作银行的支行批准了该电器公司贷款 360 万元的申请，该电器公司据此要求何某某继续为该 360 万元贷款提供房屋抵押担保并协助办理有关手续，因何某某一直拒绝签字，该电器公司于 2008 年 3 月 21 日发函通知何某某，要求其在"2008 年 3 月 24 日上午 9：30 到该农村合作银行的支行和深圳发展银行武侯支行办理或授权孙某某股东代理你办理房产贷款质押及房产解除质押的相关手续"。后，何某某仍旧未协助办理该电器公司所需贷款的有关签字手续。

2008 年 1 月 29 日、2008 年 2 月 27 日，该电器公司分别在当地两家报纸上刊登公司召开股东会年会的《公告》，载明经公司董事会决定于 2008 年 3 月 15 日上午 9：00 至 2008 年 3 月 17 日下午 5：00 召开股东会并要求各位股东准时到会，若股东因故不能出席股东会，需书面委托其他股东行使股东职权，若无书面委托且无故缺席，视为自动弃权。

后该电器公司股东会如期召开，雷某某、何某某、方某等 14 名股东本人到会，李某、姚某、胡某等 3 名股东仅委托他人代为参加股东会，另有 7 名股东委托他人代为参加股东会并行使股东权利，故到会和视为到会的股东共计 24 名，王某某、姚某某、胡某某等 3 名股东缺席。在该次股东会的《会议原则》上载明："……3、不出席且未授权委托他人的股东，视为参加并同意此次股东大会的所有决议。4、无论何种原因中途退席者，视为参加并同意本次股东大会决议……"雷某某等 22 名股东在该《会议原则》上签名，黎某某签署了"本人认为该会议原则有不妥之处，不同意"的意见。何某某未在该《会议原则》上签名。

会议召开一半后，何某某离开，未参加该日下午的会议。

但该电器公司的股东会继续进行，形成了《股东大会决议》，该决议载明："2008 年 3 月 16 日，公司股东大会就公司在实施 360 万元正常流动资金贷款过程中，部分股东不能正常履行或拖延履行签字义务，从而导致贷款不成功或贷款延误而影响公司正常运作，形成如下决议：1、2004 年公司进行股份制改革，何某某以房产进行实物出资，且根据当时的实际情况，同意已出资资产仍然挂在其名下。因此，何某某有方便公司使用、处分该出资资产的附随义务。2、若何某某不认为该房产是其出资资产，公司将通过诉讼追究其出资不到位的法律责任，并要求其出资到位，变更该房产为公司所有。3、若何某某认为该房产是其出资资产，但又不履行贷款签字义务，应当赔偿由此给公司造成的损失"。该《股东大会决议》有 23 名股东签名，其中 8 名股东为他人代签。何某某认为该《股东大会决议》违背了公司章程第 20 条的规定，无论是从股东人数还是所代表的股权上来说，均未达到章程所规定的 96% 以上的股东通过，其表决方式违反公司章程，因此起诉请求人民法院依据《公司法》第 22 条第 2 款的规定予以撤销。

法院审理过程中查明：该电器公司章程第 20 条规定，股东会会议由股东行使表决权。股东会应有 2/3 以上的股东出席。对一般决议、公司增加或者减少注册资本，分立、合并、解散或者变更公司形式以及修改章程，必须经 96% 以上的股东通过。第 21 条规定，召开股东会会议，应当于会议召开 15 日前通知全体股东。

法院经过审理认为：合法的股东会召集程序是股东会决议成立并具有法律效力的前提条件。对于股东会召集程序，该电器公司的章程规定应于会议召开 15 日前通知全体股东，这和《公司法》的规定一致。上述规定说明股东会召集必须提前 15 天通知到全体股东，该通知内容既应包括股东会会议的时间、地点，更应包括会议的全部内容，以便股东安排时间、会前充分准备材料，行使股东的表决权，更好地保护自己的合法权益。本案中该电器公司虽按公司章程以及《公司法》的规定，将会议召开的时间、地点以及除临时议题外的会议内容提前 15 天通知了全体股东，但却未将"会议议题"中的第 6 项"临时议案"的具体内容一并通知包括何某某在内的各股东，而临时议题内容涉及以何某某的房产为公司贷款设定抵押等问题，即使会议的议决方法以及内容并不违反公司章程的规定，却因开会前何某某并未接到通知，且在其因事退会后确定并形成决议，因此股东会的召集程序存在瑕疵，该瑕疵导致股东会决议违反公司章程以及《公司法》第 42 条第 1 款的规定，应予撤销。

▌案例评析

本案是股东会召集程序上存在瑕疵导致最终所做决议被撤销的案例。确定召开股东会后，全体股东必须都得到通知，《公司法》只确立了股东会召开分为定期会议和临时会议两种形式，而对于召开的时间只规定了提前 15 日通知（公司章程或者全体股东同意的规定除外），对于通知的主体、召开的地点、通知的方式、通知的程序并没有做出具体的规定，这就要求企业在公司章程中予以具体约定，如果未做明确约定，则应当本着诚实信用、全面维护股东利益的原则履行通知义务，确保股东对于股东会会议的召开有全面、真实的了解。本案中该电器公司虽按公司章程以及《公司法》的规定，将会议召开的时间、地点以及除临时议题外的会议内容提前15天通知了全体股东，但却未将"会议议题"中的第6项"临时议案"的具体内容一并通知包括何某某在内的各股东，而临时议题内容涉及以何某某的房产为公司贷款设定抵押等问题，即使会议的议决方法以及内容并不违反公司章程的规定，却因开会前何某某并未接到通知，且在其因事退会后确定并形成决议，因此股东会的召集程序存在瑕疵，法院判决撤销于法有据，合情合理。

以上两个典型的公司股东会决议的审判提示我们在做出公司股东会决议时应当从自身职权出发，严格遵守法律关于股东会决议的各项程序性规定和实体性规定，保障公司决议的有效性、科学性。

▌防控策略

虽然《公司法》对于有限责任公司股东会的启动和运转程序规定了较为完备的法律体系，但是也无法全面防范在实践中出现的相应的法律风险，因此，要从企业自身角度出发，充分发挥公司章程对于公司股东会运作的规范作用，细化公司章程关于股东会召集、主持、通知程序的内容，然后严格依据《公司法》和公司章程的规定，通知、召集股东会。保障中小股东的参与权，完善股东大会的表决机制；完善通知方式，规范通知行为；加强监事会对股东会相关事项的监督，防止股东会召集程序的瑕疵。

三、有限责任公司的董事会制度

（一）有限责任公司董事会制度的基本内涵

董事会是由股东会选举产生的，是全体董事组成的行使公司经营决策权和管理权的必设的集体业务执行机关。尽管股东会是公司的权力机构，股东是公司财产的最终所有权人，但是股东会只是公司的意思形成机关，具体的事务执行仍需要借助董事会发挥作用。另外，公司有大有小，但都需要经营管理机构，因此，如何有效的执行这一制度，对于公司治理的完善意义重大。

（二）有限责任公司董事会运转的基本法律实务

1. 按照法定程序组建公司董事会

在设立有限责任公司的过程中，即应当建立符合其自身要求的组织机构，依法由股东会选举产生董事会的成员，决定其报酬等。公司董事会成员的选举属于公司的普通决议事项，由代表半数以上表决权的股东通过，如果股东以书面形式一致表示同意，也可以不召开股东会会议，直接作出决定。

2. 划定董事会职权范围

董事会的职权相对较为广泛，如果不进行划定，不利于塑造董事会的权威性，因此明确其具体职责非常必要。

《公司法》第46条采用列举的方式对公司董事会的职权作了一定的阐释，根据该条规定，董事会一般有以下职权：

（1）召集股东会会议，并向股东会报告工作；

（2）执行股东会的决议；

（3）决定公司的经营计划和投资方案；

（4）制订公司的年度财务预算方案、决算方案；

（5）制订公司的利润分配方案和弥补亏损方案；

（6）制订公司增加或者减少注册资本以及发行公司债券的方案；

（7）制订公司合并、分立、解散或者变更公司形式的方案；

（8）决定公司内部管理机构的设置；

（9）决定聘任或者解聘公司经理及其报酬事项，并根据经理的提名决定聘任或者解聘公司副经理、财务负责人及其报酬事项；

（10）制定公司的基本管理制度；

（11）公司章程规定的其他职权。

值得注意的是，该条中第11项规定的职权与其他10项法定的董事会职权有所不同，这里为公司章程对董事会授予更多职权预留了空间，小微企业可以在章程中根据企业自身治理需要适当扩大董事会职权，但必须予以明确说明。

3. 保证董事会组成的合法性

一是董事会人数。为了便于董事会做出决议，董事会无论人数多少，其成员人数都应当是单数。《公司法》第44条规定："有限责任公司设董事会，其成员为三人至十三人；但是，本法第五十条另有规定的除外。"这里的本法另有规定是指《公司法》第50条的规定。该条规定："股东人数较少或者规模较小的有限责任公司，可以设一名执行董事，不设董事会。执行董事可以兼任公司经理执行董事的职权由公司章程规定。"这对于小微企业而言是比较合适的，不仅可以有效规范董事的行为，而且也可以促进其高效行使自身职权。

二是董事会的成员结构及产生方式符合法律规定。董事可以由公司的股东担任，也可以由非股东担任，可以由职工担任，也可以由非职工担任。不同身份的董事，其产生方式不同。《公司法》第44条第2款规定："两个以上的国有企业或者两个以上的其他国有投资主体设立的有限责任公司，其董事会成员中应当有公司职工代表；其他有限责任公司的董事会成员中可以有公司职工代表。董事会中的职工代表由公司职工通过职工代表大会、职工大会或者其他形式民主选举产生"。据此，一般的小微企业中是"可以"有公司职工董事，也可以不设董事，具体可以根据公司的实际情况自行决定。

三是确定一个合格的董事长。在公司的治理过程中，一方面，公司的董事长有时会利用职务上的优势为自己谋利益，侵害公司利益，从而损害股东利益。董事长由于其存在职务上的优势和信息获取上的优势，利用其特殊地位为自身谋利益，这种行为违反了董事的忠实义务，严重损害了公司利益，是一种违法行为。另一方面，为了避免被追究责任，董事在经营中可能会变得缩手缩脚，导致其职权行使不当给公司带来损失。因此，为防止不必要的损失和纠纷，必须确定一个合格的公司董事长。《公司法》第44条第3款规定："董事会设董事长一人，可以设副董事长。董事长、副董事长的产生办法由公司章程规定。"根据该款的规定，公司董事长的产生由公司内部自行决定，这就需要公司作出较为完善的规范制度，既从防范的角度督促董事长依法行使职权，又从激励的角度鼓励董事长积极履行义务。例如，在损害公司利益的行为发生前公司可以行使阻却请求权，在损害公司利益的行为发生后有相应的惩治措施。

四是董事应当尽职履行公司职务。董事任期由公司章程规定，但每届任期不得超过3年。董事任期届满，连选可以连任，为保障公司管治的有效、平稳，《公司法》第45条第2款规定，董事任期届满未及时改选，或者董事在任期内辞职导致董事会成员低于法定人数（3人）的，在改选出的董事就任前，原董事仍应当依照法律、行政法规和公司章程的规定，履行董事职务。这是董事忠实义务的具体表现，我们经常把这种董事称之为"留守董事"或者"看守董事"。董事违反此规定，未履行忠实义务，给公司造成损害的，要承担相应的赔偿责任。

4. 按照法定程序召开董事会会议并形成有效决议

（1）划分董事会会议的种类。董事会是通过召开会议并形成决议的方式行使职权的。定期会议，是在公司章程规定的固定时间内召开的例会。临时会议，是由符合法律规定的提议人提议而临时召开的董事会会议。根据《公司法》的规定，股份公司董事会的会议和股东大会会议一样，将董事会会议的两种形式都做了规定，但是，对于有限责任公司董事会定期会议的召开次数和临时董事会的召开条件，均由公司自主进行决定、完善。

（2）按照法定程序召集和主持董事会会议。《公司法》第 47 条规定："董事会会议由董事长召集和主持，董事长不能履行职务或者不履行职务的，由副董事长召集和主持，副董事长不能履行职务或者不履行职务的，由半数以上董事共同推举一名董事召集和主持。"如果董事长怠于行使职权，不履行召集和主持义务，引发纠纷，应当承担相应责任。

（3）遵循法定或者章程规定的董事会议事规则，形成有效决议。《公司法》第 48 条第 1 款规定："董事会的议事方式和表决程序，除本法有规定的外，由公司章程规定"。在该法关于股份有限公司"董事会、经理"一节中，对其议事规则进行了较为细化的规定，由此可知，对于有限责任公司而言，董事会的议事规则属于章程规定范畴。一般情形下，公司章程可以结合本公司治理实践，从以下五个方面进行规规范：

一是董事会会议法定人数。董事会会议要合法举行，进而形成有效决议，首先必须达到出席董事会会议的法定人数。为贯彻民主原则，法定人数应占董事会成员的多数。

二是董事会会议出席。在董事会权力扩大和责任加重的形势下，董事会会议一般建议由董事本人出席，特别是对于人合性比较强的小微企业，董事确实因故不能出席的，可以委托其他董事代为出席，但为防止董事之间相互恶意代理，应当要求书面委托，委托书应当载明授权范围。

此外，我国《公司法》规定公司经理、监事有权列席董事会。监事有权对董事会决议事项提出质询或者建议。

三是遵循法定董事表决权原则。《公司法》第 48 条第 3 款规定："董事会决议的表决，实行一人一票。"即每一名董事对所需决议的事项有一票表决权。这是法定的董事表决权原则，在董事会表决的过程中，不能用公司章程或者股东决议予以改变。

四是董事会决议内容要合法。一般来说，对于有限责任公司董事会决议也可以划分为普通决议和特别决议实行简单多数决和绝对多数决的表决通过制度，但是无论是哪种决议，要取得法律效力，首先要求内容上合法，即符合法律和公司章程的规定。此外，形式上也要合法，即需由章程规定的相应董事人数同意并通过才可有效形成。

五是作成规范会议记录，形成有效形式文件。董事会会议记录既是作为决议已获通过的证明和贯彻决议、执行义务的依据，又是董事对董事会决议承担责任或免除责任的根据。

《公司法》第 48 条第 2 款规定："董事会应当对所议事项的决定作成会议记

录，出席会议的董事应当在会议记录上签名。"据此，小微企业的董事会有必要做好会议记录并妥善保存，以备审查。

5. 明确董事的义务的责任

（1）董事的义务。我国《公司法》以"董事应当遵守公司章程，忠实履行义务，维护公司利益，不得利用在公司的地位和职权为自己谋取私利"为基本原则，在该法第 147 条明确规定："董事、监事、高级管理人员应当遵守法律、行政法规和公司章程，对公司负有忠实义务和勤勉义务。"具体在该法第 147 条第 2 款规定："董事、监事、高级管理人员不得利用职权收受贿赂或者其他非法收入……"；第 148 条第 6 项规定，董事、高级管理人员不得将他人与公司交易的佣金归为己有。如果董事收受了贿赂或其他非法收入，即构成对忠实义务的违反，需承担没收违法所得、由公司给予处分的责任。构成犯罪的，追究其刑事责任。

例如，不得侵占公司财产。这是《公司法》第 147 条第 2 款规定的董事、监事、高级管理人员的又一项义务。董事负有维护公司财产完整性的义务，侵占公司财产同样是对其忠实义务的违反，应负返还公司财产、由公司给予处分的责任。构成犯罪的，也应追究其刑事责任。

例如，不得擅自处分公司财产。董事对公司财产的管理权和处分权的取得是建立在信赖的基础之上的，"得人之信、受人之托、代人理财"乃是其对外活动中个人身份的本质特征，因此，董事负有不得将公司财产作为个人财产擅自处理的义务，即不得挪用公司资金；不得将公司资金以其个人名义或者他人名义开立账户存储；不得违反公司章程的规定，未经股东会或者董事会的同意，将公司资金借贷给他人或者以公司财产为他人提供担保。违反这一义务的董事、高级管理人员，亦需承担相应的法律责任。

例如，不得使自己置身于与公司的利益冲突之中。这主要是指实施反向交易行为和竞业禁止行为。前者是指违反公司章程的规定或者未经股东会同意，与本公司订立合同或者进行交易；后者是指未经股东会同意，利用职务便利为自己或者他人谋取属于公司的商业机会，自营或者为他人经营与所任职公司同类的业务。无论是对反向交易行为的禁止，还是对竞业行为的禁止，其目的都是为了避免董事自身的利益与公司利益发生冲突，从而损害公司的利益。

例如，不得擅自披露公司秘密。保守公司秘密，是董事对公司应负的基本义务，这是忠实维护公司利益的必然要求，但在依据法律规定必须对公众充分披露信息而公开自身的秘密时，则不应视为对忠实义务的违反。

另外，《公司法》还规定了公司的归入权，即董事、高级管理人员违反上述规定，其所得收入当归公司所有。

（2）董事的民事责任。董事违反了法律、行政法规和章程规定的各项义务就要承担相应的法律责任。法律责任包括民事责任、和行政责任、刑事责任。就《公司法》作为民商法的特别法而言，对董事的民事责任应予特别关注。

第一，董事对公司的责任。董事与公司之间是建立在信赖关系的基础之上的，董事管理公司事务，应以对公司的忠诚和勤勉为其行为的自律要求，同时应遵守法律、章程及股东会决议。否则，董事应当承担责任。

第二，董事对股东的责任。如董事滥用权力致使股东遭受损害，也应当承担相应的民事责任。《公司法》第152条规定："董事、高级管理人员违反法律、行政法规或者公司章程的规定，损害股东利益的，股东可以向人民法院提起诉讼。"

（三）有限责任公司董事会运行过程中可能存在的法律风险

如上所述，董事会是公司的经营决策机关和股东会的常设执行机关，拥有广泛的职权，在公司经营管理过程中发挥非常重大的作用，但执掌权力的背后也隐藏着巨大的法律风险，一旦董事会运行出现失误，董事不尽法定义务，对公司管理的有序进行将会产生重大影响。

另外，董事会会议也应当在内容上符合法律、行政法规、公司章程的规定，在会议召集程序、表决方式上符合法律、行政法规或者公司章程的规定，否则也将面临被撤销或者被宣判无效的风险。

案例 董事违反法定义务案

▌基本案情

A公司于2003年4月25日成立，原告吴某祥、陈某南及被告翟某明同为A公司的股东，同时被告还担任A公司的法定代表人。A公司成立后一直从事研制和开发"A品牌数码智能锁"项目，2004年A公司将该项目作为该市科技发展计划申报。2004年7月，该市科技局与A公司签订《某某市科技项目合同》，同年9月该市新北区科技局也与A公司签订了《科技项目合同》。上述申报材料和科技合同中均明确研究内容是A品牌数码锁、钥匙和钥匙设定器，项目负责人和主要研究人员都是被告。A公司为该项目的研究投入了大量的资金、设备等物质技术条件。但2005年8月，被告翟某明以其个人名义向国家知识产权局提出关于"一种由钥匙提供电源的微功耗电子锁具"的发明专利申请、实用新型专利申请各一项，两原告认为被告上述行为侵犯了A公司的专利申请权，请求人民法院判令被告承担相应法律责任，将申请主要所涉及的"一种由钥匙提供电源的微功耗电子锁具"的发明专利和实用新型专利的申请权归属 A 公司，并由被告承担诉讼费用和其他合理费用。

法院审理认为，《公司法》第 148 条规定："董事、监事、高级管理人员应当遵守法律、行政法规和公司章程，对公司负有忠实义务和勤勉义务。董事、监事、高级管理人员不得利用职权收受贿赂或者其他非法收入，不得侵占公司的财产。"《公司法》第 153 条规定："董事、高级管理人员违反法律、行政法规或者公司章程的规定，损害股东利益的，股东可以向人民法院提起诉讼。"本案中，原告吴某祥、陈某南及被告翟某明均为 A 公司的股东，被告身为该公司的执行董事、总经理，实际掌控该公司。两原告认为，被告侵犯 A 公司的专利申请权，而在被告的实际控制之下，该公司不能以自己的名义主张相关权利，导致公司利益和两原告的股东利益受到损害。因此，两原告可以基于上述规定行使诉权。在案件实体方面，根据《专利法》第 6 条的规定，执行本单位的任务或主要是利用本单位的物质技术条件所完成的发明创造为职务发明，职务发明创造申请专利的权利属于该单位。本案中，翟某明及原审第三人 A 公司的其他研究人员，为执行 A 公司的任务，并在主要利用该公司物质技术条件的基础上完成了涉案发明创造，涉案发明创造属于职务发明，相应的专利申请权属于 A 公司，被告行为不当，应当承担相应的法律责任。

▌案例评析

由于董事拥有在职务上的优势和信息获取上的优势，若利用其特殊地位为自己谋取利益，这种行为便违反了董事的忠实义务，严重损害了公司的合法利益，是一种违法行为。本案中，被告身为该公司的执行董事、总经理，实际掌控该公司，却擅自将属于公司的发明创造以自己名义申请专利，严重侵犯了公司的合法权益，此时其他股东可以向人民法院提起侵权之诉，要求该董事承担相应的赔偿责任，法院的判决是正确的。（应当注意的是，本案例法院使用 2005 年《公司法》判案，2013 年修订的《公司法》已将 148 条改为第 147 条。）

案例 公司董事长拒不召集董事会会议被认定违法案 [1]

▌基本案情

1995 年 9 月 3 日，T 公司与 H 公司经过协商，共同出资成立 R 燃气有限责

---

〔1〕　四川省广元市中级人民法院（2000）广终字第 1 号民事判决书。

任公司，注册资本 80 万元，T 公司出资 44 万元，占出资额 55%，H 公司出资 36 万元，占投资额的 45%；天然气项目投资 4440 万元，T 公司投资 2440 万元，占投资额 55%，H 公司出资 2000 万元，占投资额的 45%。1995 年 10 月 5 日，双方议定了 R 燃气公司章程，1995 年 10 月 11 日召开董事会，同意董事会成员由 T 公司推举的三人韩某、董某、徐某以及 H 公司推举的王某、边某组成，由韩某担任 R 燃气公司董事长。1995 年 10 月 18 日 R 燃气公司经工商注册登记，领取企业法人营业执照。1997 年广元市人事局发出《关于同意罗某等 44 名同志过渡为国家公务员的通知》，此通知同意韩某过渡为国家公务员。1998 年，8 月 28 日，T 公司向 R 燃气公司提出要求更换韩某、董某两名董事，由李某、刘某、徐某出任董事及召开董事会、改选董事长的提议，同年 10 月 9 日，T 公司再次提出该提议未果，遂诉至法院（R 燃气有限责任公司自注册登记后，未召开股东会且董事会董事任期届满未进行改选，并且未向股东 T 公司提供经营盈亏情况的公司财务会计报告）。

法院审理认为，T 公司与 H 公司经协商成立 R 燃气有限公司，并订立关于合作建设、经营广元天然气项目协议书、制定燃气有限公司章程，明确 T 公司对 R 燃气有限公司所享有的 55% 的股份，其控股股东地位成立。韩某作为董事长不主持召开董事会和股东会，R 燃气有限公司不向投资股东（T 公司）提供经营情况和公司财务会计报告，在董事会任期届满后仍不召开董事会改选董事、董事长，侵犯了控股股东 T 公司的股东权利。T 公司按照公司章程规定，有权提议更换自己方推荐的董事和要求召开股东会、董事会，更换董事和董事长，维护自己的合法权益。据此，法院判决支持了 T 公司的诉讼请求。

▎案例评析

该案例发生时间较为久远，公司规模可能比一般的小微企业的规模大，但基本治理原理是相通的，作为有限责任公司的董事长应当积极履行自己召集和主持董事会会议的职责，确保董事会的正常运转。R 燃气有限责任公司董事长韩某拒不召集董事会会议的做法显然是错误的，在无其他救济途径的情况下，T 公司作为 R 燃气有限责任公司的控股股东，要求其履行召集董事会会议的做法法理应得到支持。

▎防控策略

1. 防范董事执行职务中的法律风险

对公司董事利用职务上的优势为自己谋利益的行为，股东有事先和事后两种救济方式：一是在违反行为前行使阻却请求权；二是行为发生后要求公司对董事提起诉讼或者股东直接提起派生诉讼。对于董事怠于履行其法定职责，则可以通过完善相应的督促与激励机制来解决。

2. 防范董事会会议召开程序上瑕疵的法律风险

为了避免召开董事会的通知方式具有瑕疵而产生的法律风险，公司章程中对董事会会议召开的通知方式应给予明确规定。

3. 防范董事会决议瑕疵的法律风险

董事会在出现僵局时可以召集临时股东会，对冲突的董事会做出调整，以解决董事会僵局，当然最为便利的解决方式是在公司章程中规定有相应的僵局处理方式，确保董事会决议合法有效。

四、有限公司的高级管理人制度

（一）有限责任公司高级管理人的基本范围

《公司法》第216条第1项规定："高级管理人员，是指公司的经理、副经理、财务负责人，上市公司董事会秘书和公司章程规定的其他人员。"高管人员在享有权利的同时，必须履行自己的忠实义务、勤勉义务等，在各自的岗位上各司其职，为公司正常发展贡献自己的力量。

（二）有限责任公司聘请高级管理人的基本法律实务

1. 严格高级管理人员的任职条件

我国《公司法》并未从正面规定担任公司高级管理人员应当具备哪些积极条件，但是却在该法第146条中明确规定，有下列情形之一的，不得担任公司的董事、监事、高级管理人员：

（1）无民事行为能力或者限制民事行为能力；

（2）因贪污、贿赂、侵占财产、挪用财产或者破坏社会主义市场经济秩序，被判处刑罚，执行期满未逾五年，或者因犯罪被剥夺政治权利，执行期满未逾五年；

（3）担任破产清算的公司、企业的董事或者厂长、经理，对该公司、企业的破产负有个人责任的，自该公司、企业破产清算完结之日起未逾三年；

（4）担任因违法被吊销营业执照、责令关闭的公司、企业的法定代表人，并负有个人责任的，自该公司、企业被吊销营业执照之日起未逾三年；

（5）个人所负数额较大的债务到期未清偿。

公司违反前款规定选举、委派董事、监事或者聘任高级管理人员的，该选举、委派或者聘任无效。董事、监事、高级管理人员在任职期间出现本条第一款所列情形的，公司应当解除其职务。

因此，作为小微企业的有限责任公司在选任公司的高级管理人员时，首先，最基本的前提条件是必须不属于上述法条列明的情形，其次，从自身的经营管理需要出发，可以设定相应的积极条件，以选任到更为合适的高级管理人员，例如相应的管理资格、管理经验等。

2. 规范高级管理人员职权的行使

我国《公司法》中对于高级管理人员的积极职权并未进行相应的细致划分，主要规定的是关于经理的具体职权，因此，在这里着重介绍经理的职权范围。对于其他的高管人员的职权范围，小微企业可以在法律、法规规定的范围内进行相应的完善。

经理，又称为经理人，是指董事会聘任的、负责组织日常经营管理活动的公司常设业务执行机关。与股东会、董事会、监事会不同，经理并非会议形式的机关，其隶属于公司董事会，行为不需要通过会议以多数原则形成意志和决议，而是以担任总经理的高级管理者的最终意志为准。《公司法》第49条规定："有限责任公司可以设经理。"因此，经理为有限责任公司的任设机关，由董事会决定其聘任或者解聘及其报酬。同时根据该条规定，经理对董事会负责，行使下列职权：

（1）主持公司的生产经营管理工作，组织实施董事会决议；

（2）组织实施公司年度经营计划和投资方案；

（3）拟订公司内部管理机构设置方案；

（4）拟订公司的基本管理制度；

（5）制定公司的具体规章；

（6）提请聘任或者解聘公司副经理、财务负责人；

（7）决定聘任或者解聘除应由董事会决定聘任或者解聘以外的负责管理人员；

（8）董事会授予的其他职权。

公司章程对经理职权另有规定的，从其规定。经理列席董事会会议。

由以上规定可知，经理手中握有一定的权力，公司的部分资源在其手中调配，其在行使权力的过程中可能会使公司存在一定的法律风险。同时，该条规定使得经理的设置更加灵活，公司可以根据自身的经营情况设立，其职权范围可小于也可大于本条所列举的范围，如果范围小于本法的规定，则需要通过公司章程明确予以排除，如果要赋予经理更多的职权，不仅可以在章程中规定，董事会也可以授权。

3. 明确高级管理人员义务

如前述关于董事义务的解析，高级管理人员也不得从事对应法律规定的禁止行为。同时，高级管理人员应当尽到如下的勤勉义务：在经营管理公司事务时，应积极妥善的履行其职责，勤于管理，努力提高公司效益。尽到善良管理人之注意、谨慎义务，在日常的经营管理中稳妥、小心、尽心尽力的为公司的利益做出自己的贡献。

(三) 有限责任公司高级管理人执行职务过程中可能存在的法律风险

1. 刑事责任方面

按照罪名来看，我国企业的高级管理人员面临大量刑事犯罪的法律风险，具体涵盖出资、融资、生产销售、进出口、商业贿赂、公司上市、侵犯公司财产、失职破产清算、侵犯知识产权、违反税收征管以及诉讼等各类型。企业从设立到终止的整个运作过程中，其高管都可能因为实施了不法行为而违法犯罪，从而承担相应的刑事责任。高管犯罪所产生的影响重大，轻则个人锒铛入狱，重则企业将因此破产。

2. 民事责任方面

企业高管的民事法律风险也非常突出，这些法律风险包括，但不限于高管对企业造成损害承担赔偿责任的法律风险、高管权力行使不当的法律风险、高管怠于行使权力的法律风险、高管越权的法律风险、高管违反忠实、勤勉义务的法律风险、高管决策失误的法律风险等。

3. 行政责任方面

企业高管的行政法律风险也不容忽视。行政处罚措施多种多样，包括但不限于警告、通报批评、罚款、公开谴责、没收违法收入或者没收非法财物、责令停产停业、暂扣或者吊销许可证、暂扣或者吊销执照、行政拘留等。这些行政法律风险，无论是对企业高管的个人前途还是企业的长远发展都将产生重大影响。

案例 北京市某有限公司诉薛某董事、监事、经理损害公司利益案

▎基本案情

原告为一家中外合资经营企业，由北京某某美术服务中心（中方）与某某控股有限公司（港方）出资成立。2005年3月8日，原告经董事会决议聘任被告薛某为公司董事兼任总经理。后因经营需要，原告与某银行北京分行签订借款合同，约定原告借款4000万人民币。2006年7月28日，原告召开董事会并

形成有效决议，决定向某银行北京分行再申请4000万元贷款，以偿还于2005年向该行的等额借款。原告为此制作了不可撤销承诺函，并签署了借款合同和抵押合同。2006年7月30日，被告将上述董事会决议及不可撤销承诺函从公司财务处取出并交给了原告的副董事长孙某某，公司董事长邓某某发现后立即下发紧急通知，暂停了被告的总经理职务。对此，包括被告在内的公司3名中方董事向董事长邓某某致函表示反对。董事长邓某某建议于2006年8月8日召开紧急董事会，命令被告立即交出擅自扣押的相关文件，并对违规行为作出解释。8月7日，中方三名董事回函表示：保管公司文件是总经理的正当职权，如果强行要求其交出，不符合公司章程规定，属于不当干涉其职权的行为，因此拒绝参加。故而，定于8月8日召开的董事会临时会议未能召开。

原告认为被告身为总经理，拒不执行董事会决议，且私自藏匿相关文件，致使原告无法向银行申请贷款，导致原告逾期还款并被加收罚息、强制扣收贷款、限制公司对外支付款项，故起诉至法院，请求判令被告赔偿损失。

法院审理后认为，根据相关法律规定，公司的高级管理人员应当遵守法律、行政法规和公司章程，对公司负有忠实义务和勤勉义务；公司高级管理人员执行职务时违反法律、行政法规或者公司章程的规定，给公司造成损失的，应当承担赔偿责任。本案被告作为原告的总经理，应按公司章程的规定，组织领导原告的日常经营管理工作，直接对董事会负责，执行董事会的各项决定。2006年7月28日原告董事会做出决议、原告给某行北京分行出具不可撤销担保函后，被告未按董事会的指示，将董事会决议及其他文件送交某行北京分行，致使未能与某行北京分行重新办理贷款事宜。原告董事长邓某某得知被告的不作为情况后，曾发送召开紧急董事会的通知，但包括被告在内的3名中方董事共同致函邓某某，表示不能参与。中方3名董事均不出席董事会时，原告无法通过命令被告交出董事会决议或重新形成新的董事会决议的途径，达到与某行北京分行签订新贷款合同以偿还已到期贷款的目的。被告虽称其将文件拿出后即交给了副董事长孙某某，但2006年8月7日，中方3名董事共同给邓某某的回函中已明确表示合资公司的重要经营文件在薛某的保管之下，正是其职责所在。因被告未执行董事会决议，原告又无其他救济途径，致使某行北京分行对原告逾期还款加收罚息和复利，并通过诉讼向原告主张权利，由此给原告造成的支付复利及支付诉讼费等经济损失，被告应承担赔偿责任。

被告作为原告的总经理，应按《公司法》及公司章程的规定履行自己对公司的义务。被告不但不执行董事会决议，而且还将董事会决议等重要文件取出交与他人，以致给原告造成经济损失，对此被告亦应承担赔偿责任。

最终法院依照《公司法》第 148 条第 1 款、第 150 条的规定，判决被告败诉。

▌案例评析

本案系一起公司董事、经理损害公司利益纠纷案，涉及的主要问题是董事、监事、经理侵害公司权益的法律问题。

"公司设立是基于各个设立人的共同意志，为了各设立人的共同目的和利益而进行的，公司设立的完成要取决于大多数投资者的共同意志。"由此可见，股东之间的合作和共同意志被看成是公司产生的人性化前提。股东之间或基于彼此的相互信任、共同利益，或基于联合投资的契约结构、管理权分配的制衡机制等因素维系合作。但是，基于对权利的本性渴望以及追求利益最大化的内心驱使，使得股东冲突的存在成为必然。当公司利益的分配出现与股东心理预期的差距时，冲突就会被酝酿、发酵，甚至演变为对抗。因此，股东冲突的本质是股东间的利益冲突。

公司治理是一个系统工程，公司治理所要解决的问题，一方面是解决公司内部成员之间的利益冲突问题，另一方面就是确保公司董事、高级管理人员依法履职，防范公司董事、监事、高级管理人员做出侵害公司权益的行为，维持公司井然有序的运营环境。（另，《公司法》已于 2013 年修改，现本案判决之依据的 148 条和 150 条改为第 147 条和 149 条。）

▌防控策略

1. 聘请专业法务人员，加强企业职工法律素质和法律意识培训，提升高管的法律意识。

2. 在法律规定的框架内构建企业高管不当履职的责任追究制度。

（1）《公司法》第 149 条规定，董事、监事、高级管理人员执行公司职务时违反法律、行政法规或者公司章程的规定，给公司造成损失的，应当承担赔偿责任。此条赋予了公司起诉侵权行为人要求损害赔偿的权利。

（2）股东代表诉讼制度，即《公司法》第 151 条规定的董事、监事、高级管理人员、他人侵犯公司合法权益，给公司造成损害的，有限责任公司的股东、股份有限公司连续 180 日以上单独或者合计持有公司 1% 以上股份的股东，有权为了公司的利益以自己的名义直接向人民法院提起诉讼。

（3）股东直接诉讼制度，即《公司法》第 152 条规定："董事、高级管理人员违反法律、行政法规或者公司章程的规定，损害股东利益的，股东可以向人民法院提起诉讼。"

（4）除上述三种方式之外，公司还可以在法律规定的范围内，通过公司章程或者公司规章制度，构建内部追责制度，防范高管的侵权行为。

五、有限责任公司的监事会制度

公司在正常情况下，由股东会、董事会、监事会三权分立，配合协作，保证日常的正常运营。因此，作为监督机构的监事会的设置与运作也是不可忽视的。

监事会设立的目的是为了保证公司正常有序、合乎规则的进行经营，保证公司决策正确和领导层正确执行公务，防止滥用职权，危及公司、股东以及第三人的利益。监事会是股东会领导下的公司的常设监察机构，执行监督职能。监事会与董事会并立，独立行使对董事会、总经理、高级管理人员以及整个公司管理的监督权。为了保证监事会和监事的独立性，监事不得兼任董事和经理。监事会对股东会负责，对公司的经营管理进行全面的监督，包括调查和审查公司的业务状况、检查各种财务情况、并对股东会提供报告。

（一）设置监事会的基本法律实务

1. 监事会的组成

（1）组成人数。监事会由全体监事组成。监事需经股东会选举产生。《公司法》第51条第1款规定："有限责任公司设监事会，其成员不得少于三人。股东人数较少或者规模较小的有限责任公司，可以设一至二名监事，不设监事会。"从此处规定可以看出，对于人数较少或者规模较小的小微企业，完全可以不必设立监事会而只需设置一到二名监事，行使监事会的监督职权，维护公司及股东的合法权益。

（2）成员结构和产生方式。《公司法》第51条第2款规定："监事会应当包括股东代表和适当比例的公司职工代表，其中职工代表的比例不得低于三分之一，具体比例由公司章程规定。监事会中的职工代表由公司职工通过职工代表大会、职工大会或者其他形式民主选举产生。"由于监事的监督对象是公司的董事、经理及其他高管人员，因此，《公司法》第51条第4款规定："董事、高级管理人员不得兼任监事"，以此杜绝职责冲突的任职情况发生，从而保障监督的纯洁性和有效性。

（3）监事会主席的设置及产生方式。《公司法》第51条第3款规定："监事会设主席一人，由全体监事过半数选举产生。监事会主席召集和主持监事会会议；监事会主席不能履行职务或者不履行职务的，由半数以上监事共同推举一名监事召集和主持监事会会议。"当然，如果小微企业没有设立监事会只设有监事的情况，则不存在监事会主席的设置。

2. 监事任期

《公司法》第52条规定："监事的任期每届为三年。监事任期届满，连选可以连任。监事任期届满未及时改选，或者监事在任期内辞职导致监事会成员低于法定人数的，在改选出的监事就任前，原监事仍应当依照法律、行政法规和公司章程的规定，履行监事职务。"由此可知，有限责任公司中董事和监事的任期规定相同，此外，也存在着与"留守董事"一样的"留守监事"规定，因此，小微企业监事在执行职务的过程中应当予以注意。

3. 监事会职权范围

《公司法》第53条、54条分别规定了监事会的两部分职权，第一部分包括：

（1）检查公司财务；

（2）对董事、高级管理人员执行公司职务的行为进行监督，对违反法律、行政法规、公司章程或者股东会决议的董事、高级管理人员提出罢免的建议；

（3）当董事、高级管理人员的行为损害公司的利益时，要求董事、高级管理人员予以纠正；

（4）提议召开临时股东会会议，在董事会不履行本法规定的召集和主持股东会会议职责时召集和主持股东会会议；

（5）向股东会会议提出提案；

（6）依照公司法第152条的规定，对董事、高级管理人员提起诉讼；

（7）公司章程规定的其他职权。

第二部分包括：监事可以列席董事会会议，并对董事会决议事项提出质询或者建议。监事会、不设监事会的公司的监事发现公司经营情况异常，可以进行调查；必要时，可以聘请会计师事务所等协助其工作，费用由公司承担。

综上，除去上述法定职权外，小微企业可以通过公司章程规定监事的其他职权，以使其更好地发挥监督防范作用。

4. 监事会会议

（1）监事会的召集和主持人。监事会主席召集和主持监事会会议；监事会主席不能履行职务或者不履行职务的，由半数以上的监事共同推举一名监事召集和主持监事会会议。

（2）监事会会议召开次数。监事会每年度至少召开一次会议，监事可以提议召开临时监事会会议。

（3）监事会的议事规则。监事会的议事方式和表决程序，除《公司法》有明确规定的外，由公司章程予以确定。监事会决议应当经半数以上监事通过。

（4）会议记录。监事会应当对所议事项的决定作成会议记录，出席会议的监事应当在会议记录上签名。

5. 监事的义务和禁止行为

《公司法》在其第147条规定了董事、监事以及高级管理人员共同的义务和禁止行为，但是值得注意的是在第148条规定的仅是董事、高级管理人员两类主体的禁止行为，因此，在小微企业的治理过程中应当进行相应的划分，对于第148条规定的自我交易限制、竞业禁止等义务，不适用小微企业的监事，因为监事行使的是监督权，不涉及公司的具体经营业务，因此，相应的关于经营活动的禁止行为也不适用于监事。

（二）设置公司监事会存在的法律风险

1. 监事会成员组成不当

（1）监事会成员不足法定人数。

（2）监事会成员中职工人数不足1/3。公司法规定监事会成员中应包括股东代表及职工代表，具体比例由公司章程规定，但其中职工代表不得少于1/3。但有的公司监事会中没有职工代表，或职工代表不足1/3。如果监会出现以上情况，监事会的人员构成就违反了法律规定，其作出的决议可能会归于无效。

2. 监事会成员行使职权不当或怠于行使职权

监事会是公司的监督机构，如果监事会成员故意不行使或怠于行使监督职权，那么就有可能给公司造成不必要的损失。

案例

上海某机械有限公司与姚某某公司控股股东、实际控制人、董事、监事、高级管理人员损害公司利益赔偿纠纷上诉案

上海某机械有限公司于2001年6月29日经工商行政管理部门批准登记成立，出资人为胡某及姚某某，胡某认缴出资额人民币180万元（以下币种均为人民币），任该机械有限公司执行董事兼法定代表人、财务负责人，姚某某认缴出资20万元并任该机械有限公司监事。该机械有限公司经营范围为玻璃机械制造、玻璃制品、五金交电、建材、金属材料（除贵金属）的销售。2001年，经政府批准该机械有限公司与韩国投资方合资成立上海A技术机械有限公司。同年11月29日，A技术机械有限公司登记成立，登记股东为秦甲、秦乙。姚某某于2002年初离开上海某机械有限公司，进入A技术机械有限公司工作，担任A公司副总经理，由A支付工资和代扣缴个人所得税。2004年3月中旬，姚某某离开A公司，此后再未回到A公司或某机械有限公司任职，A公司也于2004年3月停止支付姚某某工资和代为扣缴个人所得税。2004年5月18日，姚某某与

案外人王某某出资设立上海 B 玻璃机械技术有限公司（以下简称 B 公司），姚某某任执行董事兼法定代表人，王某某任公司监事。B 公司的经营范围为机械设备、五金生产、加工及销售、塑料制品的销售等。

据此，上海某机械有限公司认为作为公司监事的姚某某未尽到自身的忠实义务和勤勉义务，从事了竞业行为，侵犯了公司的利益，并造成损害，要求对姚某某因此所得财产行使归入权，并赔偿相应损失。

另法院查明，上海某机械有限公司章程第 22 条规定"本公司的董事、经理及财务负责人不得兼任监事"。2001 年 12 月 6 日，该公司法定代表人胡某授权姚某某以副总经理身份并以该公司名义参与项目投标。

法院生效判决认为：姚某某作为监事对上海某机械有限公司所负的忠实、勤勉义务，是针对姚某某是否尽到监督职责而言的，《公司法》并未对监事篡夺公司商业机会行为及竞业行为作禁止性规定。《公司法》对监事会制度的规定，目的是为强化对公司经营权的监督，公司董事和高级管理人员属于经营权执行者，规定董事、企业高级管理人员不得兼任监事，目的也在于强调监督权与经营权的分离。上海某机械有限公司只有对姚某某怠于行使或不当行使监督职责进行问责，而不能对姚某某是否实施竞业禁止行为主张收入归入权和损害赔偿请求权。此外，法院认为，根据本案查明的事实，结合《公司法》第 52 条的规定，董事、高级管理人员不得兼任监事，因此虽然上海某机械有限公司的章程中无有关监事不得兼任公司高级管理人员的规定，姚某某也曾以副总经理身份参与过商业活动，但不能以此认定被上诉人姚某某为上海某机械有限公司的高级管理人员。同时，根据《公司法》第 148 条的规定，禁止未经股东会或者股东大会同意，利用职务便利为自己或者他人谋取属于公司的商业机会，自营或者为他人经营与所任职公司同类的业务的主体人员为董事、高级管理人员。因此，姚某某尚不具备竞业禁止的主体资格，而且姚某某至 2004 年 3 月止系在 A 公司领取工资，其离开 A 公司后于 2004 年 5 月成立 B 公司，对当事人上海某机械有限公司亦无竞业禁止义务。因此，诚如上海某机械有限公司所言，姚某某作为该公司监事对上海某机械有限公司有忠实、勤勉的义务，但法律并无明文规定忠实、勤勉义务中包括竞业禁止的义务，故上海某机械有限公司认为忠实、勤勉义务中当然包含竞业禁止义务的意见并无法律依据，姚某某作为监事并未违反法律规定，其行为符合《公司法》对于监事执行职务的规定，因此，对于上海某机械有限公司的诉讼请求未予支持。

▌案例评析

通览整个案例，关键在于认定监事执行公司事务过程中到底负有哪些义务，其执行职务行为哪些是合法的，哪些是违法的。本案中，姚某某并不具备竞业禁止的主体资格，因此，其行为并未违反法律的规定，法院的判决是正确的。由此案件可知，小微企业需要从整体上认识监事制度，并从每一个细节上反思其具体的法律风险，寻找应对策略，而本案是典型的由于对监事的义务认识不明确导致的败诉。（本案涉及的《公司法》第 52 条在 2013 年修订的《公司法》中为 51 条。）

▌防控策略

1. 公司章程按照法律规定明确、细化监事的责任和义务，为其行为提供基本指南。

2. 加强对于监事履职的监管，对其不正当的不作为或者损害公司利益的行为，及时进行追究，防止监事行为失范或者滥用职权损害公司利益。

第二节　合伙企业的事务执行和经营管理及其法律风险防控

合伙企业是依合伙人的合意订立合伙协议而形成合伙关系，建立的一个为实现共同目的而进行活动的实体。因此，可以说合伙企业是在合伙协议基础上形成的，它由合伙人通过订立合伙协议来设立，同时又表现为一种企业组织形式。有关合伙企业的法律规范，重点在于合伙人之间的权利义务关系，即合伙企业的内部关系，它是贯穿合伙企业始终的主线。合伙企业的内部关系，是指合伙人之间依据合伙协议而结成的内部权利义务关系，它是由法律和合伙协议加以规定和约定的，具体又反映在合伙事务的执行上，所以合伙企业的治理，关键在于合伙事务的执行是否得到规范。

一、普通合伙企业合伙事务的执行权以及具体的事务执行人

（一）合伙事务的执行权

《合伙企业法》第 26 条规定："合伙人对执行合伙事务享有同等的权利。按照合伙协议的约定或者经全体合伙人决定，可以委托一个或者数个合伙人对外代表合伙企业，执行合伙事务。"由此可见，合伙企业不像公司那样设立专门的意思表示机关，它总是以合伙人的行为为其意思表示，每一个合伙人都有权利参与合伙事务的决策、执行和监督、检查，即合伙人对执行合伙事务享有同等的权利。每一个合伙人都有权利也有义务参与合伙事务，作出决策并执行活动，

而这个参与过程也正是合伙人表决权和经营管理权的体现。同时，合伙人还有权监督合伙事务的执行，每一个执行合伙事务的合伙人有义务接受其他合伙人的监督。所谓"合伙事务"，既包括企业内部的入伙与退伙、转让与继承、解散与清算、处分合伙企业财产、改变合伙企业名称、延长合伙企业经营期限等行为，也包括合伙企业日常例行的业务经营活动，如与第三人签订合同、制定经营计划、选择进货渠道、规定商品和服务价格等。按照上述《合伙企业法》第26条第1款的规定，无论属于何种性质的合伙事务，合伙人对于执行合伙事务都享有同等的权利。

（二）合伙事务的执行人及对外代表权

设立合伙企业的目的在于经营共同事业，合伙事务应由何人执行以及如何执行，这是合伙企业需要解决的首要问题。《合伙企业法》第26条第2款规定：按照合伙协议的约定或者经全体合伙人决定，可以委托一个或者数个合伙人对外代表合伙企业，执行合伙事务。在这里需要特别注意的是，行为的决定与决定的执行是有区别的。合伙事务的执行，须由全体合伙人共同决定，即为法律上的共同执行主义，但对经合伙人共同决定事务的执行，则可以由合伙人中的一个或者数个为之。然而共同执行在实际操作上经常产生许多不便之处，代表全体合伙人对外开展经营活动不是一项每个合伙人都能胜任的工作，有效的合伙经营也需要推举出能力较强、威信较高的合伙人。因此，为了使合伙事务顺利执行，合伙协议可以另外约定或者经全体合伙人共同决定，将执行合伙事务、对外代表合伙企业的权利交由一个合伙人专门执行。

（三）法人或者其他组织作为合伙人的事务执行

法人或者其他组织可以设立合伙企业，以实现自己的目的事业，而如何参与合伙企业事务的执行成为问题，《合伙企业法》第26条第3款规定："作为合伙人的法人、其他组织执行合伙事务的，由其委派的代表执行"，由此解决了上述问题。

综上所述，执行合伙事务的合伙人在执行事务的过程中拥有了比一般的合伙人更多的权利，这就容易导致其滥用自身职权，侵害其他合伙人甚至是合伙企业整体的利益，因此必须对其进行有效的监督才能督促其合法的行使职权。

二、不执行合伙事务的合伙人的监督权

合伙事务是合伙企业的公共事务，事务的执行情况涉及每个合伙人的利益，每个人都有权去关心合伙企业的经营状况，因此决定了每个合伙人既有权利对其他合伙人执行合伙事务的情况进行监督，又有义务接受其他合伙人对自己执行事务情况进行监督。《合伙企业法》第 27 条规定："依照本法第二十六条第二款规定委托一个或者数个合伙人执行合伙事务的，其他合伙人不再执行合伙事务。不执行合伙事务的合伙人有权监督执行事务合伙人执行合伙事务的情况。"一般情形下，不执行合伙事务的合伙人可以通过以下渠道行使监督权：

一是询问和检查执行情况，定期听取汇报。合伙人之间应该是不存在经营秘密的，每一个合伙人都有权了解合伙企业的全部经营活动，不执行合伙事务的合伙人更有权了解受委托执行事务的合伙人执行合伙事务的情况。如果具有事务执行权的合伙人对不执行合伙事务的合伙人保守秘密，就有可能使不执行合伙事务的合伙人在不了解事实真相的情况下作出错误判断。所以，不执行合伙事务的合伙人了解合伙事务执行情况是一项不容侵犯的权利。另外，《合伙企业法》第 28 条也规定了执行合伙事务的合伙人的法定报告义务。该条规定："由一个或者数个合伙人执行合伙事务的，执行事务合伙人应当定期向其他合伙人报告事务执行情况以及合伙企业的经营和财务状况，其执行合伙事务所产生的收益归合伙企业，所产生的费用和亏损由合伙企业承担。合伙人为了解合伙企业的经营状况和财务状况，有权查阅合伙企业会计账簿等财务资料。"这也是合伙企业中不执行合伙事务的合伙人对于执行事务合伙人的一种法定的监督方式，合伙协议或者全体合伙人不能予以否定。

二是提出异议、请求暂时停止执行。当处于监督地位的不执行合伙事务的合伙人发现正在执行合伙事务的合伙人行为不当或者错误，有可能给全体合伙人的共同利益造成损害时，有权对其他合伙人执行的合伙事务提出异议，请求执行合伙事务的合伙人暂停他正在执行而尚未完成的合伙事务，这也是防范执行合伙事务合伙人不正当执行事务，监督其依法履职的重要手段之一。这一监督方式具体规定在《合伙企业法》第 29 条第 1 款中。

三是可以撤销委托。《合伙企业法》第 29 条第 2 款规定："受委托执行合伙事务的合伙人不按照合伙协议或者全体合伙人的决定执行事务的，其他合伙人可以决定撤销该委托。"据此，为了防止受委托的执行合伙事务的合伙人滥用权力，不按照合伙协议约定或者全体合伙人决定执行合伙事务，合伙协议或者全体合伙人通常在委托授权时可以限定受委托执行合伙事务的合伙人行使权力的范围和期限，规定受委托执行合伙事务的合伙人如有侵犯合伙人的共同利益，或者因为无能、失职、独断专行而有使合伙人的共同利益蒙受损失时，应该立即撤销委托并让其承担赔偿责任，以此来降低执行合伙事务合伙人滥用职权、不正当履职的风险。

三、合伙企业事项的表决办法

合伙企业事务可以由全体合伙人共同执行，这里的共同执行是指共同决定的意思。共同决定的事务有全体合伙人一致同意和多数合伙人同意两种情况。《合伙企业法》第 30 条规定："合伙人对合伙企业有关事项作出决议，按照合伙协议约定的表决办法办理。合伙协议未约定或者约定不明确的，实行合伙人一人一票并经全体合伙人过半数通过的表决办法。本法对合伙企业的表决办法另有规定的，从其规定。"第 31 条规定，除合伙协议另有约定外，合伙企业的下列事项应当经全体合伙人一致同意：①改变合伙企业的名称；②改变合伙企业的经营范围、主要经营场所的地点；③处分合伙企业的不动产；④转让或者处分合伙企业的知识产权和其他财产权利；⑤以合伙企业名义为他人提供担保；⑥聘任合伙人以外的人担任合伙企业的经营管理人员。

由以上规定可知，对于合伙企业的具体事项表决应当遵循三个原则：

一是意思自治先行原则。无论是《合伙企业法》第 30 条或第 31 条都首先规定可以由合伙协议优先规定表决规则。这是充分尊重合伙人意思自治的表现。因此，作为小微企业的合伙人在对合伙企业有关事项作出决议时，可以在合伙协议中约定具体的表决办法。

二是特殊事项一致同意方可通过。合伙企业是一种个人权利的联合，并非是个人权利的合一，每一个合伙人在合伙企业内部始终保持着独立的主体地位。对于合伙企业利益和存亡的重大事项，应当经全体合伙人一致同意才能做出决定。因为合伙企业的这些事项，涉及合伙企业的根本利益，关系重大，必须尊重每个合伙人的意志，以保护合伙人全体的共同利益。具体的这些事项包括上述第 31 条所列的六类。如果合伙人擅自处理这几类合伙企业事项，给合伙企业或者其他合伙人造成损失的，按照《合伙企业法》关于法律责任的规定，依法要承担赔偿责任。

三是一般事项过半数通过即可。当合伙协议未约定或者约定不明确，也不属于特别重大事项，实行合伙人一人一票并经全体合伙人过半数通过的表决办法。也就是说，无论出资多少或以何物出资，表决权数应以合伙人的人数为准，亦即每一个合伙人对合伙企业有关事项均有同等表决权，适用经全体合伙人过半数通过的表决办法，这样也不至于损害少数合伙人或者个别合伙人的根本利益。

四、合伙人同业竞争风险的防范和自我交易的限制

合伙人执行合伙企业的事务，熟悉合伙企业的内部情况，而且合伙人之间

不存在经营秘密,这就使得合伙人很容易损害合伙企业的利益,如果某一合伙人利用其所掌握的知识、经验和信息自营与本合伙企业相竞争的业务,就极有可能损害合伙企业中其他合伙人的利益。因此,为了维护全体合伙人的共同利益,按照《合伙企业法》第32条第1款规定,合伙人不得自营或者同他人合作经营与本合伙企业相竞争的业务,也就是说对于合伙人而言,绝对禁止从事同业竞争行为。

另外,为了防止合伙人在同自己进行交易时,牺牲合伙企业利益而满足个人的私利,《合伙企业法》限制了合伙人的自我交易行为。即除非合伙协议另有约定或者经全体合伙人一致同意外,合伙人不得同本合伙企业进行交易。换言之,如果合伙协议另有约定或者经全体合伙人一致同意,合伙人是可以按照约定或者全体合伙人一致同意的意见与本合伙企业进行交易的。例如,一个从事食品加工的合伙企业,需要长期而稳定的原料供应,而其中某一合伙人自家正是生产销售合伙企业所需要的食品原料的,且质量上乘、价格适中、保障可靠,那么只要合伙协议约定或者全体合伙人一致同意,合伙企业就可以同这个合伙人订立合同进行交易,这是法律允许的,也是符合交易双方的根本利益的。

五、聘任制合伙企业经营管理人员应当依照授权范围履职

虽然合伙企业的基本特征之一是合伙人对执行合伙事务享有同等权利,但是为利于加强合伙企业内部的协调和管理,促进合伙事务的顺利开展,以提高工作效率,也可以聘请合伙人以外的人担任合伙企业的经营管理人员,具体负责合伙企业日常事务管理。但他们毕竟不是执行合伙事务的合伙人,仅是在委托授权的范围内履行职务。那么其到底是合伙企业对外开展经营活动的代表人,还是合伙人之间内部关系的协调者;是集人、财、物管理于一身,还是只负责合伙人共同决定事务的执行,以及他们可能被冠以什么样的头衔,这一切完全取决于全体合伙人的授权。而他们一旦接受了聘任,也就意味着他们接受了全体合伙人的权力约束,愿意按照合伙企业授权范围履行职务。如果其超越委托授权范围履行职务,应当承担相应的违约责任,如果其在履行职务的过程中有过错,因故意或者重大过失对合伙企业造成损失,也应承担过错赔偿责任。《合伙企业法》第35条规定:"被聘任的合伙企业的经营管理人员应当在合伙企业授权范围内履行职务。被聘任的合伙企业的经营管理人员,超越合伙企业授权范围履行职务,或者在履行职务过程中因故意或者重大过失给合伙企业造成损失的,依法承担赔偿责任。"

六、有限合伙企业治理的特殊规则

《合伙企业法》规定了两种类型的企业，即普通合伙企业和有限合伙企业。有限合伙企业和普通合伙企业之间既有相同点，也有差异，其中两者的差别主要表现为合伙企业的内部构造上。普通合伙企业的成员均为普通合伙人（特殊的普通合伙企业除外），而有限合伙企业的成员则被划分为两部分，即有限合伙人和普通合伙人。这两部分合伙人在主体资格、权利享有、义务承受与责任承担等方面存在着明显的差异。具体到企业的事务执行上也存在一定的相异之处。

一是有限合伙企业由普通合伙人执行合伙事务。《合伙企业法》第 67 条规定："有限合伙企业由普通合伙人执行合伙事务。执行事务合伙人可以要求在合伙协议中确定执行事务的报酬及报酬提取方式。"也就是说，有限合伙企业事务执行人应当是从其普通合伙人中推举出来的，该执行人有权对外进行经营活动，其经营活动的后果由全体合伙人承担。合伙协议也可以约定数个合伙人执行合伙事务，该数个合伙人均为合伙事务执行人。合伙事务执行人除享有、承担与一般合伙人相同的权利和义务外，还有接受其他合伙人的监督和检查、慎重执行合伙事务的义务，若因自己的过错造成合伙财产的损失，应当向合伙企业或其他合伙人承担赔偿责任。

二是有限合伙人不执行合伙事务，不得对外代表有限合伙企业。有限合伙人是有限合伙企业的投资人，但是不得参与合伙事务的执行。因为在有限合伙企业中，普通合伙人对有限合伙企业的债务承担无限连带责任，而有限合伙人只以其认缴的出资额为限对合伙企业债务承担责任，所以按照权利义务相一致原则，有限合伙企业的事务执行由普通合伙人负责，有限合伙人不执行合伙事务，不得对外代表有限合伙企业。但是对于合伙企业的日常运营，有限合伙人会给予关注。在实践中如何区分关注经营管理与负责事务执行，需要在协议中作出规定。另外《合伙企业法》第 68 条第 2 款规定，有限合伙人的下列行为，不视为执行合伙事务：①参与决定普通合伙人入伙、退伙；②对企业的经营管理提出建议；③参与选择承办有限合伙企业审计业务的会计师事务所；④获取经审计的有限合伙企业财务会计报告；⑤对涉及自身利益的情况，查阅有限合伙企业财务会计账簿等财务资料；⑥在有限合伙企业的利益受到损害时，向有责任的合伙人主张权利或者提起诉讼；⑦执行事务合伙人怠于行使权利时，督促其行使权利或者为了本企业的利益以自己的名义提起诉讼；⑧依法为本企业提供担保。

在实际生活中会出现有限合伙人滥用自身法律地位，以有限合伙企业或者普通合伙人的名义与他人进行交易，最终造成合伙企业损失的情况。对于此种情形，《合伙企业法》第76条规定："第三人有理由相信有限合伙人为普通合伙人并与其交易的，该有限合伙人对该笔交易承担与普通合伙人同样的责任。有限合伙人未经授权以有限合伙企业名义与他人进行交易，给有限合伙企业或者其他合伙人造成损失的，该有限合伙人应当承担赔偿责任。"也就是如果有限合伙人从事了表见代理或者无权代理行为，则其有限责任的法律地位即失去，应当对其行为所导致的损害承担法律责任。

三是有限合伙人可以与本企业进行交易。《合伙企业法》第70条规定："有限合伙人可以同本有限合伙企业进行交易；但是，合伙协议另有约定的除外。"因为在有限合伙企业中，对有限合伙企业的对外交易行为，有限合伙人并无直接或者间接控制权，有限合伙人与本有限合伙企业进行交易时，一般不会损害本有限合伙企业的利益。有限合伙协议也可以对有限合伙人与有限合伙企业之间的交易进行限定。如果合伙协议另有约定时，则必须按照约定的要求进行。

四是有限合伙人竞业自由。与普通合伙人不同，有限合伙人一般不承担竞业禁止业务，因为有限合伙人不参与有限合伙企业的业务执行，对有限合伙企业的重大决策并无实质的控制权，所以有限合伙人如果自营或者与他人合作经营与有限合伙企业相同的业务，对有限合伙企业产生的影响可能不大。另外，有限合伙人在有限合伙企业中存在着经济利益，有限合伙人自营或者同他人合作经营与本有限合伙企业相竞争的业务时，一般不会去损害有限合伙企业的利益，否则，这也必将损害有限合伙人的利益。因此，在采取有限合伙企业模式经营的小微企业中，其有限合伙人不负有竞业禁止义务，除非合伙协议另有约定。

七、合伙企业的事务执行和经营管理过程中的法律风险

（一）侵犯中小合伙人的合法权益

由于每个合伙人的意志和想法不一，因此他们在合伙事务执行过程中所遇到的一些问题很难形成统一的决策，此时一般需要合伙人按照合伙协议的约定或者经全体合伙人决定，委托一个或者数个合伙人对外代表合伙企业，执行合伙事务。而在对合伙事务执行代表的选举中，相对于中小合伙人而言，大合伙人拥有绝对的发言权，其推荐出的代表也往往代表他们一方的利益。在合伙事务的执行过程中，该代表可能向其他合伙人隐瞒合伙事务执行情况以及合伙企业的经营和财务状况，朝着仅对大合伙人一方利益有利的方向去执行，如在公司作为普通合伙人参与到有限合伙企业的情况下，当合伙人之间发生争议时，

公司向合伙企业委托的代理人往往会优先考虑公司的利益。

（二）在合伙事务重大变动上企业整体利益可能受损

在处分合伙企业的不动产、转让或者处分合伙企业的知识产权和其他财产权利等重大事项变动中，除合伙协议另有约定之外，须经全体合伙人一致同意。而在实际的合伙事务执行过程中，执行合伙事务的合伙人可能存在擅自处分合伙企业财产、在其他合伙人不知情的情况下以合伙企业的名义为他人提供担保和与恶意第三人串通损害合伙企业的利益，抑或是为了自身的利益，自营或者同他人合作经营与本合伙企业相竞争的业务或私自同本合伙企业进行交易，导致企业利益受损。

（三）在利润分配和风险承担上损害其他合伙人利益

合伙企业的利润分配以及亏损分担模式完全取决于合伙协议的约定，通常是一种非均等的分担，而均等的分担模式只是在无法选择其他模式的情形下才适用。合伙企业发展到一定阶段，有了一定的剩余资金之后，企业中所占份额较大的合伙人往往会一改合伙初期齐心协力干事业的想法，在利益分配上产生分歧，此时，大合伙人往往也会利用自身的优势，获取更多的利益，并把大量风险往其他人身上推。在没有合伙协议的情况下，他们可能不注重协商，自己拍板，即使在有合伙协议约定的情况下，他们也可能视合伙协议不存在，一意孤行地进行利润分配和风险分担，进而做出侵害其他合伙人利益的行为。

（四）在有限合伙企业中，执行合伙事务的普通合伙人对合伙企业的债务承担无限连带责任，其责任明显重于有限合伙人

如果没有特殊约定的话，有限合伙人还可以同本有限合伙企业进行交易，可以自营或者同他人合作经营与本有限合伙企业相竞争的业务。虽然有限合伙企业中普通合伙人与有限合伙人具有利益一致性，但也有一定的差异性。有限合伙人一方与普通合伙人一方在遇到重大利益冲突时容易产生纠纷，这时作为责任担负较轻、人数众多的有限合伙人一方，就可能发挥出自身的强大优势，联合起来以各种形式对普通合伙人施加压力，甚至损害普通合伙人的利益。

案例　陈友国等与王季萍合伙协议纠纷上诉案

▍基本案情

2006年4月19日，经原告王季萍、被告陈友国及叶军3人协商设立嵊州市名豪餐饮娱乐会所（以下简称"名豪会所"），并订立《合伙协议书》一份。该《合伙协议书》载明：一、合伙人为王季萍、陈友国及叶军3人，出资方式为人

民币，其中陈友国出资50万元，占60%；王季萍出资15万元，占30%；叶军出资5万元，占10%。二、经营范围为，风味小吃、卡拉ok歌厅、游艺厅（棋牌）、足浴。三、合伙企业事务执行人由合伙企业会议决定，其成员2人，经全体合伙人协商一致决定委托被告陈友国为执行合伙企业事务的合伙人，负责名豪会所的经营活动；不参加执行事务的合伙人有权监督执行事务的合伙人，并要求执行事务的合伙人定期向其报告事务执行情况以及合伙企业的经营状况和财务状况。四、新合伙人入伙时，须经全体合伙人同意，并订立书面入伙协议；合伙人向合伙人以外的人转让出资时，必须经全体合伙人一致同意，其他合伙人有优先购买权。该合伙协议书还对利润分配和亏损分担、合伙企业的解散与清算等问题作了约定。合伙协议书订立当天，王季萍、陈友国及叶军3人签名订立《执行事务人协议》一份，由陈友国为名豪会所的执行事务人。2006年4月21日经工商注册登记，名豪会所为普通合伙企业。此后，名豪会所的经营活动也由被告陈友国负责。2008年3月，被告陈友国将其在名豪会所的财产份额转让给被告童元军，现该会所由被告童元军实际负责经营；同月24日，原告王季萍以行使知情权等为由，以名豪会所及陈友国为被告提起诉讼。

一审法院经审理认为：本案的争议焦点是：一、本案应当适用《公司法》还是适用《合伙企业法》？二、原告是否有权提起撤销对被告陈友国的合伙事务执行的委托？三、被告陈友国与被告童元军间的合伙份额的转让行为是否有效？

一、关于本案的法律适用问题。该院认为，《公司法》是规定各种公司的设立、组织、管理、变更、解散、清算以及股东的权利义务等事项的法律规范的总称；公司是依据《公司法》的规定在中国境内设立的有限责任公司和股份有限公司，以营利为目的、以《公司法》的规定登记注册而成立、公司和股东人格分离、股权可以自由转让。而合伙企业，是指自然人、法人和其他组织依照《合伙企业法》在中国境内设立的普通合伙企业和有限合伙企业。有书面合伙协议是设立合伙企业的法定要件之一，合伙协议依法由全体合伙人协商一致、以书面形式订立，只要合伙人就合伙协议的主要条款达成了完全一致的意思表示，而且意思表示的形式要件上也符合法律的要求，合伙协议即发生效力。本案中，2006年4月19日，经原告王季萍、被告陈友国及叶军3人为设立名豪会所，对设立该合伙企业的有关问题协商一致并订立《合伙协议书》一份，21日经工商注册登记，为普通合伙企业，而普通合伙企业是指由二个以上普通合伙人组成，合伙人对合伙企业债务承担无限连带责任的合伙企业。而名豪会所的设立依据是《合伙企业法》，而《合伙企业法》对普通合伙企业的设立、合伙企业财产、合伙事务执行、入伙与退伙等问题都作了明确规定，故本案应适用《合伙企业法》的规定，而不能适用《公司法》的规定。

二、关于合伙事务执行委托的撤销问题。该院认为，合伙企业是一种人的组合和财产的组合，其权利能力和行为能力都没有与合伙成员完全分离，因此不必像法人一样设立专门的意思表示机关，它总是以合伙人的行为为其行为，每一个合伙人都有权参与合伙事务的决策、执行和监督，即合伙人对执行合伙事务享有同等的权利。但根据《中华人民共和国合伙企业法》的规定，按照合伙协议的约定或者经全体合伙人决定，可以委托一个或者数个合伙人对外代表合伙企业，执行合伙事务，其他合伙人不再执行合伙事务；不执行合伙事务的合伙人有权监督执行合伙事务的合伙人执行合伙事务的情况；执行事务合伙人应当定期向其他合伙人报告事务执行情况以及合伙企业的经营和财务状况；合伙人为了解合伙企业的经营状况和财务状况，有权查阅合伙企业会计账簿等财务资料。由此可见，受委托执行合伙事务的合伙人，一方面享有按照合伙协议的约定或者全体合伙人的决定执行事务的权利，且对全部合伙企业事务拥有对外表决权；另一方面又负有按照合伙协议的约定或者全体合伙人的决定执行事务的义务，即执行事务合伙人应当定期向其他合伙人报告事务执行情况以及合伙企业的经营和财务状况，接受其他合伙人的监督和制约。《合伙企业法》还规定，受委托执行合伙事务的合伙人不按照合伙协议或者全体合伙人的决定执行事务的，其他合伙人可以决定撤销该委托。本案中，因为被告陈友国与原告间曾因原告行使知情权而于 2008 年 3 月 24 日以名豪会所及陈友国为被告提起诉讼；经营期间名豪会所的经营账目也不是很清楚，经营状况所记载的会计账本也在会计家中，原先建立起来的信任基础发生动摇，故原告可以行使撤销委托的权利。

三、关于被告陈友国与被告童元军间的合伙份额的转让行为的效力问题。根据《合伙企业法》的规定，合伙人的出资、以合伙企业名义取得的收益和依法取得的其他财产，均为合伙企业的财产。合伙企业财产虽然具有一定的团体财产性质，但毕竟没有脱离与合伙企业成员的人身联系而成为独立的团体财产，每个合伙人对于合伙企业财产都有自己的财产份额。在合伙企业存续期间，合伙人对自己的财产份额并无任意处分的权利，只有因分配利润或退伙而分割合伙企业财产时，各合伙人的财产份额才从合伙企业财产中分离出去。由于合伙企业的设立是以合伙人相互之间的人身信任关系为基础，具有很强的人合色彩，所以，合伙人的相对稳定是合伙企业事务顺利进行的重要前提。《合伙企业法》第 22 条规定，"除合伙协议另有约定外，合伙人向合伙人以外的人转让其在合伙企业中的全部或者部分财产份额时，须经其他合伙人一致同意。"第 24 条规定:"合伙人以外的人依法受让合伙人在合伙企业中的财产份额的,经修改合伙协议即成为合伙企业的合伙人,依照本法和修改后的合伙协议享有权利,履行义务。"由于合伙是基于合伙协议产生的,因此,一方面,合伙人以外的人依法受让合伙人在合伙企业中的财产份额的,应当经全体合伙人的同意;另一方面,合伙人以外的人成为该合伙企业的新合伙人时,须经全体合伙人同意,并修改合伙协议。本案中,各合伙人在设立名豪会所时的投资,以及名豪会所在经营活动中所取得的收益等,均属于名豪会所的财产。被告陈友国在向合伙人以外的被告童元军全部转让其在名豪会所的财产份额时,必须经过所有合伙人的一致同意。被告陈友国认为其向被告童元军转让其在名豪会所的财产份额时已开过合伙人会议并经全体合伙人同意,同时形成《合伙人会议决议》,然而名豪会所的实际出资人有陈友国、杨丽萍、周金祥、王季萍、李驷骃、叶军、陈法军、瞿广南8人,但在被告陈友国提供的《合伙人会议决议》上,并没有显示杨丽萍也参加了会议,而且也没有杨丽萍、王季萍、陈法军的签名。该院认为,在《合伙人会议决议》上是否签名,能反映出合伙人是否同意。同时,被告童元军通过受让被告陈友国在合伙企业中的财产份额而成为该合伙企业的新合伙人,须经全体合伙人同意,并修改合伙协议。但是合伙协议未作修改,工商登记情况也未作变更。因此,被告陈友国提供的证据并不能证明其所主张的被告童元军受让其在合伙企业中的财产份额的行为合法有效。

综上,原告起诉请求依法撤销对被告陈友国会所执行事务人的委托、依法确认被告陈友国转让名豪会所合伙份额给被告童元军之行为无效的诉讼请求,理由正当,应予支持。依照《合伙企业法》第26条第1、2款、第29条第2款、第20条、第22条、第24条之规定,判决:①撤销王季萍对陈友国名豪会所执行事务人的委托。②确认陈友国转让名豪会所合伙份额给被告童元军的行为无效。案件受理费18 300元,由被告负担。

陈友国、童元军不服原审法院上述民事判决,提起上诉。

二审法院审理后认为:本案当事人的争议焦点应针对被上诉人的一审诉讼请求是否成立展开,对此,可从以下两个方面进行分析:

第一,关于被上诉人王季萍提出撤销对陈友国在名豪会所执行事务人的委托的诉讼请求是否成立。在名豪会所成立之时,王季萍、陈友国及叶军3人曾签订过一份《执行事务人协议》,确定由陈友国为名豪会所的执行事务人。该协议系三方当事人的真实意思表示,是当事人对自己民事权利的处分,内容不违反法律法规的强制性规定,应受法律保护。现王季萍要求撤销对陈友国名豪会所执行事务人的委托,属于其对自己民事权利的处分,一般应系单方民事行为,但因本案被上诉人王季萍与上诉人陈友国及案外人叶军是经过共同商讨后形成了执行事务人协议，且上诉人陈友国在诉讼过程中表示不同意该请求，故应对该撤销行为是否成立进行审查。一般当事人对委托事务行使撤销权利，系被上诉人对自己民事权利的依法处分，其意思表示只要到达对方当事人即可产生相应法律效力。但依据《合伙企业法》第 29 条第 2 款的规定："受委托执行合伙企业事务的合伙人不按照合伙协议或者全体合伙人的决定执行事务的，其他合伙人可以决定撤销该委托。"本案中被上诉人王季萍在向一审法院提起民事诉讼时，即提出撤销对陈友国名豪会所执行事务人的委托，在诉讼中，双方当事人又对陈友国执行合伙事务存在争议；且被上诉人王季萍与上诉人陈友国之间就被上诉人就合伙事务行使知情权及分红权等事项存在争议，且被上诉人已另行提起诉讼，因此可以认为双方基于合伙而产生的信赖基础关系发生动摇，被上诉人王季萍在起诉时向上诉人陈友国提出撤销委托的意思表示，理由正当。因此，原审判决撤销王季萍对陈友国名豪会所执行事务人的委托并无不当。

第二，关于被上诉人王季萍要求确认上诉人陈友国转让名豪会所合伙份额给上诉人童元军的行为无效的诉讼请求是否成立。合伙企业具有很强的人合性特征，《合伙企业法》规定合伙人向合伙人以外的人转让其在合伙企业中的全部或者部分财产份额时，须经其他合伙人一致同意，在同等条件下，其他合伙人享有优先受让的权利。该规定系对合伙企业内部合伙人的权利义务的规定，但对善意受让人并不产生必然的约束力。因此该规定虽赋予合伙企业中的任何一名合伙人对其他合伙人在转让合伙份额时的异议权，但这并不是对欲转让合伙份额的合伙人的权利限制。转让合伙份额的转让合同只对签订合同的双方当事人产生效力，并不一定约束其他第三人，因此只要转让合伙份额的合伙人与受让人签订合伙份额转让协议时意思表示真实，内容不违反法律法规的强制性规定，不能以未履行该法规定的同意手续为由认定该转让协议无效。在本案中，两上诉人均提出该合伙份额在转让时被上诉人系明知，且被上诉人在合伙份额转让后，亦向受让人童元军收取了相应的股份分红，即被上诉人对于陈友国等人与童元军等人签订转让协议转让合伙份额的行为确系明知，两上诉人对于合伙份额转让应属善意。因此，被上诉人要求确认两上诉人之间合伙份额转让行为无效的诉讼请求缺乏相应的法律和事实依据，本院不予支持。

综上，原审法院对本案的事实认定部分不当，且法律适用错误，该院依法予以纠正。上诉人的上诉请求部分成立，该院予以支持。根据《中华人民共和国民事诉讼法》第 153 条第 1 款第 2、3 项之规定，判决如下：

(1) 维持嵊州市人民法院（2010）绍嵊商初字第 211 号民事判决第一项；

（2）撤销嵊州市人民法院（2010）绍嵊商初字第 211 号民事判决第二项；

（3）驳回被上诉人王季萍的其他诉讼请求。

▋案例评析

本案是一起因普通合伙企业事务执行及合伙人财产份额转让引起纠纷的典型案例。2006 年 4 月 19 日，王季萍、陈友国及叶军 3 人签订合伙协议书一份，合伙协议书约定：合伙人为王季萍、陈友国及叶军 3 人，出资方式为人民币，其中陈友国出资 30 万元，占 60%；王季萍出资 15 万元，占 30%；叶军出资 5 万元，占 10%；合伙企业事务执行人由合伙企业会议决定，其成员 2 人，经全体合伙人协商一致决定委托被告陈友国为执行合伙企业事务的合伙人，对外代表合伙企业；不参加执行事务的合伙人有权监督执行事务的合伙人，并要求执行事务的合伙人定期向其报告事务执行情况以及合伙企业的经营状况和财务状况；合伙人向合伙人以外的人转让出资时，必须经全体合伙人一致同意，其他合伙人有优先购买权；合伙协议书同时对各方的其他权利义务均作了相应约定。同日，王季萍、陈友国及叶军 3 人签名订立执行事务人协议一份，约定由陈友国为企业执行事务人。2006 年 4 月 21 日经工商注册登记名豪会所成立，企业类型为普通合伙企业。此后，名豪会所的经营活动也由被告陈友国负责。

2008 年 3 月 15 日，陈友国与周金祥、李驹骃、翟广南、叶军签订《合伙人会议决议》一份，决议约定：各方确认名豪会所在正式成立前的筹办阶段的名称为嵊州万紫千红娱乐公司，2006 年 1 月 16 日的"关于嵊州万紫千红娱乐公司股东决议（1 号）"对名豪会所各股东仍然有效；会议一致同意名豪会所可以 250 万元的总价格予以转让，各合伙人可按该总价格将自己的合伙份额转让给他人，其他合伙人自愿放弃优先购买权；原合伙协议书约定的应由全体合伙人一致同意的事项，现改为由占合伙份额 2/3 多数表决即为通过；决议还对其他事项作了约定。

2008 年 4 月 1 日，陈友国、杨丽萍、叶军、翟广南、李驹骃、周金祥为甲方与童元军、张浙阳、施利炎为乙方签订《合伙份额转让补充协议》一份，约定：甲方将其在名豪会所的合伙份额于 2008 年 3 月 29 日转让给乙方，乙方已按每 10% 合伙份额 25 万元的价格向甲方付清转让款；因名豪会所工商登记的名义合伙人王季萍已与名豪会所和合伙人陈友国发生诉讼，不愿意配合办理合伙份额转让的工商变更登记手续，故在办妥工商变更登记前，乙方可以以甲方共同委托代理人的身份（可以以乙方自己的名义）执行合伙事务；同时对应得收益及应承担的风险等作了相应约定。此后，童元军以名豪会所董事长的名义经营名豪会所。

按照《合伙企业法》的规定，受委托执行合伙事务的合伙人如有侵犯合伙人的共同利益，或者因为无能、失职、独断专行而使合伙人的共同利益蒙受损失时，应该被撤销委托。因为委托执行关系本身存在于一定的信赖关系基础上，一方面，受委托执行合伙事务的合伙人就其执行事务的义务，无正当理由不得任意推卸，而其他合伙人亦不得无故剥夺其执行事务的权利；另一方面，如果受委托执行合伙事务的合伙人不按照合伙协议或者全体合伙人的决定执行事务时，已经失去了信赖关系基础，也不能要求其他合伙人继续委托，所以，在这种情况下，应当允许其他合伙人行使撤销委托的权利。本案中，执行事务合伙人在执行事务过程中与委托人已经发生了纠纷并诉至法院，对于合伙事务的执行也未尽到相应的忠实、勤勉义务，因此，委托人可以撤销对其执行事务的委托，法院的判决符合法理和情理。

另外，普通合伙企业内部关于合伙人财产份额处分的限制无法对抗善意第三人，在合伙人擅自处分自己的财产份额时，只能通过内部途径寻求救济。因此，对于陈友国转让财产行为的效力的认定，二审法院的判决是正确的。

▍防控策略

1. 设计完备并且行之有效的合伙协议，保障合伙人的知情权、质询权、监督权和求偿权。虽然法律已经确认了合伙人的知情权、质询权、监督权和求偿权，但是在保障权利实现和权利救济上还需在合伙协议中进一步做出明确规定。

（1）从有限合伙人对企业的控制角度。建议对普通合伙人信息披露的时间以及披露范围进行明确约定，并确立一个对合伙企业管理的公平检查权，特别是对于合伙事务的执行情况、经营和财务状况的检查，并明确具体的会计和审计条件。为保证有限合伙人适度地参与合伙经营管理，可以在合伙协议中约定有限合伙人参与管理的事项，另外，可以考虑日常事务管理团队中，增加有限合伙人席位，对合伙企业的重大决策进行表决，当然，"重大决策"具体包含的情形必须在合伙协议中予以详细列举。

（2）从约束普通合伙人的角度。为防止权利滥用，建议在合伙协议中约定授权管理制度，明确普通合伙人及高级管理人员的管理权范围和权限，并规定超越授权或者无授权执行事务所应承担的法律责任，确保合伙企业能在健全的规章制度及授权管理下良性运行。

（3）从利润实现角度。合伙协议必须明确约定利润计算方法、分配和支付方案，此外，为防止引入新投资者而使当初预期的利润减少，实践中一些风险投资企业采用限制利润分配比例变动的条款，称为"反稀释条款"。为了防范由于投资无法达到预期的风险以及便捷的退出途径，建议在协议中约定任意退伙条款，或者要求其他合伙人回购，并以事先确定的价格或者计算方法，计算退伙利益。当然，良好治理机制，除了通过约束以外，通过激励使普通合伙人及经营管理人员产生努力经营的主观动力也十分重要。为了使他们有足够的动力去自动选择有利于投资人的行动，可以在制度设计中，通过高额利润分配、股票期权、按照业绩计算提管理费等方式，让他们也承担一部分不确定性风险，并从这种不确定性风险中得到补偿，将他们的收益与合伙企业的利润相挂钩，从而减少或者避免道德风险。

2. 建立合伙人违反诚信义务的民事责任追究机制，对企图损害其他合伙人利益的行为进行威慑，潜在的作案人可能会因此打消从事违法活动的念头。

第三节　个人独资企业治理的法律实务与风险防控

一、个人独资企业的事务管理方式

《个人独资企业法》第 19 条规定："个人独资企业投资人可以自行管理企业事务，也可以委托或者聘用其他具有民事行为能力的人负责企业的事务管理。"据此，采用个人独资企业模式的小微企业在治理过程中有两种管理模式可供选择，一是由投资人自己直接管理；二是由其他人代为管理，到底选择哪一种，则由投资人在法律许可的范围内自主决定。如果选择了第二种方式，因为涉及相对人，若要防范其操作风险，则需注意以下事项：

（一）受委托或者受聘用的人员应当具备民事行为能力和相应的经营管理能力

民事行为能力，是指民事主体通过自己的行为取得民事权利或承担民事义务的能力，包括主体为合法行为的能力和对其违法行为承担责任的能力。民事主体只有具有民事行为能力才能以自己的行为参与民事活动，为自己取得民事权利，设定民事义务，从而代理他人的行为，否则其代理行为会存在瑕疵，将引发一系列不必要的纠纷。

另外，尽管个人独资企业属于业主制企业，投资人一般都亲自参与企业的日常事务管理，但在现代市场经济和科学技术迅猛发展的情况下，企业管理越来越专业化、职业化，这就要求我们聘用或者委托的经营管理人员应当胜任企业的事务管理，能够充分利用先进的手段，摒弃企业管理中的人治现象，提高企业的经营管理水平，更好地带领企业适应社会需要。

（二）投资人委托或者聘用他人管理个人独资企业事务，应当签订书面合同

委托合同是委托人和受托人约定由受托人处理委托人事务的合同。个人独资企业投资人委托或者聘用他人管理企业事务的合同，是指投资人委托或者聘用他人负责企业事务管理，他人同意为其处理事务，并就委托的具体内容和授予的权利范围及双方的权利义务所达成的协议。委托合同是受托人管理企业事务的依据，因此，双方应该本着平等自愿、协商一致的原则，认真订立好合同，详细约定双方的权利义务。根据《个人独资企业法》和《合同法》的有关规定，委托合同应当包括下列内容和条款：

（1）明确委托的具体事项，即是负责全面的工作还是仅是某一方面的工作；

（2）保证授予的权限要与负责的工作相一致，既不能权限过大使管理人为所欲为，也不能权限过小，使其无法工作；

（3）受托人的报酬请求权；

（4）受托人的诚信、勤勉、报告等义务，以及不按照约定履行义务的对应责任，以便受托人严格按照委托开展事务管理工作；

（5）双方约定的其他内容。特别注意，委托合同应当以书面形式订立。

（三）明确委托人或者被聘用人的义务

《个人独资企业法》第19条第3款规定："受托人或者被聘用的人员应当履行诚信、勤勉义务，按照与投资人签订的合同负责个人独资企业的事务管理。"

1. 诚信义务。受托人或者被聘用的管理人员的诚信义务是指以诚实信用的态度对待受托的管理工作。管理企业经营事务，不同于完成一件具体的工作，在此过程中，可能由于管理人的认知程度和能力的限制以及市场或客观条件的变化而出现失误，但如果管理人是按照诚实信用的原则管理事务，由此造成的后果无论是好是坏，均由个人独资企业及投资人承担，如果执行人违背诚信原则，借执行事务为自己牟取私利，则投资人有权依据合同追究管理人的责任。

2. 勤勉义务。受托人或者被聘用的人的勤勉义务是指管理人在执行委托事务时应勤奋勉力，尽自己的可能将担负的工作做好，不得怠于工作，避免受托人承担的管理业务遭受损失。

3. 投资人对受托人或者被聘用的人员职权的限制无法对抗善意第三人。投资人与受托人或者被聘用的人员之间的关系属于企业内部法律关系，由双方通过签订委托或者聘用合同加以确认和规范。受托人或者被聘的人员在对外活动中是代表企业与他人进行交易活动的。受托人或者被聘用的人员职权限制，通常在委托或者聘用合同中予以明确。受托人或者被聘用的人员在与他人进行交

易时，往往被推定为可代表企业在其经营范围内从事各项经营活动。根据诚信原则，交易相对人也无须在与企业的受托人或者被聘用的人员进行交易时询问其具体的职权范围。因为这是受托人或者被聘用的人员的职权，受托人或者被聘用的人员在对外经营活动中应严格按照委托或者聘用合同规定的职权进行活动，并在对外经营活动中积极主动的向交易相对人告知自己的职权范围。投资人与受托人或者被聘用的人员之间的人身信赖关系使投资人承担受托人或者被聘用的人员对外进行交易的信用担保。当受托人或者被聘用的人员超越职权进行活动时，投资人承担相应的法律责任，投资人不得以任何理由对抗没有任何过错的善意第三人。因此，这再一次警示选择个人独资企业模式的小微企业投资人在聘请他人经营管理企业时，应当慎重决定，严格监督，防范其不正当履行职务的法律风险。

4. 法律规定的受托人或者被聘用人员的禁止性义务。根据《个人独资企业法》第 19 条的规定，个人独资企业投资人可以自行管理企业事务，也可以委托或者聘用其他具有民事行为能力的人负责企业的事务管理。由于投资人对企业的债务承担无限责任，风险很大，为了防止出现受托人或者被聘用的人损害个人独资企业即投资人的利益的情况出现，法律规定了该类人员的相应义务和禁止其从事的行为，从法律上确定了受托人或者被聘用人员的行为规则，以防止其发生道德风险。具体规定在《个人独资企业法》第 20 条，即投资人委托或者聘用的管理个人独资企业事务的人员不得有下列行为：

（1）利用职务上的便利，索取或者收受贿赂；

（2）利用职务或者工作上的便利侵占企业财产；

（3）挪用企业的资金归个人使用或者借贷给他人；

（4）擅自将企业资金以个人名义或者以他人名义开立账户储存；

（5）擅自以企业财产提供担保；

（6）未经投资人同意，从事与本企业相竞争的业务；

（7）未经投资人同意，同本企业订立合同或者进行交易；

（8）未经投资人同意，擅自将企业商标或者其他知识产权转让给他人使用；

（9）泄露本企业的商业秘密；

（10）法律、行政法规禁止的其他行为。

二、个人独资企业事务管理过程中的法律风险

如前所述，个人独资企业的管理存在两种方式，对于投资人自行管理而言，会面临如下法律风险：

一是投资人对于相关的法律法规不够精通，未依法开展营业活动，从而遭受法律制裁。例如，投资人在设立个人独资企业后并未依法开展经营活动，使得企业一直处于停业状态，按照《个人独资企业法》第36条的规定，无正当理由超过6个月未开业的，或者开业后自行停业连续6个月以上的，将会被吊销营业执照。

二是投资人在管理过程中故意从事违法行为，触犯国家法律、行政法规。例如，企业在取得营业执照以后，为了扩大企业的经营范围，投资人擅自违法涂抹、更改营业执照所载事项，变动营业执照的内容，根据《个人独资企业法》第35条规定，将会被相关管理机关责令改正，没收违法所得，处以3000元以下的罚款；情节严重的，甚至会被吊销营业执照。

如果选择委托或者聘用他人管理，则在经营管理过程中可能面临如下风险：

一是该经营管理人员懈怠履行职责，对于企业经营管理未尽到应尽的忠实、勤勉义务。

二是该受托或者被聘用的人从事《个人独资企业法》第20条所列举的禁止性行为。

案例 姜某某与某个人独资企业财产纠纷案

▌基本案情

2002年5月周某某个人出资开办了一家面粉加工厂，由于他另外还开了一家酒吧，时间和精力都不够，周某某就让工人姜某某负责面粉厂的销售和货款收取。2002年8月，姜某某家中老母突发疾病送医院救治，但姜某某手头缺钱。正好前几天收来的货款还未入账，姜某某便瞒着周某某，将货款10 000元垫付了医药费。姜某某又找到朋友王某，谎称面粉加工厂是其所开，以加工设备作为抵押，又借得15 000元并立下字据。

两个月后，周某某在核账时，发现姜某某有货款未及时入账，便要求他3日内交出。姜某某无钱可交，就到乡下躲了起来。没几天王某到面粉加工厂讨债，周某某和王某这才发现他们都被骗了。王某坚持周某某先替姜某某还债，之后再找姜某某算账。周某某拒绝先偿债，表示这是姜某某的个人债务，等姜某某回来后由姜某某向王某清偿。双方争执不下，诉至法院。

本案中，姜某某作为周某某聘用的人员，擅自将企业的货款用于个人事务，又擅自将企业财产对外抵押，违背了诚实信用原则，其行为已经严重损害了面粉加工厂的权益。周某某有权责令其退还侵占的财产，赔偿由此造成的损失。

关于王某抵押权能否实现,一方面要看其在与姜某某订立合同时,是否明确知道姜某某的真实情况。如果他知道姜某某仅是雇员,财产不是姜某某所有的,那么他在主观上接受设备作为抵押物是"恶意"的,他无权要求实现抵押权。如果姜某某的行为有理由让王某相信姜某某有权处分该财产,如有授权书表明姜某某可以全权处理企业财产,则面粉加工厂应当承担一定的责任,投资人对被聘用的人的职权限制,是不得对抗善意第三人的。

▌案例评析

本案是一起典型的个人独资企业投资人聘用的经营管理人员利用工作便利侵占个人独资企业财产的案件。该聘用的人员本应当按照与投资人的约定,妥善处理合同项下的企业事务,却违反约定擅自侵占财产,甚至将企业财产对外抵押为自身谋取利益,显然违背了与投资人的基本约定,侵犯了个人独资企业的利益,应当按照法律规定承当相应的法律责任。

▌防控策略

1. 个人独资企业的投资人应当增强法律意识,全面了解《个人独资企业法》等相关法律法规,对于个人独资企业的依法管理给予高度重视。

2. 个人独资企业投资人即委托人与受托人的相互关系是通过委托合同确定的。因此双方就委托事项应当作出详细的约定,明确委托的具体内容和授予的权利范围,划定受托人的职责权限,建立健全企业经营管理人员责任追究制度。

第四章

小微企业市场经营的法律实务与对应风险防控

"企业市场经营"不是法律概念，关于企业市场经营的含义、范畴，法律上没有界定。从实践角度讲，本书认为应该指企业成立后合法存续期间内集合人、财、物等各种资源，通过产、供、销等环节，投入、产出从而追求盈利的活动过程。为框定本章的边界，确定本章的具体内容，同时结合小微企业日常的重点经营活动，本章将主要从合同管理、产品质量、广告宣传、市场竞争等几个方面着重探讨其法律实务与具体风险防控。

第一节　合同管理的法律实务与风险防控

合同是企业重要经济活动的载体，在企业的日常经营中居于非常重要的地位，在市场经济中，企业产、供、销等环节的活动，都需要一定的合同作为与其它市场经济主体联系的纽带。这个纽带一旦出现问题，给企业带来的必然是法律纠纷和法律责任。而小微企业多数没有意识到将双方权利义务固定化、格式化的重要性，一般在生产经营活动中都采用信用契约、口头协议的形式达成交易。稍有经验的一些企业会采用书面合同的形式进行固定，但合同内容要么是根据自己能想到的条款用自己的语言加以书写，要么是直接从网络上或者自己能搜集的地方复制别人的合同。显而易见，前者容易出现合同条款不明确、有歧义、有遗漏等问题，后者则是只能满足最基本的要求，并不能针对自身特点防范风险。小微企业无论业务量大小，都需要稳定的发展空间，而纠纷乃至诉讼则会在一定程度上对其产生负面影响。

因此，小微企业在对外签订各类合同时应当高度重视与合同相关的法律实务和风险，这样才能保证企业经营活动的顺利开展，将违约行为的法律保障做到最好。本节根据签订合同的过程，从合同订立前、合同签订中、合同履行、合同救济等方面探讨合同相关的法律实务和风险防控。

一、合同订立前的法律实务

合同订立，是指双方当事人作出意思表示并达成合意的状态，主要包括缔约各方的接触和洽商，达成协议前的整个讨价还价过程。此阶段由要约邀请、要约、反要约、承诺诸制度规范和约束，会产生先合同义务和缔约过失责任，因此在合同订立前应当做好充足的准备，谨慎对待缔约行为，有效防范合同订立的风险。

（一）明确正当缔约主体

缔约主体，即指依法签订合同并在合同条件下履行约定的义务和行使约定的权利的自然人、企业法人和其它社会团体。在《合同法》上对于订立合同，要求当事人具有相应的民事权利能力和民事行为能力要件。对于企业而言，无论是法人，还是法人之外的其他组织都可以成为合同的主体。

（二）明确合同订立顺序，谨慎对待要约和承诺行为

1. 要约

要约，是一方当事人以缔结合同为目的，向对方当事人提出合同条件，希望对方当事人接受的意思表示。在商业活动及国际贸易中，要约常被称为发价、发盘、出盘、报价等。

构成要约要符合如下条件：一是要约必须是特定人所为的意思表示。所谓特定人，是指能为外界所客观确定的人，至于是自然人、法人抑或是合伙企业等，是本人还是其代理人，在所不问。二是要约必须向相对人发出，因为要约必须经过相对人的承诺才能成立合同。三是要约必须有缔结合同的目的。四是要约的内容必须具体确定。否则受要约人便不能了解要约的真实含义，难以承诺。按照法律规定，向其它交易对象发出的这种意思表示一旦送达给相对人并经相对人认可，企业就要按照要约的内容执行，否则构成违约。而如果企业发出的交易条件不符合法律规定的要约构成条件，其法律后果就是不能取得要约的法律效力，当然也就达不到企业的目的。

2. 承诺

承诺，是受要约人作出的同意要约以成立合同的意思表示。在国际贸易中，承诺又称为接盘。

（1）明确承诺的构成要件。一般情形下，承诺的构成要件如下：

第一，承诺必须由受要约人作出。

第二，承诺必须向要约人作出。因为受要约人的目的在于同要约人订立合

同，因此，承诺只有向要约人作出才有意义。

第三，承诺的内容应当与要约的内容一致。承诺是受要约人愿意按照要约的内容与要约人订立合同的意思表示。所以，欲取得相应法律效果，承诺必须在内容上与要约的内容一致，如果受要约人在承诺中对于要约的内容加以扩张、限制或者变更，则不构成承诺，而应视为对要约的拒绝而构成反要约。

第四，承诺必须在要约的存续期间内作出。要约在其存续期间才有效力，承诺必须在此期间作出。如果要约未规定存续期间，在对话人之间，承诺应立即作出；在非对话人之间，承诺应在合理期间内作出。

（2）掌握承诺的生效规则。《合同法》第26条第1款规定："承诺通知到达要约人时生效。承诺不需要通知的，根据交易习惯或者要约的要求作出承诺的行为时生效。"同时，《合同法》第25条规定："承诺生效时合同成立。"因此，承诺一旦生效，意味着整个合同成立，双方当事人都必须受到合同的约束。因此，如果在承诺发出后，当事人反悔，应当及时撤回，否则有可能承担合同成立后的一系列责任。《合同法》第27条规定："承诺可以撤回。撤回承诺的通知应当在承诺通知到达要约人之前或者与承诺通知同时到达要约人。"只有这样才能发生阻止承诺生效的效力。如果迟于承诺到达要约人，因承诺已经生效，合同往往随之成立，那么不会发生承诺撤回的效果。另外，特别注意的是，承诺不可以撤销，因为承诺到达后合同即成立，无法再撤销了。

（三）仔细拟定并审查合同条款

合同条款是合同的主要内容，是双方履行相应义务的依据，是合同风险最主要的产生途径。因此，小微企业要把更多的精力放在合同条款的规范和谈判上，仔细审查，预防纰漏出现。

《合同法》第12条规定："合同的内容由当事人约定，一般包括以下条款：①当事人的名称或者姓名和住所；②标的；③数量；④质量；⑤价款或者报酬；⑥履行期限、地点和方式；⑦违约责任；⑧解决争议的方法。"这是法律规定合同的提示性条款，即一般订立合同应当包含以上内容。其中当事人条款和标的条款是合同的必备条款，也就是说如果欠缺这两个条款，合同就无法成立。另外，如果合同性质决定或者当事人约定合同的必备条款时，欠缺这类条款时，合同便无法成立。因此，对于合同的必备条款，在缔结合同前应当予以高度重视，防止发生纰漏影响合同的成立。

其中第一项，当事人是合同权利和合同义务的承受者，没有当事人，合同权利义务就失去了存在的意义。给付和受领给付也就无从谈起。因此，小微企业在订立合同时必须要有当事人这一条款。对当事人的名称或者姓名及住所要加以特定化、固定化，所以具体合同条款的草拟必须写清当事人的名称或者姓名和住所。

第二项标的是合同权利义务指向的对象。如前述所言，标的是合同的必备条款，合同不规定标的，就会失去其目的，失去积极的意义。因此，合同标的条款必须清楚地写明标的的名称，以使标的特定化，从而能够界定权利义务的对象。

第三项数量和第四项质量是确定合同标的的具体条件，是这一标的区别于另一标的的具体特征。标的物的质量要详细具体，如标的技术指标、质量要求、规格、型号等都要明确。标的的数量要确切。对于合同的数量条款，首先选择双方共同接受的计量单位，其次要确定双方认可的计量方法，最后应允许规定合理的磅差或者尾差。标的（物）的质量和数量如果能通过有关规则及方式推算出来也可以。

第五项价款是取得标的物及获得服务所应支付的代价。价款，通常是指标的物本身的价款，但是因为商业交易经常会出现异地交货，因此还产生了运费、保险费、装卸费、保管费、报关费等一系列额外的费用，具体这些费用由哪一方支付，需要当事人在价款条款中写明。

第六项中的履行期限直接关系到合同义务的完成时间，它涉及双方的期限利益，关系到履行期尚未截止的抗辩和履行期尚未届满的抗辩，也是确定违约与否的因素之一，因此十分重要。依照法律规定，履行期限可以规定为即时履行，也可以规定为定时履行，还可以规定为在一定期限内履行。如果是分期履行，则应写明每期的准确时间。履行地点是确定验收地点的依据，是确定运输费用由谁负担、风险由谁承受的依据，也是确定标的物所有权是否移转、何时移转的依据，还是确定诉讼管辖的依据之一，因此十分的重要。履行方式，是一次交付还是分期分批交付，是交付实物还是交付标的物的所有权凭证，是铁路运输还是空运、水运等，同样事关当事人的物质利益，合同中应当写明，虽然对于大多数合同来说它并不是必备条款。

第七项违约责任是促使当事人履行义务，使守约方免受或者少受损失的法律措施，与当事人的利益关系重大，合同对此应予明确。例如，明确规定违约致损的计算方法、赔偿范围等，对于将来及时的解决违约问题，具有十分重要的意义。当然，违约责任是法律责任，即使合同中没有明确规定违约责任条款，但只要未依法免除违约责任，违约方仍应负责。

提醒小微企业在约定合同违约责任的条款时，在违约责任的承担方式上，一般只能在违约金和救济损失中选择一种，如果既主张违约金又主张赔偿损失可能得不到法院的支持。因此，如果对违约的损失能够预先估计，可以约定一定金额或者一定比例的违约金，可以免除争议发生后举证证明损失额多少的问题。但是，如果损失无法估计，则应当约定违约方向守约方赔偿因违约实际造成的损失。此外，如果希望约定定金条款，应注意定金与"订金"的区别，因为"订金"在法律上被认定为预付款，不具有担保功能，是不能要求双倍返还的，并且定金与违约金也不能同时适用。

第八项争议解决的方法，包括解决争议运用什么程序、适用何种法律、选择哪家检验或者鉴定的机构等内容。双方当事人在合同中约定的仲裁条款、选择诉讼法院的条款、选择检验或者鉴定机构的条款，均属于解决争议的方法的条款。需要明确的是即使合同无效、被撤销或者终止的，也不影响合同中独立存在的有关解决争议方法的条款的效力。因此，为了事前防范不必要的麻烦，小微企业在签订合同时可以对于该条款尽可能的细化。

（四）明晰双方权利义务关系

合同的内容，从合同的关系角度讲，是指合同的权利义务。合同权利，包括合同债权以及形成权、抗辩权乃至监管权等权利。

合同权利是基于合同产生的民事权利，合同权利表现在具体合同里是各种各样的。例如，在买卖合同中，卖方有收取货款的权利，买方有接收货物的权利，在房屋租赁合同中，出租方有收取租金的权利，承租方有使用房屋的权利。权利产生于合同，有时也会受到限制，合理的限制是法律所允许的。例如，在专利权许可合同中，被许可人有使用专利的权利，但如果未经许可方的同意或授权，被许可方不得将专利权许可第三方，这种限制是合理的、必要的，如果不加以限制，被许可方任意再许可他人使用，许可方的权利就得不到充分保护，由此产生对许可方权利的侵害。因此，限制是必要的。但是在合同拟定过程中，应当注意己方的合同权利不会被不当限制，也不能利用限制条款剥夺对方的合理的权利，防止双方权利的实现出现法律问题。

合同义务包括给付义务和附随义务以及不真正义务。给付义务又可分为主给付义务和从给付义务。主给付义务是指合同关系固有的、必备的，并用以决定合同类型的基本义务。须注意，虽然主给付义务大多由主要条款规定，但是主要条款并非一定产生主给付义务。发生不履行、不完全履行或者逾期履行时，如不具有免责事由，债务人应承担违约责任。从给付义务，是指辅助主给付义务发挥功能的义务，其存在的目的不在于决定合同类型，而是为了确保债权人利益能够获得最大的满足。从给付义务发生的原因如下：①基于法律的明文规定。如《合同法》第136条规定："出卖人应当按照约定或者交易习惯向买受人交付提取标的物单证以外的有关单证和材料。"②基于当事人的约定。如甲企业兼并乙企业，约定乙企业应提供全部客户关系名单。③基于诚实信用原则及补充的合同解释。如汽车销售公司应当向客户交付必要的证明文件。

附随义务是指依据诚实信用原则或者法律的规定产生的一系列义务。例如，《合同法》第 68 条规定了主张不安抗辩权的当事人举证对方当事人已经丧失了或者可能丧失履行债务能力的证明义务。除上述给付义务和附随义务以外，合同关系上还有不真正义务。其主要特点在于权利人通常不得请求履行，违反它也不产生损害赔偿责任，仅使负担该义务的一方遭受权利减损或丧失的不利益。《民法通则》第 114 条规定："当事人一方因另一方违反合同受到损失的，应当及时采取措施防止损失的扩大；没有及时采取措施致使损失扩大的，无权就扩大的损失要求赔偿。"其中，守约方采取措施防止损失扩大的义务，就是不真正义务。它在法律上虽未负有不损害自己权益的义务，但因自己的过失造成损失扩大，则按照公平原则的要求，应依其程度承受减免赔偿额的不利益。

二、合同订立前存在的法律风险

(一) 缔约主体不具备相应的缔约能力

1. 设立中公司所订立合同的法律效果归属引争议

对于企业而言，在办理工商登记注册之前，还没有取得法律主体资格，不享有民事权利，也不能承担民事义务，存在着以下的缺陷：

（1）没有自己的名称。企业在成立之前，其名称也在核准之中，或者还没有名称。签订合同首先要与有名称的单位签署，否则合同就缺少一方主体。如果使用尚未依法核准的名称，其名称也不具有法律效力。

（2）没有自己的独立财产。企业的财产包括在开办时由投资人投入的财产和在以后的生产经营中形成的财产，企业未设立之前没有独立财产，也不具有履行合同的能力，即使签订了合同，也无法履行。

（3）法律主体不存在。主体是签订合同的最基本要素之一。尚在筹备阶段而未经登记的企业，不是法律意义上的企业法人。法律主体不存在，何以签订合同，又何以履行合同？虽然在实践中，存在正在筹备中的企业以设立中公司的名义签订合同的行为，《最高人民法院关于适用〈中华人民共和国公司法〉若干问题的规定（三）》也进行了规范，但是其法律风险仍然存在，特别是在企业设立失败时，其所签订的合同权利义务由设立人承继，设立人如何履行合同，具有许多不确定的因素，合同可能按期履行，也可能无法按期履行。

2. 相对人无权代理签订的合同效力不确定

对于代理人而言，如果没有代理权，合同相对方与之签订合同，会产生如下法律风险：

（1）无权代理签订的合同属于效力待定的合同，合同是否有效取决于被代理人的事后追认，但追认是对方的单方行为，主动权在真正权利人，且其总在利己的情况下才会追认。

（2）尽管和无权代理人签订合同后签约方有撤销权，但行使撤销权应满足如下条件，即签约方应证明自己为善意相对人，且在知道或应当知道无权代理之日起一年内行使。该期间为除斥期间，不可中断、中止或延长。

（3）如果合同一旦不被第三人追认，行为后果要由无权代理人承担，在无权代理人不具备完全的履约能力或责任能力的情况下，签约方损失实际上很难予以弥补。

作为被代理企业，因内部管理不善导致不法行为人以企业授权代理名义签订合同的法律风险主要有：

（1）个人借用企业的业务介绍信、合同专用章或者盖有公章的空白合同书，以企业名义签订经济合同，骗取财物归个人占有或使用或进行其他违法行为，除非能证明对方当事人是明知的，否则应对行为人的不法行为承担损害赔偿责任。

（2）企业内部人员被解雇或离职后擅自利用企业未及时收回的公章或空白合同以企业名义签订合同骗取财物，构成表见代理，企业应对合同相对方的损害承担赔偿责任。

最后，对于企业法定代表人而言，其以自己个人的名义签订的合同，法律效果应当归属于个人，以公司名义签订的合同才能归属于公司。因此，存在着法定代表人冒用公司名义为自己谋取私利的法律风险。

案例 公司法定代表人以自己名义签订的合同由谁负责？

▌基本案情

甲有限责任公司总经理为赵某，公司营业执照上登记的法定代表人亦为赵某，平时公司的大小事务都由赵某决定，并以其个人签字为准。2008 年 9 月，赵某与北京某贸易公司的总经理商定签订设备转让合同，在正式签约时，赵某以自己名义与该商贸公司约定：甲公司向商贸公司转让机器设备两台，总价 60 万元，合同签订后，由商贸公司付款 20 万元，其余款项半年内付清。2009 年 3

月，商贸公司仍不付款，甲公司催收无果后起诉，要求商贸公司支付货款并承担违约责任。商贸公司辩称：该设备转让合同行为系赵某以个人名义签订，并未说明是代表公司，而合同亦未加盖甲公司的公章，故转让合同无效。

本案应当首先判定赵某的行为是个人行为还是公司行为。如果属于公司行为，则该行为的一切后果由甲公司承担，但若属于赵某个人行为，则该行为的后果与公司无关，而应完全由赵某承担责任。赵某是公司的法定代表人，法定代表人以公司名义所为的行为属于公司行为，后果由公司承担。但问题在于，法定代表人以个人名义所为，实质上是为公司利益订立的合同，此时如何判断行为的性质？本案中，通过赵某与商贸公司签订的合同内容、履行主体可以判断，该合同的真正主体是公司。法定代表人赵某的行为构成代表行为，行为后果由公司承担，所以商贸公司的抗辩理由不能成立。

▌案例评析

依照《民法通则》第 38 条的规定，法定代表人是指依照法律或者法人组织章程的规定，代表法人行使职权的负责人。其具有以下特点：第一，法定代表人是依法确定的，何人为法定代表人是法律或者法人组织章程规定的，如《公司法》规定，公司的董事长为法定代表人。第二，法定代表人是代表法人行使职权的负责人，无须再行授权。法人与法定代表人之间是一种代表关系，所以法人不仅应对法定代表人的合法经营行为承担民事责任，而且应当对法定代表人的违法行为承担民事责任。第三，法定代表人是代表法人进行业务活动的自然人，且有资格的限制。本案中，作为甲有限责任公司法定代表人的赵某以自己名义对外签订合同，但是此举是为了公司的利益，因此，其属于代表法人行使职权的行为，所产生的法律效果应当归属于公司行为，即公司应当受到其所为行为的约束。

案例　永某公司诉宇某公司支付货款案

▌基本案情

永某公司于 2010 年 12 月 1 日成立，宇某公司成立于 2011 年 4 月 12 日，两公司均在完成工商登记前即以拟登记公司名称进行业务往来。2010 年 9 月至 2011 年 1 月，永某公司多次向宇某公司供应软性线路板，宇某公司员工收货后在送货单上签名确认，货款合计 132 116 元。宇某公司于 2011 年 4 月支付部分货款 30 000 元，尚欠余款 102 116 元。宇某公司以部分产品存在严重质量问题为由拒付货款，双方遂酿纠纷。永某公司于 2011 年 6 月 1 日诉至法院，请求判令宇某公司支付货款 102 116 元及延期付款的利息（自 2011 年 6 月 1 日起按同期人民银行贷款利率计算至付清时止）。

一审法院审理认为：永某公司、宇某公司存在事实买卖合同关系，买受方应当根据实际收货履行付款义务。公司法人在完成工商登记前以公司名义在合法经营范围开展经营活动的，债权债务由注册成立后的公司法人承担。宇某公司应支付货款 102 116 元，并偿付相应的利息。宇某公司以产品质量问题提出抗辩，证据不足，法院不予采纳。

宇某公司不服一审判决并提起上诉。

二审法院审理后认为：原审判决认定事实清楚，适用法律正确，应予维持。

▌案例评析

《最高人民法院关于适用〈中华人民共和国公司法〉若干问题的规定（三）》第 3 条规定："发起人以设立中公司名义对外签订合同，公司成立后合同相对人请求公司承担合同责任的，人民法院应予支持。公司成立后有证据证明发起人利用设立中公司的名义为自己的利益与相对人签订合同，公司以此为由主张不承担合同责任的，人民法院应予支持，但相对人为善意的除外。"根据上述司法解释的规定，发起人以设立中公司的名义并为设立中公司的利益对外签订合同的，在公司成立后应由公司承担合同权利义务。本案所涉 2010 年 9 月至 2011 年 1 月期间以永某公司、宇某公司名义发生的买卖软性线路板交易部分早于永某公司成立之日（2010 年 12 月 1 日），全部早于宇某公司成立之日（2011 年 4 月 12 日）。永某公司、宇某公司在各自成立之后均延续公司成立前已开展的业务，并均认可在公司成立前已发生交易所涉债权债务由公司享有和承担。原审法院认为永某公司、宇某公司是本案适格债权人及债务人并无不当。永某公司提交了送货单等证据证明双方当事人之间的买卖合同关系及供货金额，宇某公司对货款金额的异议缺乏事实依据。宇某公司未在法定期限内向原审法院申请进行产品质量鉴定，却以其需要自行委托鉴定为由向原审法院申请延期举证，宇某公司的申请不符合法律规定，原审法院对宇某公司的申请未予准许并无不当。综上，法院的生效判决于法有据。

案例　公司职员表见代理侵害公司合法权益案

▌基本案情

2005 年至 2007 年间，四川成都某企业采购部经理黄某，代表该企业与北京的一家企业签订电子元器件的购销合同，且在合同签订后全程负责合同的具体执行。2009 年，黄某再次以该企业的名义向北京的这家企业订购与上次采购类型相同的电子元器件。虽然黄某提供的购销合同上没有四川成都企业的公章（合同章），只有黄某个人的签字，但签约当天黄某就将该企业的一张 10 万元的转账支票交给北京的供方企业作为定金，并且合同约定的收货地点、收货人与上一次完全相同。北京供方企业在合同签订、将 10 万元定金顺利入账后即按照合同约定将 50 余万元的货物发出。但之后并未在约定时间收到后期货款。供方企业向黄某催款，黄某以各种借口拖延。应付货款时间过去一年多后，供货企业再次催款时却联系不上黄某，便直接联系需方企业，但得到的答复是黄某早已离职，该企业根本就不知道这份购销合同，而且也没有实际收到货物，所以拒绝付款。无奈，供货企业只得通过诉讼方式追讨货款。供货企业起诉后，该需方企业提出反诉，以双方之间不存在合同关系为由，要求供货企业返还已经收到的 10 万元。

法院审理后认为：黄某的行为依法构成表见代理，原被告之间存在有效的合同关系，原告已依约发货，被告应当付清货款。

▌案例评析

代理是指代理人在代理权限内，以被代理人名义从事民事活动，由被代理人直接承担法律后果的制度。代理人在行使代理权时应当在代理权限内，积极、亲自去行使，并维护被代理人权益。如果行为人本身没有代理权却以被代理人名义实施代理行为，但有足以使相对人相信行为人有代理权的事实和理由，就构成表见代理，此时会发生与有权代理一样的法律效果。本案中，经理黄某在2005 年至 2007 年间得到企业的授权，一直代表企业对外与相对人签订购销合同，后其代理权被撤销，相对人并不知晓，且黄某仍保有企业的转账支票，并利用相对人的不知情与其签订合同、支付首期货款，由此可知，其符合表见代理的基本要件，构成表见代理，其行为产生的法律后果应当由被代理人四川成都某企业承担，当然被代理人承担责任后，可以向黄某追偿因其无权代理行为而遭受的损失。

▌防控策略

1. 在小微企业法定代表人对外签订合同时，首先应当列明法人或者其他组织在主管部门登记注册的全称，附带列明其基本的信息，包括住所地、联系方式等，然后核对法定代表人的职务、身份证明等材料，最后核实其是否是标的物的所有人或者对标的物具有处分权及其授权委托书的真伪、盖章是否真实，以确定法定代表人的合法身份和权限范围，保证合同的有效性和合法性，防止引发不必要的纠纷。

2. 尽量不与尚未登记注册的企业签订合同。企业在签订合同前，应事先审查其签约代表的代理权，要求其出具授权委托书，载明委托人的姓名和身份证号码、委托代理事项、委托授权和代理期限，授权委托书应加盖公章，审查完后留档保管。

3. 企业授权代表代理公司对外签订合同，应有标准的授权管理程序，首先由业务部门提示申请，经过企业法务部门或合同管理部门审查，再由法定代表人签署授权委托书，委托事项、委托权限和委托期限变更的应及时办理变更手续。

4. 建立严格的企业公章、合同章、财务章、介绍信、空白合同等印信保管和使用程序，控制上述印信的使用范围，如有遗失应及时登报声明作废，保管人员离职前应将其交回方可办理离职手续，如果授权事项变更应履行变更手续。此外，企业应定期对代理人的授权代理书进行核查。

5. 明确以其他组织为模式的小微企业的签约资格问题。

根据《民事诉讼法》关于民事诉讼主体资格的规定，合法成立、有一定组织机构和财产的其他组织，虽然没有法人资格，但法律认可其具有对外签约的主体资格。

（1）依法登记领取营业执照的个人独资企业、合伙；

（2）依法登记领取营业执照的合伙型联营企业；

（3）依法登记领取我国营业执照的中外合作经营企业、外资企业；

（4）经民政部门核准登记领取社会团体登记证的社会团体；

（5）中国人民银行、各专业银行设在各地的分支机构；

（6）中国人民保险公司设在各地的分支机构；

（7）经核准登记领取营业执照的乡镇、街道、村办企业；

（8）其他符合"合法成立、有一定组织机构和财产"条件的组织。

（二）合同内容约定不规范引发争议

对合同条款的拟定不明、审查不慎，在以后的履行过程中极易造成双方争议，导致合同不能全面、及时的履行，合同目的无法实现，当事人利益受到损害。

案例 对商品房买卖有重大影响的要约邀请应视为要约 [1]

▌基本案情

2005 年 4 月 25 日，原告夏某与被告房地产公司签订《商品房购销合同》。交房时，原告发现被告交付的商品房，不符合原告与被告在合同的补充协议第 2 条中约定的绿化及公共设施要优于模型效果图和宣传资料（有一幅中央水景广场音乐喷泉的宣传画，中心广场有水池、喷泉、花圃、花坛图案、欧倍德大道的水池、水带的图案）。被告已建好的绿化景观和公共设施仅仅是种上几棵树和修葺几个普通的花圃，与模型效果图和宣传资料相比严重不符。夏某当初以高出原价 1 到 2 万元的价格预购靠近中央水景广场的 9 号苑，是因为能看到中央水景广场的音乐喷泉，但是现实与模型效果图等宣传资料有天壤之别，因此，原告认为被告违反了合同中的承诺，其行为已构成违约，请求人民法院判令被告承担违约责任。

房地产公司辩称：①原效果图上有关绿化景观及公共设施的图样并不是具体确定的，原宣传资料、效果图并不是工程设计图，没有有关建筑尺寸、材料、工程量等标注，缺乏可操作性，双方在订立合同中所谓"公共及绿化设施优于模型效果图和宣传资料"，对于优于的范围、程度、内容未作说明；②原宣传资料上已注明"图片仅供参考，以政府批文为准"和"以实际为准"的字样，其说明宣传资料、效果图上有关绿化景观和公共设施的样式不是最终的方案，而规划部门认可并验收的方案是实际建好的方案；故请求驳回原告的全部诉讼请求。

法院审理后认为，房地产公司以广告和宣传资料的方式进行商品房的销售，根据法律的相关规定，其性质属于要约邀请，并不是实质意义上的要约，但房地产公司在与夏某签订合同和补充协议后，应按照合同约定履行自己的义务，夏某按约交纳了购房款，房地产公司亦应按约交付双方合同约定的房屋及小区绿化环境。房地产公司未按照合同约定的"绿化、公共设施要优于模型效果图和宣传资料"承诺履行，擅自对宣传资料中的绿化景观、公共设施作了变更，应按合同约定承担支付违约金的责任。

▌案例评析

《最高人民法院关于审理商品房买卖合同纠纷案件适用法律若干问题的解

---

[1] 云南省楚雄彝族自治州中级人民法院（2007）楚中民终字第 3 号民事判决书。

释》第 3 条规定："商品房的销售广告和宣传资料为要约邀请，但是出卖人就商品房开发规划范围内的房屋及相关设施所作的说明和允诺具体确定，并对商品房买卖合同的订立以及房屋价格的确定有重大影响的，应当视为要约。该说明和允诺即使未载入商品房买卖合同，亦应当视为合同内容，当事人违反的，应当承担违约责任。"本案中，房地产公司以广告和宣传资料的方式进行商品房的销售，原宣传资料上已注明"图片仅供参考，以政府批文为准"和"以实际为准"的字样，其说明宣传资料、效果图上有关绿化景观和公共设施的样式不是最终的方案，因此，不应当被认定为是要约，但是其后双方签订了房屋买卖合同，在合同的补充协议第 2 条中约定绿化及公共设施要优于模型效果图和宣传资料（有一幅中央水景广场音乐喷泉的宣传画，中心广场有水池、喷泉、花圃、花坛图案、欧倍德大道的水池、水带的图案），但是实际交付的房屋却与合同约定明显不符，因此，房地产公司的行为违反约定，应当承担相应的违约责任。

案例 黄某某与深圳市某某有限公司买卖合同纠纷案

▌基本案情

2009 年 3 月 28 日，黄某某在某某深圳华强店处购买美的空调一台，价格为 1999 元，并于 3 月 30 日安装使用。同时，黄某某购买空调当日办理一张苏宁阳光服务金卡。2010 年 5 月 22 日，黄某某欲将空调移至 5 楼，某某公司派人员前来移机，移机后收取了黄某某款项 240 元。黄某某所办理的苏宁阳光服务金卡上第"D"项载明："两年内可享受壁挂空调免费冲氟或移机一次（限市区、运费自理）"等字样。黄某某认为某某公司承诺两年内可以免费移机，黄某某不必支付该费用，某某公司应予双倍返还；某某公司则称移机跟移机费不是同一个概念，移机会产生多项费用，移机费只是其中一个项目，除了移机费还包括材料费（即装机费）、加铜管费用、空高费等，涉案移机会产生这 4 项费用，某某公司已经兑现自己承诺，免除了其中的移机费。法院认为，根据黄某某提供的购物发票、付款单、配送安装服务凭证等证据及双方当事人陈述，法院确认黄某某与某某公司之间的买卖合同关系成立。某某公司为黄某某办理的苏宁阳光服务金卡上所列服务内容，应视为某某公司对附属服务义务向黄某某所作的承诺，系真实意思表示，合法有效。双方应遵照达成的约定行使权利和履行义务。《中华人民共和国合同法》第 41 条规定："对格式条款的理解发生争议的，应当按照通常理解予以解释。对格式条款有两种以上解释的，应当作出不利于提供格式条款一方的解释"。在本案中，"两年内可享受免费移机一次"的条款系某某公司提供的格式条款。从其表述上看，该条款既可理解为整个移机过程免费，亦可理解为仅免除单项移机费。若某某公司欲表达仅对移机费这一单一项目进行免除，需清晰列明所指含义，避免歧义。现字面上存在不同的解释，造成该条款属于歧义条款。根据上述法律规定，应对提供格式条款方作不利解释，故某某公司在移机过程中收取的240元款项应退还给黄某某。

▊ 案例评析

本案是因为格式条款内容不清晰而引发的争议。格式条款是指由一方当事人为了反复使用而预先制定的、并由不特定第三人接受的，在订立合同时不能与对方协商的合同条款。《合同法》第39条规定："采用格式条款订立合同的，提供格式条款的一方应当遵循公平原则确定当事人之间的权利和义务，并采取合理的方式提请对方注意免除或者限制其责任的条款，按照对方的要求，对该条款予以说明。"一般而言，如果格式条款的各项条款明确、具体、清楚，而当事人对条款的理解不完全一致，因此而发生争议，便涉及合同的解释问题。对于格式条款的解释，应当按照通常理解予以解释，即应当以可能订约者平均、合理地理解为标准进行解释。当通常意义上解释出两种结果时，应当作出不利于提供格式条款一方的解释。本案中，对于苏宁阳光服务金卡上第"D"项载明的"两年内可享受壁挂空调免费冲氟或移机一次（限市区、运费自理）"等字样，双方各执一词，因此，应当作出不利于提供格式条款一方的解释。法院的判决于法有据。

从此案例也可看出，对合同条款的拟定不明、审查不慎，造成双方发生争议，当事人会因此付出一定代价，上述案例涉及的数额相对较少，在一些涉案金额比较大的合同中，如果合同条款未认真核实，可能会对小微企业造成重大的损害。因此，在正式签订合同之前，我们应当进行仔细审查，明确双方的权利义务关系，反复推敲合同标的、数量、质量、价款或者报酬、履行期限、履行地点和方式、违约责任和解决争议方法等条款，避免歧义。

案例 合同附随义务引发争议案

▊ 基本案情

原告某食品公司与被告某房地产公司于1999年9月21日订立商品房买卖合同，该商品房500平方米，9800元/平方米，共计房款490万元，合同约定于1999年12月31日交房。付款方式为1999年12月15日交纳定金50 000元，

1999 年 12 月 25 日交纳房款 147 万元，1999 年 9 月 20 日交纳房款 147 万元。工程结构封顶时交纳 98 万元，房屋交付时交纳房款 73.5 万元，办理产权手续时交纳房款 19.5 万元。原告分别按照合同约定支付了前三期的房款共计 299 万元。被告于 2001 年 1 月 14 日以原告第四期房款逾期 10 个月未付为由向原告发出解约通知书解除了与原告的合同，并于 2001 年 1 月 22 日将合同项下的房屋以 12 000 元/平方米的价格售与某银行，并为该行办理了入住手续。

原告认为对于工程封顶，被告应当附有通知义务，被告单方解约属于违约行为，且该房已为善意第三人占有使用，实际履行已不可能，被告应当承担违约责任 并赔偿原告损失。被告辩称原告已知晓工程封顶，且在付款条件成就时两次书面通知原告付款但原告拒不履行义务，致使被告的合法权益受到损害，被告依据合同中关于解约的约定行使解除权并无不当，不构成违约，不应当承担违约责任与赔偿原告的损失。

法院审理后认为原告与被告签订的合同真实有效，合同约定的第四期工程款的支付时间是在工程封顶时，被告对此应当附有通知义务，被告未履行通知义务，擅自将房屋出售给第三人是造成合同不能履行的主要原因，被告应当返还原告的购房款。因此违约行为给原告带来的损失应由被告赔偿，关于损失的计算方法按照被告出售给银行与原告约定价格的差价计算。故判决被告返还应收的工程款 299 万元，并一次性赔偿原告 100 万元。该案中，合同附随义务规定不明确，导致最后履行上不确定，因此，明晰合同中的双方权利义务是避免合同法律风险的重要渠道。

▌案例评析

在确定合同内容的过程中，权利义务是最关键的部分，双方当事人在协商、拟定的过程中要一一明晰，否则极易产生争议。一般情况下，当事人双方对于合同的主给付义务均会比较关注，因此不会产生明显争议，而对于附随义务，却因为其可能影响相对较小，而对其忽视，未进行明确、细化，在履行过程中也不重视。事实上，相对于主给付义务而言，附随义务虽然只是附随的，但并不意味着其是不重要的，相反，在很多情况下，违反附随义务将会给另一方造成重大损害，甚至可构成根本违约。本案即是典型例子。相对于交付房屋和价款的主给付义务，通知义务是基于诚实信用原则产生的附随义务，但却因为出卖人未履行该项义务，导致双方最终主给付义务未能全面履行，交易失败，因此，对于该义务必须进行全面的约定、履行，防止出现违约行为，承担不必要的合同责任。

▌防控策略

1. 明确要约与要约邀请的区别

根据《合同法》第 15 条第 1 款的规定，要约邀请是希望他人向自己发出要约的意思表示。其目的不是订立合同，而是邀请相对人向自己作出要约的意思表示。所以要约邀请只是当事人订立合同的预备行为，其本身并不发生法律效果。它与要约的法律意义和法律效果具有明显的差异，因此，小微企业在对外签订合同时，要对二者加以区别：①从当事人的目的来看，一定要有缔结合同的目的，若欠缺缔结合同的目的，则不是要约。②从法律的规定来看，法律有明文规定的，从其规定，例如《合同法》第 15 条规定：寄送的价目表、拍卖公告、招标公告、招股说明书、商业广告等为要约邀请。商业广告的内容符合要约规定的，视为要约。③法律无明文规定时，宜按照意思表示的内容明确程度、交易习惯、社会的一般观念等加以判断。

2. 充分认识要约的法律效力

要约的法律效力，又称要约的约束力，是指要约的生效及对要约人、受要约人的拘束力。按照《合同法》第 16 条的规定，要约到达受要约人时生效。如果受要约人接受要约，要约人就要遵守要约的规定，不得随意撤销或者对要约加以限制、变更和扩张，双方之间成立的合同内容也以要约、承诺一致确认的内容为准。因此，小微企业在对外发出要约时一定要慎重，做到所发出的交易条件明确、具体，准确表达企业采购的意愿，防止引发不必要的纠纷。

3. 对不当要约及时采取补救措施

要约发出后，如果发现要约存在不当之处，小微企业应当采取措施，及时撤回或者撤销要约。撤回要约，就是在要约生效之前将要约撤回，使要约不发生法律效力的行为。从尊重要约人意志和保护要约人利益的角度，《合同法》第 17 条规定，只要要约撤回的通知先于或者与要约同时到达受要约人，就可产生撤回的法律效力，因此，在要约发出后，且到达对方之前，如果小微企业发现要约有不适当之处，可以及时撤回，这样也不会损害受要约人的利益。

撤销要约，是指在要约生效后，受要约人做出承诺之前，将该项要约取消，使要约的法律效力归于消灭的意思表示。但需要注意的是，因为要约的撤销往往不利于受要约人，因此只有在符合一定条件时才被允许。《合同法》第 18 条规定：要约可以撤销。撤销要约的通知应当在受要约人发出承诺之前到达受要约人。根据《合同法》第 19 条的规定，有以下两种情形之一的，小微企业发出的要约不得撤销：①要约人确定了承诺期限或者以其他形式明示要约不可撤销；

②受要约人有理由认为要约是不可撤销的，并已经为履行合同作了准备工作。

4. 尽量以书面形式订立合同

《合同法》第 10 条规定："当事人订立合同，有书面形式、口头形式和其他形式。法律、行政法规规定采用书面形式的，应当采用书面形式。"因此，一般情形下，如果法律、行政法规有明确规定，小微企业签订合同时应当按照相应规定，采用书面形式。而如果法律、行政法规没有作出强制性规定时，为保障交易安全和交易便捷，对一些重要的合同、关系复杂的合同应当采用书面形式，至于其他合同采取何种形式，合同双方当事人可以自主决定。

具体书面形式是指以文字或者数据电文（包括电报、电传、传真、电子数据交换和电子邮件）等表明当事人所订立合同的形式。合同书以及任何记载当事人的要约、承诺和权利义务内容的文件，都是合同的书面形式的具体表现。双方当事人可以根据自身情况进行选择。

5. 完善合同条款

当事人依程序订立合同，意思表示一致，便形成合同条款，构成了作为法律行为意义上的合同的内容。合同条款固定了当事人各方的权利义务，使之成为法律关系意义上的合同的内容。因此，合同条款直接关系双方之间的利益安排，合同条款不够完备，合同草拟不当，就会使一方当事人陷于对方设置的法律陷阱，从而承担更多的义务和责任。

6. 规范合同表述

（1）对于特定术语需要明文定义。如果合同文本需使用某些特定术语或词句，而该术语在合同中所应具有的含义不同于日常生活中所包含的意义，则应在合同中对该术语进行定义。如合同约定"甲方提供的产品不得存在工艺上的缺陷"，根据该条款对是否存在缺陷在不同的语境中可能有不同的指示对象，因此在合同中就应规定所谓工艺上的"缺陷"具体包括哪些内容。再如合同要求一方的股东不得失去对该方的控制权的约定，"控制"在法律上包括持有股权50% 以上的控制和实际控制两种情况，如果没有定义，双方可能各自主张对自己有利的解释。

（2）尽量避免使用模糊词语。有些词语本身并没有具体的含义，站在不同的立场可能会有不同的解释，这种词语出现在合同中往往会导致双方从各自的角度出发作出不同的理解而产生争议，如果合同中出现这样的词语应予以删除或使用更精确的词语来代替。如合同中约定"甲方应以最新的材料使用最好的工艺生产产品"，其中"最新"和"最好"都是模糊词语，现实中没有具体的参照标准，这样就很容易给对方违约制造合理的借口。但是，如果该词语可以通过合同解释予以确认，则可以对其予以保留。如合同约定一方可以在正常的经营活动时间内对对方进行审查，"正常"虽然为模糊语言，但一旦发生争议，法院可以通过双方的举证予以确定，而且是否"正常"也仅能在争议发生时才能确定，因为定义不能穷尽，所以可以予以保留而且必须保留。

合同条款表述应具有周延性。即对某一事项进行规定时应尽量考虑所有的情况，不要留有缺口。

（3）对于期限的表述应明确规定始期和终期。期限的表述应明确规定始期和终期，否则很难计算期限开始时间或截止时间。如合同中约定"甲方应在30天内支付价款"，这个期限只有终期没有始期，30天到底从哪天起算不明确，实际上等于没有约定。

7. 条文列举不一定要穷尽

对合同中的某些事项，如果单纯是进行概括性的规定，可能会不利于我们理解，如果通过列举的方式就会一目了然。但是，在列举的时候应注意，由于未来发生的事情的不可预测性，往往不能将所有需要考虑到的事项都列举穷尽，因此在列举时应加上"包括但不限于"的表述，否则仅仅将对方的责任限定在列举的部分，对于超出列举的部分，对方就无须承担任何责任，己方需承担该部分的所有风险。

三、合同订立中的法律实务

合同的效力是指合同的法律效力，是指依法成立的合同具有拘束当事人各方乃至第三人的强制力。合同对当事人各方的拘束力包括：①当事人负有适当履行合同的义务；②违约方依法承担违约责任；③当事人不得擅自变更、解除合同，不得擅自转让合同的权利义务；④当事人享有请求给付的权利、保有给付的权利、自力实现债权的权利、处分债权的权利、同时履行抗辩权、不安抗辩权、保全债权的代位权和撤销权、担保权等；⑤法律规定的附随义务成为合同效力的内容。

合同对第三人的效力，在一般情况下，表现为任何第三人不得侵害合同债权；在合同债权人行使撤销权或代位权时对第三人的效力；在涉他合同中包括第三人履行或者由第三人接受履行的效力。

（一）明白合同有效、合同生效与合同订立、合同成立的区别

尽管合同的订立需要在法律的规范下进行，但这里的法律规范是最大限度地尊重当事人意思的规范，因而，合同的订立仍是当事人意思自治的体现，是双方协商一致、拟定合同文本的过程。合同的成立是双方当事人订立合同过程

结束，就主要的合同条款达成一致时，合同依法成立，但是成立的合同只有符合法律的要求才会生效，与法律的要求相抵触则会被法律否定，或归于无效，或得撤销，或效力待定。而合同生效后的状态说明其是有效的，对双方当事人具有相应的法律拘束力。因此，小微企业在签订合同过程中首先对于这几种合同的基本状态应当有所了解，充分认识自己的缔结行为。

（二）保证合同具备其有效要件

合同的有效要件是法律评价当事人合意的标准，对于符合有效要件的合同，按当事人的合意赋予法律效果；对不符合有效要件的合同，则区分情况，可能被按未生效、无效、可撤销或者效力未定处理。小微企业在签订合同中，应当全面了解合同的有效要件，并对所签订合同进行不断的细化、规范，保证合同具备法律规定的有效要件，实现双方当事人的合意。根据《民法通则》第 55 条的规定，合同的有效要件包括：行为人具有相应的民事行为能力；意思表示真实；不违反法律或者社会公共利益。一些特殊的合同可能还有一些特殊的有效要件，如对外合作开采石油合同需要经过国家有关行政主管部门的批准才能生效。因此，小微企业在缔约过程中，如果涉及一些特殊的合同，则需要对相关的法律规范进行了解，保证所签订的合同符合其特殊要求。

四、合同订立中可能面临的法律风险

在这个过程中主要面对的是合同瑕疵导致的法律风险：

（一）可能订立无效合同

合同严重欠缺有效要件，不是按当事人合意的内容而是直接依据法律的规定赋予法律效果，即为合同无效。按照《合同法》第 52 条、有关法律及司法解释，合同主要因为以下原因无效：

（1）一方以欺诈、胁迫的手段订立合同，损害国家利益；

（2）恶意串通，损害国家、集体或者第三人利益；

（3）以合法形式掩盖非法目的；

（4）损害社会公共利益；

（5）违反法律、行政法规的强制性规定；

（6）背离法律制度的根本目的；

（7）格式条款及免责条款无效；

（8）其他法律规定的无效原因。

（二）可能订立可撤销合同

合同的撤销，是指因意思表示不真实，撤销权人通过行使撤销权，使已经生效的合同归于消灭。存在撤销原因的合同称为可撤销合同。如果撤销权人不行使其权利，合同继续有效；一旦撤销权人行使其权利，则合同自始归于无效。因此，可撤销合同处于一种效力不稳定的状态，影响双方当事人权利的行使、目的的实现。根据《合同法》的有关规定，合同撤销的原因包括以下几种：

1. 欺诈

这里的"欺诈"内涵与前述无效合同"欺诈"含义本身一致，都是指以使他人陷于错误认识并因而为意思表示为目的，故意陈述虚伪事实或者隐瞒真实情况的行为。

2. 胁迫

同样，这里的"胁迫"与前述无效合同"胁迫"含义也是一致的，都是指向对方当事人施加危害，使其产生恐惧心理而为一定意思表示的行为。

3. 乘人之危

所谓乘人之危，是指一方当事人故意利用他人的危难处境，迫使他方订立于其极为不利的合同的行为。

4. 重大误解

即误解人作出意思表示时，对涉及合同法律效果的重要事项存在着认识上的显著缺陷，其后果是使误解人受到较大损失，以至于根本达不到缔约目的。

5. 显失公平

显失公平，是指双方当事人的权利义务明显不对等，一方遭受重大不利。

6. 未履行提示义务和说明义务的格式条款

《最高人民法院关于适用〈中华人民共和国合同法〉若干问题的解释（二）》第9条规定："提供格式条款的一方当事人违反合同法第三十九条第一款关于提示和说明义务的规定，导致对方没有注意免除或者限制其责任的条款，对方当事人申请撤销该格式条款的，人民法院应当支持。"可以说合同可撤销的原因范围相对广泛。

（三）可能签订效力待定合同

效力待定合同是指合同欠缺有效要件，能否发生当事人预期的法律效力尚未确定，只有经过有权人的追认，才能发生当事人预期的法律效力；有权人在一定期限内不予追认，合同则归于无效。效力未定的合同包括限制行为能力人依法不能独立订立的合同、无权代理人订立的合同、无处分权人订立的合同。

案例　双方订立合同损害第三人利益导致合同无效案

▌基本案情

原告李某某、被告彭某某于 2007 年 3 月 28 日订立了一份《劳动项目转包协议》，彭某某为甲方，杨某某、李某某为乙方。协议中约定：①甲方开发徐钢清扫垃圾项目转包给乙方，乙方带队带人施工。②甲方的转包费和劳动报酬应在乙方施工前 3 日，提前付给甲方（按实干天数计算），不得拖欠。③甲方在开发此项目所发生的费用由甲、乙双方共同负担，但乙方必须出资叁拾万元保证金交给甲方，方可施工，此款无息。（注：保证金按原收据条为准）④乙方交给甲方叁拾万元的保证金，是为了确保甲、乙双方协议正常履行，如在施工中因乙方的某种行为，或违反厂方的某种规定造成厂方让甲方停工，终止承包合同，乙方的保证金抵销。（注：此款乙方作为赔偿甲方的经济损失）乙方如正常履行协议书，期满后甲方退还乙方的保证金。（注：如果乙方以种种借口退出，保证金不予退还，作为甲方的活动经费）⑤甲、乙双方不得以任何借口不履行或单方终止本协议，两方如有任何一方违约，由违约方赔偿对方经济损失。⑥本协议暂定 3 年，签字即生效。

在此协议签订前，原告给付被告 10 万元的保证金，协议签订后，原告分两次又给付被告保证金 20 万元。协议中的清扫垃圾项目原由徐州某某劳务代理有限公司承包，徐州某某劳务代理有限公司与徐州某某铸业总公司的法定代表人均为孙某某。孙某某曾代表徐州某某铸业总公司与徐州 A 铸管有限公司签订过承接徐州 A 铸管有限公司部分生产工作的劳务协议。2007 年 4 月底，徐州某某劳务代理有限公司与 B（徐州）铸管有限公司重新就项目问题签订了合同。孙某某以口头的方式将该项目（即协议项目）交给彭某某，彭某某又将该项目转包给原告。原告等人于 2007 年 4 月 1 日作为徐州某某劳务代理有限公司的工作人员进场提供劳务，当月中旬因故离厂。原告李某某认为 2007 年 3 月 28 日其与被告彭某某签订所谓的《劳动项目转包协议》是为了通过垃圾清扫获取光大公司热线工部浇铸车间离心地坑中的含铁废料（A 公司改制前规定：不支付清扫人员工资，清扫人员所清扫废料可由清扫人员自行处理），而 A 公司改制后已于此前的 2007 年 2 月 6 日将清理出的含铁废料自己拍卖并处理（A 公司改制后规定：每天支付清扫人员每人 30 元工资，清扫人员所清扫废料不得外运，由 A 公司自行处理），被告彭某某明知上述事实，仍对原告李某某口头承诺可将清理出的含铁垃圾拉出厂外自行处理，并要求原告李某某向其缴纳 30 万元保证金。被告彭某某的虚假承诺和不诚信行为导致合同目的根本无法实现，《劳动项目转包协议》系无效合同，被告应返还原告保证金 30 万元、违约金 6 万元、劳动报酬 7000 元。

法院生效裁判认为：A 铸管有限公司因热线工部浇注车间离心机地坑所产生的废芯砂等工业垃圾的清运工作给付徐州某某铸业总公司劳务费用的标准为每人每月不超过 700 元，核定每日 9 个工人，工业垃圾运出厂外倾倒，但协议上未约定徐州某某铸业总公司就工业垃圾由其处理需向徐州 A 铸管有限公司支付对价。也就是说，徐州 A 铸管有限公司将废芯砂等工业垃圾的清运工作交给徐州某某铸业总公司完成，不仅未向徐州某某铸业总公司收取工业垃圾的对价，还要向徐州某某铸业总公司支付劳务费每月 6000 余元，可见单纯的工业垃圾价值是很低的。案件审理期间，徐州 A 铸管有限公司出具的证明亦可证实，热线工部浇注车间离心机地坑所产生的废芯砂当前的拍卖价格为 35.5～43.6 元/吨，每月约 600 吨，即每月的拍卖款为 2 万余元，与 9 个工人一个月的劳务费大致相当。而李某某认为正常履行与彭某某签订的协议，能将废芯砂等工业垃圾运出厂外，其一天的收益将达到 1 万～2 万元，每运一天给付彭某某 5000 元提成，以及彭某某在庭审中陈述该协议履行三年其按照李某某所得收益的 10% 提取报酬总额将超过 30 万元等分析，二人的预期利益远远超过正常的劳务报酬，也远远超过工业垃圾的实际价值。也就是说，不通过在工业垃圾中混装残铁、渣铁、流槽铁等行为，则不可能达到二人的预期收益。据此可以认定双方当事人于 2007 年 3 月 28 日订立的"劳动项目转包协议"的真实目的，系以清扫、运输工业垃圾为名，实为非法混装并获取残渣铁后变卖从中牟利，此系损害第三人利益行为，故李某某与彭某某订立的"劳动项目转包协议"为无效合同。

▌案例评析

本案所涉合同属于以合法形式掩盖非法目的型的无效合同。从法律上看，合同之所以能产生法律效力，就在于当事人的意思表示符合法律的规定，对于合法的合同，法律才赋予其法律上的拘束力，而不合法的合同则无法得到法律的保护，也不能产生当事人预期的效果。那些表面上虽未违反现行立法的禁止性规定，但实质上却侵害其他人利益，破坏了社会经济生活秩序的合同，也违反了社会公共利益，属于无效合同。表面上看，当事人双方的"劳动项目转包协议"是清扫、运输工业垃圾，但实质却是非法混装并获取残渣铁后变卖从中牟利、损害第三人利益行为，由此，案涉合同为无效合同，不受法律的认可，当事人的合同目的无法实现。

案例 张某诉北京某某汽车服务有限公司买卖合同纠纷案

▌基本案情

2007年2月28日，原告张某从被告北京某某汽车服务有限公司（简称A公司）购买上海通用雪佛兰景程轿车一辆，价格为138 000元，双方签有《汽车销售合同》。该合同第7条约定："……卖方保证买方所购车辆为新车，在交付之前已作了必要的检验和清洁，车辆路程表的公里数为18公里且符合卖方提供给买方的随车交付文件中所列的各项规格和指标……"合同签订当日，张某向A公司交付了购车款138 000元，同时支付了车辆购置税12 400元、一条龙服务费500元、保险费6060元。同日，A公司将一辆雪佛兰景程轿车交付给张某，张某为该车办理了机动车登记手续。2007年5月13日，张某在将车辆送A公司保养时，发现该车曾于2007年1月17日进行过维修。

审理中，A公司表示张某所购车辆确曾在运输途中被划伤，于2007年1月17日进行过维修，维修项目包括右前叶子板喷漆、右前门喷漆、右后叶子板喷漆、右前门钣金、右后叶子板钣金、右前叶子板钣金，维修中更换底大边卡扣、油箱门及前叶子板灯总成。送修人系该公司业务员。A公司称，对于车辆曾进行维修之事已在销售时明确告知张某，并据此予以较大幅度优惠，该车销售定价应为151 900元，经协商后该车实际销售价格为138 000元，还赠送了部分装饰。为证明上述事实，A公司提供了车辆维修记录及有张某签字的日期为2007年2月28日的车辆交接验收单一份，在车辆交接验收单备注一栏中注有"加1/4油，此车右侧有钣喷修复，按约定价格销售"。A公司表示该验收单系该公司保存，张某手中并无此单。对于A公司提供的上述两份证据，张某表示对于车辆维修记录没有异议，车辆交接验收单中的签字确系其所签，但合力华通公司在销售时并未告知车辆曾有维修，其在签字时备注一栏中没有"此车右侧有钣喷修复，按约定价格销售"字样。

法院经过审理作出如下判决：①撤销张某与A公司于2007年2月28日签订的《汽车销售合同》；②张某于判决生效后七日内将其所购的雪佛兰景程轿车退还A公司；③A公司于判决生效后七日内退还张某购车款124 200元；④A公司于判决生效后七日内赔偿张某购置税12 400元、服务费500元、保险费6060元；⑤A公司于判决生效后七日内加倍赔偿张某购车款138 000元；⑥驳回张某其他诉讼请求。宣判后，A公司提出上诉。二审法院驳回上诉，维持原判。

法院生效裁判认为：原告张某购买汽车系因生活需要自用，被告A公司没有证据证明张某购买该车用于经营或其他非生活消费，故张某购买汽车的行为属于生活消费需要，应当适用《中华人民共和国消费者权益保护法》。

根据双方签订的《汽车销售合同》约定，A公司交付张某的车辆应为无维修记录的新车，现所售车辆在交付前实际上经过维修，这是双方共同认可的事实，故本案争议的焦点为A公司是否履行了事先告知义务。

车辆销售价格的降低或优惠以及赠送车饰是销售商常用的销售策略，也是双方当事人协商的结果，不能由此推断出A公司在告知张某汽车存在瑕疵的基础上对其进行了降价和优惠。A公司提交的有张某签名的车辆交接验收单，因系A公司单方保存，且备注一栏内容由该公司不同人员书写，加之张某对此不予认可，该验收单不足以证明张某对车辆以前维修过的事实有所了解。故对A公司抗辩称其向张某履行了瑕疵告知义务，不予采信，应认定A公司在售车时隐瞒了车辆存在的瑕疵，有欺诈行为，应退车还款并增加赔偿张某的损失。

▎案例评析

本题是因合同欺诈引发的纠纷。合同订立强调意思表示真实，如果遭遇欺诈、胁迫等，导致当事人对于自己的行为出现错误认识，则合同效力具有瑕疵。如前所述，因欺诈、胁迫订立的合同应分为两类：一类是一方以欺诈、胁迫手段订立损害国家利益的合同，此时合同应作无效，另一类是一方以欺诈、手段订立合同并没有损害国家利益，只是损害了集体或者第三人利益，对此类合同可按可撤销合同处理。本案中，作为买卖合同出卖人一方的北京某某汽车服务有限公司在订立合同时对于案涉标的物的实际情况并未如实告知买受人张某，导致张某以为车辆为新车，并进而作出错误的意思表示，属于典型的欺诈行为，因此，作为受欺诈一方，可以按照《合同法》第54条的规定，行使撤销权。

▎防控策略

1. 从这些导致合同无效的原因出发，警示小微企业在签订合同过程中，不得从事欺诈、胁迫等行为，进而损害国家利益，不能与相对方恶意串通，损害国家、集体或者第三人的利益，更不能通过订立合同掩盖自身非法行为，不当使用格式条款或者免责条款等。

2. 小微企业在签订合同过程中应当坚持平等、公平的合同原则，双方自愿协商，严格恪守诚实信用原则，作出真实意思表示。

3. 合同效力具有瑕疵时及时采取补救措施。

（1）对于可撤销合同，有撤销权的一方想撤销的，应当及时行使撤销权。

《合同法》第55条第1款规定："具有撤销权的当事人自知道或者应当知道撤销事由之日起一年内没有行使撤销权的，撤销权消灭。"当然，如果有撤销权的一方明确想要放弃撤销权，也可以在知道撤销事由后表示自己放弃或者以自己的行为放弃，使得合同效力回归稳定状态。

（2）对于效力未定合同，应尽快促使合同效力确定。无权代理人以被代理人名义与相对人订立合同，非经被代理人追认，对被代理人不发生法律效力，除非构成表见代理。相对人可以催告被代理人在一个月内予以追认。追认的意思表示自到达相对人时生效，合同自订立时起生效。被代理人未作表示的，视为拒绝追认。但是如果小微企业作为被代理人，被无权代理后，其已经开始履行合同义务，也会被视为对合同的追认。

合同被追认之前，善意相对人有撤销的权利，即如果小微企业是无权代理的相对方，对对方的无权代理善意不知情，则可以以通知的方式行使自己的撤销权，合同被撤销后自始不发生效力。如果相对人没有行使撤销权，被代理人也没有追认，《合同法》第48条第1款规定，在无权代理情况下签订的合同，"对被代理人不发生法律效力，由行为人承担责任"。

由无权处分人所订立的合同，按照《合同法》第51条的规定，经权利人追认或者无权处分人在订立合同后取得处分权时，合同自始有效。其反面推论是，无权处分人于履行期限届满前未取得处分权，权利人又不追认的，合同无效。当然，根据《最高人民法院关于审理买卖合同纠纷案件适用法律问题的解释》第3条规定，当事人一方以出卖人在缔约时对标的物没有所有权或者处分权为由主张合同无效的，人民法院不予支持。因此，无权处分人应当尽自身力量去取得处分权或者请求对方追认，以尽快确定合同的效力。

五、合同履行中的法律实务

合同的履行是指债务人全面、适当地完成其合同义务，债权人的合同债权得到完全实现的过程。一般情况下，应当遵照如下规则进行履行：

（一）按照合同履行原则，全面适当地履行合同

《合同法》第60条规定："当事人应当按照约定全面履行自己的义务。当事人应当遵循诚实信用原则，根据合同的性质、目的和交易习惯履行通知、协助、保密等义务。"也就是说小微企业在履行合同时应当全面、适当。需要履行的合同义务除了包括标的、数量、质量、包装、价款、履行时间、运输方式等主要合同义务，也包括保守商业秘密、协助通知等附随义务以及防止损失扩大等不真正义务。

（二）发现合同条款不明确时及时采取补救措施

由于订立合同时考虑不周或者合同成立后出现新的情况，合同可能在某些方面没有约定或者约定不明。一旦发现这样的问题，小微企业应当及时采取补救措施。首先与对方当事人沟通，争取达成一致，对合同作出修改或补充；不能达成补充协议的，按照合同有关条款或者交易习惯确定；仍然无法确定的，根据《合同法》第62条、第63条的规定，按照下列规则进行处理：

（1）质量要求不明确的，按照国家标准、行业标准履行；没有国家标准、行业标准的，按照通常标准或者符合合同目的的特定标准履行。

（2）价款或者报酬不明确的，按照订立合同时履行地的市场价格履行；依法应当执行政府定价或者政府指导价的，按照规定履行。

（3）履行地点不明确，给付货币的，在接受货币一方所在地履行；交付不动产的，在不动产所在地履行；其他标的，在履行义务一方所在地履行。

（4）履行期限不明确的，债务人可以随时履行，债权人也可以随时要求履行，但应当给对方必要的准备时间。

（5）履行方式不明确的，按照有利于实现合同目的的方式履行。

（6）履行费用的负担不明确的，由履行义务一方负担。例如，合同约定由卖方送货到买方仓库。如果合同没有约定运输费用由哪一方负担，双方在事后又不能达成一致的，则应当由负责送货的卖方负担。

（三）注意合同的履行顺序

对于双方权利义务关系复杂、履行周期长的合同，企业要特别注意合同各方义务的履行顺序。一是避免自身违约，二是为了制约对方，从而保证合同顺利履行。

1. 同时履行义务

《合同法》第66条规定："当事人互负债务，没有先后履行顺序的，应当同时履行。一方在对方履行之前有权拒绝其履行要求。一方在对方履行债务不符合约定时，有权拒绝其相应的履行要求。"该条规定的是在双务合同中，如果未约定先后履行顺序，双方应当同时履行，否则另一方可以行使同时履行抗辩权。

2. 按照约定的先后顺序履行义务

《合同法》第67条规定："当事人互负债务，有先后履行顺序，先履行一方未履行的，后履行一方有权拒绝其履行要求。先履行一方履行债务不符合约定的，后履行一方有权拒绝其相应的履行要求。"这是法律关于先履行抗辩权的规定，也可以理解为合同履行顺序的规则，指在有先后履行顺序的双务合同中，先履行一方未履行或者履行债务不符合约定时，后履行一方享有拒绝其相应履行请求的权利。

3. 有效利用不安抗辩权和情势变更抗辩权

《合同法》第68条规定，应当先履行债务的当事人，有确切证据证明对方有下列情形之一的，可以中止履行：①经营状况严重恶化；②转移财产、抽逃资金，以逃避债务；③丧失商业信誉；④有丧失或者可能丧失履行债务能力的其他情形。这是关于不安抗辩权的法律规定。也就是说当后履行义务一方在订约后出现财产状况恶化等情况，危及先履行义务人的债权实现时，为了保护先履行义务一方，在对方为对待给付或者提出担保之前，先履行一方可以拒绝对方要求自己履行义务的请求。因为不安抗辩权的行使剥夺了后履行义务人的期限利益，因此，小微企业在行使该项权利时应当严格按照其成立条件、行使规则行使。

根据《合同法》第68条的规定可知，不安抗辩权的成立条件如下：

（1）双方当事人互负债务。这与同时履行抗辩权、先履行抗辩权场合的要求相同，此处不再赘述。

（2）后履行义务人有极大可能丧失债务履行能力。《合同法》第68条列举了三种典型的财产状况恶化的情形，以及第四种概括式的其他情形。只有符合法律规定的情形，才可以行使不安抗辩权。而为了兼顾后履行义务人的利益，也便于其能及时提供担保，先履行义务人行使不安抗辩权的，应当及时通知后履行义务人，通知的内容应当包括中止履行的意思表示和指出后履行义务人提供适当担保的合理期限。该通知可以促使后履行义务人及时恢复履行能力或提供适当的担保以消除不安抗辩权，也可以使先履行义务人尽量减少损害。同时，行使不安抗辩权的先履行义务一方应当履行证明后履行义务人履行能力明显降低、有不能为对待给付的现实危险的义务。否则，可能会承担违约责任。

情势变更抗辩权，也被称作"情势变更原则"，是指合同有效成立后，因不可归责于双方当事人的事由发生了不可预见的情势变更，导致合同基础动摇或丧失，若继续维持合同原有效力则显失公平，允许变更合同或者解除合同的原则。[1]

《最高人民法院关于适用〈中华人民共和国合同法〉若干问题的解释（二）》第26条规定："合同成立以后客观情况发生了当事人在订立合同时无法预见的、非不可抗力造成的不属于商业风险的重大变化，继续履行合同对于一方当事人明显不公平或者不能实现合同目的，当事人请求人民法院变更或者解除合同的，人民法院应当根据公平原则，并结合案件的实际情况确定是否变更

---

〔1〕 李永军：《合同法》第2版，中国人民大学出版社2008年版，第266页。

或者解除。"因此，如果在合同成立后履行前出现了不可归责于当事人的、不可预见的情势变更的事实，造成合同对价关系出现障碍，使得履行合同显失公平，则可以向法院请求行使情势变更请求权，变更或者解除合同，实现双方当事人实质上的公平。

4. 提前履行、部分履行可以被拒绝

根据《合同法》第71条、72条的规定可知，如果债务人提前履行债务或者部分履行债务，则债权人可以拒绝其履行，除非提前履行或者部分履行不损害债权人的利益。因此，在合同履行之前，双方当事人即应妥善协商好履行顺序和履行方式，在履行过程中按照约定时间全面履行自己的义务。

六、合同履行中存在的法律风险

合同的履行是整个合同关系的核心。但是同时，合同履行也是最常见的出现问题的部分。合同履行过程中会有许多不确定因素：合同条款规定不明确引发争议；对合同进行变更；一方可能会违约；可能发生不可抗力导致合同履行不能；等等。实践中，履行过程中的大多数风险都是由对方的履约不当引起的。

案例 一方未履行购销合同付款义务而另一方拒付货物纠纷案

▌基本案情

乙公司与甲服装厂签订买卖合同约定供给甲厂羽绒服15 000件，总金额为128.7万元，货到目的地后验证、验数，付总货款的40%。后乙公司将货物运至指定地点，但由于甲厂不能按照约定交付总货款的40%，故货物未卸车验数。乙公司等候数日后返回。甲厂诉至法院，请求乙公司返还20万元预付款，并偿付违约金。

法院经审理，判决双方签订的购销羽绒服合同部分有效；乙公司返还甲厂预付款20万元。

▌案例评析

本案所涉合同为双务合同，需双方互付对待给付义务，只有双方均履行各自义务，双方的利益才能得到满足，合同目的才能实现。双方约定货到后验证、验数，付总货款的40%，但对究竟先验证、验数还是先付部分货款，合同并未明确规定，故双方应同时履行自己的义务。甲厂于合同约定的时间没有履行交付40%货款的义务，而乙公司履行交货义务是以甲厂付款为对应关系的，故为避免因贸然交付货物而蒙受损失，乙公司有权在甲厂不履行对待给付义务或对方确实无履行能力的情况下，行使同时履行抗辩权，不履行自己的义务。

这种保护措施是合法的，不仅体现了合同双方当事人义务的对等性，而且也保证了合同履行的公平性，避免善意的当事人承担不必要的风险。因此，小微企业在履行合同过程中，如果与对方未约定合同的履行顺序，可以按照同时履行的顺序进行，维持双方利益的平衡。

案例 甲公司诉乙公司矿产品购销合同案

▍基本案情

甲方某机电设备有限公司与乙方某房地产公司签订了一份工矿产品购销合同，约定由甲方卖给乙方一台400千瓦的柴油机发电机组，总价款25万元，预付款30%，货到安装调试工程验收合格后交付50%。合同生效后，甲方将机组送到乙方处并进行了调试安装，乙方也支付了部分货款，但现仍欠甲方部分货款11万元未支付。甲方主张该机组已通过双方共同参加的调试，要求乙方付清余款。乙方主张甲方并未提供其在合同中约定应提供的出场检测资料，且安装完毕后，仅仅通过了甲乙双方及监理方的初验，尚未经过甲乙双方、监理方、消防方、电业部门的正式验收，并且该机组存在较多的质量隐患，所以没有支付余款，现双方发生争议涉讼。

法院审理认为：作为后履行方的乙方有权拒绝甲方相应的履行要求，并可以暂时不履行给付余下部分货款11万元的义务。根据《合同法》的规定，在有先后履行顺序的双务合同中，后履行一方在先履行一方未履行或者未完全履行义务时，可行使先履行抗辩权。本案中，甲方和乙方在合同中约定"货到安装调试工程验收合格后付50%"。甲方认为其已经为乙方安装了该机组并且通过了双方的初次调试，所以乙方应该付款。而依据两者的合同约定，甲方的安装调试还应具备通过甲乙双方、监理方、消防方、电业部门正式验收的条件。现调试并未达到双方约定的验收标准。故可认定作为先履行一方的甲方履行债务不符合约定。乙方有权行使先履行抗辩权，暂时拒绝甲方的履行请求。

▍案例评析

合同双方当事人应当按照约定顺序依次适当履行合同义务，如遇对方未依约履行，可以行使顺序履行抗辩权，中止履行自己债务、对抗先履行一方的履行请求，先履行义务一方履行债务不符合约定的，后履行一方有权拒绝其相应的履行要求，即前述所讲到的先履行抗辩权。本案中，按照双方当事人的约定，甲方的安装调试还应具备通过甲乙双方、监理方、消防方、电业部门正式验收的条件，而目前调试并未达到双方约定的验收标准，因此，作为后履行义务一方的乙方可以在相应限度内拒绝履行，即乙方暂时不给付部分货款的行为是合法的。

案例 曾某与某公司租赁合同纠纷案

▌基本案情

2011 年 12 月 16 日，曾某、某公司双方签订《北京市房屋租赁合同》约定由曾某承租某号楼某室其中的一间，同时约定若曾某不按照约定支付租金达到 3 日或者某公司不按照约定交付房屋达到 3 日的，应按照月租金的 200% 支付违约金，并且对方有权单方解除合同。后涉案房屋产权人武某的代理人方某与某公司因房租收取发生矛盾，方某于 2012 年 2 月 18 日向曾某发出收房通知，要求收回涉案房屋，导致曾某、某公司之间的房屋租赁合同无法实际履行。现曾某起诉至法院请求判令某公司退还 1700 元押金、1700 元房租、卫生费及维修费 600 元、中介费 500 元；赔偿违约金 3400 元。

某公司辩称：曾某所述双方签订房屋租赁合同的情况属实。房屋租赁合同约定曾某应当于 2012 年 2 月 15 日交纳下季度的房租，但曾某没有交纳房租就于 2012 年 2 月 16 日搬离，现房屋已经交接。我方已经告知曾某若不再租住可以转租，但我方会收取转租费，曾某没有选择转租。我方收取了曾某的房租、押金、卫生费和维修费，具体数额以票据所载为准。其他费用没有授权。曾某在缴纳下一季度房租之前搬离，不同意曾某的全部诉讼请求。

法院审理后认为，双方均应按照合同约定的内容享有权利、履行义务，应当先履行债务的当事人，有确切证据证明对方有丧失或者可能丧失履行债务能力的，可以中止履行。本案中，曾某按照合同约定于 2012 年 2 月 19 日之前支付下一季度的房租，但涉案房屋的产权人于 2012 年 2 月 18 日前因某公司没有向其支付房租而向曾某发出收房通知，某公司未能提供担保亦未在合理期限内恢复履行能力，导致曾某、某公司之间的房屋租赁合同已无法实际履行并构成违约，故对于曾某要求某公司退还房租、押金、卫生费并承担违约金的请求法院予以支持，具体以合同约定及实际发生的数额为准。故判决，①判决生效后 10 日内，某公司退还曾某 2012 年 3 月 1 日至 2012 年 3 月 15 日期间的房屋租金 850 元；②判决生效后 10 日内，某公司退还曾某房屋押金 1700 元、卫生费 188 元、维修费 282 元；③判决生效后 10 日内，某公司退还曾某违约金 3400 元；④驳回曾某的其他诉讼请求。

被告不服一审法院判决，向二审法院提出上诉，二审法院经审理认为，原审法院认定事实清楚，适用法律正确，故判决驳回上诉，维持原判。

▍案例评析

本案中，系某公司的原因导致双方合同不能继续履行，按照前述《合同法》第 68 条的规定，应当履行债务的当事人有确切证据证明对方有丧失或者可能丧失履行能力的情形，可以行使不安抗辩权，暂时中止己方的履行，等待对方恢复履行能力或者提供担保后再行履行，因此，曾某可以中止履行，某公司构成违约，该公司应当承担相应的违约责任。

案例　甲公司与张乙演艺合同纠纷案

▍基本案情

2004 年 9 月 1 日，原告甲公司与被告张乙签订《甲公司推广艺人演艺代理协议书》，约定被告全权委托原告作为全球独家代理人，负责所有娱乐事业安排。被告须向原告独家提供一切演艺工作服务，严禁被告以任何方式与他人签订内容相似或有关的经纪合同、合作合同。协议有效期为 2004 年 9 月 1 日至2011 年 8 月 31 日。

2007 年 4 月，被告参加某电视台举办的选秀活动，并向原告发出律师函，称原告的行为已经构成根本违约，要求解除合同，原告随即表示拒绝。5 月 3日，被告与丙公司签订演艺经纪合同。原告提起诉讼，要求确认双方之间协议有效，被告构成违约并支付违约金。法院审理认为，原被告双方签订的演艺代理协议书合法有效，双方均应按照协议约定全面履行义务。被告于 2007 年 4 月报名参加某选秀活动的行为，违反了与原告签订的合同，构成了违约，理应承担违约责任。判决被告赔偿原告伍拾万元。被告不服，提起上诉。二审法院维持了原判。

▍案例评析

本案中，双方签订的协议是具有特定内容的混合性合同，但该合同系双方当事人真实意思表示，也没有违反法律、行政法规的强制性规定，合法有效，合同双方当事人均应当遵循诚实信用原则，全面适当地履行合同义务。从双方的履约情形来看，原告在履行过程中，为被告安排了各种活动和演出达 40 余场，并为被告出版了两张唱片，应认为按照协议约定履行了自己的义务。被告则未经原告同意，擅自报名参加选秀活动，且在尚未解除与原告协议的情况下，与丙公司签订了演艺经纪合同，该行为显然违反了双方关于被告向原告独家提供演艺工作服务、不与他人签订经纪合同的约定，是对合同义务的不完全履行，已构成违约，因而应承担相应的违约责任，原告可以据此请求因被告违约而产生的损害赔偿。法院的判决是正确的。

▌防控策略

1. 自始至终关注合同履行进展

在签订合同后，为了避免各种风险的发生，小微企业在自己履行合同的同时，应随时注意对方当事人的合同履行状况，如果发现对方不能适当履行合同或者有可能不能履行合同的情况，应及时采取措施。如行使不安抗辩权，要求对方提供履行担保，甚至解除合同追究对方违约责任。将风险控制在可控范围内，才能保障自身的最大利益。

2. 保留合同履行的证据

合同履行其实就是合同双方围绕着合同标的物而展开的一系列活动过程，在这个过程中不论是权利的行使还是义务的履行都需要通过一定的形式、方法、途径、手段进行，也都会有一定的载体将过程中的信息保留下来。例如运输货物的装箱单、托运证，验货记录、通知对方的特快专递等等。这些都是主体合同活动的凭据，发生纠纷时，这些就是证明自己履约、对方违约的证据。因此，小微企业应当格外注意保留、搜集这些证据。如果企业忽视合同履行证据，就有可能因此而遭受损失。

3. 注意防范合同转让的风险

合同的转让，是指在不改变合同关系内容的前提下，合同关系的一方当事人依法将其合同的权利、义务全部或者部分转让给第三人。有的时候，债务人会要求将其债务全部转让给第三人，转让后其不再承担任何责任，这就是合同转让中的义务转让，也被称为债务承担，需要提醒小微企业注意的是，因为涉及三方主体，如果其属于债权人，则应充分了解该第三人的履约能力，不能草率答应，防止债务人通过第三人逃避债务。而如果小微企业作为债务人想转让债务给第三人，则其转让行为必须经过债权人同意，才会对债权人产生法律效力。有的时候，也可能是一方将其对于债务人的债权转让给第三人，此时，如果小微企业是转让方，则必须及时通知债务人，以便债务人向第三人履行。

七、合同违约救济的法律实务与风险防控

（一）合同的保全的法律实务

在一般的交易关系中，对方的信用构成交易的基本保障，而对方信用的基础则是其净资产、现金流、盈利能力等一般财产。在债务人没有对债务履行提供担保的情况下，如果债务人的偿债能力发生变化，债权人的债权就有可能部分或全部得不到实现，因此《合同法》规定债权人在这种情况下可以采取一定的措施以保证自己的债权得到实现，从而避免自己的损失，这就是合同上的保全措施。

合同的保全具体在制度上是指法律为防止债务人财产的不当减少或难以现实的支配而给债权人的债权带来损害，允许债权人代债务人之位向第三人行使债务人的权利或者请求法院撤销债务人与第三人的法律行为的法律制度。其中，债权人代债务人之位，以自己的名义向第三人行使债务人的权利的法律制度，叫作债权人代位权制度；债权人请求法院撤销债务人与第三人的法律行为的制度，称为债权人撤销权制度。

《合同法》第73条第1款规定："因债务人怠于行使其到期债权，对债权人造成损害的，债权人可以向人民法院请求以自己的名义代位行使债务人的债权，但该债权专属于债务人自身的除外。"《合同法》第74条第1款规定："因债务人放弃其到期债权或者无偿转让财产，对债权人造成损害的，债权人可以请求人民法院撤销债务人的行为。债务人以明显不合理的低价转让财产，对债权人造成损害，并且受让人知道该情形的，债权人也可以请求人民法院撤销债务人的行为。"另外，《最高人民法院关于适用〈合同法〉若干问题的解释（二）》第18条规定："债务人放弃其未到期的债权或者放弃债权担保，或者恶意延长到期债权的履行期，对债权人造成损害，债权人依照合同法第七十四条的规定提起撤销权诉讼的，人民法院应当支持"；第19条第3款规定："债务人以明显不合理的高价收购他人财产，人民法院可以根据债权人的申请，参照合同法第七十四条的规定予以撤销"。这是《合同法》关于债权人代位权和撤销权的基本规定，因为代位权和撤销权的行使，突破了债的相对性原理，因此，小微企业如果行使该权利，必须按照法律规定的条件行使，如果条件不具备，债权人的主张将不会获得法院支持，反而会增加企业的守法和维权成本。

（二）合同保全的法律风险

保全措施是债权人维护自身权益的有效策略，企业在自身权益受到侵害时，若没有及时采用相应的保全措施，同样将给自己带来法律风险。但是，行使保

全措施，一定要考虑如下因素：第一，保全措施的采取必须通过人民法院，若企业自行向第三人主张对债务人享有的债权，就会因为违反法定要求而无法达到保全措施的效果；第二，注意保全措施的行使期限，如撤销权必须在一年内行使，超过法定期限将丧失撤销权，这将给企业造成严重的损害，而代位权的行使必须注意债务人的债权是否已过诉讼时效；第三，保全措施所取得的利益应归入债务人的一般财产，用于偿还债务人的一般债务，因此债权人行使保全措施时必须考虑债务人的债务多少，己方可能获得的赔偿额有多高，可能要付出多大的成本。无论如何，在合同履行的过程中应时刻关注对方的履行能力，在对方的行为可能危及债务履行时应积极行使保全措施维护自己的利益。

案例 个体工商户张某某诉余姚市A餐厅（普通合伙）等债权人代位权纠纷案

▌基本案情

原告张某某，系个体工商户，被告余姚市A餐厅系普通合伙，被告沈某某，系公司职员。2008年3月1日，被告沈某某与案外人吴某某签订了租房协议，约定案外人吴某某将未经审批建造的位于余姚市阳明街道胜山西路288号的房屋出租给被告沈某某使用，租期到2016年3月1日止，房屋年租金第一年至第三年各为150 000元，第四年和第五年各为160 000元。2011年8月24日，被告沈某某与案外人吴某某对该租赁的房屋重新签订了租房协议，约定房屋租期延长到2018年3月1日，年租金为160 000元，协议载明租赁期间，案外人吴某某未还清被告沈某某的借款之前，被告沈某某有权将该房屋转租给他人。到2011年8月24日，案外人吴某某尚欠被告沈某某借款1 000 000元。后因案外人吴某某避债外出无音讯，2012年6月26日，叶某某等人代表被告余姚市A餐厅与被告沈某某签订了租房协议，约定被告沈某某将租赁案外人吴某某的房屋转租给被告余姚市A餐厅，租赁期间从2012年7月1日至2018年2月止，年租金为220 000元，第二年起每年递增5%。被告余姚市A餐厅租用该房屋后，租金已支付到2016年6月30日止，被告沈某某累计收取租金948 150元。被告沈某某所收取该费用，因案外人吴某某的债权人何某某向其讨债，被告沈某某替案外人吴某某代还了借款700 000元。另因案外人吴某某至今尚欠沈某某借款1 000 000元，该款已经得到法院判决确认，且该判决已发生法律效力。原告享有对案外人吴某某的到期债权本金500 000元及相应利息，对该债权，法院已作出了判决，该判决发生法律效力后，案外人吴某某未向原告还款付息。由此原告认为案外人吴某某不积极清偿对原告的欠款，且怠于管理自己的财产，未向两被告收取房屋租金 870 000 元，导致无钱向原告归还借款。故请求法院判令两被告共同将自己到期的房屋租金在吴某某所欠自己借款范围内支付给原告。法院审理后认为案外人吴某某将未经合法审批所建的房屋出租给被告沈某某，被告沈某某在使用该房屋的过程中又出租给了被告余姚市 A 餐厅，其行为均无效。被告余姚市 A 餐厅在使用该房屋期间按约向被告沈某某支付了房屋使用费，被告收取该房屋的使用费后，已将部分款项用于替案外人吴某某归还借款，尚存的费用已不足折抵其对案外人吴某某所享有的债权金额。原告所述案外人吴某某怠于管理自己的财产与事实不符，故对原告的诉讼请求不予支持。依照《中华人民共和国合同法》第 73 条，《中华人民共和国民事诉讼法》第 64 条的规定，判决如下：驳回原告张某某的诉讼请求，案件受理费 8800 元，由原告张某某负担。

▌**案例评析**

债权人代位权的行使必须符合其基本的要件，否则法院不予支持。其中，一个重要的条件是债务人怠于行使其到期债权。本案中，作为被告的沈某某已经将从余姚市 A 餐厅收取的租金用于替吴某某归还借款，且剩下的租金也不足以折抵债权，因此，不符合吴某某怠于行使到期债权的要件，原告请求行使债权人代位权的诉请无法得到实现。

（三）合同解除的法律实务

1. 基本概念

合同的解除是指合同有效成立后，在一定条件下，因当事人一方的意思表示或者双方的协议，使合同关系自始或者向将来消灭的行为。

2. 法律特征

合同解除具有以下法律特征：

（1）合同解除以存在有效合同为前提；

（2）合同解除必须具有解除事由；

（3）合同解除原则上须有解除行为；

（4）合同解除的效果是使合同法律关系消灭。

3. 解除规则

一是充分了解合同解除的条件。

合同解除有法定解除和约定解除之分，故合同的解除条件也分为法定解除条件和约定解除条件：

（1）合同的法定解除条件。根据《合同法》第94条的规定，有下列情形之一的，当事人可以解除合同：①因不可抗力致使不能实现合同目的；②在履行期限届满之前，当事人一方明确表示或者以自己的行为表明不履行主要债务；③当事人一方迟延履行主要债务，经催告后在合理期限内仍未履行；④当事人一方迟延履行债务或者有其他违约行为致使不能实现合同目的；⑤法律规定的其他情形。

（2）合同的约定解除条件。合同约定解除，就是双方当事人协商一致，将原来的合同解除，也就是在双方之间又重新成立了一个合同，其主要内容是把原来的合同内容废弃，使基于原来合同发生的债权债务归于消灭。约定解除采取合同的形式，因此它要具备合同的有效要件：当事人有行为能力；意思表示真实；内容不违反法律的强行性规定、不违背公序良俗，并且要采取适当的形式。

二是按照法定程序解除合同。

（1）单方解除的程序。单方解除中，解除权属于形成权，不需要对方同意，只需要解除权人作出行使解除权的单方意思表示，即可发生解除合同的效果。但解除权的行使并非毫无限制，《合同法》对其行使期限和行使方式均作了明确规定。《合同法》第95条规定："法律规定或者当事人约定解除权行使期限，期限届满当事人不行使的，该权利消灭。法律没有规定或者当事人没有约定解除权行使期限，经对方催告后在合理期限内不行使的，该权利消灭。"《合同法》第96条对解除权的行使程序作了规定。

一方行使解除权解除合同的，应当通知对方。合同自通知到达对方时解除。即解除权的行使不以诉讼为必要，解除权人的意思表示到达对方即发生法律效力。对方有异议的，可以请求人民法院或仲裁机构确认解除合同的效力；若对方有异议，但未通过裁判机构确认解除合同的效力，则合同解除的效力不受对方异议的影响。同时，对解除合同的异议应在一定期限内提出，《最高人民法院关于适用〈合同法〉若干问题的解释（二）》第24条规定，当事人对解除合同持有异议，但在约定的异议期限届满后才提出异议并向人民法院起诉的，人民法院不予支持；当事人没有约定异议期间，在解除合同的通知到达之日起3个月以后才向人民法院起诉的，人民法院不予支持。

法律、行政法规规定解除合同应当办理批准、登记手续的，应遵循其规定。另外，一方当事人适用情势变更原则解除合同时，需经人民法院或者仲裁机关作出裁决后，方可实现。

（2）约定解除的程序。约定解除的实质为原合同当事人之间重新订立一个以解除原合同为目的的合同。合同的解除取决于双方当事人意思表示一致。因此，应遵循由要约到承诺的一般缔约程序以及其他相关要求，以实现当事人双方的意思表示一致。法律、行政法规规定解除合同应当办理批准、登记等手续的，依照其规定，手续办理完毕之日即为合同的解除日期。不需办理相关手续的，当事人协商一致时合同解除。

案例　终止委托合同要求承担违约责任案

▌基本案情

甲支行与乙律师事务（合伙）所签订委托合同一份，约定甲方与丙公司及丁厂债务纠纷一案，委托乙方的律师代理；律师外出办案费由甲方负担；违约金为借贷总额的3%；合同有效期为自签订之日起至本案终止判决、调解、案外和解、撤销诉讼时止。协议签订后，乙律师事务所律师两次前往他市调查取证，主持甲支行与各方的调解工作，费用均由甲支行负责。后根据甲支行银行总行《关于加强某某银行经济诉讼案件管理有关问题的通知》中"不委托他人承办诉讼事务"的精神，甲支行致电乙律师事务所：终止双方的委托代理协议。乙律师事务所起诉至法院，要求甲支行支付违约金4.5万元。法院判决驳回原告的诉讼请求。

▌案例评析

本案为委托代理合同纠纷，争议焦点是委托合同的一方当事人是否有权单方解除合同。对于委托合同，《合同法》赋予委托人随时解除委托或者受托人随时辞去委托的法定权利，且无须说明具体原因。此为法律规定的解除权，故委托合同的一方当事人可以随时行使解除权，依单方意思表示解除合同。甲支行作为委托人，通知乙律师事务所终止委托是在行使其单方解除权，该意思表示到达乙律师事务所时，委托合同即解除，且无须承担违约责任。但因解除合同给对方造成损失的，除不可归责于该当事人的事由外，应当赔偿损失。

▌防控策略

1. 在双方约定解除合同的情形下，拟定解除协议，应对解除前已经履行的合同义务作出安排，解决尚未清偿的债务，安排工作的交接。如果是己方提出解约，应在合同条款中规定双方互相免除解除前任何一方可能因为违约对另一方所负的责任或债务。

2. 如上所述，法定解除一般系指己方严重违反合同的约定致使对方不能实现合同的目的或拒绝履行合同主要义务的情形，如果因为己方严重违约导致合同解除，对方通常会追究己方的违约责任。因此，在合同履行过程中应当尽量避免出现法定解除合同的情形。

第二节　小微企业产品质量的法律实务与风险防控

小微企业无论处在何种行业的哪一环节，都要对所提供的产品或服务的质量和安全负责。因为保证产品和服务的质量与安全，是每一个企业的基本义务。本节从可理解性角度出发，以小微企业产品责任纠纷的典型案例为视角，来分析小微企业应尽的产品质量保证责任和相关的权利义务关系以及实践中的风险防范策略。

一、适用法律规范

我国的产品质量问题主要规定在《中华人民共和国产品质量法》（以下简称《产品质量法》）以及相关的一系列法律、法规中，规制的主体包括生产企业、销售企业以及个体工商户，调整的经营活动涵盖生产、运输、仓储、销售、产品维修等一系列流程。因此，小微企业作为市场主体，无论其规模大小、综合实力强弱，只要其从事产品相关的活动，都应当服从国家对产品质量的监督管理，提高产品的质量水平，依法承担起对应的产品质量责任。

二、产品质量的行为规则

（一）建立健全业内部产品、服务质量管理制度

《产品质量法》第3条规定："生产者、销售者应当建立健全内部产品质量管理制度，严格实施岗位质量规范、质量责任以及相应的考核办法。"产品质量管理包括质量考核条例、质量事故处理办法、质量评选奖励制度、合理化建议和推动技术改进管理办法、关于新产品试制和鉴定的规定等。小微企业内部的质量管理制度应当做到：不合格产品不能出厂；不合格的原材料、零部件不能投料、组装；国家明令淘汰的产品不能生产和销售；没有产品质量标准，没有经过质量检验机构检验的产品不能生产和销售；不能以次充好、以假充真；不能违法使用他人的商标、厂名和厂址。

（二）服从产品质量监管

我国的产品质量监管制度主要包括产品质量抽查制度、产品质量标准制度、

产品质量认证制度、行政许可制度等。

1. 产品质量监督抽查制度

《产品质量法》第15条规定了以抽查为主要方式的产品质量监督检查制度。监督抽查是指质量技术监督部门为监督产品质量，依法组织对中华人民共和国境内生产、销售的产品进行有计划的随机抽样、检验，并对抽查结果公布和处理的活动。《产品质量监督抽查管理办法》已经于2010年11月23日国家质量监督检验检疫总局局务会议上审议通过，自2011年2月1日起施行。《产品质量法》第17条规定："依照本法规定进行监督抽查的产品质量不合格的，由实施监督抽查的产品质量监督部门责令其生产者、销售者限期改正。逾期不改正的，由省级以上人民政府产品质量监督部门予以公告；公告后经复查仍不合格的，责令停业，限期整顿；整顿期满后经复查产品质量仍不合格的，吊销营业执照。监督抽查的产品有严重质量问题的，依照本法第五章的有关规定处罚。"因此，小微企业应当在经营过程中积极配合相关部门的抽查检验。

2. 产品质量标准制度

《中华人民共和国标准化法》（以下简称《标准化法》）规定了我国标准化工作的方针、政策、任务和标准化体制等。它是国家推行标准化，实施标准化管理和监督的重要依据。《标准化法》第3条规定："标准化工作的任务是制定标准、组织实施标准和对标准的实施进行监督。"标准分为强制标准和推荐性标准，其中保障人体健康，人身、财产安全的标准和法律、行政法规规定的强制执行的标准是强制标准，其范围包括药品标准、食品卫生标准、兽药标准、产品及产品生产储运和使用中的安全卫生标准、劳动安全卫生标准、运输安全标准、工程建设的质量、安全、卫生标准以及国家需要控制的其他工程建设标准等。强制标准是必须执行的，禁止生产、销售和出口不符合强制标准的产品。其他标准是推荐性标准，国家鼓励企业自愿采用。《产品质量法》第12条规定："产品质量应当检验合格，不得以不合格产品冒充合格产品。"第13条规定："可能危及人体健康和人身、财产安全的工业产品，必须符合保障人体健康和人身、财产安全的国家标准、行业标准；未制定国家标准、行业标准的，必须符合保障人体健康和人身、财产安全的要求。禁止生产、销售不符合保障人体健康和人身、财产安全标准和要求的工业产品。具体管理办法由国务院规定。"

3. 产品质量认证制度

质量认证，也叫合格评定，是国际上通行的管理产品质量的有效办法。质量认证按照认证的对象分为产品质量认证和产品体系认证两类。根据《中华人民共和国认证认可条例》，认证，是指由认证机构证明产品、服务、管理体系复合相关技术规范的强制性要求或者标准的合格评定活动。产品认证分为强制认证和自愿认证两种。一般来说，对有关人身安全、健康和其他法律规范有特殊要求者为强制性认证，其他产品实行自愿认证制度。

质量管理体系认证是依据国际通用的质量管理标准，经国家授权的独立认证机构对组织的质量体系进行审核，通过注册及颁发证书来证明组织的质量体系和质量保证能力符合要求，质量体系认证通常以 ISO9000 标准为依据。

目前，我国产品质量实行自愿认证制，即产品质量由企业自愿申请。因此，小微企业应当自觉地将产品提交认证，客观地评价自身产品质量，加强自我管理意识。

4. 行政许可制度

行政许可是指行政主体对行政相对方的申请，通过颁发许可证、执照等形式，依法赋予行政相对方从事某项活动的法律资格或实施某种行为的法律权利的行政行为。许可证管理把那些可能产生社会性危害的问题的发生控制在生产经营活动之前，限制不具备生产经营资格的经济主体从事该领域的经济活动。我国目前对食品、药品、电力产品、建筑工程施工等经济活动实施许可证管理。因此，小微企业从事的行业如果有需要依法取得许可证的，应当依法及时取得相应许可证或者证书。

《产品质量法》第16条规定："对依法进行的产品质量监督检查，生产者、销售者不得拒绝。"因此，小微企业应当服从关于产品质量的监管。

（二）企业在产品质量方面可能面临的法律风险和责任

1. 生产者的质量责任和义务

小微企业如果以生产者的身份参与市场经济，其应当对其所生产的产品质量负责。产品质量应当符合下列要求：

（1）不存在危及人身、财产安全的不合理的危险，有保障人体健康和人身、财产安全的国家标准、行业标准的，应当符合该标准；

（2）具备产品应当具备的使用性能，但是，对产品存在使用性能的瑕疵作出说明的除外；

（3）符合在产品或者其包装上注明采用的产品标准，符合以产品说明、实物样品等方式表明的质量状况。

产品或者其包装上的标识必须真实，并符合下列要求：①有产品质量检验合格证明；②有中文标明的产品名称、生产厂厂名和厂址；③根据产品的特点和使用要求，需要标明产品规格、等级、所含主要成分的名称和含量的，用中文相应予以标明；需要事先让消费者知晓的，应当在外包装上标明，或者预先向消费者提供有关资料；④限期使用的产品，应当在显著位置清晰地标明生产日期和安全使用期或者失效日期；⑤使用不当，容易造成产品本身损坏或者可能危及人身、财产安全的产品，应当有警示标志或者中文警示说明。裸装的食品和其他根据产品的特点难以附加标识的裸装产品，可以不附加产品标识。易碎、易燃、易爆、有毒、有腐蚀性、有放射性等危险物品以及储运中不能倒置和其他有特殊要求的产品，其包装质量必须符合相应要求，依照国家有关规定作出警示标志或者中文警示说明，标明储运注意事项。

同时，不得生产国家明令淘汰的产品。不得伪造产地，不得伪造或者冒用他人的厂名、厂址。不得伪造或者冒用认证标志等质量标志。不得掺杂、掺假，不得以假充真、以次充好，不得以不合格产品冒充合格产品。

2. 销售者的质量责任和义务

小微企业如果以销售者的身份参与市场活动，则应当明了销售者的产品质量责任和义务。建立企业的进货检查、验收制度，验明产品合格证明和其他标识；采取措施保证销售产品的质量。并且不得销售国家明令淘汰并停止销售的产品和失效、变质的产品；销售的产品的标识应当符合法律规定；不得伪造产地，不得伪造或者冒用他人的厂名、厂址；不得伪造或者冒用认证标志等质量标志；不得掺杂、掺假，以假充真、以次充好，不得以不合格产品冒充合格产品。

3. 产品合同责任

如果小微企业售出的产品有下列情形之一，企业应当负责修理、更换、退货；给购买产品的消费者造成损失的，应当赔偿损失：①不具备产品应当具有的使用性能而事先未作说明的；②不符合在产品或者其包装上注明采用的产品标准的；③不符合以产品说明、实物样品等方式表明的质量状况的。如果小微企业作为销售者依照上述规定负责修理、更换、退货、赔偿损失后，属于生产者责任或者其他销售者责任的，小微企业可以向生产者、供货者追偿。如果小微企业作为销售者未按照上述规定给予修理、更换、退货或者赔偿损失的，产品质量监督管理部门或者工商行政管理部门将会责令其改正。当然，小微企业作为生产者、销售者可以与合同另一方作出不同约定。

4. 产品侵权责任

因产品存在缺陷造成人身、缺陷产品以外的其他财产损害的，生产者应当承担赔偿责任，但生产者能够证明有下列情形之一的，不承担赔偿责任：①未将产品投入流通的；②产品投入流通时，引起损害的缺陷尚不存在的；③将产品投入流通时的科学技术水平尚不能发现缺陷的存在的。由于销售者的过错使得产品存在缺陷，造成人身、他人财产损害的，销售者应当承担赔偿责任。若销售者不能指明缺陷产品的生产者，也不能指明缺陷产品的供货者，销售者应当承担赔偿责任。所谓缺陷，是指产品存在危及人身、他人财产安全的不合理的危险；产品有保障人体健康和人身财产安全的国家标准、行业标准的，是指不符合该标准。

因产品存在缺陷造成人身、他人财产损害的，该产品的生产者和销售者承担连带赔偿责任，受害人可以向生产者要求赔偿，也可以向销售者要求赔偿。由此，小微企业无论是以生产者身份还是以销售者身份从事相关产品的活动，都应当严格保证所生产、销售的产品质量合格。

5. 产品质量行政责任

产品的生产者、销售者、产品质量监督管理部门以及其他机构和个人违反《产品质量法》，从事不法行为的，有关行政机关应依法予以行政处罚，包括没收违法产品、没收违法所得、罚款、吊销营业执照，取消检验（或认证）资格等。例如《产品质量法》第49条规定："生产、销售不符合保障人体健康和人身、财产安全的国家标准、行业标准的产品的，责令停止生产、销售，没收违法生产、销售的产品，并处违法生产、销售产品（包括已售出和未售出的产品，下同）货值金额等值以上三倍以下的罚款；有违法所得的，并处没收违法所得；情节严重的，吊销营业执照；构成犯罪的，依法追究刑事责任。"第50条规定："在产品中掺杂、掺假，以假充真，以次充好，或者以不合格产品冒充合格产品的，责令停止生产、销售，没收违法生产、销售的产品，并处违法生产、销售产品货值金额百分之五十以上三倍以下的罚款；有违法所得的，并处没收违法所得；情节严重的，吊销营业执照；构成犯罪的，依法追究刑事责任。"

6. 产品质量刑事责任

企业可能产生的产品质量刑事责任有：①生产、销售不符合保障人体健康、人身安全的国家标准、行业标准的产品；②在产品中掺杂、掺假，以假充真，以次充好，或者以不合格产品冒充合格产品的；③生产国家明令淘汰的产品的，销售国家明令淘汰并停止销售的产品的；④销售失效、变质的产品的；⑤伪造产品产地的，伪造或者冒用他人厂名、厂址的，伪造或者冒用认证标志等质量标志；⑥知道或者应当知道属于法律禁止生产、销售的产品而为其提供运输、保管、仓储等便利条件，或者为以假充真的产品提供制假、生产技术的。

案例 刘某某诉李某某等产品质量损害赔偿纠纷案

▎基本案情

原告刘某某系养殖专业户，主要饲养优质朗德鹅和东北长绒大白鹅及品种鸡。2009 年 3 月 15 日，正值鹅鸡产蛋期，为了多产蛋，原告在被告李某某处购买了由被告郑州某兽药有限公司生产的参芪金维他饲料一大袋（内装 5 小包），当天原告按照说明与玉米饲料、青草湿料混合喂养，喂后鹅产软皮蛋，采食量下降，3 月 17 日产蛋鹅和鸡开始死亡，到了 3 月 20 日所饲养鹅 650 只，鸡 30 只死亡。事发后，原告刘某某与被告李某某及时向厂家郑州某兽药有限公司反映，该单位派周口经销经理马某某和兽医技术员赵某某到原告养殖场了解情况，并作了现场记录：养殖场规模公鹅 120 只、母鹅 530 只，混合饲料玉米、青草、湿料喂养，并对鹅进行解剖并发现：心外膜有状出血，肠道黏膜弥液时出血等症状。事后带走活鹅、死鹅各一只，均未有结果。2009 年 12 月 30 日周口瑞丰财物咨询服务有限公司对原告刘某某所饲料鹅鸡损失情况作出周瑞财字〔2009〕49 号价格鉴定评估报告书，损失共计 69 667.3 元，评估费 3000 元。同时查明：被告郑州某兽药有限公司所生产的参芪金维他虽包装完整、标志齐全，包装袋注明：农业部兽药 gmp 验收通过、证书编号（2005）兽药 gmp 证字 407 号、批准文号豫饲预字（2006）181206、本品符合饲料卫生标准等及其他说明事项，而事实上，该单位对该产品没有生产许可证，未经过有关部门检验和获取产品批准文号即投放市场销售。诉讼期间，被告郑州某兽药有限公司向法院申请要求对原告的鹅死亡与其饲料是否存在因果关系、对该饲料"成分"进行分析及对鹅作活实体实验的鉴定。本院司法技术科查询多家单位，回复均为对鹅死亡与饲料是否存在因果关系无法进行鉴定。况且被告单位未能提供该产品配制标准，河南省产品质量监督检验院也无法对该产品成分作分析认定。原被告就活体实验，因未能达成一致，原告未参与活体实验。

另查明：被告李某某系助理兽医师，2008 年 9 月 13 日领取兽药经营许可证，主要经营兽药及其他相关产品。而其销售给原告参芪金维他一袋（内装 5 小包），净重 100g。

法院经审理认为，原告刘某某在被告李某某处购买了由被告郑州某兽药有限公司生产的参芪金维他与其它饲料混合喂养鹅鸡后几天内鸡鹅死亡的事实，后经周口瑞丰财物咨询股份有限公司鉴定原告损失为 69 667.3 元，这一事实清楚，证据确凿，法院予以采纳。被告郑州某兽药有限公司未取得生产参芪金维他许可证,该产品也未经有关部门的检验和批准,即进行生产并投放市场销售,本身存在着安全隐患。事故发生后,被告单位未采取积极有效措施,查清事故原因,向原告说明情况,也未对所提取样品作妥善保存,以致双方发生纠纷后,无法查清事故原因。加之被告单位未能提供该产品的配制标准,质检部门也无法对其产品成分进行分析,导致案件更加复杂,且庭审中,被告单位未提供有力的证据证明原告鹅鸡死亡与其所生产的产品不存因果关系,故被告郑州某兽药有限公司,主观存在过错,对此事故的发生应承担主要赔偿责任。综合本案的案情,原告喂养鹅鸡的过程,与玉米、青草、湿料混合喂养,参芪金维他并不是唯一食物,根据《最高人民法院关于民事诉讼证据的若干规定》第2条的规定,原告应提供证据排除所混合其它饲料未受到污染,鹅鸡本身没有其他疾病不会导致死亡,而其未能提供相关的证据以证明与其无关,故原告对事故的发生存在一定过错,应负次要的责任。被告李某某系合法经营者,所销售产品包装完整、标志齐全,事故发生后积极同原告找到生产厂家,依照《中华人民共和国产品质量法》第42条的规定,被告李某某不存在过错,不应承担赔偿责任。就赔偿数额方面,原告的损失69 667.3元、评估费3000元,共计72 667.3元,被告郑州某兽药有限公司应承担主要赔偿责80%即为72 667.3×80% = 58 133.84元。其余的责任由原告承担。原告所请合理部分本院予以支持。被告郑州某兽药有限公司所辩证据不力,本院不予支持。依照《中华人民共和国民法通则》第122条、第131条、《中华人民共和国产品质量法》第42条、《最高人民法院关于民事诉讼证据若干问题的规定》第2条、第4条第6项之规定,判决如下:

(1)被告郑州某某兽药有限公司于判决生效之日起五日内赔偿原告刘某某经济损失共计58 133.84元。

(2)被告李某某对原告不承担赔偿责任。

▌案例评析

本案是一起典型的产品缺陷引起的侵权纠纷案例。《产品质量法》第43条规定:因产品存在缺陷造成人身、他人财产损害的,受害人可以向产品的生产者要求赔偿,也可以向产品的销售者要求赔偿。属于产品的生产者的责任,产品的销售者赔偿的,产品的销售者有权向产品的生产者追偿。属于产品的销售者的责任,产品的生产者赔偿的,产品的生产者有权向产品的销售者追偿。本案中,因为被告郑州某某兽药有限公司生产、李某某销售的参芪金维他饲料导致原告的产蛋鹅和鸡死亡,原告可以向人民法院诉请要求任何一方承担产品质量责任。但是根据《产品质量法》第 42 条的规定，由于销售者的过错使产品存在缺陷，造成人身、他人财产损害的，销售者才应当承担赔偿责任。销售者不能指明缺陷产品的生产者也不能指明缺陷产品的供货者的，销售者也应当承担赔偿责任。本案中，销售者李某某并不存在过错，也可以明确指出缺陷产品的供货者，因此，不应当承担责任。综上，法院的判决是正确的。

案例 胡某祥与李某祥等产品销售者责任纠纷上诉案[1]

▌基本案情

　　一审法院查明，李某祥、莫某娥系夫妻关系，生育二个子女，即李某志、李某军（均成年）；李某志与莫某燕系夫妻关系，生育长子李某杰，次子李某宇。其中，李某志、李某杰、李某宇系非农业户口。2010 年 1 月 27 日，胡某祥在江华瑶族自治县沱江镇长征路 107 号开办江华瑶族自治县期华农机经销部，系个体经营，从事农机及配件批发、零售。2011 年 10 月 10 日，胡某祥从湖南双峰县五里牌农机市场（系沈春莲个体经营）购进镇江市大港某某电机厂生产的 FDM—Z150 型星星牌磨浆机三台。2012 年 3 月 22 日，原告李某祥在被告胡某祥处以价款 1250 元购买了一台 FDM—Z150 型星星牌磨浆机，但胡某祥未给付李某祥产品说明书。2012 年 8 月 16 日 9 时 30 分，李某志在使用该磨浆机时触电死亡。经湖南省质量检验协会鉴定，涉案磨浆机系劣质电机，电机绝缘电阻为 0，外壳带电；没有接地装置，无接地保护。经湖北同济法医学司法鉴定中心鉴定，李某志系电击致急性呼吸、循环功能衰竭死亡。2012 年 8 月 18 日，李某祥与胡某祥在江华瑶族自治县沱江镇人民调解委员会主持下就李某志死亡一案达成如下协议：①胡某祥预支 20 000 元给李某祥，作为死者的丧葬费用，待鉴定结果出来后，若属产品质量问题从厂商赔偿款中扣除预支款，若属李某志自身原因死亡，则李某祥退还胡某祥预支款 20 000 元；②鉴定结果出来后，确属产品质量问题引发的死亡，胡某祥应主动联系厂商，处理该事故。协议签订后，胡某祥预付了 20 000 元给李某祥，作为李某志的丧葬费。为鉴定李某志死亡原因，李某祥等原告花费电机产品质量鉴定费 9200 元，花费交通费 918 元。

　　另查明：2012 年～2013 年湖南省道路交通事故损害赔偿项目计算标准为：①死亡赔偿金可参照城镇居民年人均可支配收入 18 844 元计算；②被扶养人生活费可参照城镇居民年人均消费性支出 13 402.9 元、农村居民人均年消费性支

---

[1]　湖南省永州市中级人民法院（2013）永中法民二终字第 220 号民事判决书。

出 5179 元计算；③丧葬费可参照职工月平均工资 2960 元以六个月总额计算。

一审法院认为，原告李某祥、莫某娥、莫某燕、李某杰、李某宇因李某志在使用 FDM—Z150 型星星牌磨浆机时触电死亡，要求该产品销售者即本案被告胡某祥承担赔偿责任，本案应定性为产品销售者责任纠纷。本案中，原被告双方对被告胡某祥销售的 FDM—Z150 型星星牌磨浆机存在产品缺陷，李某志在使用该缺陷产品时触电死亡，原告李某祥、莫某娥、莫某燕、李某杰、李浩宁因李某志死亡而取得赔偿请求权的基本案件事实并无异议。本案的争议焦点是：原告李某祥、莫某娥、莫某燕、李某杰、李某宇要求被告胡某祥承担本案赔偿责任的事实和理由是否成立。原告李某祥、莫某娥、莫某燕、李某杰、李某宇认为：胡某祥系缺陷产品的销售者，缺陷产品在使用过程中造成人员死亡的，销售者理应承担赔偿责任。被告胡某祥认为：作为产品销售者，胡某祥在销售过程中并无过错，且原被告双方在协议中约定，如因产品质量问题，原告方应向产品生产者请求赔偿，被告胡某祥在本案中不应承担赔偿责任。

依照《中华人民共和国产品质量法》第 43 条和《中华人民共和国侵权责任法》第 43 条之规定，因产品存在缺陷造成人身、他人财产损害的，受害人可以向产品的生产者要求赔偿，也可以向产品的销售者要求赔偿。销售者赔偿以后，可向产品生产者依法追偿。因此，原告李某祥、莫某娥、莫某燕、李某杰、李某宇因李某志在使用被告胡某祥销售的缺陷产品中死亡，造成原告经济损失，从而要求被告胡某祥承担赔偿责任，于法有据，该院予以支持。被告胡某祥在销售缺陷产品给李某祥时，没有将产品说明书一并交付给李某祥，胡某祥在销售过程中存在过错，因此，被告胡某祥辩称其在销售过程中没有过错的证据不足。2012 年 8 月 18 日，李某祥与胡某祥就李某志死亡一案达成协议，协议中原被告一方面约定了"属产品质量问题从厂商赔偿款中扣除预付款"，另一方面又约定了"确属产品质量问题引发的死亡，乙方（即胡某祥）应积极主动联系厂商，处理该事故"。该二项约定并不矛盾，第一项约定只能说明扣除预付款的前提条件是厂商已经进行了赔偿，并不能解释为原告只能向产品生产者请求赔偿，放弃了对产品销售者的赔偿请求权；第二项约定进一步明确了被告胡某祥负有处理本案产品质量责任事故的义务。因此，被告胡某祥辩称在本案中不承担赔偿责任的证据不足，理由不充分。该院不予支持。依照《中华人民共和国产品质量法》第 40 条第 1 款第 1 项，第 44 条、参照《最高人民法院关于审理人身损害赔偿案件适用法律若干问题的解释》第 17 条第 3 款、第 18 条第 1 款、第 27 条、第 28 条、第 29 条和《2012 年~2013 年度湖南省道路交通事故损害赔偿项目计算标准》之规定，该院确定原告李某祥、莫某娥、莫某燕、李某杰、李某宇的经济损失为死亡赔偿金、丧葬费、扶养费、精神损害抚慰金、磨浆机价款六项共计622 842.15元，该经济损失理应由被告胡某祥负责赔偿。但被告胡某祥预付的赔偿款20 000元，应从总经济损失予以抵减。原告李某祥、莫某娥、莫某燕、李某杰、李某宇主张要求被告胡某祥赔偿经济损失671 569.15元，该诉请数额超过了该院依法确定的赔偿数额，超过部分该院不予支持。据此，依照《中华人民共和国侵权责任法》第43条第1款，《中华人民共和国产品质量法》第40条第1款第1项、第43条、第44条第1款，参照《最高人民法院关于审理人身损害赔偿案件适用法律若干问题的解释》第17条第3款、第18条第1款、第27条、第28条、第29条之规定，判决：①限被告胡某祥自本判决生效之日起三十日内赔偿原告李某祥、莫某娥、莫某燕、李某杰、李某宇死亡赔偿金、丧葬费、扶养费、精神损害抚慰金、鉴定费、交通费、磨浆机价款共计经济损失602 842.15元；②驳回原告李某祥、莫某娥、莫某燕、李某杰、李某宇的其他诉讼请求。本案案件受理费10 515元，由原告李某祥、莫某娥、莫某燕、李某杰、李某宇负担1075元，被告胡某祥负担9440元。

判决后，原审被告胡某祥不服，提起上诉，并请求追加沈某莲为共同被告、改判其不承担销售过错责任并对一审判决中确定的扶养费重新核算。

二审法院审理后认为，李某志因使用上诉人胡某祥销售的缺陷产品而死亡，胡某祥应与产品的生产者承担不真正连带赔偿责任。故被上诉人李某祥、莫某娥、莫某燕、李某杰、李某宇有权向销售者胡某祥要求赔偿。关于胡某祥提出应当追加其供货人沈某莲为共同被告的上诉理由，因被上诉人未对沈某莲提起诉讼，沈某莲也非本案必要共同诉讼人，该院认为不应当追加其参加诉讼。关于胡某祥提出在销售产品的同时将产品说明书交了予了被上诉人李某祥，其销售过程中不存在过错的上诉理由，经查，胡某祥在销售该产品时，是否将说明书一同交付，现仅有双方各自陈述为证，不能认定，但受害人已选择向销售者胡某祥要求赔偿，胡某祥在销售过程中无论是否有过错，均应先承担赔偿责任，其与产品生产者的责任分担不属本案审理范围。关于胡某祥提出莫某娥的扶养义务人应按三人计算，被上诉人李某杰、李某宇的扶养费应按农村居民标准计算的上诉理由，经查，莫某娥育有二个子女，一审中将其扶养义务人确定为二人于法有据。另被上诉人当庭提供的证据证实李某志、李某杰、李某宇均是城镇户口，上诉人对此并无异议。综上所述，上诉人胡某祥提出的上诉理由均不能成立，该院不予采纳。其要求追加沈春莲为共同被告，并对一审判决中确定的扶养费重新核算的请求，该院不予支持。原判认定事实清楚，适用法律正确，本院予以维持。依照《中华人民共和国民事诉讼法》第170条第1款第1项之规定，判决如下：驳回上诉，维持原判。二审案件诉讼费 2900 元，由上诉人胡某祥负担。

▌案例评析

产品责任是一种特殊的侵权责任，适用无过错责任原则。只要产品存在缺陷，并因而使消费者或者使用者遭受人身损害或财产损失，不论生产者或者销售者是否存在过错行为，只要不存在法定的免责事由，生产者或者销售者都要对其产品造成的人身伤害或者财产损失承担责任。本案中，原告李某祥在被告个体工商户胡某祥处购买了一台磨浆机。李某志在使用该磨浆机时触电身亡。经鉴定，涉案磨浆机存在质量缺陷。经某司法鉴定中心鉴定，李某志系电击致急性呼吸、循环功能衰竭死亡。可见，该磨浆机缺陷与李某志的死亡存在直接的因果关系。李某志因上诉人胡某祥销售的缺陷产品而死亡，胡某祥应当与产品的生产者承担不真正连带责任。

▌防控策略

防范产品质量责任风险，小微企业可以从事前和事后两个方面入手。事前防范的核心，就是要保证产品的质量符合要求，不存在导致产品质量责任的瑕疵缺陷；而事后防范就是在产品确实存在质量问题时及时采取适当的措施，使问题得到积极稳妥的解决，避免损失和风险的进一步扩大。属于事前防范的制度性措施包括建立健全质量管理体系、进行产品质量认证、严格履行各项质量义务等；属于事后防范的制度性措施则包括售后服务保障、缺陷产品召回、投保产品责任险等。下面分别予以简要介绍。

1. 建立健全质量管理体系

产品质量是生产出来的而不是检验出来的，这是质量管理界的名言。产品生产过程极其复杂，最终的质量取决于产品设计、原材料、零部件、制造、加工、组装、检验、包装保管、运输、安装和服务等一系列环节，因此，保证产品质量稳定并合格离不开企业内部的质量管理体系。

实践证明，产品质量认证对于企业开展全面质量管理，提高质量管理水平，保证产品质量具有积极的作用。通过认证的产品，不但质量有了保证，还相应地提高了市场竞争力。

2. 严格履行质量义务

上面谈到了小微企业的产品质量义务，严格履行这些产品质量义务的意义，不仅在于使小微企业对国家和社会负责，同时这也是企业保证产品质量的基础，另外，在某些情况下还是企业对发生的产品质量问题主张免责的依据。

例如，法律要求"使用不当，容易造成产品本身损坏或者可能危及人身、财产安全的产品，应当有警示标志或者中文警示说明"。如果小微企业依法履行该义务，已经对产品的正当使用作出充分的说明和必要的警示，当发生产品损害事故且系使用不当造成时，企业可以已履行必要的告知义务主张免责。

3. 主动召回缺陷产品

所谓产品召回，就是生产经营者发现产品存在可能危及消费者人身健康、生命和财产安全的缺陷时，通过一定程序将缺陷产品从市场上或消费者手中收回，通过补充或修正消费说明、退货、换货、修理等方式，有效预防和消除缺陷可能导致的损害的活动。召回缺陷产品是防止损害事故发生的有效手段和制度性措施。目前，我国对于汽车、儿童玩具、食品和药品实施强制召回制度，从事汽车、儿童玩具、食品和药品的生产经营企业应当严格按照规定对缺陷产品进行召回。其他产品虽然不在国家强制召回的产品之列，并不意味着缺陷损害事故的概率小、风险低，如果确实存在缺陷，生产经营企业应当积极安排召回，防止损害事故的发生，从而规避产品责任的法律风险。

表面上看，企业召回产品似乎增加了不少的支出，但相比较于缺陷造成损害所产生的巨额赔偿而言，召回实则极大地避免或者说减轻了企业的责任。《消费者权益保护法》第19条规定："经营者发现其提供的商品或者服务存在缺陷，有危及人身、财产安全危险的，应当立即向有关行政部门报告和告知消费者，并采取停止销售、警示、召回、无害化处理、销毁、停止生产或者服务等措施。采取召回措施的，经营者应当承担消费者因商品被召回支出的必要费用。"因此，一旦发现产品存在问题特别是危害到消费者安全的缺陷，小微企业就应当及时采取措施，予以召回，防止或减少产品损害事故的发生。

4. 加强和完善售后服务

完善的售后服务，特别是对那些技术复杂的产品而言，不仅是企业提高市场竞争力、维系用户关系的要求，也是防止质量事故的一个重要手段。通过售后服务，可以帮助用户和消费者解决疑难问题，正确使用产品，维护产品的使用功能，还可以及时发现产品质量问题，以采取相应的解决措施。

（三）经营者应当尽到安全保障义务

如果说产品质量责任是产品提供者的主要义务和责任，对于服务提供者而言，其主要义务和责任则是安全保障义务及其责任。如果小微企业从事服务性行业，则必须关注服务的安全保障问题，防范由此产生的法律风险。

商店、酒店等经营服务场所存在不安全因素，导致人身伤害、财产损失从而发生纠纷的报道并不少见。如"顾客摔伤，商店赔偿""顾客如厕摔伤，商场被判赔偿""转椅垮塌摔伤顾客，美发店赔偿 2000 元""商场扫雪不及时，顾客摔伤须赔偿""顾客餐厅内摔伤，餐饮店担责七成"等。这些伤害与赔偿涉及的都是经营者的安全保障义务及其责任问题。

案例 王某诉宿迁A车业有限公司因在购车过程中遭受损害索赔纠纷案[1]

▌基本案情

王某因欲购车，于 2012 年 10 月 23 日到 A 公司看车，A 公司的业务员就长城 v8 汽车对王某进行了现场介绍和部分功能演示。其间，王某左手指受伤。王某随后和其家属一起至宿迁市钟吾医院进行了治疗。医院诊断为左环指末节肌腱断裂（开放性）、糖尿病。王某接受清创缝合＋肌腱吻合内固定术，并予以降糖治疗，住院治疗 15 天后，于 2012 年 11 月 7 日治愈出院，共支出医疗费等合计 6232.18 元。出院医嘱：（1）继续石膏外固定一周。（2）注意左环指末梢……（3）继续口服药物治疗并至内科糖尿病治疗。（4）一个月后来院复查。（5）休息两个月，加强营养。后原被告因赔偿问题未能达成一致意见成讼。

另查明：2012 年度江苏省城镇居民人均可支配收入 29 677 元/年。

宿迁市宿城区人民法院认为：当事人对自己提出的诉讼请求所依据的事实有责任提供证据加以证明。没有证据或者证据不足以证明当事人的事实主张的，由负有举证责任的当事人承担不利后果。本案中，王某在 A 公司业务员带领看车过程中，手被汽车夹伤的事实有当事人的陈述在卷佐证，足以认定，应予确认。王某诉称是 A 公司业务员在操作汽车后座椅时导致其手部受伤，但是其提供的证据不足以证明该观点，且 A 公司不认可，故对其该主张依法不予采信。

王某在看车过程中手被汽车部件夹伤，即使排除是由 A 公司业务员在操作过程中造成的可能，而是如 A 公司辩称的那样是王某自行操作时受伤，A 公司因未能尽到自身义务，也应当承担赔偿责任。《中华人民共和国消费者权益保护法》第 18 条规定："经营者应当保证其提供的商品或者服务符合保障人身、财产安全的要求。对可能危及人身、财产安全的商品和服务，应当向消费者作出真实的说明和明确的警示，并说明和标明正确使用商品或者接受服务的方法以及防止危害发生的方法。"第 23 条规定："经营者应当保证在正常使用商品或者接受服务的情况下其提供的商品或者服务应当具有的质量、性能、用途和有效期限；但消费者在购买该商品或者接受该服务前已经知道其存在瑕疵，且存在该瑕疵不违反法律强制性规定的除外。"本案中，即使如A公司所述，王某在看车过程中对车辆相关部件进行了操作。但如操作该部分部件可能危及人身、财产安全，那么A公司陪同看车的业务员应当向其作出明确的说明、警示、提醒，或者及时制止王某的操作行为，甚至亦应在无人照应的情况下锁好车门以使消费者无从自行操作。但是，从现有的证据和当事人的陈述来看，A公司并没有就相关事项向王某作出说明、警示、提醒，也没有证据显示A公司业务员对王某的操作行为进行了制止，更未锁好车门。因此，A公司对于王某的损伤存在过错。另外，王某在看车和操作车辆相关部件过程中未尽到一般的注意义务，导致自己受伤，其本身也存在过错。根据《中华人民共和国侵权责任法》第26条的规定被侵权人对损害的发生也有过错的，可以减轻侵权人的责任，应当减轻A公司的责任。结合王某的过错程度，一审法院确定，A公司对王某的损伤承担80%的赔偿责任，其余20%由王某自负。

结合王某的诉讼请求及法院查明的事实，对王某的合理损失认定为：医疗费6199.28元，误工费6098元，护理费750元，住院伙食补助费278元，交通费150元。上述费用合计13 475.28元，被告赔偿的数额为10 780.22元（13 475.28元×80%）。至于精神损害抚慰金，王某提供的证据不足以证明A公司行为给其造成了严重后果且使其精神受到损害，王某要求A公司赔偿精神损害赔偿金5000元依据不足，不予支持。如以后出现新的证据足以证明其精神受到损害，且造成了严重后果，王某可就精神损害赔偿部分另行主张。宿迁市宿城区人民法院遂依照《中华人民共和国侵权责任法》第6条、第15条、第16条、第26条，《中华人民共和国消费者权益保护法》第18条、第22条，《中华人民共和国民事诉讼法》第142条的规定，于2013年5月22日作出（2013）宿城民初字第0358号民事判决：A公司于判决生效之日起十日内赔偿王某各项损失合计10 780.22元。案件受理费减半收取200元，由A公司负担。

A公司不服一审判决，向宿迁市中级人民法院提起上诉。

宿迁市中级人民法院认为：王某意欲购买车辆而到A公司，在该公司业务员指引下查看待售的长城牌v8汽车外观、内部配置等情况。王某就在购买商品过程中发生的损害与经营者发生争议，应属于《消费者权益保护法》调整范围。王某作为消费者，在购买商品时享有人身安全不受损害的权利，机动车作为专业性较强、危险性较大的商品，A公司应该对消费者提供该商品真实的说明和明确的警示，并说明和标明正确使用商品或者接受服务的方法以及防止危害发生的方法。虽然王某并无证据证明其所受伤害是A公司业务员提供操作演示时导致的，但 A 公司未对购车人现场说明指导、未对车门上锁等行为也均违反《中华人民共和国消费者权益保护法》有关规定。据此，A 公司对王某的损害应该承担赔偿责任。王某作为消费者对车辆配置及有关性能进行先期了解，是正当行使消费者知情权行为，A 公司并无证据证明王某存在重大过失，对 A 公司提出的应由王某承担全部责任或主要责任的主张不予支持。

综上，宿迁市中级人民法院认为 A 公司的上诉主张证据不足，对其上诉请求不予支持。一审判决认定事实清楚，适用法律正确所作判决应予维持。依照《中华人民共和国民事诉讼法》第 170 条第 1 款第 1 项之规定，于 2013 年 8 月 19 日作出（2013）宿中民终字第 0835 号民事判决书：驳回上诉，维持原判。

■ 案例评析

《消费者权益保护法》第 18 条规定："经营者应当保证其提供的商品或者服务符合保障人身、财产安全的要求。对可能危及人身、财产安全的商品和服务，应当向消费者作出真实的说明和明确的警示，并说明和标明正确使用商品或者接受服务的方法以及防止危害发生的方法。"经营者的前合同义务与此相关的亦应适用此条。家用汽车作为普通消费者日常出行的交通工具，属于生活消费品，消费者在咨询购买汽车过程中遭受人身损害的，属于《消费者权益保护法》的调整范畴。经营者对消费者负有安全保障义务，违反安全保障义务导致消费者遭受损害的，应当承担赔偿责任。消费者对损害的发生也有过错时，可以减轻侵权人的责任。

■ 防范策略

1. 明确安全保障义务的基本内涵

经营者的安全保障义务，是指经营者应当保证其提供的商品或者服务符合保障人身、财产安全要求。经营者，包括服务的提供者、服务场所的所有者、管理者、承包经营者等。有关经营者的安全保障义务，许多立法文件做了相应规定。如《公共场所卫生管理条例》规定，宾馆、饭馆、旅店、招待所、车马店、咖啡馆、酒吧、茶座、公共浴室、理发店、美容店、影剧院、录像厅（室）、游艺厅（室）、舞厅、音乐厅、体育场（馆）、游泳场（馆）、公园、展览馆、博物馆、美术馆、图书馆、商场（店）、书店、候诊室、候车（机、船）室、公共交通工具等公共场所，其空气、微小气候（湿度、温度、风速）、水质、采光与照明、噪音、顾客用具和卫生设施等，应符合国家卫生标准和要求，违反规定造成严重危害公民健康的事故或中毒事故的单位或者个人，应当对受害人赔偿损失；致人残疾或者死亡，构成犯罪的，应由司法机关依法追究直接责任人员的刑事责任。又如《消费者权益保护法》第18条规定，经营者应当保证其提供的商品或者服务符合保障人身安全、财产安全的要求。

《侵权责任法》则首次以法律的形式确定了安全保障义务及其侵权责任。该法第37条规定："宾馆、商场、银行、车站、娱乐场所等公共场所的管理人或者群众性活动的组织者，未尽到安全保障义务，造成他人损害的，应当承担侵权责任。因第三人的行为造成他人损害的，由第三人承担侵权责任；管理人或者组织者未尽到安全保障义务的，承担相应的补充责任。"

2. 确定经营者安全保障义务的范围

从上述规定可以看出，经营者是否对他人的损害承担赔偿责任，关键在于是否履行了安全保障义务。因此，确定经营者安全保障义务的内容或者说范围，是确定经营者是否承担责任的关键。保障服务及其服务场所安全，无外乎从服务的场所设备、人员及相应的安全措施等方面进行。因此，经营者履行安全保障义务应当包括以下几个方面：

（1）场所及设备。关于场所设备，有很多规范可供小微企业执行和参考。例如，国家对经营场所建筑物的规定要求，上面提到的歌舞厅、影剧院、宾馆、饭店、商场、集贸市场等公众聚集的场所应当按照国家有关规定配置消防设施和器材，设置消防安全标志等。小微企业如果从事相关行业，务必严格执行。

（2）人员方面。提供服务的人员以及服务场所的其他工作人员应当符合国家的要求并具备与其工作职责相应的其他条件。如宾馆、饭馆、旅店、招待所、车马店、咖啡馆、酒吧、茶座、公共浴室、理发店等公共场所直接为顾客服务的人员，应当持有"健康合格证"方能从事本职工作。患有痢疾、伤寒、病毒性肝炎、活动期肺结核、化脓性或者渗出性皮肤病以及其他有碍公共卫生的疾病的，治愈前不得从事直接为顾客服务的工作。

娱乐场所应当根据其规模配备相应数量的保安人员，且保安工作人员必须经过培训，持证上岗。

（3）安全措施制度方面。有了安全的场所设备以及合格的人员，还要有相应的管理措施和制度。例如，保安人员的巡查制度、消防值班人员不得脱岗制度，消防设备的定期检验、维修制度，发生安全事故的紧急疏散制度，发生外来侵害时的应急制度等。

（4）告知、提示、警示。对于可能出现的危害和意外等不安全因素予以及时、妥当的告知、提示、警示，是经营者安全保障义务的重要内容之一。

总之，经营者的安全保障义务是一个比较宽泛且需要根据具体情况不同处理的问题，因此实难详尽说明。但笔者相信，小微企业如果自身高度注意和认真对待，一定能为这项义务的履行提供强有力的保障，也可以在发生安全事故时为减免经营者责任提供一定的根据。

第三节　广告宣传的法律实务与风险防控

根据《中华人民共和国广告法》（以下简称《广告法》）的规定，广告是指商品经营者或者服务提供者通过一定媒介和形式直接或者间接地介绍自己所推销的商品或者所提供的服务的商业广告。小微企业如果宣传自己的产品或者服务，广告是一个相当便利的途径，但是广告活动也有其基本的法律规则，因此，小微企业应当了解这类活动的基本准则。

一、广告活动的主体

从事广告活动的主体是广告主、广告经营者、广告发布者、广告代言人。《广告法》第2条规定：广告主，是指为推销商品或者服务，自行或者委托他人设计、制作、发布广告的自然人、法人或者其他组织。广告经营者，是指接受委托提供广告设计、制作、代理服务的自然人、法人或者其他组织。广告发布者，是指为广告主或者广告主委托的广告经营者发布广告的自然人、法人或者其他组织。广告代言人，是指广告主以外的，在广告中以自己的名义或者形象对商品、服务作推荐、证明的自然人、法人或者其他组织。根据《广告法》的规定，广告主、广告经营者和广告发布者必须具有从事广告活动的合法资格。只有具有法定资格的经济组织和个人从事的广告活动才能得到法律的承认和保护。

二、广告活动的一般行为规则

广告活动不是一种单一的活动，它包括广告的设计，制作和发布，而且从事广告活动的方式多种多样，既可以是广告主自行设计、制作、发布广告，也可以由广告主委托广告经营者和或者广告发布者代理设计、制作、发布广告。广告活动是一种法律行为，必须严格遵守法律规定，保证广告活动的真实性、合法性，否则法律不予保护，并依法追究其法律责任。一般情形下，小微企业属于广告活动中的广告主，其无论是自行设计、制作、发布广告还是委托他人设计、制作、发布广告，都必须是以自己合法生产经营的商品或者所从事的服务活动为前提，不得将超越其经营范围的商品或者服务内容用于制作、发布广告。社会实践中，广告主、广告经营者、广告发布者之间在广告活动中应当依法签订书面合同，明确各方的权利义务。广告合同因签订主体的不同而具有不同的名称：广告主和广告经营者之间签订的是加工承揽合同或者广告代理合同；广告主和广告发布者之间签订的是广告发布合同；广告经营者和广告发布者之间签订的是广告代理发布合同。因此，在签订主体不同时，小微企业应当选取正确的合同格式。

另外，小微企业自行或者委托他人设计、制作、发布广告，应当具有或者提供真实、合法、有效的下列证明文件：①营业执照以及其他生产、经营资格的证明文件；②质量检验机构对广告中有关商品质量内容出具的证明文件；③确认广告内容真实性的其他证明文件；④需要有关行政主管部门审查的，还应当提供有关批准文件。小微企业如果在广告中使用他人名义、形象的，应当事先取得他人的书面同意；使用无民事行为能力人、限制民事行为能力人的名义、形象的，应当事先取得其监护人的书面同意。《广告法》第3条规定：广告应当真实、合法，以健康的表现形式表达广告内容，符合社会主义精神文明建设和弘扬中华民族优秀传统文化的要求。广告不得含有虚假或者引人误解的内容，不得欺骗、误导消费者。广告主应当对广告内容的真实性负责。因此，小微企业从事广告活动，必须遵守法律法规，诚实信用，公平竞争。

三、广告活动中可能存在的法律风险

案例　张丽双诉北京景橙信息咨询有限公司等产品责任纠纷案[1]

▌基本案情

张丽双系淘宝账户"antique‐qiu"的注册人。2015年11月11日，张丽双使用淘宝账户"antique‐qiu"向天猫店铺"SUUNTO颂拓官方旗舰店"购买了标称为"【双11】SUUNTO颂拓CORE颂拓核心精钢先锋户外登山智能手表"一件，商品ID3874490100，订单编号为13xxx77896938，金额3640元。景橙公司通过顺丰速运向张丽双寄送货物，并开具了金额为3640元的增值税普通发票（票号：26094384）。

在法院当庭登陆天猫网查看涉案产品交易快照显示："产品名称为【双11】SUUNTO颂拓CORE松拓核心精钢先锋户外登山智能手表，商品详情显示品牌：

---

〔1〕　杭州市余杭区人民法院（2015）杭余民初字第4853号民事判决书。

suunto 颂拓货号：SS020339000 表面材质：矿物质水晶表壳材质：精钢产地：中国……户外探险或多种运动锻炼的最佳选择一直被模仿，从未被超越"。"SU-UNTO 顶级户外第一品牌"部分宣称"顶级专业户外登山腕表产地：芬兰产品系列：核心精钢表壳材质：高强度精钢表镜材质：矿物质水晶镜面表带材质：高强度环保橡胶……品牌：suunto/颂拓"。

查看张丽双提交的涉案产品实物，发现外包装 SUUNTO 合格证上显示"品名：SUUNTO（颂拓）腕表产地：广东深圳执行标准：液晶式石英手表 GB/T22780－2008"。

另认定，www.tmall.com（天猫）由天猫公司注册并经营，天猫店铺"SU-UNTO 颂拓官方旗舰店"由景橙公司注册并经营，景橙公司入驻天猫时天猫公司审查了景橙公司提交的企业法人营业执照等。任何人注册成为淘宝会员，均需同意天猫公司制定的《淘宝服务协议》，其中协议规定用户不得发布涉嫌侵犯他人知识产权或其他合法权益的商品或服务信息。

法院审理后认为，经营者向消费者提供有关商品或服务的质量、性能、用途、有效期限等信息，应当真实全面，不得作虚假或引人误解的宣传。本案中，景橙公司在向张丽双销售涉案产品时，在涉案产品销售页面宣称"顶级户外第一品牌、顶级专业户外登山腕表、户外探险或多种运动锻炼的最佳选择"等字样，虽然其使用绝对化用语"顶级"等词汇有违广告法，但尚不足以误导消费者，不构成欺诈。另涉案产品销售页面"商品详情"中宣传"产地：中国"，在销售页面"SUUNTO 顶级户外第一品牌"部分宣传"产地：芬兰"，而涉案产品实物外包装显示"产地：广东深圳"，属于对商品产地的虚假宣传，容易误导消费者，构成虚假宣传的欺诈行为。根据《消费者权益保护法》第 45 条之规定，"消费者因经营者利用虚假广告或其他虚假宣传方式提供商品或服务，其合法权益受到损害的，可以向经营者要求赔偿"，张丽双有权要求景橙公司退还货款。根据权利义务对等原则，张丽双亦应将涉案产品退还给景橙公司。现张丽双已经将涉案产品提交至法院，故涉案产品由景橙公司自行至法院取回。同时，根据《消费者权益保护法》第 55 条规定，经营者提供商品或者服务有欺诈行为的，应当按照消费者的要求增加赔偿其受到的损失，增加赔偿的金额为消费者购买商品的价款或者接受服务的费用的 3 倍；增加赔偿的金额不足 500 元的，为 500 元。故张丽双有权要求景橙公司增加赔偿三倍价款的损失。至于张丽双主张的律师费 1600 元，律师费代理发票显示金额为 800 元，因缺乏法律依据，不予支持。综上，张丽双针对景橙公司退一赔三的诉讼请求，理由成立，予以支持。张丽双同时主张天猫公司承担连带赔偿责任，因张丽双并未举证证明天猫公司存在明知或应知侵权行为而不及时采取措施的情形，且天猫公司能够提供景橙公司真实的名称，故天猫公司无过错，不构成帮助侵权，不应承担连带责任。故张丽双针对天猫公司的诉请，不予支持。天猫公司关于其不构成侵权的抗辩，理由成立，予以采信。依据《中华人民共和国消费者权益保护法》第20条第1款、第45条、第55条第1款，《中华人民共和国民事诉讼法》第144条之规定，判决如下：

（1）被告北京景橙信息咨询有限公司于本判决生效后10日内返还原告张丽双货款3640元，同时原告张丽双退还给被告北京景橙信息咨询有限公司产品名称为SUUNTO颂拓户外登山智能手表一块；

（2）被告北京景橙信息咨询有限公司于本判决生效后10日内支付原告张丽双赔偿金10 920元；

（3）驳回原告张丽双的其他诉讼请求。

▌案例评析

本案系因原告张丽双通过网络交易平台购物引发的纠纷，争议焦点为涉案产品的宣传是否构成虚假宣传的欺诈行为。被告之一北京景橙信息咨询有限公司在其天猫旗舰店上对其户外登山智能手表进行不实广告宣传，误导消费者，显然构成虚假宣传的欺诈行为，属于违反广告活动基本准则的行为，必将承担相应的法律责任。

案例 王泉诉东方肾脏病医院邮购药品赔偿纠纷案[1]

▌基本案情

1999年4月20日，被告在报纸上登载了《治疗肾脏病尿毒症的新希望〈东方肾脏病医院中医全息根治疗法〉》的广告，该广告对肾脏病、尿毒症的中医全息根治疗法的特点、疗效、临床应用、治疗方式等进行了介绍。原告看到了这则广告后，向被告进行了咨询，1999年5月13日，被告对原告的咨询用信件进行了回复，内容为其医院中医全息疗法能从根本上治疗肾脏病。2003年10月至2004年10月，原告向被告邮购20 180元的"东方生力散""东方肾病胶囊"和"GS系列全息治疗仪"。原告服用被告提供的药品和使用了治疗仪后，病情未得到改善。2005年2月，原告认为被告的广告宣传不实，向有关部门进行了反映，

---

〔1〕 四川省泸州市中级人民法院民事判决书（2006）泸民终字第783号。

山东省潍坊市工商行政管理局对原告的反映进行了回复，内容为：该局已对被告违反《广告法》发布的医疗、内部制剂广告问题进行了立案调查处理，并责令其停止发布违法广告。原告提起诉讼，要求被告双倍返还医疗费用 40 360 元。诉讼中，原告撤回对报刊单位的起诉。

四川省泸州市江阳区人民法院认为：被告刊登的广告内容和出具给原告的信件中隐含了能够根治肾病，误导了原告接受被告的治疗，使原告花费了不必要的医疗费。这种误导行为，损害了原告的合法权益，应当承担民事责任。故原告诉讼要求被告双倍返还医疗费的主张合法，予以支持。据此，依照《中华人民共和国民法通则》第 122 条、《中华人民共和国消费者权益保护法》第 49 条之规定，判决：被告东方肾脏病医院于本判决生效之日起五日内赔偿原告王泉 40 360 元。案件受理费 1624 元，其他诉讼费 650 元，合计 2274 元，由被告承担。

东方肾脏病医院不服，提出上诉。

二审四川省泸州市中级人民法院审理认为：上诉人在报纸上登载了《治疗肾脏病尿毒症的新希望〈东方肾脏病医院中医全息根治疗法〉》的广告，该广告对肾脏病、尿毒症的中医全息根治疗法的特点、疗效、临床应用、治疗方式等进行了介绍。广告中含有根治肾脏病的内容，这是违反《中华人民共和国广告法》第 14 条第 1、2 项规定的，即广告不得有含有不科学的表示功效的断言或者保证；也不得有说明治愈率或者有效率的内容。山东省潍坊市工商行政管理局给王泉的书面回复也证实，该医疗广告的确违反了《广告法》的有关规定，该局已责令东方肾脏病医院停止发布并给予了处罚。王泉因受该医疗广告的误导，购买了东方肾脏病医院的药品治疗仪器，从而造成经济损失。作为广告主的东方肾脏病医院对王泉构成了广告侵权，应当承担赔偿责任。东方肾脏病医院否认其委托四川日报社发布广告的事实，但是四川日报的广告版整版刊登了该则广告，若未经委托即予刊登不符合市场经济规律。依照《中华人民共和国广告法》第 38 条的规定："违反本法规定，发布虚假广告，欺骗和误导消费者，使购买商品或者接受服务的消费者的合法权益受到损害的，由广告主依法承担民事责任；广告经营者、广告发布者明知或者应当知道广告虚假仍设计、制作、发布的，应当依法承担连带责任。"所以，东方肾脏病医院不承担责任的理由不成立，本院不予支持。至于四川日报社，如果其明知或者应当知道广告虚假仍发布的，应当依法承担连带责任。但是，王泉在法院告知该法律规定的情况下，自愿申请撤回对四川日报社的诉讼，这是对其诉讼权利的处分，一审准许其撤回对该单位的诉讼并无不当。由此，二审法院判决：驳回上诉，维持原判。

▌案例评析

本案不是基于药品或者治疗仪导致人身伤害而产生的损害赔偿诉讼，而是基于违法广告误导了王泉，使其在信任东方肾脏病医院能够根治肾病的情况下，购买该医院的药品或者治疗仪，经过治疗后未达到广告所宣传的效果，从而造成了经济损失所引起的诉讼。《广告法》并未规定造成了人身损害才符合广告侵权的赔偿条件。上诉人以无医疗差错或不构成医疗事故，就认为王泉没有损失，也就不应当赔偿的理由不成立，法院不会支持。《中华人民共和国消费者权益保护法》第45条规定："消费者因经营者利用虚假广告或者其他虚假宣传方式提供商品或者服务，其合法权益受到损害的，可以向经营者要求赔偿。"第55条规定："经营者提供商品或者服务有欺诈行为的，应当按照消费者的要求增加赔偿其受到的损失，增加赔偿的金额为消费者购买商品的价款或者接受服务的费用的三倍。"因此，上诉人关于购买药品和治疗仪的行为不属于《消费者权益保护法》调整范围的主张于法无据，法院也不予支持。

以上两个案例能够警示小微企业防范广告宣传中的法律风险，遵循广告活动的准则，保证广告内容合法，广告宣传行为正当。

▌防控策略

1. 保证广告的内容符合法律的基本要求

（1）符合广告的命令性准则，履行广告活动的法定义务。小微企业自行或者委托设计、制作、发布的广告要保护未成年人和残疾人的身心健康；内容应当清楚、明白、正确，不得有误导倾向，需达到如下要求：

第一，广告中对商品的性能、产地、用途、质量、价格、生产者、有效期限、允诺或者对服务的内容、形式、质量、价格或允诺有表示的应当清楚明白。

第二，广告中表明推销产品、提供服务附带赠送礼品的应当表明品种和数量。

第三，广告使用的数据、统计资料、调查结果、文摘、引用语，应当真实、准确，并表明出处。另外，小微企业自行或者委托设计、制作、发布的广告应当具有可识别性，让受众清晰地知道所接受的信息是广告。

（2）不得违背广告的禁止性准则。《广告法》规定的禁止性广告准则体现在《广告法》第7条，具体包括如下11个方面内容，小微企业应当注意：①广告不得使用或者变相使用中华人民共和国的国旗、国歌、国徽，军旗、军歌、军徽；②广告不得使用或者变相使用国家机关、国家机关工作人员的名义或者形象；③广告不得使用"国家级""最高级""最佳"等用语；④广告不得损害国家的尊严或者利益，泄漏国家秘密；⑤广告不得妨碍社会安定损害社会公共利益；⑥广告不得危害人身、财产安全，泄漏个人隐私；⑦广告不得妨碍社会公共秩序、违背社会良好风尚；⑧广告不得含有淫秽、色情、赌博、迷信、恐怖、暴力的内容；⑨广告不得含有民族、种族、宗教、性别歧视的内容；⑩广告不得妨碍环境、自然资源或者文化遗产保护；⑪法律、行政法规禁止的其他情形。

（3）宣传特殊商品的，应当符合特殊商品广告准则。对于少数涉及人民身体健康、人身安全的商品，国家还规定了其广告宣传的具体发布标准，包括药品、农药、兽药、医疗器械、烟酒、食品、化妆品等。例如药品广告除了应当符合上述要求之外，还应当遵守以下规定：

第一，药品广告不得含有下列内容：①表示功效、安全性的断言或者保证；②说明治愈率或者有效率；③与其他药品、医疗器械的功效和安全性或者其他医疗机构比较；④利用广告代言人作推荐、证明；⑤法律、行政法规规定禁止的其他内容。

第二，药品广告的内容不得与国务院药品监督管理部门批准的说明书不一致，并应当显著标明禁忌、不良反应。处方药广告应当显著标明"本广告仅供医学药学专业人士阅读"，非处方药广告应当显著标明"请按药品说明书或者在药师指导下购买和使用"。

第三，推荐给个人自用的医疗器械的广告，应当显著标明"请仔细阅读产品说明书或者在医务人员的指导下购买和使用"。医疗器械产品注册证明文件中有禁忌内容、注意事项的，广告中应当显著标明"禁忌内容或者注意事项详见说明书"。

第四，药品广告标识必须清楚，内容必须以国务院卫生行政部门或者省、自治区、直辖市卫生行政部门批准的说明书为准。

第五，除医疗、药品、医疗器械广告外，禁止其他任何广告涉及疾病治疗功能，并不得使用医疗用语或者易使推销的商品与药品、医疗器械相混淆的用语。

例如，保健食品广告也有自己特殊的广告内容规定，《广告法》第18条规定，保健食品广告不得含有下列内容：①表示功效、安全性的断言或者保证；②涉及疾病预防、治疗功能；③声称或者暗示广告商品为保障健康所必需；④与药品、其他保健食品进行比较；⑤利用广告代言人作推荐、证明；⑥法律、行政法规规定禁止的其他内容。保健食品广告应当显著标明"本品不能代替药物"。

例如，农药广告也具有特殊准则。根据《广告法》及《农药广告审查标准》的规定，农药广告准则包括以下几个方面：①不得使用无毒、无害等表明安全性的绝对化断言的。因为含有安全性方面的绝对化断言的农药广告是对受众的误导。②不得含有不科学的表示功效的断言或者保证的。农药广告中不允许"无残留""保证高产""无效退款""保险公司保险"等承诺，不得含有有效率及获奖的内容。③不得含有违反农药安全使用规程的文字、语言或者画面的。④不得使用直接或者间接暗示的方法，以及模棱两可、言过其实的用语，使人在产品安全性、适用性或者政府批准等方面发生错觉。

例如，食品、酒类、化妆品的广告的准则也具有严格的限制：①广告的内容必须符合卫生许可的事项。食品、酒类、化妆品是否符合卫生许可的事项与广大人民群众身体健康戚戚相关，因此，小微企业如果发布该类广告，就需要有卫生许可证或者卫生行政部门颁发的批准文号。②不得使用与医疗用语或者药品相混淆的用语。③不得使用"最新科学""最新技术""最新工艺"等绝对化用语。

还有其他更为细致的每个特殊商品或者服务的特殊广告准则，此处不再赘述，但是小微企业如果从事相应的行业，在从事相关广告活动之前，必须深入了解相应的广告准则，严格按照相应的要求，自行或者委托设计、制作、发布广告。

2. 服从有关机关的广告行政审查

《广告法》第46条规定："发布医疗、药品、医疗器械、农药、兽药和保健食品广告，以及法律、行政法规规定应当进行审查的其他广告，应当在发布前由有关部门对广告内容进行审查；未经审查，不得发布。"因此，对于这类特殊商品的广告在发布前应当报经有关部门审查，但是除法条列举的特殊类型的商品之外，其他商品不需要相关机关的审查。小微企业，应当按规定在广告发布前，提请行政主管机关对所发布广告进行真实性和合法性审查。

第四节　市场竞争的法律实务与风险防控

市场经济是一种自由经济，在激烈的市场竞争中获得一席之地，并得到长足的发展，可以说是小微企业治理的终极目标。但是市场竞争不是杂乱无序的，而是以公共利益为导向，以公平原则为指导原则，经过一定的规范规制之后形成的社会秩序。因此，小微企业要想参与其中，就必须按照市场经济的规则，在市场规制下运行。从法律实践的角度看，目前主要规范企业竞争的相关法律有《中华人民共和国反垄断法》（以下简称《反垄断法》）和《中华人民共和国反不正当竞争法》（以下简称《反不正当竞争法》）。鉴于一般情形下小微企业规模较小，因此，触犯《反垄断法》的可能性相对较小，因此，在此处，本节主要介绍的是《反不正当竞争法》对于小微企业的规制。

一、企业应当遵循基本的市场交易准则

关于《反不正当竞争法》的原则，根据现行立法，在市场交易中，经营者应当遵循下列市场竞争规则：

一是自愿、平等、公平原则。

二是诚实信用原则。也就是说小微企业在市场活动中应当重信守诺，诚实不欺，在追求自己利益的同时不损害他人和社会利益，维持交易各方利益的均衡。

三是尊重并遵守公认的商业道德原则。

二、企业在市场竞争中存在的法律风险

（一）触犯法律规定，构成了不正当竞争行为

不正当竞争行为，是指经营者以及其他有关市场参与者违反公平、诚实信用等公认的商业道德的手段去争取交易机会，损害消费者和其他经营者的合法权益，扰乱社会经济秩序的行为。我国《反不正当竞争法》第二章列举了11种不正当竞争行为并在其后分别设置了民事责任、行政责任和刑事责任。

1. 混淆行为

混淆行为，也称仿冒行为、商业假冒行为，一般是指在市场交易活动中，经营者擅自使用与他人商业标志相同或者近似的标志，导致与他人的商品或者营业活动产生混淆的不正当竞争行为。这种行为对于竞争对手来说，直接不正当的挤占其市场份额，使其市场地位受损；对于那些与之并不构成直接竞争关系的经营者来说，也是不正当的利用了后者的商业声望，可能会对其良好声望造成不良影响，并对其之后进入市场造成困难；对于用户、消费者而言，是一种典型的欺骗行为。这种行为严重违背诚实信用的商业道德和公平竞争的原则，不仅损害诚实经营者的利益，而且损害消费者的利益。

混淆行为的表现形式复杂多样，根据《反不正当竞争法》第5条的规定，具体包括以下四类：

（1）假冒他人的注册商标。商标是商品的生产者或者经营者在其生产、制造、加工、拣选或者经销的商品或者服务的提供者在其提供的服务上采用的，

用于区别商标或者服务来源的，由文字、图形或者其组合构成的，具有显著特征的标志。注册商标是经商标局核准注册并刊登在商标公告上的商标。注册商标受国家法律保护，商标注册人对其注册商标享有专用权，未经注册人许可，任何人不得在同种或者类似商品上使用与其注册商标相同或者相近的商标。假冒他人注册商标，既侵犯了他人的注册商标专用权，又是一种典型的不正当竞争行为。

（2）擅自使用知名商品特有的名称、包装、装潢，或者使用与知名商品近似的名称、包装、装潢，造成和他人的知名商品相混淆，使购买者误认为是该知名商品。

（3）擅自使用他人的企业名称或姓名，引人误认为是他人的商品。企业名称是市场中区别经营者的主要标志，同时也是经营者的无形财产。法律保护经营者的姓名或者名称，目的是为了保护附着于其名称或者姓名中的商业信誉。盗用他人的企业名称或者姓名是典型的不正当竞争行为。

（4）在商品上伪造或者冒用认证标志、名优标志等质量标志，伪造产地，对商品质量做引人误解的虚假表示。这类行为不同于《反不正当竞争法》第5条前3款指向的行为。它并不一定与他人商品相混同，也可能并不直接损害某一特定竞争者的利益，但这类行为却构成了对同行业其他竞争者整体利益的损害，而且往往直接损害了用户、消费者的利益。

2. 侵犯他人商业秘密

根据《反不正当竞争法》第10条第2款的规定：商业秘密是指不为公众所知悉、能为权利人带来经济利益、具有实用性并经权利人采取保密措施的技术信息和经营信息。同时，该条认定以下四种情形为侵犯商业秘密的行为，小微企业不得从事。在运行过程中如果对于自身行为不进行严格把关，很可能侵犯他人的商业秘密。

（1）以盗窃、利诱、胁迫或者其他不正当手段获取权利人的商业秘密；

（2）披露、使用或者允许他人使用以前项手段获取的权利人的商业秘密；

（3）违反约定或者违反权利人有关保守商业秘密的要求，披露、使用或者允许他人使用其所掌握的商业秘密。

（4）第三人明知或者应知前款所列违法行为，获取、使用或披露他人的商业秘密，视为侵犯商业秘密。

3. 从事虚假宣传行为

虚假宣传行为是指经营者利用广告或者其他方法，对商品的质量、制作成分、性能、用途、生产者、有效期限、产地作与事实不相符合或可能使人产生错误判断的介绍、表示，足以造成相关公众误解的行为。《反不正当竞争法》第9条第1款规定："经营者不得利用广告或者其他方法，对商品的质量、制作成分、性能、用途、生产者、有效期限、产地等作引人误解的虚假宣传。"

4. 从事不正当有奖销售行为

有奖销售是指经营者销售商品或者提供服务，附带性地向购买者提供物品、金钱或者其他经济上的利益的行为。包括：奖励所有购买者的附赠式有奖销售和奖励部分购买者的抽奖式有奖销售。有奖销售是经营者常用的一种促销手段。有奖销售有时可以使经营者获益，但从实质来看，这种利益并非依靠商品的高质量和优质服务赢得，而是靠消费者想获得超值利益获取的，尤其是巨奖销售更是以引诱消费者、利用消费者的侥幸心理获取利益的。即便有个别人中奖，实质上也是以牺牲众多消费者利益为前提，而非经营者让利，因此，消费者利益容易受到侵害。同时，有奖销售活动在客观上也侵犯了同行业其他经营者的利益。

《反不正当竞争法》第13条规定，经营者不得从事下列有奖销售：①采用谎称有奖或者故意让内定人员中奖的欺骗方式进行有奖销售；②利用有奖销售的手段推销质次价高的商品；③抽奖式的有奖销售，最高奖的金额超过五千元。

5. 从事商业贿赂行为

在市场交易过程中，有的经营者为了销售或者购买商品而采用财物或者其他手段贿赂对方单位或者个人，来开拓市场。这种行为从根本上扭曲了公平竞争的本质，使价值规律失效，导致国家税收严重流失，假冒伪劣产品横行，甚至使贪污受贿等大案要案层出不穷，严重败坏了社会风气。对此，《反不正当竞争法》明确禁止该类行为，该法第8条规定："经营者不得采用财物或者其他手段进行贿赂以销售或者购买商品。在账外暗中给予对方单位或者个人回扣的，以行贿论处；对方单位或者个人在账外暗中收受回扣的，以受贿论处。经营者销售或者购买商品，可以以明示方式给对方折扣，可以给中间人佣金。经营者给对方折扣、给中间人佣金的，必须如实入账。接受折扣、佣金的经营者必须如实入账。"

6. 从事诋毁竞争对手的行为

诋毁竞争对手的行为也称商业诽谤行为，是指经营者捏造、散布虚伪事实，损害竞争对手的商业信誉、商品声誉，诋毁、诽谤竞争对手的行为。商业信誉和商品声誉，关系着经营者在市场竞争中的成败，是经营者赖以生存和发展的保证。诋毁、诽谤竞争对手，损害其商业信誉和商品声誉的行为是一种恶性的不正当竞争行为，《反不正当竞争法》第14条对此予以明确禁止。该条规定：

"经营者不得捏造、散布虚伪事实，损害竞争对手的商业信誉、商品声誉。"由此，小微企业在市场活动中不得从事此类行为，同时，如果遇到他人诋毁自己的商业信誉、商品声誉的情形，也应当积极采取法律措施维护自身合法权益，防止自身的企业信誉被破坏，从而影响企业的发展。

7. 从事其他类型的限制竞争行为

（1）从事搭售或者附加不合理条件的行为。在市场活动中，并不是每一个市场主体均处于相同的实力地位。有的经营者就会利用其经济上的优势，在提供商品或者服务时，违背购买者的意愿，搭售其他商品或者附加不合理的交易条件。《反不正当竞争法》第12条规定：经营者销售商品，不得违背购买者的意愿搭售商品或者附加其他不合理的条件。

（2）从事低价竞销行为。《反不正当竞争法》第11条规定："经营者不得以排挤竞争对手为目的，以低于成本的价格销售商品。"这种不正当竞争行为的主体是处于销售者地位的经营者，其往往具有某种市场优势；其目的是排挤、瓦解竞争对手；手段是以低于成本价销售商品。该条第2款同时也规定，以低于成本价销售商品，但有下列情形之一的，不属于不正当竞争行为：①销售鲜活商品；②处理有效期限即将到期的商品或者其他积压的商品；③季节性降价；④因清偿债务、转产、歇业降价销售商品。由此，如果小微企业处于上述法条所列明的四种特殊情况下，进行低价销售，并不属于低价竞销行为。只有在具有排挤竞争对手的主观目的时，推动从事的低价倾销才属于不正当竞争行为。

（3）从事串通招投标行为。串通招投标行为是指招标者与投标者之间或者投标者与投标者之间采取不正当手段，对招标投标事项进行串通，以排挤竞争对手或者损害招标者利益的行为。招投标一般发生在大宗货物买卖、建设工程承包、土地使用权出让、经营场所出租、企业承包经营等方面，是一项竞争性很强的签约活动，其涉及的项目标的较大，因此，在招投标过程中经常发生不正当竞争行为。《反不正当竞争法》第15条规定：投标者不得串通投标，抬高标价或者压低标价。投标者和招标者不得相互勾结，以排挤竞争对手的公平竞争。

案例　李祝福与杨名奎侵犯商标权纠纷案

▎基本案情

2004年3月25日，李祝福向西安市工商行政管理局莲湖分局申请注册成立个体经营的"西安市莲湖区诚信和葫芦头泡馍馆"，经营范围为餐饮。2006年9

月 28 日，李祝福经国家工商行政管理总局商标局（以下简称商标局）核准，获得"小南门诚信和"文字及图形注册商标专用权，核定使用服务项目为《类似商品和服务区分表》第 43 类的"餐馆、备办宴席、饭店、流动饮食供应、住所（旅馆、供膳寄宿处）、餐厅、酒吧、茶馆、供膳寄宿处、假日野营服务（住所）"。商标注册证号第 3898413 号；注册有效期限自 2006 年 9 月 28 日起至 2016 年 9 月 27 日止；注册人李祝福 610104470224441。其间，李祝福在其门头招牌上标明"诚信和"及"西安小南门老字号诚信和椰椰肉葫芦头"。

2008 年 1 月 4 日，杨名奎向西安市工商行政管理局雁塔分局申请颁发个体工商户营业执照，字号名称为"西安市雁塔区和信诚葫芦头泡馍馆"，经营者姓名杨名奎，经营范围为餐饮（具体经营葫芦头、凉菜、酒水、饮料）。杨名奎在其经营的店面门头招牌上先后使用了"小南门葫芦头椰椰肉""南门葫芦头椰椰肉""和信诚"等字样。杨名奎经营的"西安市雁塔区和信诚葫芦头泡馍馆"使用的餐巾纸使用了与李祝福注册商标相同的"诚信和"字样和近似的图案。李祝福认为杨名奎侵犯其商标专用权，故诉至法院。

西安中院认为：本案涉及的主要问题有二：一是杨名奎将"和信诚"作为个体工商户字号是否侵犯"小南门诚信和"文字及图形注册商标专用权；二是本案民事责任的承担方式。

一、关于杨名奎使用"和信诚"作为企业字号是否构成侵犯注册商标权的问题

2006 年 9 月 28 日，李祝福经商标局核准，获得"小南门诚信和"文字及图形注册商标专用权，核定使用服务项目为《类似商品和服务区分表》第 43 类的"餐馆、备办宴席、饭店、流动饮食供应、住所（旅馆、供膳寄宿处）、餐厅、酒吧、茶馆、供膳寄宿处、假日野营服务（住所）"。注册有效期限自 2006 年 9 月 28 日起至 2016 年 9 月 27 日止；注册人李祝福。根据《中华人民共和国商标法》第 3 条"经商标局核准注册的商标为注册商标，包括商品商标、服务商标和集体商标、证明商标；商标注册人享有商标专用权，受法律保护"之规定，李祝福依法取得的"小南门诚信和"文字及图形注册商标专用权应受法律保护。

《中华人民共和国商标法》第 57 条第 1 款第 7 项规定，给他人的注册商标专用权造成其他损害的行为，属侵犯注册商标专用权。《最高人民法院关于审理商标民事纠纷案件适用法律若干问题的解释》第 1 条规定：将与他人注册商标相同或者相近似的文字作为企业的字号在相同或者类似商品上突出使用，容易使相关公众产生误认的，属于《商标法》第 57 条第 7 项规定的给他人的注册商标专用权造成其他损害的行为。根据本案查明的事实，杨名奎将"和信诚"登记为企业名称中的字号，虽然与李祝福注册商标的文字排列顺序有所不同，但

二者文字完全相同；同时二者从事的服务相同，且杨名奎在企业名称和餐巾纸上突出使用了"和信诚"字样，加之杨名奎登记成立的西安市雁塔区和信诚葫芦头泡馍馆在李祝福注册商标之后。上述事实足以证明这种使用方式易引起相关公众对杨名奎所提供的服务来源与李祝福相互联系，也足以使相关公众产生混淆、误认，因此杨名奎使用"和信诚"作为企业字号，并在其餐巾纸包装袋上适用，该字号侵犯商标权行为的构成要件。李祝福认为杨名奎的行为侵害了其注册商标专用权，依法予以支持。杨名奎辩称其个体字号是依法经工商部门核准登记，且"小南门诚信和"和"和信诚"二者有明显的区别和不同，不存在侵权行为。考虑到工商行政部门对企业名称的审批登记只说明杨名奎使用该名称符合该部门的管理规范，但不能以此作为其不侵犯李祝福注册商标专用权的依据，因此杨名奎的辩称理由，事实和法律依据不足，依法不予支持。至于杨名奎辩称印制餐巾纸是印刷单位失误，过错应由印刷单位承担，没有法律依据，依法不予支持。

二、关于本案民事责任的承担问题

《最高人民法院关于审理商标民事纠纷案件适用法律若干问题的解释》第21条规定："人民法院在审理侵犯注册商标专用权纠纷案件中，依据民法通则第一百三十四条、商标法第五十三条的规定和案件具体情况，可以判决侵权人承担停止侵害、排除妨碍、消除危险、赔偿损失、消除影响等民事责任。"《最高人民法院关于审理注册商标、企业名称与在先权利冲突的民事纠纷案件若干问题的规定》第4条规定："被诉企业名称侵犯注册商标专用权或者构成不正当竞争的，人民法院可以根据原告的诉讼请求和案件具体情况，确定被告承担停止使用、规范使用等民事责任。"本案中，李祝福请求判令杨名奎停止侵权行为，符合上述法律规定，依法予以支持。至于本案损失赔偿额的确定，根据《中华人民共和国商标法》第56条"侵犯商标专用权的赔偿数额，为侵权人在侵权期间因侵权所获得的利益，或者被侵权人在被侵权期间因被侵权所受到的损失，包括被侵权人为制止侵权行为所支付的合理开支。前款所称侵权人因侵权所得利益，或者被侵权人因被侵权所受损失难以确定的，由人民法院根据侵权行为的情节判决给予50万元以下的赔偿"、《最高人民法院关于审理商标民事纠纷案件适用法律若干问题的解释》第16条"侵权人因侵权所获得的利益或者被侵权人因被侵权所受到的损失均难以确定的，人民法院可以根据当事人的请求或者依职权适用商标法第五十六条第二款的规定确定赔偿数额。人民法院在确定赔偿数额时，应当考虑侵权行为的性质、期间、后果，商标的声誉，商标使用许可费的数额，商标使用许可的种类、时间范围制止侵权行为的合理开支等因素综合确定"以及第 17 条"商标法第五十六条第一款规定的制止侵权行为所支付的合理开支,包括权利人或者委托代理人对侵权行为进行调查、取证的合理费用。人民法院根据当事人的诉讼请求和案件具体情况,可以将符合国家有关部门规定的律师费用计算在赔偿范围内"之规定,李祝福请求判令杨名奎赔偿损失 10 万元及律师费、调查费用 3605 元。因其未能提供损失的充分证据,依法不予全额支持。考虑到杨名奎的经营规模、侵权行为的性质、期间、范围及制止侵权行为的合理开支等因素,综合确定损失赔偿额为 30 000 元。

综上,判决如下:①本判决生效后 30 日内被告杨名奎停止使用"和信诚"字号的企业名称,并不得使用与"诚信和"相同或近似的文字作为企业字号;②本判决生效后 30 日内被告杨名奎停止侵害原告李祝福享有的"小南门诚信和"文字及图形注册商标专用权的行为;③本判决生效后 10 日内被告杨名奎赔偿原告李祝福损失 30 000 元;④驳回原告李祝福其余诉讼请求。杨名奎如果未按本判决指定的期间履行给付金钱义务,应当依照《中华人民共和国民事诉讼法》第 229 条之规定,加倍支付迟延履行期间的债务利息。案件受理费 3350 元,由李祝福负担 1340 元;杨名奎负担 2010 元。

一审宣判后,杨名奎不服,提起上诉。

陕西省高级人民法院审理后认为:原判事实清楚,适用法律正确,应予维持。因此,根据《中华人民共和国民事诉讼法》第 153 条第 1 款第 1 项的规定,判决驳回上诉,维持原判。

▌案例评析

本案是一起企业商标权侵权纠纷案例。

李祝福的"小南门诚信和"文字及图形注册商标经依法注册登记,应受法律保护。关于杨名奎使用"和信诚"作为企业字号是否侵犯李祝福注册商标权,《最高人民法院关于审理商标民事纠纷案件适用法律若干问题的解释》第 1 条规定:"将与他人注册商标相同或者相近似的文字作为企业的字号在相同或者类似商品上突出使用,容易使相关公众产生误认的,属于商标法第五十二条第(五)项规定的给他人注册商标专用权造成其他损害的行为。"上述规定说明,此种形式的侵犯注册商标专用权的行为,必须同时具备以下条件:文字相同或近似;在相同或者在类似商品或服务上使用;突出使用;易使相关公众产生误认;其中突出使用是将与注册商标文字相同或相近似的字号从企业名称中脱离出来,醒目地使用。本案中,判断杨名奎是否侵犯"小南门诚信和"文字及图形注册商标专用权,应依据普通消费者的一般注意力及上述法律规定进行综合判断。

根据本案查明的事实，杨名奎将"和信诚"登记为企业名称中的字号，虽然与李祝福注册商标的文字读法不同，但二者文字完全相同；同时二者从事的服务相同，杨名奎在企业名称和餐巾纸上突出使用了"和信诚"字样，且杨名奎登记成立的西安市雁塔区和信诚葫芦头泡馍馆在李祝福注册商标之后。因此足以证明这种使用方式易引起相关公众的混淆、误认。法院认定杨名奎使用"和信诚"字号构成侵权是正确的。

关于杨明奎认为其在工商部门合法登记不存在侵权的问题。企业名称有地域性的特点，由各地方工商行政管理部门注册登记。注册商标是在国家工商行政管理局商标局注册并授予的。相冲突的权利一般都有先后顺序，保护在先权利应当是处理此类纠纷的基本原则。由于杨名奎登记成立的西安市雁塔区和信诚葫芦头泡馍馆在李祝福注册商标之后，因此不能以工商行政部门对企业名称的审批登记作为杨名奎不侵犯李祝福注册商标专用权的依据，应保护在先权利人李祝福的商标权。故法院判决对此认定正确。

关于赔偿的问题，原审法院依据《中华人民共和国商标法》第56条及《最高人民法院关于审理商标民事纠纷案件适用法律若干问题的解释》第16条、第17条的规定综合确定上诉人承担损失赔偿额为3万元并无不妥。综上，法院生效裁判认定事实正确，于法有据。

案例
成都同德福合川桃片有限公司诉重庆市合川区同德福桃片有限公司、余晓华侵害商标权及不正当竞争纠纷案[1]

▍基本案情

原告（反诉被告）成都同德福合川桃片食品有限公司（以下简称成都同德福公司）诉称，成都同德福公司为"同德福 TONGDEFU 及图"商标权人，余晓华先后成立的个体工商户和重庆市合川区同德福桃片有限公司（以下简称重庆同德福公司），在其字号及生产的桃片外包装上突出使用了"同德福"，侵害了原告享有的"同德福 TONGDEFU 及图"注册商标专用权并构成不正当竞争。请求法院判令重庆同德福公司、余晓华停止使用并注销含有"同德福"字号的企业名称；停止侵犯原告商标专用权的行为，登报赔礼道歉、消除影响，赔偿原告经济、商誉损失50万元及合理开支5066.4元。

被告（反诉原告）重庆同德福公司、余晓华共同答辩并反诉称，重庆同德

---

〔1〕　重庆市高级人民法院（2013）渝高法民终字00292号民事判决书。

福公司的前身为始创于 1898 年的同德福斋铺，虽然同德福斋铺因公私合营而停止生产，但未中断其独特技艺的代代相传。"同德福"第四代传人余晓华继承祖业先后注册了个体工商户和公司，规范使用其企业名称及字号，重庆同德福公司、余晓华的注册行为是善意的，不构成侵权。成都同德福公司与老字号"同德福"并没有直接的历史渊源，其将"同德福"商标与老字号"同德福"进行关联的宣传，属于虚假宣传。而且，成都同德福公司擅自使用"同德福"知名商品名称，构成不正当竞争。请求法院判令成都同德福公司停止虚假宣传，在全国性报纸上登报消除影响；停止对"同德福"知名商品特有名称的侵权行为。

法院经审理查明：开业于 1898 年的同德福斋铺，在 1916 年至 1956 年期间，先后由余鸿春、余复光、余永祚三代人经营。在 20 世纪 20 年代至 50 年代期间，"同德福"商号享有较高知名度。1956 年，由于公私合营，同德福斋铺停止经营。1998 年，合川市桃片厂温江分厂获准注册了第 1215206 号"同德福 TONGDEFU 及图"商标，核定使用范围为第 30 类，即糕点、桃片（糕点）、可可产品、人造咖啡。2000 年 11 月 7 日，前述商标的注册人名义经核准变更为成都同德福公司。成都同德福公司的多种产品外包装使用了"老字号""百年老牌"字样"'同德福牌'桃片简介：'同德福牌'桃片创制于清乾隆年间（或 1840年），有着悠久的历史文化"等字样。成都同德福公司网站中"公司简介"页面将《合川文史资料选辑（第二辑)》中关于同德福斋铺的历史用于其"同德福"牌合川桃片的宣传。

2002 年 1 月 4 日，余永祚之子余晓华注册个体工商户，字号名称为合川市老字号同德福桃片厂，经营范围为桃片、小食品的生产、销售。2007 年，其字号名称变更为重庆市合川区同德福桃片厂，后注销。2011 年 5 月 6 日，重庆同德福公司成立，法定代表人为余晓华，经营范围为糕点（烘烤类糕点、熟粉类糕点）生产，该公司是第 6626473 号"余复光 1898"图文商标、第 7587928 号"余晓华"图文商标的注册商标专用权人。重庆同德福公司的多种产品外包装使用了"老字号【同德福】商号，始创于清光绪二十三年（1898 年）历史悠久"等介绍同德福斋铺历史及获奖情况的内容，部分产品在该段文字后注明"以上文字内容摘自《合川县志》""【同德福】颂：同德福，在合川，驰名远，开百年，做桃片，四代传，品质高，价亦廉，讲诚信，无欺言，买卖公，热情谈""合川桃片""重庆市合川区同德福桃片有限公司"等字样。

重庆市第一中级人民法院审理后认为：个体工商户余晓华及重庆同德福公司与成都同德福公司经营范围相似，存在竞争关系；其字号中包含"同德福"三个字与成都同德福公司的"同德福 TONGDEFU 及图"注册商标的文字部分相同，与该商标构成近似。其登记字号的行为是否构成不正当竞争关键在于该行为是否违反诚实信用原则。成都同德福公司的证据不足以证明"同德福 TONG-DEFU 及图"商标已经具有相当知名度，即便他人将"同德福"登记为字号并规范使用，不会引起相关公众误认，因而不能说明余晓华将个体工商户字号注册为"同德福"具有"搭便车"的恶意。而且，在 20 世纪 20 年代至 50 年代期间，"同德福"商号享有较高商誉。同德福斋铺先后由余鸿春、余复光、余永祚三代人经营，尤其是在余复光经营期间，同德福斋铺生产的桃片获得了较多荣誉。余晓华系余复光之孙、余永祚之子，基于同德福斋铺的商号曾经获得的知名度及其与同德福斋铺经营者之间的直系亲属关系，将个体工商户字号登记为"同德福"具有合理性。余晓华登记个体工商户字号的行为是善意的，并未违反诚实信用原则，不构成不正当竞争。基于经营的延续性，其变更个体工商户字号的行为以及重庆同德福公司登记公司名称的行为亦不构成不正当竞争。

从重庆同德福公司产品的外包装来看，重庆同德福公司使用的是企业全称，标注于外包装正面底部，"同德福"三字位于企业全称之中，与整体保持一致，没有以简称等形式单独突出使用，也没有为突出显示该字号而采取任何变化，且整体文字大小、字形、颜色与其他部分相比不突出。因此，重庆同德福公司在产品外包装上标注企业名称的行为系规范使用，不构成突出使用字号，也不构成侵犯商标权。就重庆同德福公司标注"同德福颂"的行为而言，"同德福颂"四字相对于其具体内容（36 字打油诗）字体略大，但视觉上形成一个整体。其具体内容系根据史料记载的同德福斋铺曾经在商品外包装上使用过的一段类似文字改编，意在表明"同德福"商号的历史和经营理念，并非为突出"同德福"三个字。且重庆同德福公司的产品外包装使用了多项商业标识，其中"合川桃片"集体商标特别突出，其自有商标也比较明显，并同时标注了"合川桃片"地理标志及重庆市非物质文化遗产，相对于这些标识来看，"同德福颂"及其具体内容仅属于普通描述性文字，明显不具有商业标识的形式，也不够突出醒目，客观上不容易使消费者对商品来源产生误认，亦不具备替代商标的功能。因此，重庆同德福公司标注"同德福颂"的行为不属于侵犯商标权意义上的"突出使用"，不构成侵犯商标权。

成都同德福公司的网站上登载的部分"同德福牌"桃片的历史及荣誉，与史料记载的同德福斋铺的历史及荣誉一致，且在其网站上标注了史料来源，但并未举证证明其与同德福斋铺存在何种联系。此外，成都同德福公司还在其产品外包装标明其为"百年老牌""老字号""始创于清朝乾隆年间"等字样，而其"同德福 TONGDEFU 及图"商标核准注册的时间是 1998 年，就其采取前述标注行为的依据，成都同德福公司亦未举证证明。成都同德福公司的前述行为与事实不符，容易使消费者对于其品牌的起源、历史及其与同德福斋铺关系产生误解，进而取得竞争上的优势，构成虚假宣传，应承担相应的停止侵权、消除影响的民事责任。

综上，该院于 2013 年 7 月 3 日作出（2013）渝一中法民初字第 00273 号民事判决：①成都同德福公司立即停止涉案的虚假宣传行为；②成都同德福公司就其虚假宣传行为于本判决生效之日起连续五日在其网站刊登声明消除影响；③驳回成都同德福公司的全部诉讼请求；④驳回重庆同德福公司、余晓华的其他反诉请求。

一审宣判后，成都同德福公司不服，提起上诉。重庆市高级人民法院于 2013 年 12 月 17 日作出（2013）渝高法民终字 00292 号民事判决：驳回上诉，维持原判。

▌案例评析

本案是一起因企业商标引发争议的案件。从一二审判决可以看出，此案中争议的焦点包括：①余晓华及重庆同德福公司使用其工商户字号、企业字号是否构成对成都同德福公司的商标侵权和不正当竞争；②成都同德福公司称产品创制于乾隆年间是否构成虚假宣传；③成都同德福公司是否因为擅自使用知名商品特有名称构成不正当竞争；④双方当事人如何承担民事责任。

从案情来看，余晓华与老字号"同德福"斋铺具有历史渊源，将"同德福"注册为个体工商字号的行为是善意的，并未违反诚实信用原则，不构成不正当竞争；至于商标侵权，因为成都同德福未提供余晓华注销个体工商户之前生产的产品外包装，以现有证据无法判断余晓华是否侵权；而重庆同德福生产的产品中使用"同德福"字样主客观上均在于表明其与"同德福"斋铺的关系，没有"搭便车"的故意，也不构成商标侵权。

然而，成都同德福公司与"同德福"斋铺没有历史渊源，其在产品外包装上确实标注了"百年老牌""始创于乾隆年间"等字样，容易导致消费者误会，构成了虚假宣传。至于成都同德福公司是否"擅自使用知名商品特有名称"一事，因为余晓华举证不足，成都同德福公司也不构成不正当竞争。

从民事责任方面讲，成都同德福公司的行为容易使消费者对于其品牌的起源、历史及其与同德福斋铺关系产生误解，进而取得竞争上的优势，构成虚假宣传，因此，应承担相应的停止侵权、消除影响的民事责任。

此案有以下两点借鉴意义：

首先，任何与"老字号"无历史渊源的个人和企业将"老字号"或与之近似的字号注册为商标后，以"老字号"的历史进行宣传的，将会被认定为虚假宣传，构成不正当竞争。

其次，与"老字号"有历史渊源的个人和企业在未违反诚实信用原则的前提下，将"老字号"注册为个体工商字号或企业名称，未引人误认且未突出使用该字号的，不构成不正当竞争或侵犯注册商标专用权。

▌防控策略

1. 规范企业管理制度、流程，加强监督，避免管理人员收受回扣损害企业利益。对可能存在权力寻租的岗位加强管理和监督，力争不留权力死角，避免部分人为一己私利损害公司利益。

2. 完善采购、销售、财务等制度，防止出现制度漏洞。

3. 加强企业商标、专利等知识产权管理，从事正当宣传行为。

4. 加强商业秘密保护，防止、杜绝企业自身的泄密或者串通招投标行为，同时防止招标代理机构泄密或者与其串通行为。

第五章

小微企业融资管理法律实务与对应风险防控

第一节　小微企业的融资渠道概述

资金是任何企业发展的必备要素，资金短缺是许多企业，尤其是绝大多数小微企业发展的"瓶颈"问题。融资，是解决中小企业资金需求的主要手段。依据资金的来源，融资的方式可以有多种形式划分，其中内源融资和外源融资方式是最主要的划分方式。从对资金的需求方和资金的提供方二者之间是否需要金融中介来划分，外源性融资又可划分为直接融资方式和间接融资方式。

内源性融资方式又可以称为内部融资，是指企业在其生产过程中，可以从企业内部融通资金，以扩大再生产。它包括折旧和留存收益两部分。如企业设立时股东的投资所形成的初始积累资金，再如企业扩大再生产积累的生产资金，均为内源性融资。就内源融资和外源融资相比较来看，一般内源融资是企业最基本的融资方式，但这种方式很容易使企业陷入一个低水平的均衡陷阱，限制企业的技术创新，无法有力推动企业的发展。

外源性融资，是指企业通过一定的方式从该企业外部融入资金用于投资。根据是否依赖金融中介机构，外源性融资又可以区分为直接融资和间接融资。

一、直接融资方式

在直接融资中，小微企业不通过金融中介机构，直接通过资本市场向资金供给者融通资金。直接融资可以分为资本市场直接融资和通过金融公司的股权融资两种方式。

（一）资本市场直接融资

通过资本市场的直接融资，即小微企业直接通过发行债券、股票等方式筹集资金。目前，我国没有小微企业在资本市场直接融资的法律规范，但是一部分小企业可以适用《中华人民共和国中小企业促进法》（以下简称《中小企业促进法》）。该法第 16 条规定："国家采取措施拓宽中小企业的直接融资渠道，积极引导中小企业创造条件，通过法律、行政法规允许的各种方式直接融资。"在中小企业资本市场融资实践中，中国证监会于 2004 年 5 月 17 日正式批准了在深交所主板市场内设立中小企业板，且该权于同日正式启动。但是目前中小企业上市条件较为严格，资本规模要求较高，对于小微企业而言，资本市场的直接融资难度较大。

（二）通过风险投资公司的股权融资

风险投资公司的投资对象主要是高新技术类产业，为风险资本家提供以直接购买产权或购买可转换证券等形式参与企业的股权融资的机会，风险资本家往往参与或者指导企业的经营。《中小企业促进法》第 17 条规定："国家通过税收政策鼓励各类依法设立的风险投资机构增加对于中小企业的投资。"因此，一部分从事高新技术项目的小企业可以向风险投资机构融资，但是因为这类资本家可能会参与到企业的经营过程中，因此，应当谨慎选择。《合伙企业法》规定了有限合伙企业这一组织形式，为资本和智力的结合提供了一种便利形式，即拥有财力者作为有限合伙人，拥有专业知识和技能者作为普通合伙人。如果小微企业法律形式为合伙企业类型，既能解决资本问题，又能妥善的对企业进行管理。

二、间接融资方式

（一）政策性融资

政策性融资是指由政府创立、参股或者保证，不以营利为目的，为贯彻、配合政府社会经济政策或意图的机构，在特定的义务领域内，直接或者间接地从事政策性融资。小微企业由于受到自身规模限制，需要政府政策扶持以解决资金难筹的问题。在实践中，政府担保的银行贷款以及企业自主申请的贷款是政策性融资的重要方式。近年来，为扶持小微企业的发展，从中央到地方，出台多项政策，支持企业政策性融资，这种方式风险较少，难度也较低，是小微企业值得选择的类型。

（二）民间金融

如果内部潜力难挖，政策性金融又不符合条件，情急之下，小微企业可能会尝试民间融资，向个人借款或者企业间拆借等。民间金融是一种非正规的融资模式，属于体制外的金融供给。

（三）商业银行金融

商业银行金融，是小微企业通过商业银行等中介机构进行的资金筹集方式。在外源性融资中，我国小微企业资金的主要来源是以银行为主的间接金融。

第二节　内源性融资的基本方式与法律风险防控

受企业实力弱小、信用缺乏积累以及信息不对称等因素制约，有的时候小微企业想要获取外部融资相对困难。通过内部资源挖潜进行融资，是多数小微企业融资的有效渠道。

这种类型的融资方式除第一节介绍到的资本原始积累以及企业参与人的增加，还包括票据贴现、信用证融资以及应收账款保理等。鉴于小微企业大部分从事的是国内交易，因此在这里主要介绍其经常会使用到的票据贴现和国内保理这两种内源性融资方式。

一、票据融资的法律实务与风险防控

商业票据是在交易发生时买卖双方不用现金结算，而是通过买方向卖方签发一张远期付款的票据结算，票据到期时，卖方持票据向买方收取现金，票据上列明了收款方和付款方的名称，持票人可以在票据到期前向银行申请贴现。

商业票据融资的主要内容有以下三个方面[1]：一是购货方可以在缺乏资金而购买商品和劳务时，通过法定商业票据的支付达到延期付款和赊账买卖的效果，而供货方可以用持有的具备商业银行或者购货方承兑的商业票据进行再次支付。这种票据融资是企业之间的赊欠和通融关系；二是供货方在取得购货方的商业票据后，由于在票据到期日之前急需资金，可以到开户银行办理票据贴现，提前获取相应款项；三是中央人民银行对票据再贴现，贴现行将持有的贴现票据向中央银行申请再次贴现，以保证资金的流动性。这种票据贴现机制，将商务活动中的买卖双方的债权债务关系转化为银行与企业之间的债权债务关系，并且同时向卖方注入了相当于商业信用额的等量货币资金。贴现是商业票据融资的重要机制。

---

[1] 刘为霖、边维刚：《票据融资与票据市场》，中国金融出版社 2000 年版，第 140 页。

案例 A银行诉B公司、C公司、D银行票据责任案 [1]

▌基本案情

2000年7月5日，被告二C公司为偿付某案外单位的货款，签发金额为人民币2万元的D银行承兑汇票一张，未记载收款人名称就交付了票据。8月7日，有人持该汇票到被告一B公司购买货物，此时，该承兑汇票的大小写金额均为人民币12万元，并且未有任何背书。

B公司收下汇票当日，在背书人与被背书人栏内盖下自己的印章作为背书，再以持票人身份将汇票交给原告A银行，向该银行申请票据贴现。A银行审查票据无误后，同意B公司的贴现申请，在扣除相应利息后，向B公司支付了款项11.5万元。

2000年10月5日，承兑汇票到期，A银行向D银行提示汇票付款遭到拒绝。经核查，发现该承兑汇票金额与存根不同，已被改写。经协商无果，A银行向一审法院起诉，称承兑汇票金额已被涂改，请求确定该票据无效，并判令B公司承担A银行经济损失11.5万元；C公司作为出票人、D银行作为承兑方，应承担连带责任。

B公司辩称：收下汇票后经财务人员审核，没有发现有涂改或可疑之处，又是通过原告A银行审核同意贴现的，自己没有过错，也是受害方，不应承担责任。

C公司辩称：我方虽然是出票人，但票据金额记载明确，仅为2万元，因此，我方只承担2万元的付款责任。票据涂改不是我方的过错，我方不应对超过2万元部分的损失承担责任。

D银行辩称：我方所承兑的汇票金额为2万元，我方对票据涂改无过错，我方在本案中的责任仅限于承兑2万元。

一审法院受理此案后，依法对此案进行了审理。审理中，B公司无法证明谁是其前手，即谁是其货物的购买者，以及汇票变造的时间与变造者。一审法院认为：该承兑汇票背书人与被背书人均是B公司，并且金额已被变造为12万元，故应认定该承兑汇票因金额被更改而无效。B公司以无效的票据向A银行申请贴现，其取得的贴现款没有依据，应予返还。C公司及D银行仍然承担各

---

[1]　吴家曦主编：《中小企业创业经营法律风险与防范策略》，法律出版社2008年版，第111～112页。

自的付款责任及承兑责任。一审法院判决 B 公司返还 A 银行 15 万元，C 公司向 D 银行支付 2 万元，D 银行对 C 公司的付款行为承担连带责任。

判决后，B 公司不服，向二审法院提出上诉。其主要上诉理由为：①此涂改票据金额案属于刑事案件，原审不应直接审理；②我方已严格审核该汇票，也实际按票据金额发了货，故无过错；③两银行都未审查出该汇票已被涂改，故不能草率认定票据已被变造，要求技术鉴定。

二审中，经某市公安局刑事技术鉴定专家鉴定，认为该承兑汇票上金额字迹均系消退后书写所形成。

二审法院认为：B 公司所取得的承兑汇票字迹被消褪，金额大小写均被变造，根据《票据法》第 9 条规定，应为无效票据，持票人应予返还因此而取得的利益。B 公司不能证明该票据已经过几手而取得，故造成背书不连续的责任在 B 公司。本案所涉刑事犯罪部分，不影响 A 银行行使票据利益返还的权利。原审判决并无不当，上诉理由不予采纳。二审法院于 2001 年 5 月 15 日判决：驳回上诉，维持原判。

▌案例评析

本案属于典型的票据融资案例。票据贴现是指持票人在需要资金时，将其收到的未到期承兑汇票，经过背书转让给银行，先向银行贴付利息，银行以票面余额扣除贴现利息后的票款付给收款人，汇票到期时，银行凭票据向承兑人收取现款。就客户而言，贴现即贴息取现。票据贴现的缺点是银行对申请用于贴现的票据要求比较严格，有一些申请贴现的票据可能会被银行拒绝而达不到融资目的；如果票据到期不获兑付，申请贴现的企业还是会受到贴现银行的追索。此外，还有票据诈骗的法律风险。案例中的 B 公司就是因为收取被变造的承兑汇票，虽然办理了票据贴现，但仍然受到贴现银行的起诉，被追讨贴现款。如果 B 公司无法找到变造票据的人或单位，或者变造人或单位无力偿还，则本案中因为票据变造而造成的损失，就只能由 B 公司最终承担。

▌防控策略

1. 不做假票证，防范假票证

企业的内部资源，如上所述，往往体现为票据、信用证和应收账款等权利凭证。企业在利用票证融资时，不能造假，否则是饮鸩止渴，后果不堪设想。另一方面，也要尽可能地辨别他人交来的票证的真伪，充分防范某些居心不良的交易伙伴的票证做假行为，避免出现自己讲信用，但被卷入纠纷，既损失了金钱又损害了商业信誉的冤枉局面。

2. 选择有实力、讲信誉的交易伙伴

企业用于融资的内部资源，如票证、信用证或者应收账款，实质上都是对交易伙伴的债权，就交易伙伴方而言就是自己的债务。债务能够按约适当地履行，是内源融资的根本保证。所以企业在经济往来中应该注重选择那些有实力、讲信誉的企业作为交易伙伴，这样形成的内部资源才是可靠的，才可能通过银行等金融机构达到融资目的。

3. 与银行等金融机构充分合作

内源融资，离不开银行等金融机构的密切配合。企业应当与银行等金融机构充分合作，建立起授信融资关系，并利用银行辨识票证的专业能力，进一步达到防范风险的目的。

二、保理法律实务与风险防控

保理融资，是指卖方/供应方/出口商申请由保理银行购买其与买方因货物销售/服务合同所产生的应收账款，卖方/供应商/出口商对买方到期付款承担连带保证责任，在保理银行要求下还应承担回购该应收账款的责任，简单地说就是指卖方/供应商/出口商通过将其合法拥有的应收账款转让给银行，从而获得融资的行为。[1]保理商一般为保理融资申请人提供以下服务中的至少两项：

（1）贸易融资。

（2）销售分户账管理。

（3）应收账款催收。

（4）信用风险控制与坏账担保。

银行保理业务一般可以分为国内保理和国际保理。因为，小微企业大部分从事的是国内交易活动，因此，应当重点关注国内保理。国内保理是指银行为企业（国内贸易中的卖方——应收账款转让人）提供一系列的综合金融服务，包括应收账款预付融资、账户管理、账款催收或承担买方商业信用风险等。

---

〔1〕　贺小虎编著：《企业融资法律实务》，中国经济出版社2008年版，第153页。

案例

中国工商银行股份有限公司乌拉特后旗支行诉内蒙古乌拉特后旗宏泰化工有限责任公司保理合同纠纷案[1]

▌基本案情

原告（被上诉人）：中国工商银行股份有限公司乌拉特后旗支行

被告（上诉人）：内蒙古乌拉特后旗宏泰化工有限责任公司

被告（原审被告）：内蒙古临海化工股份有限公司

一审法院查明：2009 年 12 月 14 日，原告工商银行乌拉特后旗支行（以下简称工行乌后旗支行）（甲方）与被告内蒙古乌拉特后旗宏泰化工有限责任公司（以下简称宏泰公司）（乙方）签订编号为 2009（营业）字 0057 号有追索权的《国内保理业务合同》，约定将内蒙古临海化工股份有限公司（以下简称临海公司）欠宏泰公司的应收账款债权及相关权利转让给工行乌后旗支行，工行乌后旗支行给付宏泰公司总额为人民币 400 万元的保理融资。为保理合同的订立，2009 年 12 月 7 日，临海公司向工行乌后旗支行出具了《应收账款付款承诺书》。2009 年 12 月 9 日，临海公司向工行乌后旗支行出具《应收账款确认书》，确认截至 2009 年 11 月 25 日，临海公司累计欠宏泰公司电石销货款为 5 123 788.84元，临海公司保证将上述欠款向工行乌后旗支行偿还，以确保宏泰公司在工商银行办理的 400 万元国内保理业务。2009 年 12 月 13 日，工行乌后旗支行与宏泰公司共同向临海公司发出《应收账款债权转让通知书》，宏泰公司将其对临海公司的应收账款债权及相关权利转让给工行乌后旗支行。2009 年 12 月 16 日，工行乌后旗支行分两笔支付宏泰公司保理融资款 400 万元，两笔款项的融资到期日分别为 2010 年 11 月 24 日和 2010 年 12 月 8 日。后，宏泰公司未能偿付全部到期融资款。截至 2010 年 11 月 20 日之前的利息全部按约支付，之后利息未付。

保理合同第 1.1 条约定："有追索权保理业务：指乙方将其因向购货方销售商品、提供服务或其他原因所产生的应收账款转让给甲方，由甲方为乙方提供应收账款融资及相关的综合性金融服务，若购货方在约定期限内不能足额偿付应收账款，甲方有权按照本合同约定向乙方追索未偿融资款。"第 4.2 条（2）是关于融资利率的约定："以融资发放日的基准利率加浮动幅度确定，其中基准

---

[1] 一审：内蒙古自治区巴彦淖尔市中级人民法院（2011）巴民二初字第 3 号民事判决书；二审：内蒙古自治区高级人民法院（2011）内民二终字第 30 号民事判决书。

利率为与本合同第 3.2 条所约定的融资期限相对应的中国人民银行公布的同期限档次人民币贷款利率,浮动幅度为上浮 30%。"第 4.6 条约定:"本合同项下融资按(2)项约定结息:(2)发放融资后,按日计息,按月结息。按月结息的,结息日为每月 20 日。"第 6.2 条约定:"对符合下列条件的有追索权保理业务,乙方也应按照甲方通知进行回购:(2)保理融资到期日,甲方未收到购货方付款或购货方付款金额不足以偿付融资本金、融资利息、罚息及有关费用。"第 8.2 条(3)约定:"融资到期日,若甲方收到的货款不足以支付融资本金、融资利息、逾期罚息及有关费用,甲方有权自行决定是否对购货方进行追索,甲方向购货方行使追索权的,不影响乙方的回购义务,但如果甲方已从购货方处获得部分或全部货款,乙方的回购金额亦随之降低,如产生保理余款,甲方应及时将保理余款支付给乙方。"第 9.4 条约定:"对有追索权的保理业务,乙方未按期偿还本合同项下融资本金及利息的,甲方有权自逾期之日起在原融资利率基础上加收 50% 的利率计收罚息,并对未按期支付的利息按本条约定的罚息利率计收复利。"

原告诉称:2009 年 12 月原告与被告宏泰公司签订了有追索权的《国内保理业务合同》,原告按照合同约定于 2009 年 12 月 16 日分两笔向被告宏泰公司支付保理融资款 400 万元,以上融资现已全部到期,原告对被告宏泰公司已到期的融资 400 万元尚未收回,合同约定被告宏泰公司对合同项下的融资承担偿还责任或对未偿还应收账款部分承担回购义务。原告与被告宏泰公司就所受让的宏泰公司对临海公司的应收账款债权于 2009 年 12 月 13 日共同向被告临海公司发出了《应收账款债权转让通知书》,被告临海公司在《应收账款确认书》和《应收账款付款承诺书》上盖章确认并承诺向原告履行付款责任。原告已经全面履行了保理合同约定的义务,二被告没有依约定履行付款责任,致使原告应享有的债权 400 万元未能实现。故请求:①判令二被告偿还原告 400 万元及从 2010 年 11 月 20 日至付清之日的利息并承担逾期违约责任(庭审中原告表明不要求临海公司承担利息和违约责任)。②本案诉讼费、保全费由二被告承担。

被告宏泰公司辩称:①原告诉称本案为保理合同是错误的。②本案所诉合同不符合保理合同所要求的五大要素,不属于严格意义上的保理合同,而仅属于债权转让。③合同中关于回购的条款违反了法律的规定。鉴于本案已有明确的债权转让协议,故债务人应为临海公司,原告起诉我方无依据。请求驳回原告对我方的诉讼请求。

被告临海公司未答辩。

一审法院审理认为:工行乌后旗支行与宏泰公司签订的《国内保理业务合

同》、临海公司向工行乌后旗支行出具的《应收账款付款承诺书》、工行乌后旗支行与宏泰公司共同向临海公司出具的《应收账款债权转让通知书》，是各方的真实意思表示，不违反法律、行政法规的相关规定，应认定有效。工行乌后旗支行依约向宏泰公司支付了保理融资款 400 万元，受让了宏泰公司对临海公司所享有的应收账款债权 5 123 788.84 元，该行为表明宏泰公司对临海公司享有的债权已经转让给工行乌后旗支行，临海公司同意相关债权转移给工行乌后旗支行并向其作出了还款承诺，保理期届满后，临海公司未依约履行还款义务，理应承担偿还责任。按照合同约定宏泰公司对工行乌后旗支行未按时受偿的应收账款债权承担回购责任。工行乌后旗支行对宏泰公司亦享有直接的追索权。宏泰公司在 2010 年 11 月 20 日之后再未履行偿付利息的义务，故应从未付利息之次日起按照《国内保理业务合同》第 4.2 条（2）的约定向工行乌后旗支行支付利息。同时，工行乌后旗支行与宏泰公司签订的《国内保理业务合同》第 9.4 条对于违约责任问题作了具体约定，故宏泰公司在承担回购责任时，应按照该约定向工行乌后旗支行承担违约责任。综上，一审判决：①临海公司于判决生效之日起十五日内偿还工行乌后旗支行应收账款债权本金 3 998 817.51 万元；②宏泰公司对临海公司所承担的上述债务不履行部分承担回购责任，并按照中国人民银行公布的同期限档次人民币贷款利率上浮 30% 承担利息（从 2010 年 11 月 21 日起至实际给付之日止）；③宏泰公司在承担回购责任时，向工行乌后旗支行承担违约金（在原融资利率基础上加收 50% 的利率计收罚息，并对未按期支付的利息按上述罚息利率计收复利。从 2010 年 11 月 21 日起至实际给付之日止）。

宏泰公司不服原审判决，以本案名为保理合同实为债权转让合同，国内保理业务是违反法律规定的业务，无法可依以及合同约定要求宏泰公司承担回购责任的追索权条款，实为霸王性的格式条款，违反了我国《合同法》公平、公正及合法性原则，应为无效等为由，提出上诉，请求驳回工行乌后旗支行原审诉讼请求。

二审法院认为：宏泰公司与工行乌后旗支行所签订的《国内保理业务合同》是当事人双方真实意思表示，不存在《合同法》第 52 条规定的合同无效的情形，其合同效力予以确认。该保理合同为无名合同，根据《合同法》第 124 条的规定："本法分则或者其他法律没有明文规定的合同，适用本法总则的规定，并可参照本法分则或其他法律最相类似的规定"，本案应以保理合同中双方权利义务的约定以及《合同法》的相关规定为处理原则。本案保理合同的基础之一是宏泰公司与临海公司之间形成的应收账款，这在双方所签订的保理合同开篇即有明确的约定，即宏泰公司作为销货方以其与购货方之间形成的应收账款，向工行乌后旗支行申请办理有追索权的国内保理业务，而根据此前形成的应收账款转让清单等文件，购货方即为临海公司。该应收账款转让清单，为保理合同附件的一部分，与保理合同具有同等法律效力，构成完整的保理合同项下的双方权利义务内容。此外，应收账款债权转让通知书、应收账款确认书、应收账款付款承诺书，均系保理合同关系建立的前提条件。宏泰公司将完整的法律关系割裂开来，认为本案属于债权转让合同不符合保理合同形成的实际情况。保理合同对有追索权的国内保理业务合同项下，宏泰公司承担回购责任的条件、方式、程序以及合同双方各自的具体权利义务等均作了明确的约定，不存在宏泰公司上诉所称的霸王合同条款情形。宏泰公司认为存在无效条款的理由不能成立。宏泰公司负担回购义务后，依合同其即取得与之对应的对临海公司的应收账款债权，临海公司与工行乌后旗支行的对应偿还责任免除。综上，二审判决驳回上诉，维持原判。

█ 案例评析

本案为因保理合同引发纠纷的案例。案件的关键点是原告工行乌后旗支行与被告宏泰公司、临海公司签订的合同是否为有效的保理合同。根据相关法律规定和司法实践，保理产品是银行推出的新类型的金融服务，目前尚无国内法的相关规定，因此保理合同属于无名合同。在排除《合同法》规定的无效合同的情形之后，权利义务之衡量应紧紧围绕双方所签订的保理合同。在有追索权的保理业务中，保理商在保理期届满未足额受偿的情况下可以直接向卖方行使追索权，卖方应按照约定向保理商承担回购责任。据此，法院根据事实判定双方签订的保理合同为有效，并由被告承担回购责任是正确的。

█ 防控策略

1. 明确国内保理的业务流程。

流程说明：

（1）卖方向银行申请核准信用额度；

（2）银行对买方进行信用评估并核准信用额度；

（3）卖方向买方发货，并将应收账款转让给银行，取得资金；

（4）银行负责应收账款的管理和清收；

（5）买方于发票到期日前向银行付款；

（6）到期买方无力付款，银行做担保付款。

2. 保证自身良好的资信水平，选择较长期合作关系的相对方适用保理规则。

3. 确保应收账款有合法真实的赊销贸易背景，同时买卖双方之间有真实、合法、有效的商品交易或者劳务背景。

第三节　外源性融资的基本方式与法律风险防控

如前所述，外源性融资是从该企业外部融入资金用于投资。决定到底选择何种外源性融资方式，一般企业主应当从以下几个方面考虑：

一是企业的发展阶段。从设立到注销登记，一个企业完成了其生命周期，这一点对大企业和小企业来讲都是相同的，并无实质区别。其区别在于中小微企业因其具有成长性，是一个逐渐发展壮大的组织，它对资金的需求量随着企业的发展而变化，企业在不同的阶段可以选择不同的融资方式。

在初创阶段的小微企业因其规模小，一般资产不充裕、基本的生产经营状况尚未步入正轨，其信用水平难以判断，因此，银行贷款可能因为征信成本太高，无法实现。此时，可以选择民间金融筹资或者政策性金融机构，来实现企业融资，壮大自身资本实力。

在小微企业的发展阶段，生产规模会有所扩大，相应地，对资金的需求也可能更高。此时，可以适用商业金融融资方式，另外，这个阶段小微企业资金临时性需求较强、贷款额度不大但是贷款频率较高，可以同时使用民间金融的方式，但企业主应当注意民间金融的利息通常高于商业银行贷款利率，过高的利息必将增加企业的融资成本，因此，应当谨慎选择。

二是企业的法律形式。不同责任形态和模式的小微企业可以选择的融资模式是不同的。对于采取股份公司形式的小微企业，因为股份公司本身具有开放性和社会性，股份可以公开发行和自由转让。理论上股份公司可以采取发行股份和债券的方式从资本市场募集资金，但是目前出于对上市交易的管理，一般只有具有一定资本实力的公司才允许在资本市场上市发行股份，而且一般小微企业采取股份公司形式的可能相对较少，因此小微企业采取发行股份方式的相对较少。而对于采取有限责任方式的小微企业，因为其本身的封闭性，信息度难以透明公开，因此，股权融资方式难以实现。但是，直接融资方式中的债权融资可以消除这个缺陷，因此，小微企业可以通过发行债券方式从资本市场融资，但是通观社会实践，采取这种方式的也比较少。对于采取非公司型的小微企业，我国法律明确规定，合伙型企业和个人独资企业不能采取直接从资本市场融资的模式，以企业内部资金的积累、向银行贷款、民间借贷等为主要的融资渠道，并且银行对企业的融资可以转化为对投资人个人的信贷。因此，这些方式可以供相关小微企业主参考。根据小微企业融资的使用频率和使用广泛程度，本节着重介绍以下三种间接融资方式。

一、银行贷款法律实务与风险防控

（一）小微企业银行贷款的基本情况

银行贷款是当前我国小微企业通过外部渠道解决融资问题的主要方式，它包括信用贷款、抵押贷款和保证贷款等种类。但小微企业由于规模小、抗风险能力差、抵押物质押物不足、经营活动不透明、财务信息具有非公开性等特点，银行对于小微企业的风险状况缺乏有效的识别手段，使商业银行的审查监督成本和潜在收益严重不对称，从而大大降低了银行在小微企业贷款方面的积极性。因此，银行向小微企业贷款往往具有更为严格的标准和流程。企业主对于银行贷款可能带来的风险应当有清醒的认识。

（二）小微企业采取银行贷款时的法律风险

1. 民事责任方面的风险

由于法律及信贷政策的严格要求，银行在向小微企业发放贷款时往往要求借款人提供抵押物。实务中，小微企业提供的抵押物一般是自己所有的用于经营的房屋和土地使用权，或者是用于经营的机器设备。抵押权是一种权利人可以直接处置抵押物从而优先受偿的权利，也就是说，一旦借款的小微企业不能按期还款，作为抵押权人的银行就可以要求它把用于抵押的房屋、土地使用权或者机器设备变卖或者拍卖掉，以得到的钱款优先归还银行的贷款。银行往往通过向法院起诉，最后由法院主持变卖或者拍卖企业的抵押资产。可想而知，一个中小企业如果被这样行使了抵押权，而失去了经营使用的不动产和机器设备等重要资产，不是大伤元气，就是灭顶之灾。对小微企业来说，结果很可能是关停倒闭，使得企业主之前的努力付之东流。

2. 刑事责任方面的风险

民事责任方面的风险，毕竟是属于企业经营不善或者失败带来的风险，企业主主要承受资产上的损失。但如果企业借款、使用贷款及归还贷款操作不当，而涉嫌贷款诈骗犯罪，企业主因此被追究刑事责任，那么银行贷款带来的风险就更大了。

案例 夏震远贷款诈骗案

被告人（上诉人）：夏震远，原系无锡市轻工铜材厂厂长（公有民营），无锡市北塘区华东电脑公司总经理（个人承包）。1996 年 7 月 26 日因本案被逮捕。

江苏省无锡市崇安区人民检察院指控称：被告人夏震远于 1996 年 1 月，以无锡市轻工铜材厂爱厂集资储蓄名义集资人民币 2 028 500 元，夏以其个人名义存入银行营业处。同月 29 日，夏用 2 028 500 元集资款作抵押，从银行营业处贷款 140 万元，除支付集资者贴息款 182 970.7 元外，余款 1 217 029.3 元用于华东电脑公司经营。同年 4 月 22 日，经被告人夏震远同意，从 2 028 500 元集资款中扣除华东电脑公司贷款，本息计 1 449 392 元，被告人夏震远挪用无锡市轻工铜材厂集资款 1 266 421.3 元未归还。上述事实，有证人证言、账册、账单、通知书等证据佐证。被告人夏震远亦作了供述。江苏省无锡市崇安区人民检察院认为：被告人夏震远利用职务之便，挪用企业资金，无法归还，数额巨大，其行为触犯了全国人大常委会《关于惩治违反公司法的犯罪的决定》第 10 条、第 11 条、第 14 条之规定，已构成侵占罪。

被告人夏震远辩称：起诉指控的事实全部不是事实，认为自己的做法属正常的企业融资行为，不构成犯罪。其一审辩护人认为：起诉书认定被告人夏震远挪用无锡市轻工铜材厂集资款，案发至今未归还，行为构成侵占罪的指控事实不清，证据不足，且从被告人夏震远在整个集资、贷款过程中的行为看，其中的确存在欺骗铜材厂职工的行为，但不构成犯罪。

江苏省无锡市崇安区人民法院经公开审理查明：

1996 年 1 月，被告人夏震远个人承包的华东电脑公司，因资金困难等原因无能力偿还银行贷款及贴息，经他人介绍，认识了无锡市北塘区北塘合作银行银溪营业处信贷员李庆超，夏以银行存款作担保，要求该营业处为其个人承包的华东电脑公司提供贷款，在李庆超征得其营业处主任吉某某的同意后，被告人夏震远以华东电脑公司的名义，在该营业处单独开设了一个账户。1996 年 1 月 11 日，被告人夏震远在无锡市轻工铜材厂内以"爱厂集资储蓄"的名义，在全厂进行吸储，当职工将个人集资款交到厂财务科时，被告人夏震远又叫财务人员将该笔集资款共计 2 028 500 元全部存入夏在银溪营业处为华东电脑公司所开设的账户上。银行以夏震远为存款人，开给其 125 张储蓄存单，后又将 125 张储蓄存单发放给 125 位储户，储户发现不是个人名字而是夏震远的名字即提出异议，夏又在每张存单上写上交款人的名字，存单由储蓄人保管。

1996 年 1 月 26 日，被告人夏震远以无锡市北塘区华东电脑公司的名义向无锡市北塘合作银行银溪营业处提出贷款申请，并将 2 0285 00 元集资款作为个人储蓄存款向银行作抵押担保。同年 1 月 29 日，夏从银溪营业处得到短期贷款 140 万元，支付轻工铜材厂集资款贴息计人民币 182 970.7 元，余款 1 217 029.3 元全部用于偿还华东电脑公司债务和购货支出。同年 4 月 22 日，银溪营业处发现夏无力偿还贷款本息，要求及时收贷，经夏本人同意，银溪营业处从夏个人的所谓存款 2 028 500 元中收贷及利息计 1 449 392 元。

1997 年 1 月 30 日经无锡市人民政府及有关部门协调，银溪营业处将无锡市轻工铜材厂 125 名职工的集资款 2 028 500 元及利息兑现支付，被告人夏震远无法归还 140 万元贷款及利息。

江苏省无锡市崇安区人民法院认为：被告人夏震远以非法占有为目的，采用提供虚假担保申请贷款的手法，诈骗金融机构的贷款，数额特别巨大，且无法偿还。依照全国人大常委会《关于惩治破坏金融秩序犯罪的决定》第 10 条第 3 项及《中华人民共和国刑法》第 51 条第 1 款、第 52 条的规定，应依法惩处。上述事实清楚，证据确凿、充分，足以认定被告人夏震远的行为构成贷款诈骗罪，公诉机关指控被告人夏震远的行为构成侵占罪，定性不当。

江苏省无锡市崇安区人民法院根据全国人大常委会《关于惩治破坏金融秩序犯罪的决定》第十条第（三）项及 1979 年《中华人民共和国刑法》第五十一条第一款、第五十二条之规定，判决如下：

夏震远犯贷款诈骗罪，判处有期徒刑十五年，附加剥夺政治权利五年。

一审法院判决后，被告人夏震远以"事实不清，证据不足"为理由，向江苏省无锡市中级人民法院提出上诉。

江苏省无锡市中级人民法院经二审审理确认：原审判决认定上诉人夏震远贷款诈骗罪的犯罪事实，有有关证人证言、有关账册等书证证据证实，亦有上诉人供述在卷。事实清楚，证据充分，足可认定。

江苏省无锡市中级人民法院认为，上诉人夏震远以非法占有为目的，采用提供虚假的担保申请贷款的手法，骗得金融机构的贷款，数额特别巨大，其行为已构成贷款诈骗罪。原审人民法院对上诉人夏震远的定罪、量刑是正确的，审判程序合法，故应对无锡市崇安区人民法院所作的一审判决予以维持。

▌案例评析

本案中企业主以非法占有为目的，向银行提供虚假担保，在获取银行的贷款后无法偿还，被判贷款诈骗罪，这是典型的将贷款融资作为犯罪手段，实现自身不正当目的的犯罪行为，将贷款融资行为的刑事责任风险现实化，损害了银行对贷款的所有权，也侵犯了国家的金融管理制度，为我国法律所明确禁止。在实践中，对贷款诈骗与民间借贷纠纷之间的界限认定往往比较困难。例如，借贷人获款后，长期拖欠不还，甚至在申请贷款时就夸大其履约能力、编造谎言，而到期又未能偿还。对此，有人认为只要到期不还借款，就应当认定为贷款诈骗，以贷款诈骗罪论处。还有人认为，只要借款人到时候承认欠账，就不应认定为贷款诈骗，应以民事借贷纠纷处理。因此，为避免触犯国家的刑事法律制度，受到国家刑罚权的处罚，小微企业主应当明确认识银行贷款融资可能具有的法律风险，规范自身的贷款行为，防止将贷款行为具有的法律风险现实化。

▌防控策略

1. 明确银行贷款程序

《中国人民银行贷款通则》在其第六章明确规定了贷款的基本程序，本节在此将法律的基本规定列明，另外，因为不同的商业银行在发放贷款时可能具体的操作细则并不完全一致，建议小微企业在进行贷款时应当了解清楚，严格按照相关的贷款程序办理。

一是贷款申请：借款人需要贷款，应当向主办银行或者其他银行的经办机构直接申请。借款人应当填写包括借款金额、借款用途、偿还能力及还款方式等主要内容的《借款申请书》并提供以下资料：

（1）借款人及保证人基本情况；

（2）财政部门或会计（审计）事务所核准的上年度财务报告，以及申请借款前一期的财务报告；

（3）原有不合理占用的贷款的纠正情况；

（4）抵押物、质物清单和有处分权人的同意抵押、质押的证明及保证人拟同意保证的有关证明文件；

（5）项目建议书和可行性报告；

（6）贷款人认为需要提供的其他有关资料。

二是对借款人的信用等级评估：应当根据借款人的领导者素质、经济实力、资金结构、履约情况、经营效益和发展前景等因素，评定借款人的信用等级。评级可由贷款人独立进行，内部掌握，也可由有权部门批准的评估机构进行。

三是贷款调查：贷款人受理借款人申请后，应当对借款人的信用等级以及借款的合法性、安全性、营利性等情况进行调查，核实抵押物、质物、保证人情况，测定贷款的风险度。

四是贷款审批：贷款人应当建立审贷分离、分级审批的贷款管理制度。审查人员应当对调查人员提供的资料进行核实、评定、复测贷款风险度，提出意见，按规定权限报批。

五是签订借款合同：所有贷款应当由贷款人与借款人签订借款合同。借款合同应当约定借款种类，借款用途、金额、利率，借款期限，还款方式，借贷双方的权利义务，违约责任和双方认为需要约定的其他事项。保证贷款应当由保证人与贷款人签订保证合同，或保证人在借款合同上载明与贷款人协商一致的保证条款。加盖保证人的法人公章，并由保证人的法定代表人或其授权代理人签署姓名。抵押贷款、质押贷款应当由抵押人、出质人与贷款人签订抵押合同、质押合同，需要办理登记的，应依法办理登记。

六是贷款发放：贷款人要按借款合同规定按期发放贷款。贷款人不按合同约定按期发放贷款的，应偿付违约金。借款人不按合同约定用款的，应偿付违约金。

七是贷后检查：贷款发放后，贷款人应当对借款人执行借款合同情况及借款人的经营情况进行追踪调查和检查。

八是贷款归还：借款人应当按照借款合同规定按时足额归还贷款本息。贷款人在短期贷款到期三个星期之前、中长期贷款到期1个月之前，应当向借款人发送还本付息通知单；借款人应当及时筹备资金，按期还本付息。贷款人对逾期的贷款要及时发出催收通知单，做好这期贷款本息的催收工作。贷款人对不能按借款合同约定期限归还的贷款，应当按规定加罚利息；对不能归还或者不能落实还本付息事宜的，应当督促归还或者依法起诉。借款人提前归还贷款，应当与贷款人协商。

2. 防止触犯贷款诈骗罪

第一，什么是贷款诈骗罪。

我国《刑法》第193条规定："有下列情形之一，以非法占有为目的，诈骗银行或者其他金融机构的贷款，数额较大的，处五年以下有期徒刑或者拘役，并处二万元以上二十万元以下罚金；数额巨大或者有其他严重情节的，处五年以上十年以下有期徒刑，并处五万元以上五十万元以下罚金；数额特别巨大或者有其他特别严重情节的，处十年以上有期徒刑或者无期徒刑，并处五万元以上五十万元以下罚金或者没收财产：（一）编造引进资金、项目等虚假理由的；（二）使用虚假的经济合同的；（三）使用虚假的证明文件的；（四）使用虚假的产权证明作担保或者超出抵押物价值重复担保的；（五）以其他方法诈骗贷款的。"

按照刑法的四要件构成犯罪理论，该罪可以从四个要件解读：

（1）客体要件。本罪侵犯的客体是双重客体，既侵犯了银行或者其他金融机构对贷款的所有权，还侵犯国家金融管理制度。银行等金融机构通过发放贷款参与企业流动资金周转，并支持企业购置固定资产和进行技术改造，促进了生产发展，同时还通过发放贷款促进商品流通，促进科技文化卫生事业等发展。与此同时，随着我国贷款金融业务的日益发展，诈骗贷款违法犯罪活动也随之产生并愈益严重。诈骗贷款行为不仅侵犯了银行等金融机构的财产所有权，而且必然影响银行等金融机构贷款业务和其他金融业务的正常进行，破坏我国金融秩序的稳定。因此，诈骗贷款行为具有比一般诈骗行为更大的社会危害性。

（2）客观要件。本罪在客观方面表现为采用虚构事实、隐瞒真相的方法诈骗银行或者其他金融机构的贷款，且数额较大的行为。

所谓虚构事实，是指编造客观上不存在的事实，以骗取银行或者其他金融机构的信任；所谓隐瞒真相，是指有意掩盖客观存在的某些事实，使银行或者其他金融机构产生错觉。根据本条的规定，行为人诈骗贷款所使用的方法主要有以下几种表现形式：

一是编造引进资金、项目等虚假理由骗取银行或者其他金融机构的贷款。这种情形近年来屡有发生，仅在上海一地，一年就发生几十起假引资的诈骗，案犯一般是伪造国外某财团的巨额资金或者"在美国的爱国华人"的巨额私人存款要以优惠条件存入某银行，以骗取银行的贷款和手续费。此外，还有许多犯罪分子编造效益好的投资项目，以骗取银行等金融机构的贷款。

二是使用虚假的经济合同诈骗银行或者其他金融机构的贷款。为支持生产，鼓励出口，使有限的资金增值，银行或其他金融机构有时也要根据经济合同发放贷款，有些犯罪分子伪造或使用虚假的出口合同或者其他短期内能够产生很好效益的经济合同，诈骗银行或其他金融机构的贷款。如犯罪分子张某伪造某公司的出口供货合同，并以虚假的合同向上海某银行申请了几百万元的贷款后携款潜逃。

三是使用虚假的证明文件诈骗银行或其他金融机构的贷款。所谓证明文件是指担保函、存款证明等向银行或其他金融机构申请贷款时所需要的文件。如某公司通过银行内部的工作人员开出了一张虚假的存款证明，并以此向另一银行贷款几百万元。

四是使用虚假的产权证明作担保或超出抵押物价值重复担保，骗取银行或其他金融机构贷款的。这里的产权证明，是指能够证明行为人对房屋等不动产或者汽车、货币、可随时兑付的票据等动产具有所有权的一切文件。如罪犯张某以伪造的某房屋开发公司房产证明为抵押，骗取某银行贷款一百余万元。

五是以其他方法诈骗银行或其他金融机构贷款的，这里的"其他方法"是指伪造单位公章、印鉴骗贷的；以假货币为抵押骗贷的；先借贷后采用欺诈手段拒不还贷的等情况。

（3）主体要件。本罪的主体是一般主体，任何达到刑事责任年龄、具有刑事责任能力的自然人均可构成，单位不能成为本罪的主体。因此，一般小微企业如果从事贷款诈骗行为，则会直接规范到个人，由个人承担相应的刑事责任。

（4）主观要件。本罪在主观上属于故意，且以非法占有为目的。至于行为人非法占有贷款的动机是为了挥霍享受，还是为了转移隐匿，都不影响本罪的构成。反之，如果行为人不具有非法占有的目的，虽然其在申请贷款时使用了欺骗手段，也不能按犯罪处理，可由银行根据有关规定给予停止发放贷款、提前收回贷款或者加收贷款利息等办法处理。

第二，避免贷款诈骗犯罪的要点。

首先，不管在取得银行贷款之前还是之后，不能产生非法占有、不再归还的想法与行为。其次，在申请贷款时，尽量避免出现对银行有不实陈述，提供假资料，编造不存在的贷款用途等做法，否则虽然贷款的确用于企业经营，但一旦不能还款，很容易涉嫌贷款诈骗。再次，切忌把贷款挪作他用，如用于企业主个人投资等，否则一旦不能还贷，也很容易涉嫌贷款诈骗。最后，完备相关手续，能够在后期发生纠纷时提供有效的证明，证明企业融资行为的合法性。

二、民间金融的法律实务与风险防控

民间金融在小微企业的融资和发展中发挥着巨大的作用，由于民间金融有着地域优势、信息优势和成本优势，可以有效地规避信息不完全和相对较高的交易成本，这也恰好满足了小微企业"少、频、急"的天然特点，无需经历正规金融机构贷款漫长的贷前调查和等待，能及时弥补小微企业的资金缺口，使资金供求失衡状态再次恢复平衡。而且由于民间借贷利率的浮动比较自由，资本的趋利性使得大量的资金涌入民间金融市场，因此，民间金融资金供给充足，民间借贷市场也越来越繁荣。与小微企业类似，民间金融根源于个人、民间经济和私人资本中的空闲资金，其管理和投资都有一定的自由性，这使得民间金融与小微企业较为匹配。但是民间金融也因此产生了如下缺陷：

第一，利率高。民间借贷的利率不受管制，因此民间借贷具有制定利率的自由（高于基准利率 4 倍的属于非法的高利贷，而低于基准利率四倍的是受法律保护的），但也正是这种相对自由的利率使得小微企业的负担加重，虽然借到的资金能解小微企业的燃眉之急，但是利率负担的增加会降低小微企业的还款意愿和按期还款的能力，很多小微企业后期无力偿还民间借款，导致民间借贷的资金断裂，引发混乱，因此，在经济环境比较恶劣的市场逐渐萎缩时，民间借贷的高利率可能是压倒小微企业的最后一根稻草。

第二，风险大。不管是对于借方还是贷方，民间借贷都存在较大的风险，由于民间借贷部分是发生于亲朋好友之间，在借贷时，很多时候用一个口头约定或者一张简单的借条就完成了交易，但是这其中隐藏了巨大的风险，较高的利率负担会降低小微企业的还款意愿和按期还款能力，当小微企业发生违约之后，借方会利用特殊的手段收回本息，甚至是引发暴力事件，因此，属于体制外金融的民间金融由于缺乏政府的监管和法律的约束，对于借贷双方来说，交易的风险都比较大。

第三，借贷手续不规范。小微企业的资金需求特点要求办理贷款的简单且快速，但也正是民间借贷办理手续的非严谨性导致了各种经济纠纷。

案例

泸州北方化学工业有限公司诉泸州北方大东化工有限公司企业借贷纠纷案[1]

▌基本案情

被告系原告和四川大东电力有限责任公司共同出资设立的有限责任公司。2005 年 1 月 15 日、20 日原被告双方签订借款协议，被告向原告分别借款 500 万元、250 万元，用于技术改造工程与正常的生产运行，期限一年，利率按银行同期利率计算；2006 年 7 月 14 日，原被告双方又签订借款协议，约定被告向原告借款 2600 万元，用于 3000t/aHEC 生产线工程项目建设，并约定根据项目建设进度需要具体分期贷款时间期限、金额依据借款申请而定，但不得超过 2600 万元，利息按中国人民银行同期贷款利率计算。根据该协议以及被告的每次申请，原告分别于 2006 年 7 月 19 日、7 月 25 日、9 月 6 日、11 月 9 日、2007 年 1 月 4 日、7 月 19 日、10 月 9 日、12 月 25 日、2008 年 3 月 11 日、3 月 27 日、6 月 12 日、7 月 14 日、8 月 26 日、10 月 7 日、12 月 16 日、2009 年 1 月 15 日向被告提供借款 100 万元、200 万元、500 万元、500 万元、100 万元、200 万元、200 万元、300 万元、100 万元、100 万元、100 万元、150 万元、100 万元、200 万元、50 万元、100 万元；2009 年 2 月 16 日、7 月 6 日、8 月 12 日、9 月 30 日原被告

---

[1] 四川省泸州市中级人民法院民事判决书（2013）泸民初字第 11 号。

双方再次签订借款协议，约定被告向原告借款 1000 万元、300 万元、300 万元、300 万元作为 3000t/aHEC 生产线经营流动资金，并约定根据项目建设进度需要具体分期贷款时间期限、金额依据借款申请而定，但不得超过协议总金额，利息按中国人民银行同期贷款利率计算，根据这些协议以及被告的每次申请，原告分别于 2009 年 2 月 16 日、2 月 26 日、3 月 31 日、4 月 30 日、5 月 27 日、6 月 16 日、7 月 16 日、8 月 18 日、9 月 24 日、2010 年 3 月 4 日、4 月 15 日、4 月 29 日、5 月 20 日、8 月 13 日、9 月 10 日、2011 年 1 月 26 日、2 月 28 日、9 月 30 日、10 月 10 日、10 月 11 日、11 月 15 日向被告提供借款：50 万元、200 万元、200 万元、200 万元、200 万元、100 万元、100 万元、100 万元、100 万元、100 万元、150 万元、100 万元、100 万元、100 万元、100 万元、100 万元、100 万元、50 万元、20 万元、20 万元、80 万元、100 万元。2013 年 1 月 15 日，原告向被告出具往来对账函，该往来对账函载明截至 2011 年 12 月 31 日，被告欠原告本金 56 400 000.00 元，利息 15 266 646.95 元。共计 71 666 646.95 元，被告在该函"信息证明无误"栏加盖了公章。

原告诉称：我司作为大东化工的股东已按约定足额缴纳出资款，因大东化工经营困难需要向我司借款维持正常生产，我司在自身资金紧张的情况下，多方融资解决大东化工所需资金。从 2005 年起大东化工多次向我司借款，双方借款协议约定借款利率为银行同期贷款利率。大东化工除归还 7 500 000.00 元外，其余借款均未归还；截至 2011 年 12 月 31 日仍有 71 666 646.95 元借款本金及利息未归还。故诉至法院，请求判令大东化工向我司归还借款本息 71 666 646.95 元，以及 2012 年 1 月 1 日起 56 400 000.00 元的利息并由其承担诉讼费用。

法院审理后认为，原告与被告签署的借款协议是双方的真实意思表示，借款用于生产经营使用，借款用途不违法；原告是被告的股东之一，双方的协议仅局限于具有投资与被投资关系的双方当事人，且原被告双方签订的借款协议对于利率的约定为同期银行贷款利率，不具有盈利目的，不应属于商业性借贷。根据最高人民法院提出的"依法保护企业融资行为""正确认定非金融企业借贷合同效力"的精神，原、被告之间的借贷行为应属无效，被告归还原告本金，并赔偿原告相应的资金占用损失，其赔偿损失不高于同期贷款基准利率。

综上，根据《中华人民共和国合同法》第 107 条、第 109 条的规定，判决如下：

被告泸州北方大东化工有限公司在本判决生效后 10 日内偿还原告泸州北方化学工业有限公司借款本金 56 400 000 元并赔偿原告因此而遭受的资金占用损失（2012 年 1 月 1 日前为 15 266 646.95 元；2012 年 1 月 1 日后的损失按中国人

民银行同期贷款利率标准计算，自 2012 年 1 月 1 日起至还清之日止）。

▌案例评析

企业间的拆借从曾经的立法明文禁止到近年来逐渐放宽，司法实践中也在根据不同的借贷实践开始认可借贷合同的效力。但是小微企业之间往往对这一关系的建立缺乏规范性认识，导致没能有效利用这一融资手段，或者在使用过程中操作不规范，最终导致借贷合同被认定为无效。企业间借贷关系往往建立在相互了解、关系密切的基础之上，借贷双方有时候缺少要约形式、拆借资金没有合理运用的问题，容易导致资金风险。借贷双方在合同文本的书写、保管上存在不规范之处，也会导致发生纠纷时无法有效厘清双方的权利义务关系。本案属于拆借合同所涉及内容的合法性影响拆借合同效力引发的纠纷。法院认为双方的协议仅局限于具有投资与被投资关系的双方当事人，且原被告双方签订的借款协议对于利率的约定为同期银行贷款利率，不具有盈利目的，不应属于商业性借贷，借贷行为无效，是正确的判决。

案例 平峰集资诈骗案[1]

▌基本案情

被告人平峰于 2004 年在金华成立了金华市沧澜贸易有限公司，2007 年 8 月 30 日在杭州成立了浙江升平国际贸易有限公司。被告人平峰通过原金华市国信担保有限公司董事长兼总经理盛立先的介绍，以公司经营需要资金周转为由，向盛利河、杜跃群、孙金荣等社会不特定人员非法募集资金，月息 2% 至 6%，所得资金用于归还前期欠款、支付高额利息、炒作期货、港股等。至案发时，被告人平峰共非法募集资金 9600 万元，已归还资金 4075.016 万元，尚有 5524.984 万元资金无法归还。

一审法院认为，被告人平峰违反国家法律法规的规定，非法吸收公众存款，扰乱金融秩序，数额巨大，其行为构成非法吸收公众存款罪，公诉机关指控被告人平峰构成集资诈骗罪、诈骗罪的证据不足。依照《中华人民共和国刑法》第 176 条第 1 款、第 52 条、第 53 条、第 64 条之规定，以非法吸收公众存款罪，判处被告人平峰有期徒刑十年，并处罚金人民币 50 万元；判令扣押在案的奔驰

---

[1] 浙江省高级人民法院刑事判决书（2011）浙刑二终字第 24 号。

轿车、波罗牌汽车由扣押机关依法处置后将所得款项返还被害人，赃款人民币24 400 元由扣押机关返还被害人，不足部分继续予以追缴。

浙江省金华市人民检察院抗诉提出，一审判决对被告人平峰非法集资行为的定性不当，适用法律错误，被告人平峰客观上实施了隐瞒两家公司巨额亏损，严重资不抵债的真相，虚构经营进口燃料油和废变压器铜等资金用途，虚假承诺高额利息回报等行为，集资款实际未用于生产经营及投资活动，致使集资款无法返还，在主观上具有非法占有的故意，其行为构成集资诈骗罪。出庭的检察员亦提出，一审判决对被告人平峰非法集资行为的定性错误，被告人平峰隐瞒公司歇业、亏损，无偿还能力的真相，采取虚构事实、虚假担保，并伪造票据等欺骗被害人，向社会不特定人员吸纳资金，在集资过程中实施了欺诈行为，且借款未用于公司经营，大部分资金用于还债、付息、炒期货、股票及购买高档车辆，具有挥霍行为，其行为构成集资诈骗罪。本案系自然人犯罪，平峰不构成自首。建议二审法院依法予以纠正。

被告人平峰上诉提出，其行为不构成犯罪，要求宣告无罪，即使构成犯罪，也系非法吸收公众存款罪，且属单位犯罪。并称：①其没有隐瞒真相，虚构做进口燃油生意的事实，且与盛立先共同出资管理经营升平公司，没有欺骗盛立先及受害人。②其主观上没有非法占有借款的故意，借款是以公司名义借，用于还本付息及公司正常经营活动。③全部借款情况均系其主动交代，公安机关并未掌握，具有自首情节。平峰的二审辩护人提出，原判定性准确，抗诉书认为被告人平峰的行为构成集资诈骗不符合法律规定，被告人平峰主观上不具有非法占有之目的，客观上没有直接刻意向被害人隐瞒公司亏损、资不抵债的真相及虚夸经营能力，借款是盛立先介绍、洽谈，其仅出面签订合同、打借条，公司经营进口燃料油、废旧钢材、废旧铜及开拓保理业务，集资款主要用于开信用证缴纳保证金，支付到期借款本息和炒期货及公司正常运营，没有携款外逃或挥霍。要求维持一审判决的定性，并在量刑上予以从轻。

经二审法院审理查明，2004 年 3 月 19 日，被告人平峰以自己及沈阳、陈国友名义受让金华市沧澜贸易有限公司（以下简称沧澜公司）全部股份，并任公司法定代表人，2007 年 8 月该公司停业。2007 年 8 月 30 日，平峰在省工商行政管理局登记成立浙江升平国际贸易有限公司（以下简称升平公司）。注册资金人民币 1000 万元，其中，平峰占 51% 股份，赵倩（盛立先之妻）占 49% 股份（股金以向平峰借款的形式投入），平峰系公司法定代表人并实际控制该公司。

2004 年以来，被告人平峰相继负债设立、经营沧澜、升平两家公司，且因经营不善，出现亏损，其间又投资期货、股票严重损失。至 2007 年年底，被告人平峰在资不抵债、无偿还能力的情况下，继续以公司进口燃料油、废金属材料等需要资金调转为由，采取虚假担保，许诺月息2%~6%，并提供伪造的相关资信证明材料，通过原金华市国信担保有限公司董事长兼总经理盛立先（已判）介绍，以上述两家公司或个人名义，先后向盛利河、杜跃群、孙金荣等社会不特定人员非法募集资金，所得资金用于归还前期债务、支付高额利息，并继续投入炒期货、股票及挥霍等。至案发，被告人平峰非法募集资金计人民币8870万元，除以还本金及支付利息形式归还受害人人民币共计4880.6万元外，尚有人民币3989.4万元无法归还。另查明，2007年3月21日，被告人平峰以沧澜公司名义向金华市日普电动车有限公司续借款人民币730万元，期间，沧澜公司尚有经营活动，且陆续已归还人民币700.74万元，主观上不具有非法占有的目的，该笔借款不属诈骗性质。

关于抗诉、上诉理由及辩护意见。经查：（一）关于被告人平峰非法集资行为的定性。（1）证人盛立先的证言证实，被告人平峰向其虚构经营燃料油进出口项目，向其隐瞒了公司亏损真相及集资款用途，骗取其信任，由其出面向各被害人介绍借款并提供担保；涉案受害人分别陈述证实，被告人平峰不仅通过盛立先出面联系、介绍借款、出示相关资信证明、资金用途等书面材料，还直接参与同受害人洽谈借款、签订合同、出具借条等。被告人平峰在公安机关侦查阶段亦供述其和盛立先、被害人说，进口燃料油、废钢轨、电解铜等生意急需资金周转，升平公司一单外贸生意也未做成，其欺骗盛立先公司做外贸生意经营业绩不错，有利润可赚，其编造各种理由，通过盛立先借进资金。公安机关提取的书证证实，被告人平峰从2008年6月始，先后伪造了浙江省迪达进出口有限公司出具的证明升平公司已缴纳迪达公司人民币1.288亿元和1.14亿元保证金的凭证、迪达公司收取保证金的收款收据、"四方协议书"、建设银行的资信证明及信用证、燃油检验单和提单等。上述证据足以证实被告人平峰采用了隐瞒公司经营亏损的真相，虚构做进口燃料油、废金属生意的事实，并提供伪造的证明材料等诈骗方法非法集资。（2）被告人平峰先后借债设立、经营两家公司，沧澜公司因经营亏损，于2007年8月即停业。升平公司成立后，虽联系过一二单进口燃油业务，但均未做成，与中国建行银行浙江省分行、金华立信医药化工有限公司、浙江棒棒门业发展有限公司等做的信用保险国内保理业务，也非公司经营业务范围，且在资金使用上纠纷不断，诉讼缠身。两家公司账面审计反映，沧澜公司在2007年8月停业时即亏损人民币198.5万余元，升平公司截至2008年12月即亏损人民币132.998万余元。公安机关查证的沧澜公司及平峰个人在浙江大地、永安、信达三家期货公司的期货交易，截至2007年

5月，期货交易亏损已达人民币1281万余元。平峰在公司及个人债台高筑，已严重资不抵债，不具有偿还能力的情况下，仍不计后果继续通过盛立先向社会上人员高息募集资金。（3）涉案的非法集资款均是在2008年间所募集或为前期借款结算后续借，升平公司延续沧澜公司业务，从浙江省迪达进出口有限公司退回的沧澜公司原用于交纳开信用证的保证金计人民币3445万元，被用于还本付息或炒期货、股票。2008年9月，升平公司虽委托过杭州叉车进出口公司进口燃油，并缴纳开信用证的保证金计人民币1300万元，但也因故未做成，保证金于同年11月如数退回后亦被用于还本付息或炒期货、股票。显然，被告人平峰所募集的资金并没有真正用于公司经营活动，而是用于还本付息、炒期货、股票等。在公司没有正常经营活动的情况下，平峰采取拆东墙补西墙的方式，用后续集资款归还前期借款及支付高额利息，充分证明平峰明知自己已无偿还能力，仍非法高息集资。（4）平峰在沧澜公司停业、升平公司没有正常经营活动及利润，公司及个人已负债累累，在自己完全不能控制亏损风险的情况下，还不断将大量集资款投入高风险的期货、股票领域。截至案发，沧澜公司、升平公司及平峰个人在期货、股票交易上损失共计人民币2630.25万元。综上，被告人平峰客观上采用了诈骗方法非法集资，主观上具有非法占有集资款的目的，其行为符合集资诈骗犯罪的特征。被告人平峰及辩护人有关上诉理由及辩护意见不能成立，均不予采纳。（二）关于犯罪主体。被告人平峰在侦查阶段供述，以及盛立先等人证言证实，沈阳、陈国友、赵倩分别是两家公司的挂名股东，这些人员均没有真正出资，也不参与公司经营、管理，两家公司均由平峰实际控制。而且，被告人平峰以两家公司名义募集的资金，均系被平峰个人控制、使用。平峰诉称本案系单位犯罪，显与事实及法律规定不符，不予采信。（三）关于自首情节。本案系他人举报在先，公安机关在被告人平峰归案之前，已掌握平峰部分犯罪事实，平峰归案后如实供述涉案的犯罪事实，属交代罪行范畴，且平峰在二审法庭上依然辩解自己无罪，不认为自己犯罪，当不属于自首。平峰及辩护人提出其具有自首情节，无事实依据，均不予采信。

　　本院认为，被告人平峰以非法占有为目的，使用诈骗方法非法集资，其行为构成集资诈骗罪，数额特别巨大并给国家和人民利益造成特别重大损失，应依法严惩。检察机关的抗诉理由及出庭检察员的意见成立，予以采纳。被告人平峰及其二审辩护人分别提出平峰行为不构成集资诈骗罪，要求宣告无罪或维持一审判决认定的非法吸收公众存款罪，并从轻处罚的理由不足，均不予采纳。原审审判程序合法，但定罪及适用法律错误，导致量刑不当，应依法予以改判。依照《中华人民共和国刑法》第192条、第199条、第57条第1款、第59条、

第 64 条,《中华人民共和国刑事诉讼法》第 189 条第 2 项之规定,判决如下:

(1) 撤销浙江省金华市中级人民法院(2010)浙金刑二初字第 17 号刑事判决中第一项,即"被告人平峰犯非法吸收公众存款罪,判处有期徒刑十年,并处罚金人民币 50 万元",维持判决的其余部分。

(2) 被告人平峰犯集资诈骗罪,判处无期徒刑,剥夺政治权利终身,并处没收个人全部财产。

▌案例评析

一般的民间借贷与集资诈骗之间是不同的,具体表现为以下方面:

首先,两者的性质不同。民间借贷的本质是一种合法民事法律行为。而集资诈骗罪不仅侵犯了公私财产所有权,而且侵犯了国家金融管理秩序,是一种金融诈骗行为,应当承担刑事责任。

其次,两者的客观方式不同。民间借贷就是平等主体之间经过平等协商,在诚实信用与意思自治的基础上达成的合意。而集资诈骗罪要求行为人在客观方面使用诈骗方法进行非法集资,行为人要编造谎言,捏造或者隐瞒事实真相,以此骗取他人的资金。

再次,两者的主观目的不同。民间借贷是平等主体之间的借贷行为,其主观上是善意的。而集资诈骗罪要求主观上的故意,要以非法占有为目的。

最后,两者的利率不同。虽然绝大多数的借款人进入民间借贷市场是受高利率的吸引,但这仍和集资诈骗罪之间有着明显的界限。集资诈骗罪由于其非法占有的目的,其采用诈骗手段时往往承诺高出银行同期存款利率十几倍甚至几十倍的利率。但需要注意的是,当民间借贷利率超过法律规定时,也会产生高利贷等违法行为,在特定情形下将会向集资诈骗转化。如使用了诈骗方法向不特定的人募集资金,达到数额较大,由原来的借贷意图转变为后来的非法占有就会触犯集资诈骗罪。本案中,被告人平峰于 2004 年在金华成立了金华市沧澜贸易有限公司,2007 年 8 月 30 日在杭州成立了浙江升平国际贸易有限公司。后以公司经营需要资金周转为由,向盛利河、杜跃群、孙金荣等社会不特定人员非法募集资金,当公司没有正常经营活动及利润,公司及个人已负债累累,在自己完全不能控制亏损风险的情况下,还不断将大量集资款投入高风险的期货、股票领域,其行为属于以诈骗方法非法集资,主观上具有非法占有集资款的目的,符合集资诈骗犯罪的特征,这一系列行为不仅未使得公司经营状况得到好转,也使其自身将承担法律的制裁。

▌防控策略

1. 转换经营机制。一般来说，小微企业规模较小、实力较弱，经营管理者的素质和管理经验不足等因素，导致了小微企业的经营效率较低、竞争力不足、融资和发展受限，许多企业或者个人不愿意将资本拆借给小微企业。而且即便通过民间渠道融通到资本以后，有时也会因为双方对于相关法律制度掌握得不够完善而引发纠纷。这就要求小微企业要建立现代企业组织形式，以现代企业制度来规范自身，并转换经营机制，关注市场发展方向并不断的研发新产品，增强其自身竞争力，规范自身的借贷行为。

2. 规范财务制度。由于小微企业内部机构松散，很多方面都很不规范，财务不规范、财务混乱就是其中一方面，这导致了小微企业信息不对称。因此，小微企业要加强其财务管理水平，规范财务制度。这不仅是获取融资的客观要求，也是小微企业实现良好发展的内在需求，小微企业可以运用会计电算化制度和财务管理机制来规范其财务管理。此外，小微企业要改善其信用状况，从根本上提高融资的效率。

3. 增强无形资产实力。相对来说，小微企业运行机制比较简单，缺乏竞争力，没有无形资产，而无形资产是一个企业实力的象征，同时也是获利的保证。因此，小微企业要加强其无形资产的开发，提高其核心竞争力。如商誉是重要的无形资产，它可以提升顾客的信赖度和忠诚度，在无形之中为企业带来巨大的利润，因此，小微企业要注重无形资产的开发和维护。

4. 在从事企业间拆借行为时应当慎之又慎，选择有良好信誉的借贷对象，且控制好借贷人数，并将多项借款用于约定的用途，在还款期届满时及时将款项归还，防止将民间借贷行为转化为集资诈骗。

三、融资租赁的法律实务与风险防控

（一）融资租赁的基本规则

1. 融资租赁的概念

许多小微企业不明白融资租赁为何物，其本质实际上是通过两个合同搭建起三方当事人之间的买卖、租赁合同。其具体是指：出租人根据承租人的请求，向承租人指定的供货人按承租人同意的条件购买承租人指定的资本货物作为租赁标的，并以承租人支付租金为条件，将该租赁标的的使用权和收益权转让给承租人。

2. 融资租赁的基本法律特征

总体来说，融资租赁是由供货方提供租赁对象，出租方提供资金融通，承

租方选择并使用租赁物,由此可知,其运作过程共涉及以上三方。供货方融资租赁是将贸易及设备更新换代、融资融物融为一体的活动。因此,融资租赁具有以下特征:

(1)融资租赁涉及两个合同,其中的租赁合同由承租方和出租方签订,它确定了出租方的融资收益和承租方的租金总额,另一个为设备购买方与供货方订立的租赁标的物买卖合同。

(2)在融资租赁整个过程中涉及了供货方、出租方与承租方三方,这三方的权利及义务在两个合同中都有所体现。比如在买卖合同中,出租方有支付购买租赁标的物货款的义务,承租方有行使对租赁标的物的选择权。而在租赁合同中,主要体现了出租方收取租金的权利,另一方要负担租赁标的物的赔偿风险。此外,供货方主要是对承租方交付租赁标的物负担责任,承租方拥有相当于买受人的权利。

(3)融资租赁不仅有融资的属性,也拥有融物的属性。融资属性体现在出租方运用闲置资金对承租方选择的设备进行购买并交付承租方使用,在规定期间内,承租方交付租金给出租方作为对其购买行为以及自己使用设备的补偿。融物属性体现在对于供货方而言,通过融资租赁使得租赁标的物从供货方向承租方转移,可以促进商品的销售,而且通过这种新型的促销方式可以更好地参与市场竞争,提高其竞争力。

(4)融资标的物的所有权以及使用权是分离的。在经济意义上,承租方有租赁标的物的使用权,而出租方在法律意义上对租赁标的物有所有权。承租方在租赁合约期满时,通常会以三种形式对租赁标的物进行处理:留购、续租或退租。然而大部分承租方为了获得对租赁标的物的固定资产投资,会以一定的价格获取对其的所有权。

3. 融资租赁的基本程序

(1)选定租赁物件。小微企业根据本身的生产和销售的需要,确定本企业所需要的设备,然后根据对市场中该种设备的具体了解,选定有关的供货人或者制造厂商并协商与设备相关的品种、型号、规格、性能、交付时间等,并协商好价格。

(2)与租赁公司协商。小微企业将与供货人或者制造厂商拟租用设备的详细情况,以及准备租用的期限等,向租赁公司提出,并要求租赁公司提供租赁费的估价单,同时,了解租赁公司主要的有关租赁条件。这样小微企业对于融资租赁的基本情况有一个基本的预期,然后决定是否与该公司进行租赁的预约。

(3)资信审查。租赁公司接受企业的预约租赁后,一般会要求承租人提供经国家规定的审批单位批准并纳入计划的项目批件和可行性研究报告，以及经租赁公司认可、由担保单位（如承租人的开户行）出具的对承租人履行租赁合同的担保函。同时，租赁公司为了估算出租的风险程度和判断承租人偿还租金的能力，还要求承租人提供本企业的资产负债表、企业经营书和各种财务报表。

（4）签订合同。租赁公司经过一番调查研究后，认为企业资信符合承租条件，就可以与企业签订正式租赁合同。

（5）订购租赁物件。《合同法》第 239 条规定："出租人根据承租人对出卖人、租赁物的选择订立的买卖合同，出卖人应当按照约定向承租人交付标的物，承租人享有与受领标的物有关的买受人的权利。"由此，签订买卖合同的双方为租赁公司和出卖人（供货人），一般承租人会副签，并实际享有与受领标的物有关的买受人权利。

（6）交付租赁物。供货商直接将租赁公司订购的设备按照合同约定的交付期间交付给承租人，并同时通知租赁公司。

（7）接收并检验租赁物。承租人收到供货商交付的设备后，应当及时进行检验，并做正式验收，把验收情况按期通知租赁公司，租赁合同有效期间也开始计算。

（8）支付货款。租赁公司根据与供货人的买卖合同约定，在收到承租企业验收合格通知后，随即应当向供货人支付货款。

（9）租金支付。承租企业在租赁设备验收合格后，应当根据与出租人之间租赁合同的约定，按期向租赁公司支付租金。《合同法》第 248 条规定："承租人应当按照约定支付租金。承租人经催告后在合理期限内仍不支付租金的，出租人可以要求支付全部租金；也可以解除合同，收回租赁物。"

（10）办理保险。租赁公司一般为了防止租赁物件在使用期间发生意外事故引发巨大经济损失，会向保险公司投保。

（11）维修保养。在租赁期内有关租赁设备的维修保养，根据不同租赁合同的类别，有不同的规定。有的由承租人负责，有的由出租人负责。《合同法》第247 条规定："承租人应当妥善保管、使用租赁物。承租人应当履行占有租赁物期间的维修义务。"由此，一般情形下，如果租赁合同未明确约定，应当由承租企业承担维修保养义务。

（12）租赁物在租赁合同届满后的归属。《合同法》第 250 条规定："出租人和承租人可以约定租赁期间届满租赁物的归属。对租赁物的归属没有约定或者约定不明确，依照本法第六十一条的规定仍不能确定的，租赁物的所有权归出租人。"由此，租赁物最终的归属可以通过如下渠道解决：

一是双方当事人在租赁合同中明确约定由哪一方所有。

二是如果没有约定或者虽然合同约定并不明确，则会归属于出租人。

三是租赁公司将物件收回。上述《合同法》第248条的情形，如果因为承租人支付租金不符合约定合同被解除，将导致出租人将租赁物收回。

（二）融资租赁可能存在的法律风险

1. 企业保证担保的法律风险

根据《中华人民共和国商业银行法》（以下简称《商业银行法》）的规定，除经商业银行审查、评估，确认借款人资信良好，确能偿还贷款，可以不提供担保的情况之外，借款人在借款时应当提供担保。在实践中，信用贷款的优惠一般不可能落到小微企业身上。小微企业在刚起步时往往急需资金又无足够的资产可供抵押，通过各种途径获得其他有担保能力的保证人（一般是保证企业）的担保成为唯一的可选路径。同时，银行是否认可此种担保也成为企业能否获得资金的关键。此处蕴涵着两个法律风险：一是互保法律风险。在商业担保机构缺位的条件下，小微企业获得其他企业提供担保的条件基本上是同等地为对方企业的融资提供担保。一旦担保企业出现信用危机，将不可避免地把借款企业卷入其中。小微企业通过这种保证担保获得融资，除承担了自身的经营风险之外，还需要额外承担担保企业的经营和信用风险。二是受迫保证法律风险。银行面对小微企业处于优势地位，因此，小微企业在申请贷款时，有时会被要求给银行的某个经营状况不良好的客户企业提供担保，申请贷款企业为顺利获得贷款不得不提供此类担保。虽然受胁迫是合同可撤销的事由之一，但是企业收集证据十分困难，此种风险较之互保法律风险危害更大。

2. 企业抵押担保的法律风险

小微企业发展到一定规模后，有了可供抵押的担保资产，就可以自主选择放弃保证的担保方式，以避免陷入互保的法律风险。但对小微企业来说，抵押担保本身也蕴涵着相当的法律风险。商业银行提供贷款时，为确保债权的实现，总是尽可能地将更多的财产纳入抵押财产的范围，并对抵押物评估值进行打折。这样企业获得的贷款数额往往大幅低于抵押财产的实际价值。此外，小微企业的一个重大特点是处于发展、积累的状态，企业对其某个房地产（主要是厂房、办公楼）或建设用地使用权设定抵押权后，又可能在该抵押物上新增建筑物。在实践中，银行会利用其优势地位，要求企业以出具承诺函的方式，承认银行在全部价款中优先实现其债权。银行单方面要求将其对企业抵押物之外的财产的平等受偿权变更为优先受偿权显然使企业面临受损害的可能。

案例　甲公司诉闫某等融资租赁合同纠纷案 [1]

▌基本案情

2008 年 3 月 24 日，甲公司与闫某签订《融资租赁合同》，约定甲公司根据闫某的选择向乙公司购买某型号的挖钻机一台出租给闫某使用，租赁期限为 3 年，租金总价 6 102 004 元（含租赁保证金 499 000 元）。另约定，如有证据表明承租人无法支付租金，出租人单方解除合同的，回购价格为租赁合同解约前全部未付租金总额减去甲公司已经收取的租赁保证金数额。承租人所支付的款项和租赁保证金款项按照以下顺序清偿所欠出租人的债务：各项费用、罚息、租金。

2008 年 4 月 11 日，甲公司与乙公司签订《租赁合作协议》。同日，甲公司与乙公司、丙公司签订《回购担保合同》，约定：融资租赁合同生效后，承租人单笔逾期超过 10 日或累计超过 60 日未支付租金的，回购条件成就，乙公司、丙公司应无条件将全部回购价款在甲公司发出书面《回购通知》后 20 个工作日支付给甲公司。回购价格为《租赁合作协议》全部未付租金总额减去甲公司已收取的租赁保证金数额。

2008 年 4 月 25 日，甲公司与乙公司签订《补充协议》，约定乙公司向甲公司支付 499 000 元用作承租人闫某融资租赁业务的回购保证金。

后因闫某拖欠租金，乙公司、丙公司亦未履行回购义务。甲公司遂诉至法院，要求闫某支付租金 4 513 531 元及罚息 501 835.24 元（已抵扣闫某支付的保证金 499 000 元）；乙公司、丙公司支付全部回购价款 3 515 531 元（即闫某所欠租金 4 513 531 元 – 闫某已支付的租赁保证金 499 000 元 – 乙公司已支付的回购保证金 499 000 元）。

法院认为：《租赁合作协议》《回购担保合同》以及《融资租赁合同》均系各方当事人的真实意思表示，应属有效。甲公司按约购买租赁设备，并交付闫某验收，已履行了合同约定的义务。闫某承租设备后，未按约支付租金，违反了合同约定的付款义务，已经构成违约。甲公司要求按《融资租赁合同》的约定，由闫某支付全部剩余租金及迟延付款利息的诉讼请求，合法有据，应予支持。

本案中承租人闫某拖欠租金未付的事实已经各方当事人确认，《回购担保合同》中约定的回购条件已经成就，故甲公司有权提起诉讼，要求乙公司、丙公

---

〔1〕　上海市第二中级人民法院（2012）沪二中民六（商）终字第 30 号商事判决书。

司共同承担回购义务。回购金额应根据《回购担保合同》约定的"租赁合同全部未付租金总额减去甲公司已经收取的租赁保证金数额"予以计算。本案中，闫某交付了租赁保证金 499 000 元，乙公司也支付了 499 000 元的回购保证金，以保证回购义务的履行。现回购条件已经成就，甲公司自愿以承租人未付租金总额 4 513 531 元减去租赁保证金 499 000 元及回购保证金 499 000 元后计得的金额 3 515 531 元，向乙公司及丙公司主张回购价款，并无不当，应予支持。

上海市黄浦区人民法院于 2012 年 12 月 16 日作出（2010）黄民五（商）初字第 2736 号民事判决：一、闫某支付甲公司剩余租金 4 513 531 元及罚息 501 835.24 元，并偿付相应的迟延罚息；二、乙公司、丙公司支付甲公司回购价款 3 515 531 元；三、若闫某、乙公司、丙公司中任何一方履行了上述判决主文中相应的给付义务，则其他当事人相对于甲公司相应的给付义务予以免除。判决后，丙公司提起上诉。上海市第二中级人民法院于 2012 年 3 月 19 日作出（2012）沪二中民六（商）终字第 30 号终审民事判决：驳回上诉，维持原判。

▌案例评析

本案涉及近年来新兴的回购型融资租赁业务，牵涉到出租人、承租人、出卖人、回购人等四方主体的不同权利义务，其中回购价格的确认又是该类型案件的难点。本案涵盖了租赁保证金、回购保证金等回购型融资租赁业务中常见的保证金，每种保证金处理的争议点较多，进而引发回购价格计算的问题。法院从合同相对性、保证金支付依据条款、融资租赁交易习惯、商事交易习惯、合同的目的等方面进行综合考量，对保证金性质合理甄别，准确处理争议点，计算出较为公平适当的回购价格，对于我们认识融资租赁这一手段以及在实务中发生纠纷时如何处理相关问题具有重要的借鉴意义。

▌防控策略

小微企业应善于利用融资租赁这一新的融资方式，积极解决所面临的融资难题。

为此，小微企业应不断提高自身法律修养。

第一，小微企业应转变过去落后的融资观念，多渠道筹集资金。要从根本上认识到通过使用资产同样可以创造利润，融资租赁可以给企业带来大量的中长期资金。只有领悟到融资租赁的特点与实质，充分了解融资租赁的功能和作用，才能积极地采用这一方式去筹集资金。

第二，慎重决策。国际金融危机对实体经济的影响远未结束，面对这一挑战，小微企业应仔细分析自身的优势和劣势，找准其在产业链中的位置，制定企业中长远发展规划并适时作出正确的融资租赁决策。

第三，要加强管理，规范操作。小微企业对融资租赁比较陌生，一旦决定实施融资租赁，必须寻求专业咨询和专家指导。在充分占有信息、资料的前提下，合理选择租赁公司，正确计算租金和税费，科学规划未来收益和投资报酬率，以求取得较好的财务效应。

四、债券融资的法律实务与风险防控

我国债券市场近些年来相对活跃，企业通过发行债券能在一定程度上解决企业资金的需求问题。但是债券市场条件相对苛刻，小微企业经营困难多、稳定性差、风险高、规模小及信用等级上的缺陷，很难以单一主体的方式进行债券融资。而集合债券的"抱团"形式，正好为突破这一点提供了有效途径。

（一）集合债券含义及发行机制

集合债券也称联合债券，是由多个中小微企业共同构成发债主体，由政府等相关人牵头，各个中小微企业根据自己的融资需求确定相应的证券发行额度，采用联合债券的形式，使用统一的债券名称，形成一个总的发行额度向投资人发行的约定到期还本付息的一种企业债券形式。由于集合债券具有提高企业知名度、简化审批程序、政府及相关部门的支持、提升信用等级、融资成本相对较低、风险分摊主体的增加等优势，是一种缓解小微企业债券融资困难的创新结构化债券融资新产品。

案例　新疆建设兵团第七师发行小微企业增信集合债券的基本情况[1]

▌基本案情

2015 年 4 月 30 日，"2015 年第七师国有资产经营有限公司小微企业增信合债券"成功发行，并在发行结束后 1 个月内，发行人将向有关证券交易场所或其他主管部门提出上市或交易流通申请。其基本情况如下表所示：

〔1〕　2015 年第七师国有资产经营有限公司小微企业增信集合债券募集说明书［EB/OL］，中国债券信息网，http://www.chinabond.com.cn/jsp/search Engine/search Result – Page.jsp。

发行人	第七师国有资产经营有限公司
债券名称	2015 年第七师国有资产经营有限公司小微企业增信集合债券
发行总额	人民币 5 亿元
债券期限	4 年期，第 3 年末附发行人调整票面利率选择权和投资者回售选择权。
债券利率	采用固定利率形式，票面利率 6.42%，利率根据公告日前 5 个工作日一年期 Shibor 基准利率的算数平均值加上基本利差确定。
担保情况	无担保
信用级别	经中诚信国际信用评级有限公司综合评定，本期债券的信用级别为 AA，发行人主体信用级别为 AA。
纳入合并报表范围的主要控股子公司	共 8 家，分别是：奎屯市诚信融资性担保有限公司；新疆锦棉种业科技股份有限公司；奎屯锦疆化工有限公司；新疆天北城市建设投资有限公司；奎屯锦瑞祥典当有限公司；新疆锦龙电力有限公司；克拉玛依五星经济发展有限责任公司；奎屯诚信产权交易有限公司

（二）小微企业集合债券融资的法律风险分析

小微企业受宏观经济政策的影响较大，资金的兑付风险较高，加之信用主体的状况迥异，这使得小微企业集合债券的违约风险很大。小微企业在向外部融资时，很难提供其信用水平的信息，这很容易在经理人和投资人之间引发道德风险，有造成企业信用主体的违约可能。由于集合债券的各发行主体的信用及偿债能力差异很大，存在着相依违约风险的可能，即有一家企业违约，就可能出现数家企业同时违约的风险。

案例

江苏浩明光电科技股份有限公司诉江苏苏辉晶源担保有限公司等保证合同纠纷案 〔1〕

▌基本案情

原告诉称：原告与被告苏辉公司因保证金合同产生纠纷，后双方于 2012 年 12 月 6 日达成和解协议书，约定原告支付被告苏辉公司保证金 200 万元，被告苏辉公司按每年 3% 收益支付给原告，被告还自愿支付原告此次发行 2000 万元企业债权中 200 万元的相关所有费用，具体数额据实计算，该费用由被告苏辉

---

〔1〕 江苏省高邮市人民法院（2014）邮商初字第 0125 号民事判决书。

公司在支付收益时一并支付给原告。同时协议还约定由被告钱小鸣自愿为被告苏辉公司返还保证金200万元及收益、相关费用以及实现债权的一切费用承担连带责任保证。被告方琳与被告钱小鸣系夫妻关系，且被告钱小鸣、方琳为苏辉公司的两股东。上述协议签订后，原告按约支付了保证金200万元，然而至2013年8月份，被告苏辉公司按约应支付收益及相关费用时，被告未能按时支付，原告多次催要未果，且原告发现被告苏辉公司经营不善，已被数十家单位起诉，现原告要求被告苏辉公司返还200万元保证金或将该保证金存入银行保证金专有账户，支付原告收益及相关费用38.7万元（计算至2014年4月11日，逾期顺加），被告钱小鸣、方琳对此承担连带责任，诉讼费、保全费由3被告承担。

被告苏辉公司、钱小鸣、方琳共同答辩称：被告方琳作为本案被告不适格，方琳仅是苏辉公司聘请的法定代表人，被告苏辉公司与原告之间的关系，与方琳本人无关。原告申请查封被告方琳名下的房产和银行账户缺乏事实和法律依据，担保人钱小鸣虽然与方琳是夫妻关系，但作为担保人的利益的享受者是苏辉公司，而非钱小鸣或者方琳本人，依据婚姻法司法解释和公司法的相关规定，该笔债务不能作为夫妻的共同债务，方琳保留追诉因此行为产生的损失的权利。原告的诉求条件没有成立，原告方没有完全履行双方当事人之间的合同担保义务，双方约定期限未到，所以原告无权提起本案的诉求，而原告提出的把保证金存入专有账户的行为是一种行政行为，可以申请上级主管机关来协调，请求法院按照上述事实和相关规定进行裁判。

经审理查明：2011年12月13日，原告与被告苏辉公司签订委托反担保合同1份，约定被告苏辉公司根据原告的委托及所附文件资料，同意为原告因发行债券向江苏省信用再担保有限公司提供反担保，债券反担保金额为人民币2000万元，期限为6年，原告同意按所发行债券金额的30%比例将资金存入被告苏辉公司账户，作为履行主合同及本合同项下义务的风险保证金。2012年8月6日，宏源证券股份有限公司北京承销保荐分公司对被告发行的2000万元债券在扣除733 945元的承销费后，将剩余的19 266 055元汇至原告公司账户。后原告与被告苏辉公司因保证金的支付发生纠纷，2012年10月9日被告苏辉公司将原告诉至扬州市邗江区人民法院，后经扬州市邗江区人民法院主持调解，双方达成调解协议。2012年12月6日，双方针对调解书以及2011年12月13日签订的委托反担保合同有关内容再次磋商达成协议，作为双方实际履行的依据，协议约定：原告与被告苏辉公司一致同意将民事调解书中的400万元保证金调整为200万元，原告支付被告保证金200万元，该保证金200万元按每年3%的收益由被告在每满1年度（从债券款到原告账户之日起计算）结算并支付给原告方，该保证金200万元在2012年12月13日前由原告方支付给被告苏辉公司。上述保证金200万元由被告苏辉公司归还原告的时间为原告偿还主债务2000万元时，被告苏辉公司同时返还给原告。被告苏辉公司自愿支付原告此次发行的2000万元企业债券中的200万元的相关所有费用（包括债券利率、发行费用及其他平均费用等），具体数额据实计算，该款支付时间同保证金收益支付时间一致。被告钱小鸣自愿为保证金200万元的返还及收益、债券发行相关费用向原告承担连带保证责任，担保范围为保证金、收益、债券发行相关费用及包括实现债权费用在内的一切损失费，担保期限为主债务履行期届满之日起2年。被告钱小鸣与被告方琳系夫妻关系，双方于2010年8月9日登记结婚。2012年12月13日，原告按约将200万元保证金支付给被告苏辉公司，但被告苏辉公司并未将该200万元保证金存入保证金专有账户，而是与公司一般账户款项一起混用。截至2013年8月原告为发行2000万元债券共花费1 349 217元，其中包括审计费116 650元、评级费6万元、评级公告费1万元、律师费2万元、中小债公告费6422元、发行债券承销费733 945元、担保费40万元、手续费2200元。原告发行的2000万元的债券从2012年12月13日至2013年12月12日产生债券利息1 430 071.5元，从2013年12月13日至2014年2月23日产生债券利息282 082.2元。后原告按照约定要求被告支付200万元保证金收益及相关费用，但被告一直未能给付。

原告为证明自己的主张提供了相应的证据材料：

1. 2012年12月6日双方签订的和解协议书一份，证明被告苏辉公司收取原告200万元保证金，协议对被告苏辉公司应支付原告的收益、相关费用以及被告钱小鸣承担连带责任进行了约定；

2. 扬州市邗江工商局出具的企业登记资料查询表一份，证明被告苏辉公司是适格的主体，公司的注册资本为5988万元，被告钱小鸣、方琳为该公司的股东；

3. 南京市鼓楼区民政局婚姻登记处出具的婚姻登记信息一份，证明被告钱小鸣、方琳为夫妻关系；

4. 中国工商银行业务委托书回执一份，证明原告已经支付200万元保证金给被告苏辉公司，但被告苏辉公司未将该保证金存入银行保证金专有账户；

5. 关于原告发行2000万元债券相关的所有费用（包括债券利率、发行费用及其他费用）的清单以及后附的中兴华富会计师事务所有限责任公司出具的发票5份、江苏冠文律师事务所出具的发票一份、鹏元资信评估有限公司出具的发票2份、上海证券报出具的发票一份、宏源证券股份有限公司北京承销保荐分公司出具的发票一份、苏辉公司出具的发票2份、江苏信用再担保有限公司扬州分公司出具的发票2份、中央国债登记结算有限责任公司出具的发票2份、中国光大银行电汇凭证2份、中央国债登记结算有限责任公司证券代理付息/兑付完成确认书一份、2012年扬州市中小企业集合债券付息通知一份，证明被告从2012年12月13日至2013年12月12日应支付2000万元债券相关费用中200万元的费用134 921.7元、债券利息为143 007.15元，相关收益费用为6万元，另从2013年12月13日至2014年2月23日应支付债券利息28 208.22元；

6. 关于要求立即履行合同义务的函一份，以及邮寄该函件的证明一份，证明原告发书面函给被告苏辉公司，要求其按约履行支付义务；

7. 由原告公司的何总通过手机分别于2014年1月27日、28日、30日分别发短信给被告公司的钱小鸣，要求被告苏辉公司将债券相关费用及收益即时支付给原告公司；

8. 融资性担保业务监管部际联席会议融资担保法2012（1）号文件一份，证明融资性担保机构应当将收取的客户保证金全额存放于在银行金融机构开立的"客户担保保证金账户"实行专户管理，不得与基本账户、一般账户等其他账户混用，收取的保证金用途仅限于合同约定的违约代偿，严禁将客户保证金用于委托代管，投资等其他用途；

9. 宏源证券股份有限公司于2012年8月6日将债权款2000万元汇入原告账户的凭证一份，证明按照和解协议双方约定了债券收益及相关费用从2012年8月6日起算；

10. 凤凰网、新浪网上关于2012年扬州市中小企业集合债券获准发行的有关内容，证明包括原告在内的本次债券发行主承销商为宏源证券股份有限公司，信用评级报告公司为鹏元资信评估有限公司，出具法律意见书单位为江苏冠文律师事务所，另要求有担保人，而实际上该债券发行由江苏省信用再担保有限公司担保，反担保公司为江苏苏辉晶源担保有限公司；

11. 中兴华富会计师事务所有限责任公司江苏分所出具的证明一份、2014年7月1日鹏元有限公司出具的证明一份、2014年7月1日江苏冠文律师事务所出具的说明函一份、上海证券报社与原告签订的认刊合同书一份、扬州中小企业至江苏省信用再担保有限公司及江苏苏辉晶源担保有限公司付款确认书一份、宏源证券股份有限公司与扬州市中小企业签订的承销协议及补充协议各一份，以上证据共同证明原告向法庭提供相关审计费、律师费、担保费、评级公告费、发行债券成交费相关票据，是为2012年8月原告发行中小企业集中债券所需费用，也就是原、被告双方在和解协议中约定的发行债券的相关费用及相关利息；

12. 宏源债券股份有限公司在网站上对各家企业总的发行债券金额的通知1份；

13. 2014年8月原告向扬州市邗江区人民法院调取的苏辉公司诉讼及执行情况一览表，证明被告苏辉公司自2013年至2014年8月在扬州邗江法院作为被告及被执行人总标的额为6000多万元，其中执行的标的额为4000万元，另被告钱小鸣、方琳在该院因民间借贷而被诉讼，其标的额为891万元；

14. 本案诉讼中原告向法院申请对3被告采取保全措施时，法院对三被告的冻结、查封情况，在查封中被告苏辉公司账户无任何余额，被告钱小鸣、方琳的账户仅冻结了20多万元，钱小鸣的房产虽然价值700多万元，但抵押贷款也有700多万元，方琳的房产也被抵押，因此，苏辉公司已无财产可供执行，方琳、钱小鸣的财产已不足以承担保证责任。证据12、13共同证明三被告都不能按照合同约定履行合同义务。

经质证被告对证据1～11的真实性没有异议，但对证据3的关联性提出异议，认为被告方琳不应当承担保证责任，对证据5的关联性有异议，认为不能证明原告上述费用是发行债券的费用，对证据12的真实性、合法性、关联性有异议，认为不能直接证明相关费用的构成。对证据13、14的真实性没有异议，但对关联性有异议，认为被告苏辉公司与原告签订了担保协议，期限为6年，目前返还保证金条件还没有成熟。

被告为证明自己的主张提供了下列证据：

15. 2012年被告苏辉公司与原告为保证金纠纷经扬州市邗江区人民法院调解达成的调解书一份；

16. 被告苏辉公司与原告之间的反担保合同一份，上述证据1、2结合原告方提交的和解协议书共同证明在原告方未偿还主债务前不得要求被告返还200万元的保证金，协议书中也没有约定要将200万元存入银行保证金专有账户，所以对原告请求不予认可。

经质证，原告对被告提交的上述证据的真实性没有异议，但认为其并不能证明被告的主张。

对于原、被告双方所举证明，本院认定如下：对于证据1、2、4、8，被告方并无异议，本院依法认定其证明力；对于证据3，本院对其真实性予以认定，同时该证据证明被告方琳与钱小鸣系夫妻关系，与认定本案中涉及的保证责任是否系夫妻共同债务有一定关联，故对关联性本院予以认定；对于证据5、6、

7、9、10、11、12，原告方所举上述证据主要证明其主张的保证金收益及发行债券的相关费用是合理的，审理中被告方对原告主张的保证金收益、发行债券费用、债券利息已经认可，故本院对上述证据的证明力予以认定；对于证据13～16，本院对其真实性、关联性予以认定，对于其能否证明原、被告的主张，在"本院认为"部分将予以分析。

审理中原告主张保证金收益，以200万元保证金为基数乘以3%，即主张6万元；对于债券发行费用、债券利息，原告依据双方和解协议的约定，对截至2013年12月12日发行2000万元债券产生的费用以实际发生的金额1 349 217元乘以10%，即主张134 921.7；对于2000万元债券利息原告实际主张为：2012年12月13日至2013年12月12日债券利息为1 430 071.5元，被告承担其中的10%即143 007.15元；2013年12月13日至2014年2月23日债券利息为282 082.2元，被告承担其中的10%即28 208.22元；上述费用合计171 215.37元（算至2014年2月23日，其余的原告在本案中并未主张）。对于逾期利息，原告方在本案中不再主张。对于原告主张的上述费用，被告均无异议，但认为原告要求返还200万元保证金条件未成就，按照规定可以要求将保证金存入保证金账户上。审理中经本院询问，原告建议将保证金账户设立在中国光大银行扬州分行，被告陈述如果原告的该项诉求能够得到支持，被告对于原告方的建议没有异议。审理中，被告对钱小鸣在本案中承担连带保证责任没有异议，但认为被告方琳不是本案的适格被告，不应当承担连带保证责任。

法院审理后认为：原告与被告苏辉公司签订的反担保合同、和解协议书，是双方当事人的真实意思表示，合法有效，双方应按上述合同、协议的约定及相关法律规定享有权利、承担义务。根据反担保合同以及和解协议书的约定，被告返还原告200万元保证金的时间应为原告偿还2000万元企业债券时，审理中原告提出被告苏辉公司已债务累累，在担保到期后，实际没有能力来履行返还200万元保证金的义务，两保证人亦无资产履行保证义务，认为原告有权行使不安抗辩权，要求被告返还200万元保证金或者打入保证金特定账户。对此本院认为，200万元的保证金是被告为原告发行2000万元债券提供的反担保，因原告发行的2000万元债券尚未偿还，被告实际还在承担着反担保责任，故本院对原告要求被告返还200万元保证金主张不予支持，但被告公司作为融资性担保机构收取客户保证金，用途应限于合同约定的违约代偿，收取的保证金应全额存放于银行业金融机构开立的"客户担保保证金"账户，实行专户管理，不得与基本账户、一般账户等其他账户混用。本案中，被告在收取了原告的200万元保证金后，并未对保证金进行特定化，违反了相关管理规定，故本院对原告要求将 200 万元保证金存入银行专有账户的主张予以支持，被告苏辉公司应在中国光大银行扬州分行设立保证金专有账户并将原告支付的 200 万元保证金存入该账户。对于原告主张的 200 万元保证金的收益 6 万元、发行债券费用134 921.7元、债券利息171 215.37 元（自 2012 年 12 月 13 日至 2014 年 2 月 23日），原告方提交了充分的证据予以证明，被告亦无异议，本院依法予以支持。对于逾期利息，在本案中原告自愿放弃不再主张，本院予以认可。被告苏辉公司应给付原告浩明公司上述费用合计 366 137.07 元。对于原告主张被告钱小鸣、方琳对苏辉公司的上述义务承担连带责任，因被告钱小鸣对自身承担连带责任并无异议，本院对此予以支持，同时被告钱小鸣与被告方琳于 2010 年 8 月 9 日登记结婚，双方均为苏辉公司的股东，其中被告方琳为公司法定代表人，被告钱小鸣在两人婚姻存续期间与原告签订了和解协议书，并对被告苏辉公司应履行的义务承担连带责任保证，该担保之债系夫妻一方或双方出于共同从事经营活动所负的债务，应认定为夫妻共同债务，据此，方琳亦应对被告苏辉公司所负义务承担连带责任。

综上，判决如下：

一、被告江苏苏辉晶源担保有限公司于本判决生效之日起 10 日内在中国光大银行扬州分行设立保证金专有账户并将原告支付的 200 万元保证金存入该账户。

二、被告江苏苏辉晶源担保有限公司于本判决生效之日起 10 日内一次性给付原告 200 万元保证金的收益、债券发行费用、债券利息合计 366 137.07 元。

三、被告钱小鸣、方琳对被告江苏苏辉晶源担保有限公司上述所负义务承担连带责任。

四、驳回原告其他诉讼请求。

▌案例评析

本案是一起因企业发行集合债券而引起的担保合同纠纷。一般情形下，因为小微企业规模较小、资本实力较弱，在发行债券时均要求有银行或者大型企业的担保，才能依法开展发行债券。而本案中原告浩明公司发行债券，就是由江苏省信用再担保公司提供担保。这是该案件中前期发生的第一个担保合同法律关系。后原告又与被告苏辉公司签订委托反担保合同一份，约定由被告苏辉公司根据原告的委托及所附文件资料，为原告因发行债券向江苏省信用再担保有限公司提供反担保，债券反担保金额为人民币 2000 万元，期限为 6 年，原告将所发行债券金额的 30% 比例将资金存入被告苏辉公司账户，作为履行主合同及本合同项下义务的风险保证金。这是本案中发生争议的第二个担保合同法律关系。后双方因为保证合同发生纠纷，于 2012 年 12 月 6 日达成和解协议书，约定原告支付被告苏辉公司保证金 200 万元，被告苏辉公司按每年 3% 收益给原告，同时协议还约定由被告钱小鸣自愿为被告苏辉公司返还保证金 200 万元及收益、相关费用以及实现债权的一切费用，并承担连带保证责任。此时，原告浩明公司与被告苏辉公司双方的担保债权债务关系标的额由以前的 400 万元变为 200 万元，债权到期日为原告归还其发行债券所融资本 2000 万元时。同时，本案的标的由被告钱小鸣承担连带保证责任。后原告按照约定要求被告支付 200 万元保证金收益及相关费用，符合合同的履行要求，但是其没有依照合同约定履行发行公司债券所承担的债务，不符合担保合同约定。所以虽然原告提出被告苏辉公司已债务累累，在担保到期后，实际没有能力来履行返还 200 万元保证金的义务，两位保证人亦无资产履行保证义务，也并不能根据《合同法》第 69 条的规定，要求被告苏辉公司承担返还保证金的责任，因为该条规定：应当先履行债务的当事人，有确切证据证明对方有下列情形之一的，可以中止履行：①经营状况严重恶化；②转移财产、抽逃资金，以逃避债务；③丧失商业信誉；④有丧失或者可能丧失履行债务能力的其他情形。当事人没有确切证据中止履行的，应当承担违约责任。而本案中原告浩明公司本身是由被告苏辉公司提供担保的，其承担了返还债务责任后才能要求被告返还保证金，否则不具有相对应的权利。但是，不能忽略的是在发行债券的过程中每一个环节的行为都应当按照法定程序规范运作，本案中，被告公司作为融资性担保机构收取客户保证金，其用途应限于合同约定的违约代偿，收取的保证金应全额存放于银行业金融机构开立的"客户担保保证金"账户，实行专户管理，不得与基本账户、一般账户等其他账户混用。但是明显在本案中，被告在收取了原告的 200 万元保证金后，并未对保证金进行特定化，违反了相关管理规定，行为不合法，法院予以纠正是正确的做法。另外，值得注意的是企业在从事发行债券等重大法律行为时一定要保管好相关的法律文本、文件，例如，本案中原被告双方为证明案件的基本事实和自己的法律主张均提供了一系列规范的法律文本，这对于发生纠纷时有效理清双方法律关系、支持己方诉请有着巨大的作用。例如原告所列举的第 13 项证据：中兴华富会计师事务所有限责任公司江苏分所出具的证明一份、2014 年 7 月 1 日鹏元有限公司出具的证明一份、2014 年 7 月 1 日江苏冠文律师事务所出具的说明函一份、上海证券报社与原告签订的认刊合同书一份、扬州中小企业至江苏省信用再担保有限公司及江苏苏辉晶源担保有限公司付款确认书一份、宏源证券股份有限公司与扬州市中小企业签订的承销协议及补充协议各一份，以上证据共同证明原告向法庭提供相关审计费、律师费、担保费、评级公告费、发行债券成交费相关票据，是2012年8月原告发行中小企业集中债券所需费用，也就是原被告双方在和解协议中约定的发行债券的相关费用及相关利息。这些对于计算双方的争议标的额有非常积极的作用，也是证明自己行为合法的重要证据。

█ 防范策略

1. 合理利用发行规则，灵活设计，提高募集资金利用率

由于小微企业发行集合债券过程中，参与主体较多，一次发行需要参与的部门、准备材料也较多、经历程序也比较复杂。因此在准备发行时，在符合要求的前提下尽可能地加大发行额度，增长债券期限。但这样做又不可避免地会出现与企业资金的实际需求规模、期限不匹配的问题。因此，在发行准备工作时，科学预测企业的资金需求规模和期限，尽量做到需求与发行相匹配。

2. 审慎制订债券条款

企业债券作为一种有价证券，实际记载的是发债企业与债券购买人之间的一种债权债务关系，该债权债务关系的具体内容取决于债券条款的规定。《企业债券管理条例》第6条规定，企业债券的票面应当载明下列内容：①企业的名称、住所；②企业债券的面额；③企业债券的利率；④还本期限和方式；⑤利息的支付方式；⑥企业债券发行日期和编号；⑦企业的印记和企业法定代表人的签章；⑧审批机关批准发行的文号、日期。

而实践中这些条款制订得不规范，将直接影响企业融资的成败和效率。而大多数小微企业欠缺该类方面的专业知识和操作技能，这就需要其聘请专业人士审慎制订。

3. 防止犯罪行为的发生

《企业债券管理条例》第11条第1款规定："企业发行企业债券必须按照本条例的规定进行审批；未经批准的，不得擅自发行和变相发行企业债券。"《刑法》第179条规定："未经国家有关主管部门批准，擅自发行股票或者公司、企业债券，数额巨大、后果严重或者有其他严重情节的，处五年以下有期徒刑或者拘役，并处或者单处非法募集资金金额百分之一以上百分之五以下罚金。单位犯前款罪的，对单位判处罚金，并对其直接负责的主管人员和其他直接责任人员，处五年以下有期徒刑或者拘役。"因此，小微企业在发行企业债券时必须按照法定程序报请有关部门批准，规范操作发行。另外，需要注意的是，擅自发行企业债券（包括股票）属于违法犯罪行为，既包括不符合发行条件且未经

批准而发行的行为，也包括符合发行条件但未经批准的发行行为，还包括符合发行条件获得批准后又被撤销时仍然发行的行为。因此，小微企业在从事相关活动时不能存有侥幸心理，对每一种不规范的行为都应当坚决杜绝，防止触犯刑事法律而承担刑事责任。

第六章

小微企业劳动用工法律实务与对应风险防控

水能载舟亦能覆舟，相对于运行中的企业这艘"巨轮"，劳动用工就是影响重大的"水"。当企业在劳动用工过程中遵守法律，并建立起规范、积极的劳动关系时，劳动者会给企业创造巨大经济利益，也会推动企业运转进入规范化轨道；当企业违反或者漠视法律，不注重适当处理与劳动者之间的关系时，企业就会陷入巨大法律风险之中，随时可能承担违法责任，并导致企业运转不顺利。因此，对劳动用工的基本程序和规则进行全面的掌握，重视对劳动用工进行法律风险防范，是企业发展必须关注的重点。根据当前我国的劳动用工实践，小微企业在用工时，大部分采用的是全日制劳动合同用工方式，也就是一般情形的劳动用工，但也有一部分采用的是劳务派遣、非全日制劳动用工、劳务用工等方式，也就是我们所说的特别用工方式。到底选用何种方式，小微企业应当结合自身发展实际情况，在法律法规的范围内与劳动者平等协商确定，降低用工风险和用工成本。

第一节 劳动用工一般情形下的法律实务与风险防控

一、招用劳动者的基本程序和法律规则

（一）招工的程序

根据有关法律法规的规定，小微企业作为用人单位招收劳动者应当按照以下程序进行：

1. 发布招工简章

招工简章的内容一般应当包括企业的性质、地址、招工人数、从事工种、用工条件、用工形式、工作期限、劳动报酬、福利待遇和劳动保护等。招工简章的公布应当按照国家有关规定执行。

2. 劳动者自愿报名

劳动者在报名时一般应当携带身份证、学历证书、资格证书等。

3. 考核录用

小微企业根据劳动者的报名情况，进行考核，确定录用人员，并自录用之日起，与劳动者签订劳动合同。

（二）招工的规则

小微企业招用人员时除按照一定的程序进行外，还必须遵守法律规定，不得实施法律所禁止的行为。具体不得从事以下行为：①不得提供虚假的招聘信息；②不得招用无合法证件的人员；③不得向求职者收取招聘费用；④不得向被录用人员收取保证金或者抵押金；⑤不得扣押被录用人员的身份证等证件；⑥不得以招用人员为名牟取不正当利益或者进行其他违法活动；⑦除国家法律法规规定不适合从事的工种或者岗位外，不得以性别、民族、种族、宗教信仰为由拒绝录用或者提高录用标准。

二、招用劳动者可能出现的法律风险

（一）招用不满16周岁的未成年人

《劳动法》第15条规定："禁止用人单位招用未满十六周岁的未成年人。文艺、体育和特种工艺单位招用未满十六周岁的未成年人，必须依照国家有关规定，履行审批手续，并保障其接受义务教育的权利。"第94条规定："用人单位非法招用未满16周岁的未成年人的，由劳动行政部门责令改正，处以罚款；情节严重的，由工商行政管理部门吊销营业执照。"

（二）招用尚未与其他用人单位解除或者终止劳动合同的劳动者

《劳动合同法》第91条规定："用人单位招用与其他用人单位尚未解除或者终止劳动合同的劳动者，给其他用人单位造成损失的，应当承担连带赔偿责任。"由此，如果小微企业在招用劳动者过程中招录了其他单位的在职员工，给其他用人单位造成损失，存在与该劳动者共同为其原单位承担连带责任的风险。

（三）招用负有竞业限制义务的劳动者

《劳动合同法》第23条规定："用人单位与劳动者可以在劳动合同中约定保守用人单位的商业秘密和与知识产权相关的保密事项。"由此，实践中一些用人单位，经常与其高级管理人员、高级技术人员和其他负有保密义务的人员签订竞业限制协议，防止这类人员跳槽到同行其他单位。而小微企业作为新用人单位如果不慎招用这类人员，不仅可能带来不必要的纠纷，还会出现该员工入职不久就因陷入与前单位的纠纷而被迫离职的情况，造成本企业人员流失。

（四）招用不具备相应学历、资格或者工作经历的劳动者

一些企业中比较重要或者需要特殊资格的岗位，要求劳动者必须具备相应的学历、能力或者资格。如果企业在劳动者入职后发现其能力不行或者资格不符，就会引发与劳动者的争议，此时若要依法辞退就给企业管理造成许多不必要的负担，甚至会付出较高的辞退成本。

案例 肖某与环胜电子（深圳）有限公司缔约过失责任纠纷上诉案[1]

▎基本案情

原告肖某于 2008 年 3 月 12 日通过了被告环胜电子（深圳）有限公司（以下简称电子公司）的生产主管面试，2008 年 3 月 14 日到该公司指定的医院门诊部参加入职体检。电子公司将乙肝抗原作为指定体检项目。肖某的体检结论为：①双眼近视；②乙肝两对半，五阳性，乙肝病毒携带者，传染性弱；③其余检查科无异常。之后，电子公司未与肖某签订劳动合同。电子公司称未与肖某签订劳动合同的理由是该岗位择优录取，且已有其他候选人。肖某称其曾与电子公司工作人员交涉，并有录音，其提交的录音光盘播放效果不清晰，但可分辨有一位女性工作人员在向肖某解释不招录有传染病的人。电子公司以不能确定谁在说话和不能确定录音内容为由对录音光盘不予认可。

2009 年 1 月 16 日，肖某以电子公司侵犯其就业平等权，要求电子公司与其订立劳动合同为由，向深圳市劳动争议仲裁委员会申请仲裁。2009 年 1 月 19 日，深圳市劳动争议仲裁委员会以肖某的申请不符合立案条件决定不予受理案件，主要理由系肖某与电子公司不存在劳动关系，根据《劳动法》第 2 条的规定，双方关系不属劳动法调整范围。仲裁裁决后，肖某向广东省深圳市南山区人民法院起诉，请求判令：①电子公司与肖某订立劳动合同；②电子公司赔偿肖某损失 47 520 元。

法院判决：广东省深圳市南山区人民法院经审理认为，劳动者依法享有平等就业和依法择业的权利，用人单位有自主用人的权利。用人单位招用人员时，可以根据实际需要将肝功能检查项目作为体检标准，但不得以应聘者是乙肝病毒携带者为由拒绝录用。肖某提交的录音光盘播放的录音音质模糊，不能确定系电子公司工作人员的声音，其证明力不足，且电子公司不予确认，加之肖某

---

[1] 一审：深圳市南山区人民法院（2009）深南法民一（劳）初字第 320 号民事判决书；二审：深圳市中级人民法院（2010）深中法民六终字第 1032 号民事判决书。

未能提交其他证据证明电子公司系以肖某是乙肝病毒携带者为由拒绝录用，因此，肖某认为电子公司对其存在就业歧视缺乏事实依据。肖某与电子公司是否签订劳动合同，应遵循平等自愿、协商一致的原则，肖某与电子公司均未提交证据证明双方已就建立劳动关系的所有重要事宜达成一致，且肖某未在电子公司实际工作，法院对肖某要求与电子公司订立劳动合同的请求予以驳回，并对肖某要求侵权赔偿的请求亦不予支持。对电子公司辩称的肖某未经劳动争议仲裁部门仲裁就直接起诉违反了法定程序，本院认为，由于肖某已向仲裁部门申请仲裁并被告知不予受理，故肖某有权直接向法院提起诉讼。根据《民事诉讼法》第 64 条第 1 款，《劳动争议调解仲裁法》第 29 条，《劳动合同法》第 3 条，《劳动就业促进法》第 3 条、第 8 条、第 30 条，最高人民法院《关于民事诉讼证据的若干规定》第 2 条的规定，判决驳回肖某的诉讼请求。

宣判后，肖某不服一审判决，向广东省深圳市中级人民法院提起上诉。电子公司在二审调查时认可，到其公司应聘的员工进入体检环节后，如体检结论显示应聘者无明显的心脏病、肺结核或谷丙转氨酶指数大于 40 的情况，就会对其录用。

广东省深圳市中级人民法院经审理认为，劳动者依法享有平等就业和依法择业的权利，用人单位有自主用人的权利。用人单位招用人员时，可以根据实际需要将肝功能检查项目作为体检标准，但不得以应聘者是乙肝病毒携带者为由拒绝录用。本案中，肖某于 2008 年 3 月 12 日经过电子公司面试后，于 2008 年 3 月 14 日到由电子公司安排的医院门诊部进行体检。肖某提交的体检表上加盖有"电子公司体检专用章"字样的印章，电子公司将乙肝抗原作为体检项目。肖某的体检结论为：（1）双眼近视；（2）乙肝两对半，五阳性，乙肝病毒携带者，传染性弱；（3）其余检查科无异常。之后，肖某与电子公司未签订劳动合同。电子公司认可其招聘员工的过程中，一般经过笔试、面试，且双方对工作待遇、工作岗位均协商一致后才会安排应聘者体检。电子公司主张未与肖某签订劳动合同的理由是公司实行择优录取，且已有其他更适合该岗位的候选人。肖某的体检结论并未显示其有明显的心脏病、肺结核或谷丙转氨酶指数大于 40 的情况，电子公司主张有更合适的人选，但未就该主张进行举证。肖某的体检结论确实显示其为乙肝病毒携带者，从肖某提交的录音光盘中，亦可分辨出有一位女性工作人员在向肖某解释电子公司不招录有传染病的人。

综合电子公司录用员工的环节和程序，应认定，电子公司是以乙肝病毒携带者的理由拒绝录用肖某。肖某已通过电子公司的笔试、面试，并就工作待遇、工作岗位达成了一致意见，我国法律明确规定，用人单位不得以劳动者是乙肝病毒携带者而被拒绝录用，肖某有合理的理由相信电子公司将与其签订劳动合同，基于此，肖某会为与电子公司签订劳动合同而支付一定的费用，但电子公司以肖某是乙肝病毒携带者为由，拒绝录用肖某，从而使肖某遭受一定的财产损失，以及有可能丧失与其他用人单位签订劳动合同的机会。基于公平原则，电子公司应赔偿肖某因此遭受的财产损失。因肖某未举证证明其损失的准确数额，法院酌情认定电子公司应赔偿肖某经济损失5000元。二审时肖某放弃要求与电子公司签订劳动合同的诉请，法院亦对此不予审理。综上，依据《民事诉讼法》第153条第1款第3项的规定，改判电子公司赔偿肖某经济损失5000元，驳回肖某其他诉讼请求。

▌案例评析

本案是一起因用人单位歧视乙肝病毒携带者而承担劳动合同缔约过失责任的典型案例。该案例表明，我国法律基于平衡用人单位、劳动者和社会公共利益的需要，在认可用人单位享有用人自主权的前提下，为保障每一位劳动者的公平就业权和维护社会公共利益，要求用人单位在招录员工的过程中不得歧视乙肝病毒携带者，否则将有可能承担缔约过失责任。

一、乙肝病毒携带者依法享有公平就业权

我国《就业促进法》第30条明确规定："用人单位招用人员，不得以是传染病病原携带者为由拒绝录用。"与该法配套实施的《就业服务与就业管理规定》也明确规定，用人单位不得强行进行乙肝体检。劳动和社会保障部《关于维护乙肝表面抗原携带者就业权利的意见》（劳社部发〔2007〕16号）着重维护乙肝病毒携带者的就业权利，要求用人单位在招、用工过程中，除国家法律、行政法规和卫生部规定禁止从事的工作外，不得强行将乙肝病毒血清学指标作为体检标准。

2010年2月10日，人力资源和社会保障部、教育部、卫生部（以下简称三部委）联合下发了《关于进一步规范入学和就业体检项目维护乙肝表面抗原携带者入学和就业权利的通知》（以下简称《通知》），并发《〈通知〉政策解读和热点问题答疑》（以下简称《答疑》），进一步详细明确取消入学、就业体检中的乙肝病毒检测项目，明确了教育机构、医疗单位、用人单位的责任以及监督处罚制度。明确要求各级各类教育机构、用人单位在公民入学、就业体检中，不得进行任何涉及乙肝病毒感染标志物的检查，包括乙肝五项和HBV－DNA检测等，甚至不得要求提供乙肝项目检测报告，也不得询问是否为乙肝病毒携带

者。而各级医疗卫生机构也不得在入学、就业体检中提供乙肝项目检测服务。

由此可见，依据我国劳动法律的规定，乙肝病毒携带者依法享有公平就业权，小微企业在招用劳动者时不得对其歧视对待。

二、用人单位歧视乙肝病毒携带者不依约订立劳动合同应承担缔约过失责任

就本案来看，电子公司与肖某为形成劳动合同关系已进入了缔约磋商并准备订立劳动合同阶段。根据上文所述的具体环节和证据，肖某有合理的理由相信电子公司会与其签订劳动合同，基于信赖，肖某为与电子公司签订劳动合同而支付一定的费用，比如交通费等，但因电子公司以肖某是乙肝病毒携带者为由，拒绝录用肖某，从而使肖某遭受一定的财产损失，以及有可能丧失与其他用人单位签订劳动合同的机会，法院酌情认定电子公司应赔偿肖某经济损失5000元是妥当的。

该案的判决结果表明，劳动者在劳动合同缔约阶段的信赖利益受法律保护，用人单位在缔约阶段应谨慎地履行基于诚实信用原则产生的对劳动者的保护和尊重等义务，如怠于履行该义务，即因过错致使劳动合同的缔结失败，用人单位应向劳动者承担缔约过失责任。

案例 永嘉县云恩五金厂与肖某工伤保险待遇纠纷上诉案[1]

▌基本案情

2015年4月8日，肖某母亲皮贵钗进入永嘉县云恩五金厂，4月12日正式上班，工作内容为合马铃，工资按件计算，双方未签订劳动合同。皮贵钗在被告处上班期间，肖某与其在同一机器上合马铃，肖某所做件数计入皮贵钗名下。2015年4月23日，肖某在机器上操作过程中，右中指被机器压伤。事故发生后，肖某被送往永嘉江南医院进行住院治疗，经诊断为右中指中节远端完全性离断，并于2015年5月7日出院，本次住院14天，住院期间的医疗费用已由被告垫付。2015年8月6日，经温州律证司法鉴定所鉴定，肖某系工作时机器压伤致右中指中节远端完全性离断，现遗留右中指远节指关节功能完全丧失的伤残等级评定为10级。另查明，事故发生时，肖某未满14周岁。事故发生后，肖

〔1〕 一审：浙江省永嘉县人民法院（2015）温永民初字第564号民事判决书；二审：温州市中级人民法院（2016）浙03民终01246号民事判决书。

某父亲多次和被告协商，云恩五金厂均予以拒绝，肖某的合法权益受到侵害，无奈只得起诉法院，请求判令：1. 云恩五金厂赔偿肖某医疗费、一次性伤残赔偿金、一次性医疗补助金、一次性就业补助金、停工留薪、营养费、住院伙食补助费、交通费、鉴定费等共计 68 594.5 元；2. 本案诉讼费由云恩五金厂承担。

一审法院认为，本案的争议焦点是肖某与云恩五金厂之间是否存在非法用工关系。根据《劳动和社会保障部关于确立劳动关系有关事项的通知》第 2 条的规定，用人单位未与劳动者签订劳动合同，认定双方存在劳动关系时可参照下列凭证：（一）工资支付凭证或记录（职工工资发放花名册）、缴纳各项社会保险费的记录；（二）用人单位向劳动者发放的"工作证""服务证"等能够证明身份的证件；（三）劳动者填写的用人单位招工招聘"登记表""报名表"等招用记录；（四）考勤记录；（五）其他劳动者的证言等。其中，（一）、（三）、（四）项的有关凭证由用人单位负举证责任。对于肖某在云恩五金厂内机器上受伤的事实，双方均无异议，虽然证人冉某与肖某系亲属关系，但证人冉某、李某二人均证实事故发生前肖某在被告机器上面合马铃的事实，结合已知事实，证明肖某在工作中受伤的事实。云恩五金厂认为肖某并非其员工，应提供证据予以证明，但其未提供证明予以证明，应承担举证不能的不利后果。根据《非法用工单位伤亡人员一次性赔偿办法》第 2 条的规定，原被告双方形成的法律关系，符合非法用工的法律特征。非法用工单位需向伤残童工给予一次性赔偿，一次性赔偿包括受到事故伤害的童工在治疗期间的费用和一次性赔偿金。对于肖某的损失，原审作如下认定：1. 医疗费、住院期间的医疗费已由云恩五金厂垫付，根据肖某现提供的医疗票据，支出的医疗费为 543 元；2. 一次性赔偿金。根据鉴定结论，肖某的伤残等级为十级，十级伤残的为单位所在工伤保险统筹地区上年度职工年平均工资的 1 倍，参照 2014 年浙江省全社会单位在岗职工年平均工资 48 372 元/年计算，一次性赔偿金为 48 372 元；3. 住院伙食补助费。肖某住院 14 天，按照 30 元/天计算，酌情认定为 420 元（30 元/天×14 天）；4. 停工留薪、营养费。原告主张该两项，并无法律依据，不予支持；5. 护理费。肖某并未经劳动能力鉴定委员会确认需要生活护理，故其要求生活护理费，不予支持；6. 交通费。根据原告住院、门诊次数，酌情认定 250 元；7. 鉴定费。有票据予以证实，故鉴定费 1960 元，予以支持。肖某的合理损失为 51 545元。依据《工伤保险条例》第 30 条、《非法用工单位伤亡人员一次性赔偿办法》第 2 条、第 3 条、第 4 条、第 5 条，《中华人民共和国民事诉讼法》第 64 条的规定，判决：一、云恩五金厂于本判决生效之日起十日内赔偿原审原告肖某医疗费、一次性赔偿金、住院伙食补助费、交通费、鉴定费等共计 51 545 元；二、驳回原审原告肖某的其他诉讼请求。如被告未按判决指定的期间履行给付金钱义务，应当按照《中华人民共和国民事诉讼法》第 253 条之规定，加倍支付迟延履行期间的债务利息。案件受理费 10 元，减半收取 5 元，由云恩五金厂负担。

宣判后，云恩五金厂不服，向温州市中级人民法院提起上诉。

二审法院认为，根据原审证据，可以证明被上诉人肖某与其母亲在同一机器上合马铃，肖某所做件数计入其母亲的名下。因此，肖某与永嘉县云恩五金厂之间形成事实的劳动关系。同时由于肖某未到用工年龄，属于童工，因此永嘉县云恩五金厂系非法用工。根据《工伤保险条例》的相关规定，其赔偿标准不得低于《工伤保险条例》规定的工伤保险待遇。肖某起诉金额为 68 594.5 元，原审判决金额为 51 545 元，未超过其诉讼请求。综上，上诉人的上诉理由不成立，本院对其上诉请求依法不予支持。据此，《中华人民共和国民事诉讼法》第 170 条第 1 款第 1 项，作出驳回上诉，维持原判的判决。

▌案例评析

一、招用童工违背国家强制性规定

国务院《禁止使用童工规定》第 2 条第 1 款规定："国家机关、社会团体、企业事业单位、民办非企业单位或者个体工商户农户均不得招用不满 16 周岁的未成年人。"第 4 条规定："用人单位招用人员时，必须核查被招用人员的身份证；对不满 16 周岁的未成年人，一律不得录用。用人单位录用人员的录用登记、核查材料应当妥善保管。"第 6 条第 1 款规定："用人单位使用童工的，由劳动保障行政部门按照每使用一名童工每月处 5000 元罚款的标准给予处罚；在使用有毒物品的作业场所使用童工的，按照《使用有毒物品作业场所劳动保护条例》规定的罚款幅度，或者按照每使用一名童工每月处 5000 元罚款的标准，从重处罚。劳动保障行政部门并应当责令用人单位限期将童工送回原居住地交其父母或者其他监护人，所需交通和食宿费用全部由用人单位承担。"第 10 条规定："童工患病或者受伤的，用人单位应当负责送到医疗机构治疗，并负担治疗期间的全部医疗和生活费用。童工伤残或者死亡的，用人单位由工商行政管理部门吊销营业执照或者由民政部门撤销民办非企业单位登记；用人单位是国家机关、事业单位的，由有关单位依法对直接负责的主管人员和其他直接责任人员给予降级或者撤职的行政处分或者纪律处分；用人单位还应当一次性地对

伤残的童工、死亡童工的直系亲属给予赔偿，赔偿金额按照国家工伤保险的有关规定计算。"第 11 条规定："拐骗童工，强迫童工劳动，使用童工从事高空、井下、放射性、高毒、易燃易爆以及国家规定的第四级体力劳动强度的劳动，使用不满 14 周岁的童工，或者造成童工死亡或者严重伤残的，依照刑法关于拐卖儿童罪、强迫劳动罪或者其他罪的规定，依法追究刑事责任。"由以上条文可知，用人单位违法招用童工不仅需要面临承担民事责任、行政责任的风险，在一些情形下更有可能触犯国家刑法，受到国家刑罚权的制裁。因此，一般情形下，小微企业禁止招用不满 16 周岁的童工，无论双方形成的是事实上的劳动关系还是签订合同形成的违法的劳动合同关系，都不得由童工参与本企业的劳动活动。除非属于文艺、体育和特种工艺的单位，在得到审批和保障其接受义务教育的权利的情况下，才可以招用。

二、本案中属于典型的非法用工

被上诉人肖某与其母亲在同一机器上合马铃，肖某所做件数计入其母亲的名下。因此，肖某与永嘉县云恩五金厂之间形成事实的劳动关系，而肖某未满 14 岁，属于童工。《非法用工单位伤亡人员一次性赔偿办法》第 4 条规定："职工或童工受到事故伤害或者患职业病，在劳动能力鉴定之前进行治疗期间的生活费按照统筹地区上年度职工月平均工资标准确定，医疗费、护理费、住院期间的伙食补助费以及所需的交通费等费用按照《工伤保险条例》规定的标准和范围确定，并全部由伤残职工或童工所在单位支付。"

因此，法院判决五金厂按照《工伤保险条例》的规定赔偿肖某事故受到损害所产生的一系列费用是正确的。

▌防控策略

1. 认真核实应聘人员的身份信息、学习经历、工作简历、相关资格证书等，谨防招用童工及持有虚假身份的人及其欺诈行为。

2. 核实劳动关系状况，防止应聘人员数单位任职，无法积极履职。

3. 依法进行入职前检查及职业病禁忌检查，保证劳动者具备相应工作岗位身体条件。

4. 避免就业歧视，公平对待求职者。

5. 不收取求职者的任何应聘费用、保证金或者抵押金，防止发生财产侵权行为。

二、劳动关系存续期间的法律实务与风险防控

（一）订立劳动合同，建立劳动关系的规则

劳动合同是指劳动者和用人单位确立劳动关系，明确双方在劳动力的使用和被使用的过程中的权利和义务的协议。在新形势下，确定何时订立劳动合同以及订立一个什么样的劳动合同是用人单位防范用工法律风险的基础。《劳动合同法》第 7 条规定："用人单位自用工之日起即与劳动者建立劳动关系。"第 10 条规定："建立劳动关系，应当订立书面劳动合同。已建立劳动关系，未同时订立书面劳动合同的，应当自用工之日起一个月内订立书面劳动合同。用人单位与劳动者在用工前订立劳动合同的，劳动关系自用工之日起建立。"因此，小微企业在与劳动者建立劳动关系时应当遵守法律、法规的规定与其签订劳动合同。

1. 劳动合同的基本内容

根据《劳动合同法》第 17 条的规定，一般情形下劳动合同应当具备以下条款：①用人单位的名称、住所和法定代表人或者主要负责人；②劳动者的姓名、住址和居民身份证或者其他有效身份证件号码；③劳动合同期限；④工作内容和工作地点；⑤工作时间和休息休假；⑥劳动报酬；⑦社会保险；⑧劳动保护、劳动条件和职业危害防护；⑨法律、法规规定应当纳入劳动合同的其他事项。

劳动合同除前款规定的必备条款外，用人单位与劳动者可以约定试用期、培训、保守秘密、补充保险和福利待遇等其他事项。

2. 劳动合同的形式

《劳动法》和《劳动合同法》均要求要以书面形式订立劳动合同。

（1）书面订立劳动合同的时间。如上述《劳动合同法》第 10 条的规定，用人单位自用工之日起即与劳动者建立劳动关系，即使用人单位与劳动者在用工前订立劳动合同的，劳动关系也是自用工之日起建立。如果双方已建立劳动关系，却未同时订立书面劳动合同的，应当自用工之日起一个月内订立书面劳动合同。该条规定实际上给双方一个月的时间来完成订立书面合同的行为。

（2）违反订立书面劳动合同的法律后果。用人单位自用工之日起超过一个月不满一年未与劳动者订立书面劳动合同的，应当向劳动者每月支付二倍的工资；自用工之日起满一年不与劳动者签订书面劳动合同的，视为用人单位与劳动者已经签订无固定期限劳动合同。

3. 劳动合同的种类

劳动合同按照不同的标准可以进行不同的分类。

（1）以劳动合同的期限为标准，可以将劳动合同分为固定期限劳动合同、

无固定期限劳动合同、以完成一定工作为期限的劳动合同。

固定期限劳动合同，由双方事先约定合同终止时间。在合同期限届满时，当事人之间的合同即行终止；如果双方同意，也可以续订劳动合同。这种合同相对稳定，但如果时间过长不利于双方的灵活性，因此，一般情形下固定期限劳动合同的期限不宜过长。

无固定期限劳动合同是指双方事先无须约定合同的终止时间，在合同的履行过程中只要不发生法定的单方解除情形，双方可以合作到劳动者退休或者用人单位不复存在之日。

以完成一定工作任务为期限的劳动合同，是指劳动者与用人单位约定以某项工作的完成为期限的劳动合同，一旦工作任务完成，劳动合同即行终止。

（2）以劳动合同确定的劳动者工作时间的长短为标准，劳动合同可以分为全日制合同和非全日制合同。

一般认为，每周或者每天按照法定工作时间来计算的用工属于全日制用工，劳动者与用人单位之间订立的合同属于全日制劳动合同。《劳动法》第 36 条规定："国家实行劳动者每日工作时间不超过 8 小时、平均每周工作时间不超过 44 小时的工时制度。"由此，如果没有特别说明，一般情形下劳动者与用人单位约定每天 8 小时工作制或者按照每周 40 小时工作制来计算工作时间的用工方式就是全日制劳动合同关系。

非全日制劳动合同是指劳动者的工作时间没有达到法定工作时间状态下的用工形式。《劳动合同法》第 68 条规定："非全日制用工，是指以小时计酬为主，劳动者在同一用人单位一般平均每日工作时间不超过 4 小时，每周工作时间累计不超过 24 小时的用工形式。"

4. 劳动合同的效力

劳动合同对劳动者和用人单位的约束力以劳动合同的效力为基础。实践中，因为对劳动合同的法律规定不了解，或者出于某些客观原因，当事人签订的劳动合同不符合法律法规，影响了合同的效力。

（1）劳动合同的生效。《劳动合同法》第 16 条第 1 款规定："劳动合同由用人单位与劳动者协商一致，并经用人单位与劳动者在劳动合同文本上签字或者盖章生效。"

（2）劳动合同的无效。劳动合同的无效是指劳动合同虽然订立，但是由于订立的主体或者内容不符合法律法规的要求而被认为不具有法律约束力。无效的劳动合同不能产生预期的法律效果，不受法律的保护。

《劳动合同法》第 26 条规定，下列劳动合同无效或者部分无效：①以欺诈、胁迫的手段或者乘人之危，使对方在违背真实意思的情况下订立或者变更劳动合同的；②用人单位免除自己的法定责任、排除劳动者权利的；③违反法律、行政法规强制性规定的。对劳动合同的无效或者部分无效有争议的，由劳动争议仲裁机构或者人民法院确认。劳动合同的无效包括全部无效和部分无效，部分无效的劳动合同无效部分不影响其他部分的效力。

（二）劳动合同履行、变更的相关规则

根据《劳动法》《劳动合同法》的相关规定，一般情形下劳动合同签订以后，即对双方具有了法律约束力，双方应当按照合同的约定亲自、全面地履行自己的权利义务，任何一方不得违反合同，否则就要承担相应法律责任。例如，《劳动合同法》第30条规定："用人单位应当按照劳动合同约定和国家规定，向劳动者及时足额支付劳动报酬。用人单位拖欠或者未足额支付劳动报酬的，劳动者可以依法向当地人民法院申请支付令，人民法院应当依法发出支付令。"另外，在劳动合同履行过程中，因为合同主体或者内容发生变化，双方当事人依照法律或者合同约定进行变更，并按照变更后的合同来履行双方权利义务是劳动合同的变更。例如，员工工资的调整，工作地点的变化，均属于合同的变更。一般情形下，除非法律明确规定或者双方协商一致，任何一方不得擅自变更合同的内容或者主体。

（三）劳动关系存续期间的用人单位面临的法律风险

根据上述关于劳动关系期间的各种法律规则进行归纳分析，可以得出在这一时间段内用人单位可能面临如下几种风险：

1. 不签订劳动合同的风险；
2. 未采用书面合同书形式签订的风险；
3. 合同内容不明确、表述不规范的风险；
4. 履行、变更劳动合同的风险；
5. 合同全部无效或者部分无效的风险。

案例 郭川诉安徽传奇鞋业有限公司等劳动合同纠纷案 [1]

▌基本案情

原告郭川于2015年10月23日进入被告安徽传奇鞋业有限公司（以下简称传奇公司）工作，职位为常务副总，任命公告表明其对总经理林守华负责，全

---

〔1〕　浙江省温岭市人民法院（2016）浙1081民初814号民事判决书。

权负责公司温岭总部和安徽生产基地的全面统筹管理工作。但双方一直未签订书面劳动合同。后因被告传奇公司不满意原告工作辞退原告，原告于2016年1月10与高某办理交接手续，并于次日办理离职手续。原告工作期间被告以借支的方式支付原告工资11 000元。原告于2016年1月20日向温岭市劳动保障监察大队投诉被告传奇公司，认为被告拖欠工资157 930.68元，应支付未签订劳动合同的双倍工资差额168 930.68元、经济补偿金32 486元，并要求劳动监察部门督促被告先支付10 000元。被告传奇公司于2016年1月29日通过转账形式支付原告11 660.7元。

另，原告于2016年1月22日向温岭市劳动人事争议仲裁委员会申请劳动仲裁，要求两被告支付工资、双倍工资、经济补偿金等，该委于同日作出不予受理案件通知书。

法院认为，原告与被告传奇公司曾建立事实劳动关系、未签订书面劳动合同的事实清楚。综合参考《台州市2015年部分职业（工种）劳动力市场工资指导价位》中企业高级管理人员每月工资指导价高位数29 801元、中位数14 678元、低位数6330元，并结合高某关于其本人正式期劳动报酬为每月20 000元无其他加班工资、提成的陈述，根据同工同酬的原则，酌情确定按照每月20 000元计算原告劳动报酬。则原告从2015年10月23日至2016年1月10日的劳动报酬应计算为52 000元。原告主张的未签订书面劳动合同的二倍工资应从用工之日起满一个月的次日起算，则二倍工资为32 000元。原告在被告传奇公司工作不满六个月，则其主张半个月工资的经济补偿金符合法律规定，应计算为10 000元。以上劳动报酬、二倍工资及经济补偿金共计为94 000元，扣除被告传奇公司已支付的11 000元、11 660.7元，被告传奇公司尚应支付原告71 339.3元。为此，结合案件的其他情况，依照《中华人民共和国劳动合同法》第7条、第10条、第11条、第47条、第82条第1款，《中华人民共和国民事诉讼法》第64条的规定，法院作出如下判决：

一、被告安徽传奇鞋业有限公司在本判决发生法律效力之日起10日内支付给原告郭川71 339.3元。

二、驳回原告郭川的其他诉讼请求。

▌案例评析

根据《劳动合同法》第82条的规定："用人单位自用工之日起超过一个月不满一年未与劳动者订立书面劳动合同的，应当向劳动者每月支付二倍的工资。"这一条款被称为"二倍工资罚则"。设立该条的目的就是希望通过增加用人单位不订立书面劳动合同的违法成本和涉诉风险，形成威力强大的倒逼机制，迫使用人单位自觉地与劳动者订立书面劳动合同，保障立法对劳动合同形式的强制性规定落到实处，从而构建规范有序、劳资和谐的就业市场。本案中，原告郭川自 2015 年 10 月 23 日进入被告安徽传奇鞋业有限公司工作，双方建立劳动关系，但却一直未签订劳动合同，符合该条的"二倍工资罚则"，因此，法院可以依据该条文判令被告支付原告自用工之日起满一个月的次日起算计算的双倍工资。

案例 王某诉某有限公司劳动争议案

▌基本案情

王某曾经在被告某有限公司工作，双方就工资标准签订书面协议，但王某认为该公司并未与其签订劳动合同，因此，申请仲裁委要求确认该公司支付未签订劳动合同二倍工资差额。仲裁委没有支持王某的请求。王某不服仲裁裁决结果，向法院提起了诉讼。诉讼过程中法院查明，2010 年 5 月 19 日王某与某有限公司签订协议书，约定："甲方：（某公司）职责：承诺乙方（王某）在甲方工作期间的劳动报酬，每月税后 125 000 人民币，目前每月发放 10 000 元人民币（社会保险、医疗保险等个人承担部分应扣除），剩余部分春节前发放，每年售后保底 15 万元人民币。乙方职责：王某负责结构专业的设计工作。"2010 年 7 月 22 日双方再次签订协议，将高某劳动报酬数额提高至每月税后 16 667 元，每月发放 12 000 元，每年税后保底 20 万元。就其他内容未作以变更。就上述两份协议的性质王某与某有限公司存在争议。某有限公司表示上述协议就王某的岗位职责与工资待遇等作约定，即系双方签订的劳动合同，某有限公司就此认可2010 年 5 月 19 日至 2011 年 3 月 15 日期间王某系与其存在劳动关系。王某则认为上述协议并不属于劳动合同，因此要求某有限公司支付未签订劳动合同二倍工资差额。

法院经过审理后认为，王某先后于 2010 年 5 月 19 日和 2010 年 5 月 22 日与甲公司签订协议书，该二份协议书均明确载明高某的工资标准，以及其负责机构专业的设计工作。上述协议书的内容因为欠缺《劳动法》第 19 条的规定的诸如劳动合同期限、劳动条件等劳动合同的必备要件，故该二份协议书不能认定双方间签署的劳动合同。但上述协议已经明确了用工主体、支付劳动报酬的主体均系某有限公司，上述约定内容已经具备了劳动者与用人单位建立劳动关系的基本特征。因此，法院最终判决确认了双方之间的劳动关系，并判决某有限公司向王某支付未签订劳动合同的二倍工资差额。

▌案例评析

一般情形下，劳动合同的内容由法定内容和约定内容两部分组成。法定内容是国家法律要求的劳动合同的必备条款，也就是前述提到的《劳动合同法》第 17 条规定的劳动合同应当具备的条款，约定内容是双方当事人根据实际情况另行约定的其他条款。当双方当事人签订的劳动合同缺少劳动合同的必备条款时，该合同属于瑕疵劳动合同，无法判定双方真实的意思表示，往往会影响到合同的能否有效订立或者合同内容的一致性。本案中，王某与某有限公司的协议书中仅能体现王某的工资标准及其负责结构专业的设计工作，而欠缺劳动合同期限、劳动条件等诸多必备要件，因此被法院认定为双方之间未订立劳动合同并判决被告企业承担两倍工资的处罚。这是劳动合同内容不规范带来的民事法律风险，企业应当注意。另外，《劳动合同法》第 81 条规定："用人单位提供的劳动合同文本未载明本法规定的劳动合同必备条款或者用人单位未将劳动合同文本交付劳动者的，由劳动行政部门责令改正；给劳动者造成损害的，应当承担赔偿责任。"由此，有的劳动合同欠缺必备条款，可能也并不必然导致劳动合同未订立，但是仍然可能被劳动行政部门责令承担相应的行政责任，或者陷入对于劳动合同条款的争议，由此对于这类劳动合同的规范，企业也应当谨慎对待。

案例 上海冠龙阀门机械有限公司因劳动合同纠纷一案[1]

▌基本案情

被上诉人唐某某系本市外来从业人员。2002 年 3 月 1 日唐某某进入上诉人上海冠龙阀门机械有限公司（以下简称冠龙公司），从事销售工作。入职时，唐某某向冠龙公司人事部门提交了其本人于 2000 年 7 月毕业于西安工业学院材料工程系的学历证明复印件，冠龙公司、唐某某签订了期限为 2002 年 3 月 1 日至同年 12 月 31 日的劳动合同，合同约定 2002 年 3 月 1 日至同年 8 月 1 日为试用期。此后双方每年续签 1 份期限为 1 年的劳动合同。2007 年 12 月 25 日，唐某某签署《任职承诺书》1 份，内容为："本人作为上海冠龙阀门机械有限公司之员工，特作如下承诺：……本人以往提供给公司的个人材料均是真实有效的，如有做假，愿意无条件被解除合同……"2008 年 12 月 23 日，冠龙公司、唐某

---

[1] 上海市第二中级人民法院（2011）沪二中民三（民）终字第 535 号民事判决书。

某签订《劳动合同补充协议》，约定原劳动合同有效期限顺延至 2011 年 12 月 31 日。冠龙公司在南京、无锡两地均设有办事处，后在常州开设工作站（受无锡办事处管辖），由唐某某任工作站站长，无其他工作人员。冠龙公司允许唐某某以个人名义租赁房屋作为办公地点开展工作，租房费用由冠龙公司承担。2009 年 10 月 25 日，冠龙公司向唐某某支付汽车保险费人民币（以下币种均为人民币）2791 元。同年 12 月 25 日，唐某某向冠龙公司提交暂支单（有部门主管杨某某签字）并支取业务费 10 000 元。2010 年 1 月 7 日唐某某花费了文娱费、餐费、差旅费等共计 6922 元。同年 2 月 11 日，唐某某填写了暂支事由为"借款"、暂支金额为 15 000 元的暂支单，但该单据未经主管领导签字确认。同年 4 月 23 日，冠龙公司向唐某某支付了 2010 年 5 月 22 日至同年 11 月 21 日的房租（含税金）8190 元。同年 5 月 31 日，唐某某填写 2 份暂支单并经部门主管杨某某签字确认后向冠龙公司支取了工作站房租押金 1500 元及茶叶款 2000 元，在关于茶叶款的暂支单上记载有"找发票冲账"的字样，事后唐某某未向冠龙公司提交茶叶款发票。同年 6 月 28 日，冠龙公司向唐某某出具退工证明，但唐某某不同意接受。同年 7 月 2 日唐某某收到冠龙公司的律师函，其中载明"鉴于，你在求职时向冠龙公司出具的有关材料和陈述有虚假，且在工作时间没有完成公司规定的业务指标，没有遵守公司规定的工作纪律和规章，故从即日起冠龙公司对你开除，即解除与你的劳动合同关系"，落款日期为 2010 年 6 月 30 日。冠龙公司未支付唐某某 2009 年第四季度奖金（提成）剩余差额 20 493.89 元，未支付唐某某 2010 年第一季度奖金（提成）1198.40 元及第二季度奖金（提成）32 213 元。2010 年 7 月 19 日、8 月 11 日唐某某与冠龙公司分别就违法解除劳动合同赔偿金、返还暂支款项等事项向上海市嘉定区劳动人事争议仲裁委员会提起仲裁。2010 年 9 月 17 日，该仲裁委员会作出嘉劳仲（2010）办字第 1860、2188 号裁决书，裁决：冠龙公司应一次性支付唐某某违法解除劳动合同赔偿金 181 866 元、2009 年第四季度奖金（提成）差额 20 493.89 元、2010 年第一季度奖金（提成）1198.40 元、2010 年第二季度奖金（提成）32 213 元，合计 235 771.29 元；唐某某应一次性返还冠龙公司 2009 年 12 月 25 日的业务费暂支款 10 000 元、2010 年 5 月 31 日购买茶叶暂支款 2000 元、2010 年 5 月 31 日的工作站房租押金 1500 元、2010 年 2 月 11 日的借款 15 000 元、汽车保险费 697.75 元，合计 29 197.75 元；对唐某某的其他请求事项，不予支持；对冠龙公司的其他请求事项，不予支持。冠龙公司不服部分裁决内容，遂提起诉讼，要求认定冠龙公司与唐某某解除劳动合同合法，不予支付违法解除劳动合同赔偿金等。

一审法院另查明，2008 年 8 月唐某某的上级主管领导马某某（华东业务部经理）通过他人举报得知并证实唐某某学历造假一事，2008年12月1日后因工作调动，唐某某所在辖区不再受马某某管理。冠龙公司在仲裁阶段陈述，办事处招聘员工，实际操作中由办事处主任进行核实和担保，办事处主任再向公司提供员工的学历证书复印件就可以了。2010年11月1日，西安工业大学教务处在冠龙公司出具的由唐某某提供的毕业证书复印件上书写"2000届毕业证中无此人"的证明字样并敲章确认。

一审法院又查明，冠龙公司《员工手册》中有如下规定："新录用的员工报到时应提供以下证明文件的正本供人事部门复核，同时交复印件一份供人事部门存档：（1）身份证；（2）学历证明……""员工有下列任一严重违反公司规章制度情况的，公司将予以解雇，且不给予任何经济补偿：……以欺骗手段虚报专业资格或其他各项履历……"对以上内容，唐某某已签字确认知晓。

一审判决冠龙公司败诉，冠龙公司不服向上一级法院提起上诉。

二审法院在二审查明，冠龙公司《员工手册》第34条规定："员工有下列任一严重违反公司规章制度情况的，公司将予以解雇，且不给予任何经济补偿：……（2）以欺骗手段虚报专业资格或其他各项履历……"

法院生效裁判认为，劳动者与用人单位的合法权益受法律保护。本案双方当事人争议集中在两点：

1. 冠龙公司解除与唐某某的劳动合同是否合法，冠龙公司应否支付唐某某违法解除合同赔偿金；

2. 唐某某应否全额返还冠龙公司主张的两笔款项。

一、冠龙公司解除与唐某某的劳动合同是否合法。

唐某某存在冠龙公司所述提供虚假学历、故意欺骗的行为，虽然冠龙公司在招用唐某某时未能发现其学历造假之事，但用人单位是否尽到了审核义务并不是确定合同效力的依据。唐某某的行为的确违反了法律、企业规章及双方约定，冠龙公司以此为由与唐某某解除劳动合同于法不悖。鉴于违法解除劳动合同的赔偿金系对用人单位恶意解雇行为的一种惩戒，且冠龙公司对其解雇理由成立的主张已经充分举证。故法院认为，唐某某要求冠龙公司支付违法解除劳动合同赔偿金，缺乏依据。

二、唐某某应否返还系争款项。

该争议焦点双方分歧在于冠龙公司主张的15 000元借款事实是否成立，唐某某提交的6922元凭证是否属于冠龙公司应予报销的范围。

对此，二审法院认为，当事人对自己的主张应当提供充分的证据予以证实。对于冠龙公司要求唐某某返还的15 000元暂支单款项，根据唐某某提供的暂支单凭证可认定冠龙公司对暂支款项实行的是领导审批制，需要填写暂支单后提交主管批准签字，而该笔借款的暂支单未经主管签字，冠龙公司亦未提供其他证据证明其已向唐某某支出该笔款项，冠龙公司要求唐某某返还该款项无法律依据。对于冠龙公司要求唐某某返还 10 000 元业务款的问题，二院认为，唐某某在冠龙公司工作期间因工作需要为业务支出的费用，冠龙公司应予报销。现唐某某已提交证据证明因业务花费 6922 元，而冠龙公司并无证据证明上述费用系用于唐某某个人，故对上述费用，冠龙公司应予报销。现唐某某同意返还余额 3078 元，于法不悖。冠龙公司以报销业务费用须在费用发生后一个月内交给主管审核为由不愿予以报销，缺乏依据，法院不予采纳。

最终法院作出如下生效判决：

（1）上海冠龙阀门机械有限公司要求不支付唐某某违法解除劳动合同赔偿金的请求予以支持。

（2）唐某某应于本判决生效之日起十日内返还上海冠龙阀门机械有限公司 2009 年 12 月 25 日暂支的业务费人民币 3078 元、2010 年 5 月 31 日暂支的工作站房租押金人民币 1318 元、2010 年 4 月 23 日支取的工作站租房款人民币 6370 元、汽车保险费人民币 697.75 元，上述四项合计人民币 11 463.75 元。

（3）上海冠龙阀门机械有限公司应于本判决生效之日起十日内支付唐某某 2009 年第四季度奖金（提成）差额人民币 20 493.89 元、2010 年第一季度奖金（提成）人民币 1198.40 元、2010 年第二季度奖金（提成）人民币 32 213 元，上述三项合计人民币 53 905.29 元。

▋案例评析

《劳动合同法》第 8 条明确规定："用人单位招用劳动者时，应当如实告知劳动者工作内容、工作条件、工作地点、职业危害、安全生产状况、劳动报酬，以及劳动者要求了解的其他情况；用人单位有权了解劳动者与劳动合同直接相关的基本情况，劳动者应当如实说明。"而劳动者一方与劳动合同的履行密切相关的情况通常包括劳动者的工作经历、学历及身体健康状况等，用人单位对此有知情权。

如上述所列举《劳动合同法》第 26 条规定，以欺诈、胁迫的手段或者乘人之危，使对方在违背真实意思的情况下订立劳动合同的，劳动合同无效。所谓欺诈是指一方当事人故意告知对方虚假情况，或者故意隐瞒真实情况，诱使对方当事人作出错误意思表示。故欺诈的重要认定标准之一是相对人是否基于行为人的行为陷入认识错误，做出错误的意思表示。唐某某在入职时提供虚假学历并做虚假陈述，使冠龙公司陷入了错误认识，从而与其签订劳动合同，上述事实客观存在，唐某某的上述行为显然已经构成了欺诈。另外，《劳动合同法》第39条规定，劳动者存在不正当手段，使用人单位在违背真实意思的情况下订立劳动合同的，用人单位可以解除劳动合同。由此，二审法院的判决为正确的判决。另外，值得注意的是本案是劳动者的原因最终导致劳动合同无效的案件，实践中存在许多因为用人单位不当行为导致合同无效的情形，如果是因为用人单位从事了《劳动合同法》第26条规定的禁止行为，则用人单位将会面临更大的法律风险，承担更大的法律责任。因为根据该法第38条、第86条的规定，如果用人单位存在上述行为，劳动者可以请求解除劳动合同，同时用人单位应当承担对劳动者的损害赔偿责任。

案例 王某拒不支付劳动报酬案[1]

▌基本案情

被告人王某在经营阿拉善右旗聚能工艺不锈钢玻璃店期间，于2012年至2013年雇用王某闯、王某云、贺某某、刘某某、白某某等13名工人为其干活，截至2012年12月31日拖欠刘某某工资2700.00元；截至2013年6月9日拖欠王某闯工资10 880.00元；截至2013年7月29日拖欠王某云工资3620.00元；截至2013年8月6日拖欠贺某某工资1330.00元；截至2013年8月22日拖欠张某某工资2433.00元；截至2013年8月25日拖欠白某某工资7949.00元；截至2013年8月27日拖欠褚某某工资3150.00元；截至2013年8月29日拖欠李某工资3400.00元；截至2013年9月1日拖欠俞某某、李某花、朱某某工资分别3100.00元、1980.00元、2233.00元；截至2013年9月4日拖欠张某梁工资3686.00元；截至2013年9月6日拖欠杨某某工资8532.00元，共计拖欠13名工人工资54 993.00元。同时，被告人王某非法收取工人杨某某押金15 000.00元、朱某某押金2000.00元、李某某押金1000.00元、张某梁押金300.00元、褚某某押金1000.00元，共计押金19300.00元。阿拉善右旗人力资源和社会保障局接到上述人员投诉，经调查核实后向王某下发了劳动保障监察限期改正指令书、劳动保障监察行政处理事先告知书、劳动保障监察行政处罚事先告知书、劳动保障监察行政处罚决定书，但被告人王某拒不执行。至提起公诉前已陆续将工人工资支付完毕，但仍有部分押金没有退还。公诉机关认为，被告人王某

---

〔1〕 内蒙古自治区阿拉善右旗人民法院（2014）阿右刑初字第24号刑事判决书。

以逃匿的方法逃避支付王某闻等 13 名劳动者的劳动报酬共计 54 993.00 元，经政府有关部门责令支付仍不支付，数额较大，犯罪事实清楚，证据确实充分，应当以拒不支付劳动报酬罪追究其刑事责任。

法院审理后认为，被告人王某以劳动者违反劳动合同为由逃避支付劳动者的劳动报酬，数额较大，经政府有关部门责令支付仍不支付，其行为已构成拒不支付劳动报酬罪。公诉机关指控罪名成立。鉴于被告人王某到案后如实供述了自己的罪行，依法可以从轻处罚。被告人王某在提起公诉前已支付所欠劳动者劳动报酬，依法可以从轻处罚。被告人王某在审理期间积极退还非法收取劳动者的押金，可酌情对被告人从轻处罚。本院经委托阿拉善右旗司法局对被告人王某进行全面的社会调查评估，认为被告人王某在犯罪前社会表现一般，无违法犯罪记录，符合社区矫正条件。依照《中华人民共和国刑法》第 276 条之一第 1 款、第 3 款、第 52 条、第 67 条第 3 款、第 72 条第 1 款、第 3 款，最高人民法院《关于审理拒不支付劳动报酬刑事案件适用法律若干问题的解释》第 2 条（4）项、第 3 条（2）项之规定，判决如下：

被告人王某犯拒不支付劳动报酬罪，判处拘役 3 个月，缓刑 6 个月，并处罚金 4000.00 元。

▌案例评析

劳动法领域规定的用人单位包括在中华人民共和国境内的企业、个体经济组织，因此，无论是公司、合伙企业还是个体工商户，只要其与劳动者建立劳动关系，就应当全面履行作为用人单位的劳动合同项下的权利义务。《劳动合同法》第 30 条规定："用人单位应当按照劳动合同约定和国家规定，向劳动者及时足额支付劳动报酬。"这是关于用人单位支付劳动报酬的基本原则，要求所有用人单单位严格遵循该条规定。该法第 85 条规定，用人单位未按照劳动合同的约定或者国家规定及时足额支付劳动者劳动报酬的，由劳动行政部门责令限期支付劳动报酬、加班费或者经济补偿；劳动报酬低于当地最低工资标准的，应当支付其差额部分；逾期不支付的，责令用人单位按应付金额 50% 以上 100% 以下的标准向劳动者加付赔偿金，这是用人单位不按照合同约定或者国家规定及时履行劳动合同可能面临的行政责任。《刑法》第 276 条之一第 1 款、第 2 款规定："以转移财产、逃匿等方法逃避支付劳动者的劳动报酬或者有能力支付而不支付劳动者的劳动报酬，数额较大，经政府有关部门责令支付仍不支付的，处三年以下有期徒刑或者拘役，并处或者单处罚金；造成严重后果的，处三年以上七年以下有期徒刑，并处罚金。单位犯前款罪的，对单位判处罚金，并对其直接负责的主管人员和其他直接责任人员，依照前款的规定处罚。"这是用人单位或者企业主不依法支付劳动者报酬，情节严重时可能受到的刑罚制裁。本案中，被告人王某在经营阿拉善右旗聚能工艺不锈钢玻璃店期间，于 2012 年至 2013 年雇用王某闯、王某云、贺某某、刘某某、白某某等 13 名工人为其干活，却不依约定支付工资，阿拉善右旗人力资源和社会保障局接到上述人员投诉，经调查核实后向王某下发劳动保障监察限期改正指令书、劳动保障监察行政处理事先告知书、劳动保障监察行政处罚事先告知书、劳动保障监察行政处罚决定书，意图制止和纠正被告的违法行为，依照上述《劳动合同法》的规定，属于依法行使劳动监察机构的处罚权的行为，被告本应当接受处罚，承担相应的行政责任并改正自身行为，但是却拒不执行，严重侵犯劳动者的合法权益，侵犯了国家的行政管理秩序，妨碍了正常的劳动用工关系，侵犯了社会主义市场经济秩序，触犯了《刑法》第 276 条的规定，由此构成拒不支付劳动报酬罪，应当依法承担相应的刑事责任。

案例 金坛康达克光电科技有限公司诉尹晓华劳动合同纠纷案[1]

▍基本案情

原告康达克公司诉称，被告尹晓华于 1994 年 8 月 30 日到原告处工作，并于 2011 年 1 月签订了无固定期限劳动合同，约定岗位为普工，后因工作需要，被告被安排到品质工程师岗位。2013 年度，因市场形势恶化，产品销售滑坡。原告于 2013 年 9 月 12 日发出了"关于 LENS 事业部的放假通知"。后因市场未能复苏，LENS 事业部停止生产，设备被封存。原告对原生产人员进行了岗位调整，被告在原告征询其意见时，提出有家庭需要照顾，无法倒班，并且视力较差，不适合再做检验工作。原告将其调整至保洁员岗位，保证其上白班，并能照顾家庭，原告实行以岗定薪，员工手册中有明确规定。原告认为金坛市劳动人事争议仲裁委员会（以下简称仲裁委）裁决要求恢复被告原岗位不符合企业实际情况，无可操作性。原告不服该仲裁，现诉至法院请求判令变更劳动合同有效，不支持将被告岗位恢复为 LENS 事业部品质工程师的请求。

被告辩称，被告于 1994 年 8 月被分配到原告处工作至今，在原告处工作时间已经超过 10 年。按照《劳动合同法》的规定，双方已成立无固定期限劳动合同关系。被告长期从事 LENS 事业部品质工程师工作，原告以客观情况出现重大

---

[1] 江苏省金坛市人民法院（2014）坛民初字第 0892 号民事判决书。

变化为由将被告调整为保洁员岗位，薪酬大幅下降，既不合理也不合法。故原告对被告的岗位调整是无效的，应按照原合同执行。仲裁委的裁决事实清楚，程序合法，被告坚持仲裁裁决项的内容。请求法院驳回原告的诉讼请求。

经法院审理查明，被告尹晓华于1994年8月30日至原告金坛康达克光电科技有限公司（以下简称康达克公司）处工作，并于2011年1月签订了无固定期限劳动合同，工种为品质工程师。2013年8月7日上午，被告中午将小孩带至LENS车间，并在原告食堂就餐。2013年8月10日，原告作出违纪处罚通告，主要内容为：撤销被告的工程师岗位，降为普工重新聘用，并处以100元罚款，降职后的岗位工资调整从8月份开始执行；被告擅自离厂的时间按旷工处理，扣三倍薪资及当月全勤奖。2013年9月12日，原告发放了关于LENS事业部的放假通知，主要内容为因LENS事业部订单短缺，公司决定对LENS事业部暂时停工放假，待市场恢复后酌情安排恢复生产，放假时间暂定至2013年10月8日止，放假期间对在职员工发放最低生活费，如公司有其他工作安排，员工必须在3个自然日内到人事行政部门报到，否则按主动离职处理，公司不支付任何补偿。因市场未能好转，原告康达克公司取消了LENS事业部。在征询被告有关调岗意见时，被告提出有家人照顾，无法倒班，视力较差，不适合再继续检验产品。2013年10月16日，原告将被告的工作岗位调整为女生宿舍保洁员，降低了工资标准。次日，被告要求原告按照相同岗位调整工作。原告回函拒绝了被告的申请。2013年10月18日，被告申请仲裁，要求认定原告变更劳动合同无效，按原劳动合同执行；补发2013年8月份及9月份工资3000元。仲裁委裁决：原告恢复被告的工作岗位为LENS事业部品质工程师；补发被告2013年8月份至9月份工资2104.76元。原告不服该仲裁，诉至法院处理。

法院审理后认为，在符合法律规定的情形下，用人单位有权根据需要对劳动者的岗位、工作内容进行必要、合理的调整，这是用人单位行使用工自主权的一种方式；但用人单位在对劳动者岗位进行调整时，不能滥用用工自主权，进行导致劳动者收入、地位明显降低的调整或无视劳动者本身专业知识的调整。本案中，被告长期从事品质工程师工作。原被告在未协商一致的情况下，原告将被告的工作岗位变更为保洁员，并降低了被告的工资标准。原告对被告岗位的调整缺乏合法性和合理性，故原告对被告岗位的调整无效。因客观情况发生重大变化，原告对组织结构进行调整，LENS事业部被取消，被告原有岗位已经不存在，故被告要求恢复原工作岗位的请求，本院不予支持。关于被告2013年8月份至9月13日的工资问题，因双方对应补发的数额均无异议，本院予以确认。据此，本院依照《中华人民共和国劳动合同法》第35条、《江苏省工资支付条例》第 34 条、《中华人民共和国民事诉讼法》第 142 条之规定，判决如下：

一、原告金坛康达克光电科技有限公司于本判决生效之日起 10 日内支付被告尹晓华 2013 年 8 月份及 9 月份拖欠工资 2104.76 元。

二、原告金坛康达克光电科技有限公司对被告尹晓华的岗位调整无效。

三、驳回被告尹晓华其他请求。

▌案例评析

用人单位作为具有自主经营权的独立商事主体，在国家法律法规规定的范围内，有权依据经营管理的需要和劳动者各方面的表现情况，自主决定用工形式、工作岗位、工资报酬等，即其享有用工自主权，但是因为工作岗位、工资报酬直接关涉劳动者的劳动权利，因此用人单位上述权利的行使应当以不违背法律法规的规定以及劳动者的合法权益为前提。《劳动合同法》第 35 条规定："用人单位与劳动者协商一致，可以变更劳动合同约定的内容。"本案中，未经过被告尹晓华的同意，原告康达克公司擅自将被告的工作岗位变更为保洁员，并降低了被告的工资标准，这一调整行为侵犯了被告的劳动权益，缺乏合法性和合理性，因此，属于无效变更行为。

▌防控策略

1. 订立劳动合同

可以使用当地劳动行政部门提供的劳动合同范本。对于劳动合同相关条款的约定，应当以具体性、明确性和合法性为基本技术要求，由本企业通晓人力资源管理合规的专业人员起草并审查。

2. 劳动合同的履行

用人单位为防止自己因疏忽而未适当履行劳动合同约定的义务，应做好以下几方面的工作建立健全劳动合同管理制度，劳动合同交劳动者一份。建立健全企业的规章制度，比如考勤制度、薪酬支付制度、奖惩制度、劳动保护制度等，以便于用人单位的日常管理，并应当符合法律规定。

3. 劳动合同的变更

变更劳动合同应采书面形式并经过一定程序。劳动合同变更的程序：首先，用人单位应当以书面形式向劳动者提出变更劳动合同的要求，并如实告知劳动者变更劳动合同的理由以及具体的内容；其次，由双方在平等自愿的条件下进行协商；再次，双方就达成一致的事项签订变更协议，并明确清晰地载明变更的具体内容，变更的时间；最后，必须保证变更劳动合同的内容合法。

三、劳动关系解除、终止的法律实务与风险防控

（一）劳动合同解除的一般法律规则和对应的法律后果

劳动合同解除是指在劳动合同履行过程中，由于双方或者单方的法律行为，在合同的有效期届满或者履行完毕之前，终止劳动合同效力、消灭劳动关系的法律行为。

实践中，劳动合同的解除包括双方协商解除和法定解除两种情形。

1. 双方协商解除

《劳动合同法》第36条规定："用人单位与劳动者协商一致，可以解除劳动合同。"双方协商解除的法律后果是用人单位应当向劳动者支付经济补偿。因此，无论是哪种类型的劳动合同，如果用人单位与劳动者协商一致，并支付给劳动者相应的经济补偿金，其就可以解除劳动合同。

2. 一方法定解除

一方法定解除是指在劳动合同履行过程中，任何一方当事人基于法律的规定，单方提出结束劳动合同效力的行为。包括用人单位的单方解除和劳动者的单方解除。

（1）用人单位一方的法定解除。用人单位一方解除劳动合同必须具备法定理由，否则解除就是非法的。纵观《劳动法》《劳动合同法》的规定，一般基于以下两种原因，用人单位方可行使一方解除权：一是基于劳动者个人原因的解除，二是经济性裁员。

《劳动合同法》第39条规定："劳动者有下列情形之一的，用人单位可以解除劳动合同：（一）在试用期间被证明不符合录用条件的；（二）严重违反用人单位的规章制度的；（三）严重失职，营私舞弊，给用人单位造成重大损害的；（四）劳动者同时与其他用人单位建立劳动关系，对完成本单位的工作任务造成严重影响，或者经用人单位提出，拒不改正的；（五）因本法第二十六条第一款第一项规定的情形致使劳动合同无效的；（六）被依法追究刑事责任的。"这是基于劳动者存在过错而单方解除的情形，属于合法的解雇行为，用人单位无需事先预告，无需对劳动者承担任何法律责任，例如支付补偿金等，劳动关系也随即消灭。

《劳动合同法》第40条规定："有下列情形之一的，用人单位提前三十日以书面形式通知劳动者本人或者额外支付劳动者一个月工资后，可以解除劳动合同：（一）劳动者患病或者非因工负伤，在规定的医疗期满后不能从事原工作，也不能从事由用人单位另行安排的工作的；（二）劳动者不能胜任工作，经过培

训或者调整工作岗位，仍不能胜任工作的；（三）劳动合同订立时所依据的客观情况发生重大变化，致使劳动合同无法履行，经用人单位与劳动者协商，未能就变更劳动合同内容达成协议的。"在这种解除情形下，虽然是因为劳动者的原因，但是劳动者并不存在过错，因此，解除程序和法律后果与第39条规定的解除情形完全不同。首先，用人单位应当提前30日以书面形式通知劳动者，当然这种提前通知行为可以用向劳动者支付一个月工资来替代。其次，用人单位应当向劳动者支付经济补偿金。

《劳动合同法》第41条规定："有下列情形之一，需要裁减人员二十人以上或者裁减不足二十人但占企业职工总数百分之十以上的，用人单位提前三十日向工会或者全体职工说明情况，听取工会或者职工的意见后，裁减人员方案经向劳动行政部门报告，可以裁减人员：（一）依照企业破产法规定进行重整的；（二）生产经营发生严重困难的；（三）企业转产、重大技术革新或者经营方式调整，经变更劳动合同后，仍需裁减人员的；（四）其他因劳动合同订立时所依据的客观经济情况发生重大变化，致使劳动合同无法履行的。"这属于用人单位因为经济性裁员与劳动者解除劳动关系。裁员除需要符合该条规定的基本程序以外，还要承担相应的法律后果：第一，用人单位依法向劳动者支付经济补偿金；第二，如果在6个月内重新招用人员的，应当通知被裁减的人员，并在同等条件下优先录用被裁减人员。

（2）劳动者一方的法定解除。《劳动合同法》第37条规定："劳动者提前三十日以书面形式通知用人单位，可以解除劳动合同。劳动者在试用期内提前三日通知用人单位，可以解除劳动合同。"这是劳动者的正常辞职情形，系劳动者自愿而为，因此，用人单位不需要支付经济补偿金。

《劳动合同法》第38条规定："用人单位有下列情形之一的，劳动者可以解除劳动合同：（一）未按照劳动合同约定提供劳动保护或者劳动条件的；（二）未及时足额支付劳动报酬的；（三）未依法为劳动者缴纳社会保险费的；（四）用人单位的规章制度违反法律、法规的规定，损害劳动者权益的；（五）因本法第二十六条第一款规定的情形致使劳动合同无效的；（六）法律、行政法规规定劳动者可以解除劳动合同的其他情形。用人单位以暴力、威胁或者非法限制人身自由的手段强迫劳动者劳动的，或者用人单位违章指挥、强令冒险作业危及劳动者人身安全的，劳动者可以立即解除劳动合同，不需事先告知用人单位。"这是用人单位原因引发的劳动者被迫辞职，劳动合同被解除的情形。在这种情形下，用人单位存在重大过错，当然应当向劳动者支付相应的经济补偿金。

（二）用人单位在劳动合同解除时面临的法律风险

1. 协商解除时双方意思表示存在不真实、不一致的情形

劳动合同的订立过程中，有人可能采用欺诈、胁迫等不正当的手段订立合同，同样在双方协商解除时，也可能出现违背对方真实意思表示解除合同的情形。

2. 支付经济补偿金的风险

如关于各种方式劳动合同解除的法律后果的分析，并结合《劳动合同法》第46条的规定："有下列情形之一的，用人单位应当向劳动者支付经济补偿：（一）劳动者依照本法第三十八条规定解除劳动合同的；（二）用人单位依照本法第三十六条规定向劳动者提出解除劳动合同并与劳动者协商一致解除劳动合同的；（三）用人单位依照本法第四十条规定解除劳动合同的；（四）用人单位依照本法第四十一条第一款规定解除劳动合同的；（五）除用人单位维持或者提高劳动合同约定条件续订劳动合同，劳动者不同意续订的情形外，依照本法第四十四条第一项规定终止固定期限劳动合同的；（六）依照本法第四十四条第四项、第五项规定终止劳动合同的；（七）法律、行政法规规定的其他情形。"

3. 触犯《劳动合同法》第42条的禁止性规定

该条规定："劳动者有下列情形之一的，用人单位不得依照本法第四十条、第四十一条的规定解除劳动合同：（一）从事接触职业病危害作业的劳动者未进行离岗前职业健康检查，或者疑似职业病病人在诊断或者医学观察期间的；（二）在本单位患职业病或者因工负伤并被确认丧失或者部分丧失劳动能力的；（三）患病或者非因工负伤，在规定的医疗期内的；（四）女职工在孕期、产期、哺乳期的；（五）在本单位连续工作满十五年，且距法定退休年龄不足五年的；（六）法律、行政法规规定的其他情形。"用人单位在一些法定情形下享有劳动合同的解除权，但因其对于法律法规了解得不够明确，有时会为了企业自身利益，滥用该解除权，如果符合上述法条规定的几种特定情形，就会触犯《劳动合同法》第42条的规定，进而受到法律的惩罚。

4. 劳动者单方解除劳动合同的风险

如上述解析的关于劳动者一方因用人单位不正当行为解除劳动合同，劳动者无需提前通知，即可直接与用人单位解除劳动合同，并由用人单位支付经济补偿金。这样的解除行为不仅给用人单位带来经济上的负担，更重要的是用人单位的人力资源将会受到影响，这不利于企业的稳定发展。

张怀珍诉常州市江洋不锈钢有限公司经济补偿金纠纷案〔1〕

▌基本案情

原告张怀珍于 2011 年 2 月起进入被告常州市江洋不锈钢有限公司（以下简称江洋公司）工作，被告未为原告办理社会保险。2014 年 5 月 18 日，被告向原告出具武进区终止（解除）劳动合同证明，确定因被告停产，双方终止劳动关系。后原告向常州市武进区劳动人事争议仲裁委员会申请仲裁，要求被告支付经济补偿金 10 838 元。该仲裁委员会于 2015 年 7 月 27 日作出武劳人仲不字（2015）第 49 号不予受理案件通知书，决定对原告的申请不予受理。2015 年 8 月 14 日，原告诉至法院，请求判令被告支付经济补偿金 10 838 元。另查明，原告与被告解除劳动关系前的月平均工资为 3096.6 元。

法院审理后认为：用人单位与劳动者协商一致，可以解除劳动合同，用人单位应当向劳动者支付经济补偿金。本案中，被告江洋公司和原告张怀珍经协商一致解除双方的劳动关系，应按照相关法律规定向原告支付经济补偿金，具体金额为 10 838 元。综上，依照《中华人民共和国劳动合同法》第 36 条、第 46 条、第 47 条的规定，判决被告常州市江洋不锈钢有限公司于本判决发生法律效力之日起 10 日内一次性支付给原告张怀珍经济补偿金 10 838 元。

▌案例评析

本案属于劳动者和用人单位双方协商解除劳动合同引发的纠纷。被告江洋公司停止生产经营活动，由此劳动合同存在的基础被动摇，在此情况下与劳动者协商一致解除劳动合同于法不悖。但与此同时，依据上述解析的双方协商解除的法律后果，用人单位应当依法向劳动者支付经济补偿金。具体计算标准依据《劳动合同法》第 47 条执行："经济补偿按劳动者在本单位工作的年限，每满一年支付一个月工资的标准向劳动者支付。六个月以上不满一年的，按一年计算；不满六个月的，向劳动者支付半个月工资的经济补偿。"原告自 2011 年 2 月到被告处工作，2015 年 5 月双方解除劳动合同，共在被告单位工作 3 年 3 个月，因此，应当向原告支付 3 个半月的工资作为经济补偿，也即法院依法计算出的 10 838 元。综上，被告应当依法支付向原告的经济补偿金，法院的判决于法有据。

---

〔1〕 常州市天宁区人民法院（2015）天民初字第 2192 号民事判决书。

案例　刘静静诉江苏劲力化肥有限责任公司违法解除劳动合同纠纷案〔1〕

▌基本案情

1996 年 9 月 5 日，原告刘静静与地方国营大丰化肥厂（以下简称化肥厂）签订了劳动合同一份，约定合同期限自 1996 年 9 月 5 日起至 2001 年 9 月 5 日止。2001 年 12 月，化肥厂破产后，被告劲力化肥公司设立，整体购买化肥厂的资产，接受安置了化肥厂的职工，原告即与被告劲力化肥公司建立了新的劳动关系。2008 年年底原告与被告之间的劳动合同到期，原告已具备签订无固定期限劳动合同的条件，但其于 2008 年 12 月 25 日向被告出具报告提出要求签订三年期的劳动合同，为此双方签订了固定期限劳动合同一份，约定：劳动合同期限自 2009 年 1 月 14 日起至 2012 年 1 月 13 日止，原告从事安全员工作，每天工作 7 小时 20 分，平均每周不超过 44 小时。根据工作需要，按照合理诚信原则，被告可依法变动原告的工作岗位，被告每月至少一次以货币形式向原告支付工资，其工资不得低于当地最低工资标准，每月 15 日为发薪日。被告对原告实行基本工资和绩效工资相结合的内部工资分配办法，原告的基本工资按被告吨肥薪酬制确定，绩效工资根据原告方的工作业绩、劳动成果和实际贡献按照吨肥薪酬制考核确定。双方还就有关合同解除事项进行了约定：（1）在合同期内，工程技术人员负责的某个项目尚未完成的，本人提出解除合同应当提前 30 天书面申请，否则视损失大小承担赔偿责任；（2）凡公司出资，经过专门培训后上岗或取得专业学历证书的员工在约定的服务期内，申请提前解除劳动合同，需按照约定的服务期等分出资培训金额，以员工已履行的服务期递减后支付培训费用；（3）乙方违反甲方劳动纪律或规章制度，一年累计达三次以上的（含三次），甲方将与乙方解除劳动合同；（4）乙方违反安全操作规程或不执行工艺指标，给甲方造成重大经济损失，视损失大小承担赔偿责任，并按国家有关规定办理。

2011 年 12 月，被告发现原告违反计划生育法律法规，计划外怀孕，就找原告进行谈话、做思想工作，要求原告办理计划生育二胎审批手续，或终止妊娠。2011 年 12 月 28 日被告向原告发出通知，内容为："刘静静同志：根据你的陈述，你现已怀孕 4 个多月，到目前为止你未向公司提供允许生二胎的准生证明，按照《计划生育法》《江苏省人口与计划生育条例》的规定，生育二胎必须出具计生部门发放的生育二代准生证。公司限你于 2011 年 12 月 31 日前将生育二

---

〔1〕　江苏省大丰市人民法院（2012）大民初字第 0744 号民事判决书。

代准生证交至公司女工委，或者终止妊娠。否则，公司将根据《劳动合同法》第39条第2款、第44条第1款规定与你终止劳动合同。劳动合同到期后不再续签。特此通知。2011年12月28日。"2012年1月9日，被告在征求了公司工会的意见后，作出了《关于解除刘静静劳动合同的决定》，主要内容为："刘静静不具备生育第二个子女的法定条件，在公司通知其提交准生证明或终止妊娠的情况下，拒绝履行公民计划生育的法定义务，违反国家法律法规，违反了公司《员工奖惩实施办法》第2条的规定，根据公司《员工奖惩实施办法》第2条、第11条，《劳动合同法》第39的规定，经公司研究，并征求工会意见，决定解除刘静静劳动合同。"当日被告将该决定送达给原告。原告不服该决定，向大丰仲裁委申请仲裁，要求被告支付经济补偿金，2012年2月16日大丰仲裁委作出大劳人仲案字（2012）第21号仲裁裁决书，对其仲裁请求不予支持。原告不服该裁决于2012年3月23日向法院提起诉讼。

另查明：根据被告提供的薪酬统计，2010年度原告刘静静经考核下发的工资总额为19 716.35元，其平均工资为1643.03元；2011年度原告刘静静经考核下发的工资总额为24 089.98元，其月平均工资为2007.50元。

法院生效裁判认为：孕期、产期、哺乳期内的女职工受到法律特殊保护。《劳动法》第29条、《劳动合同法》第42条均规定，一般情况下，用人单位不得与孕期、产期、哺乳期的女职工解除劳动合同。《妇女权益保障法》第27条亦规定："任何单位不得因结婚、怀孕、产假、哺乳等情形，降低女职工的工资，辞退女职工，单方解除劳动（聘用）合同或者服务协议。但是，女职工要求终止劳动（聘用）合同或者服务协议的除外。"劳动者违反计划生育法规，即便需要承担相应的行政责任，用人单位亦不得以此为由擅自与劳动者解除劳动合同。本案中，被告单方解除与原告的劳动合同，违反了《劳动合同法》第42条的规定，依法应向原告支付赔偿金。被告劲力化肥公司在化肥厂破产后，整体购买化肥厂的资产，接受安置了化肥厂的职工，原告非本人原因从化肥厂到被告劲力化肥公司工作，被告劲力化肥公司又未举证证明化肥厂在破产过程中向原告支付了经济补偿金，故计算赔偿金的年限应从原告到化肥厂工作时起算，即为15.5年。被告应向原告支付的赔偿金数额为73 564.24元（15.5 × 2373.04 × 2）。

综上，依照《中华人民共和国劳动合同法》第42条、第47条、第87条，法院判决被告江苏劲力化肥有限责任公司给付原告刘静静违法解除劳动合同的赔偿金73 564.24元。

▍案例评析

孕期、产期、哺乳期内的女职工受到法律特殊保护，用人单位不得与孕期、产期、哺乳期的女职工解除劳动合同，否则将触犯《劳动合同法》第 42 条的规定，其行为属于违法解除劳动合同，将会受到法律的制裁。另外值得注意的是本案中违法解除劳动合同赔偿金计算的年限。一般情形下，用人单位支付经济补偿金的标准按照《劳动合同法》第 47 条执行即可，而本案涉及企业的收购。《劳动合同法实施条例》第 10 条规定："劳动者非因本人原因从原用人单位被安排到新用人单位工作的，劳动者在原用人单位的工作年限合并计算为新用人单位的工作年限。原用人单位已经向劳动者支付经济补偿的，新用人单位在依法解除、终止劳动合同计算支付经济补偿的工作年限时，不再计算劳动者在原用人单位的工作年限。"本案中被告劲力化肥公司在化肥厂破产后，整体购买化肥厂的资产，接受安置了化肥厂的职工，原告非本人原因从化肥厂到被告劲力化肥公司工作，被告劲力化肥公司又未举证证明化肥厂在破产过程中向原告支付了经济补偿金，故计算赔偿金的劳动者工作年限应合并劳动者在原用人单位的工作年限以及在新用人单位的工作年限计算，也就是法院判定的从原告到化肥厂工作时起算的 15.5 年。

案例　刘明文诉滨海恒达铸业有限公司经济补偿金纠纷案 [1]

▍基本案情

2005 年 9 月，原告刘明文进入被告滨海恒达铸业有限公司工作。原告于 2014 年 11 月 12 日通过 EMS 邮政快递向被告寄交了《辞职告知书》，被告于 2014 年 11 月 16 日签收。该《辞职告知书》载明，原告因不能享受节假日加班工资待遇及被告没有为其缴纳养老保险，提出辞职申请。在原被告劳动关系存续期间，被告未按时足额为原告缴纳社会养老保险金。2015 年 6 月 29 日，原告向滨海县劳动人事争议仲裁委员会提起仲裁申请，仲裁委于 2015 年 6 月 29 日作出滨劳人仲不字（2015）第 28 号不予受理通知书，原告于 2015 年 7 月 3 日向法院提起民事诉讼，要求判令：1. 被告为原告补交 2005 年至 2014 年期间的社会保险；2. 被告向原告支付 2 倍工资 25 300 元（因被告没有签订书面合同）、经济补偿金 2300 元/月×7 个月×200% = 32 200 元（从 2008 年开始计算 7 个月，每个月 2300 元，因被告违法解除劳动合同，要求被告承担双倍的经济补偿金），合计 57 500 元；3. 被告承担本案的诉讼费用。

另查明，原告在解除劳动关系前十二个月 2013 年 10 月至 2014 年 9 月领取

---

〔1〕 江苏省滨海县人民法院（2015）滨民初字第 0940 号民事判决书。

的工资的月平均工资为 2419 元。

法院审理后认为，关于原告请求被告支付经济补偿金双倍的赔偿金的请求。根据《劳动合同法》第 87 条规定，用人单位违法解除或者终止劳动合同的，应当依照经济补偿标准的二倍向劳动者支付赔偿金。而本案解除劳动关系是原告向被告提出的，不符合以上法律规定的由用人单位违法解除劳动合同的情形，因此原告请求被告按经济补偿金的双倍支付赔偿金没有法律依据，不予支持。

被告未依法为原告缴纳社会保险，依法应支付经济补偿金。《劳动合同法》第 46 条第（1）项规定，劳动者按照本法第 38 条规定解除劳动合同的，用人单位应当向劳动者支付经济补偿金。《劳动合同法》第 47 条第 1 款规定，经济补偿按照劳动者在本单位的工作年限，每满一年支付一个月工资的标准向劳动者支付，六个月以上不满一年的，按一年计算，不满一年的，支付半个月工资。关于原告在被告公司上班的起始时间，原、被告对此没有举证证明，但被告出庭的证人戴某证明 2006 年原告就在被告公司上班，因此，根据《劳动合同法》第 97 条"本法施行之日存续的劳动合同在本法施行后解除或者终止，依照本法第 46 条规定应当支付经济补偿的，经济补偿年限自本法施行之日起计算；本法施行前按照当时有关规定，用人单位应当向劳动者支付经济补偿的，按照当时有关规定执行"的规定，《劳动合同法》施行之日 2008 年 1 月 1 日之前不予支持经济补偿金，之后经济补偿金支付年限为 6 年零 11 个月，应当计算为 7 年。原告解除合同前十二个月的月平均工资按 2300 元/月主张，不超过其实际工资收入，予以支持。综上，经济补偿金支持 2300 元/月×7 个月 = 16 100 元。

原告主张的补交 2005 年至 2014 年之间的社会保险金，用人单位不缴纳社会保险费用，违反的是行政管理法规，应由被告保险机构行使行政权力追缴，不属于法院受理范围，对原告主张的该请求不予支持。

关于原告主张的因没有签订书面劳动合同支付 2 倍工资的请求，根据《劳动合同法》第 14 条的规定，用人单位自用工之日起满一年不与劳动者订立书面劳动合同的，视为用人单位与劳动者已订立无固定期限劳动合同。本案原告于 2005 年 9 月与被告建立劳动关系，超过了一年的期限，应视为双方建立了无固定期限的劳动合同，主张一年内没有签订书面劳动合同支付二倍赔偿的请求已超过了一年的诉讼时效，对该诉讼请求不予支持。依照《中华人民共和国劳动合同法》第 10 条、第 14 条、第 38 条、第 46 条、第 47 条、第 97 条、《社会保险费征缴暂行条例》第 13 条、第 26 条之规定，判被告滨海恒达铸业有限公司向原告刘明文支付经济补偿金 16 100 元。

▌案例评析

《劳动合同法实施条例》第18条规定："有下列情形之一的，依照劳动合同法规定的条件、程序，劳动者可以与用人单位解除固定期限劳动合同、无固定期限劳动合同或者以完成一定工作任务为期限的劳动合同：（一）劳动者与用人单位协商一致的；（二）劳动者提前30日以书面形式通知用人单位的；（三）劳动者在试用期内提前3日通知用人单位的；（四）用人单位未按照劳动合同约定提供劳动保护或者劳动条件的；（五）用人单位未及时足额支付劳动报酬的；（六）用人单位未依法为劳动者缴纳社会保险费的；（七）用人单位的规章制度违反法律、法规的规定，损害劳动者权益的；（八）用人单位以欺诈、胁迫的手段或者乘人之危，使劳动者在违背真实意思的情况下订立或者变更劳动合同的；（九）用人单位在劳动合同中免除自己的法定责任、排除劳动者权利的；（十）用人单位违反法律、行政法规强制性规定的；（十一）用人单位以暴力、威胁或者非法限制人身自由的手段强迫劳动者劳动的；（十二）用人单位违章指挥、强令冒险作业危及劳动者人身安全的；（十三）法律、行政法规规定劳动者可以解除劳动合同的其他情形。"

在该法条列举的情形中，（四）至（十二）属于用人单位过错导致劳动者单方解除劳动合同，根据前述分析及法院判决依据可知，此种情形下用人单位应当支付劳动者经济补偿金。社会保险条款是劳动合同的必备条款，用人单位应当依法履行为劳动者缴纳社会保险的义务。本案中，被告滨海恒达铸业有限公司在与劳动者建立劳动关系后却不为劳动者缴纳社会保险，属于上述劳动者单方解除劳动合同的第（六）种情形，由此，原告解除行为合法，法院判决被告支付原告经济补偿金也符合法律规定。

▌防控策略

第一，严格遵守法律关于特定情形下用人单位不得单方解除劳动合同的规定，避免触犯《劳动合同法》第42条规定。

第二，用人单位应当规范用工关系，加强劳动者的用工管理，包括员工考勤、绩效考核，收集并保存劳动者在劳动过程中可能存在的过错或者不胜任工作的记录、资料等证明材料，保证用人单位一方解除合同的合法性。

第三，用人单位一方解除合同应当遵循法定程序并接受监督。《劳动合同法》第43条规定："用人单位单方解除劳动合同，应当事先将理由通知工会。用人单位违反法律、行政法规规定或者劳动合同约定的，工会有权要求用人单位纠正。用人单位应当研究工会的意见，并将处理结果书面通知工会。"由此，小微企业作为用人单位，如果内部有工会组织，在行使一方法定解除权时应当遵守上述规定。

第四，依法支付经济补偿金。如前述所言，在劳动者无过失性解除劳动合同情形下，应依法向其支付经济补偿金。特别注意的是在计算经济补偿金时应当精确计算劳动者的工作年限。

第五，应当在解除同时出具解除劳动合同的证明，并在十五日内为劳动者办理档案和社会保险关系转移手续。

（三）劳动合同终止的一般法律规则和对应的法律后果

劳动合同终止将导致双方劳动关系消灭。《劳动合同法》第44条规定："有下列情形之一的，劳动合同终止：（一）劳动合同期满的；（二）劳动者开始依法享受基本养老保险待遇的；（三）劳动者死亡，或者被人民法院宣告死亡或者宣告失踪的；（四）用人单位被依法宣告破产的；（五）用人单位被吊销营业执照、责令关闭、撤销或者用人单位决定提前解散的；（六）法律、行政法规规定的其他情形。"劳动合同期满，有第42条规定情形之一的，劳动合同应当续延至相应的情形消失时终止。但是，本法第42条第2项规定丧失或者部分丧失劳动能力劳动者的劳动合同的终止，按照国家有关工伤保险的规定执行。

1. 劳动合同终止的基本程序

和招聘、劳动合同签订环节需要依法遵循一定程序、办理相关手续一样，在劳动合同终止时同样需要按照法定程序进行并办理相关的手续。

（1）用人单位应当预先通知劳动者。劳动合同因期限届满而终止时的一个重要问题是关于用人单位通知义务的问题，也就是用人单位是否有义务在劳动合同终止前或终止时通知劳动者。关于这个问题，法律规定前后不太一致。虽然《劳动合同法》并没有明确规定用人单位必须履行这一义务，但为了让劳动者得到及时通知，主动确立劳动争议发生的时间，推动劳动合同终止意向顺利达成，这一通知行为应当进行。

（2）出具终止劳动合同证明。按照《劳动合同法》的规定，终止劳动合同证明是不可缺少的，是必需的。《劳动合同法实施条例》第24条规定："用人单位出具的解除、终止劳动合同的证明，应当写明劳动合同期限、解除或者终止劳动合同的日期、工作岗位、在本单位的工作年限。"另外值得注意的是企业在向劳动者出具终止证明时，应当注意相关证据材料的保存，并确保劳动者签收，如果劳动者拒收也应当保存送达证据，为以后发生纠纷做好充分的证据准备。

（3）办理交接手续。《劳动合同法》第50条第2款规定："劳动者应当按照双方约定，办理工作交接。"

（4）转移档案和社会保险关系。《劳动合同法》明确规定用人单位应当在劳动合同终止后 15 日之内为劳动者办理档案和社会保险转移手续。企业延期办理或怠于办理，将产生不利的法律后果。

2. 用人单位终止劳动合同需要承担的法律责任

在劳动合同期满导致劳动合同终止的情况下，除用人单位维持或者提高劳动合同约定条件续订劳动合同，劳动者不同意续订的情形外，用人单位应当向劳动者支付经济补偿金。

用人单位被依法宣告破产、被吊销营业执照、责令关闭、撤销或者用人单位决定提前解散等原因导致合同终止的，用人单位也应当依法向劳动者支付补偿金。

3. 用人单位终止劳动合同可能遇到的法律风险

（1）终止程序不当、手续不齐备。企业如果忽视劳动合同终止手续的办理或者办理终止手续不妥当，都可能因此产生新的争议和纠纷，影响到劳动合同关系的顺利终止。例如《劳动合同法》第 89 条规定："用人单位违反本法规定未向劳动者出具解除或者终止劳动合同的书面证明，由劳动行政部门责令改正；给劳动者造成损害的，应当承担赔偿责任。"

（2）未依法足额支付劳动者工资、补偿金、保险待遇等引发纠纷。劳动合同终止时，用人单位应当将因履行劳动合同对劳动者所产生的支付义务以及因终止劳动合同对劳动者所产生的支付义务履行完毕，具体表现为支付劳动者的工资、补偿金以及其他待遇等。如果双方订立了竞业限制协议的，还要注意开始支付竞业限制补偿金，否则可能会侵犯劳动者的合法劳动权益，引发劳动争议。

案例　梁介树诉南京乐府餐饮管理有限公司劳动争议案

▌基本案情

原告梁介树于 2009 年 11 月 18 日入职被告南京乐府餐饮管理有限公司工作，双方签订了劳动合同，合同期限自 2009 年 12 月 1 日起至 2011 年 11 月 30 日止。梁介树于 2010 年 5 月初生病，经南京军区南京总医院诊断为足细胞病，其后一直休病假，乐府餐饮公司向梁介树支付病假工资至 2011 年 2 月。2011 年 3 月 7 日，乐府餐饮公司以其已经将劳动合同期限顺延至医疗期满为由，通知梁介树终止双方的劳动合同关系。2011 年 6 月 7 日，梁介树向南京市江宁区劳动争议仲裁委员会（以下简称江宁区仲裁委）申请仲裁。2011 年 7 月 11 日，江宁区仲裁委作出宁劳仲案字（2011）第 1247 号仲裁裁决书，后梁介树不服前述裁决书于法定期限内向南京市江宁区人民法院提起诉讼，请求判令：1. 撤销被告 2011 年 3 月 7 日作出的劳动合同终止告知书，保持与被告的劳动合同关系；2. 被告支付 2011 年 3 月至 11 月病假津贴 8208 元（1140 元/月 ×9 个月 ×80%）以及医疗期工资 27 360 元（1140 元/月 ×24 个月），总计 35 568 元。2011 年 11 月 15 日，梁介树向原审法院书面变更诉讼请求，要求判令：乐府餐饮公司终止劳动关系不当，维持双方的劳动关系；放弃主张终止劳动合同经济补偿金 2280 元。其他诉讼请求不变更。

另查明，原告梁介树所患足细胞病为肾病综合征的一种，是肾脏足细胞病变。尿毒症是慢性肾功能不全（又称慢性肾功能衰竭）第四期（也即最后阶段），慢性肾功能不全是各种进展性肾病的最终结局。足细胞病是导致慢性肾功能不全的病因之一。2011 年 11 月，梁介树因病情复发至南京军区南京总医院治疗，南京军区南京总医院向梁介树出具病重通知单。治疗中，病程记录亦多次提及梁介树病情严重，随时可能猝死，危及生命。

审理中，被告乐府餐饮公司未能提供双方签订的劳动合同原件，亦未能提供证据证明原告梁介树持有所签合同原件。乐府餐饮公司提供的劳动合同复印件中，关于劳动合同期限处载明的期限为 2009 年 12 月 1 日至 2010 年 11 月 30 日，"2010 年"处有改动的痕迹。另乐府餐饮公司提供于 2010 年 10 月 22 日在江宁区劳动就业管理中心备案的录用备案花名册及职工录用登记表，录用备案花名册及职工录用登记表记载梁介树的劳动合同期限为 2009 年 12 月 1 日至 2010 年 11 月 30 日。

一审法院认为：本案一审的争议焦点是原告梁介树应当享受的医疗期的期限。劳动者患病或者非因工负伤，在规定的医疗期内劳动合同期满，劳动合同应当延续至医疗期满时终止。关于原告梁介树应当享受的医疗期问题，因其所患疾病病情严重，难以治疗，随时可能出现生命危险，应属特殊疾病，不受实际工作年限的限制，故梁介树应当享受的医疗期为 24 个月。关于本案中双方签订的劳动合同的终止日期问题，因乐府餐饮公司未能提供劳动合同原件，提供的复印件截止日期"2010 年"处有改动痕迹，且录用备案花名册及职工录用登记表备案时间又在梁介树生病之后，故对乐府餐饮公司陈述双方劳动合同期限至 2010 年 11 月 30 日终止的主张，法院不予采信，对梁介树陈述双方劳动合同终止日期为 2011 年 11 月 30 日的主张，法院予以采信。梁介树与乐府餐饮公司之间的劳动合同在 2011 年 11 月 30 日期满，但该日期仍在梁介树享有的医疗期内，故劳动合同应当延续至医疗期满。在医疗期内被告乐府餐饮公司终止与梁介树的劳动合同，违反了法律规定，因此乐府餐饮公司于 2011 年 3 月 7 日作出的劳动合同终止告知书无效，应予撤销。劳动者患病或者非因工负伤停止劳动，且在国家规定医疗期内的，用人单位应当按照工资分配制度的规定，按不低于当地最低工资标准的 80%，向劳动者支付病假工资。原告主张的其他费用没有依据，法院不予支持。

综上，一审法院判决撤销被告乐府餐饮公司于 2011 年 3 月 7 日作出的《劳动合同终止告知书》，被告乐府餐饮公司于本判决发生法律效力之日向原告梁介树支付 2011 年 3 月 1 日至 2011 年 11 月 30 日的病假工资 8208 元。并在判决发生法律效力之日起每月以南京市最低月工资标准的 80% 向原告梁介树支付病假工资（自 2011 年 12 月起至双方劳动关系依法解除、终止）。

乐府餐饮公司不服一审判决，向南京市中级人民法院提起上诉。南京市中级人民法院经二审，确认了一审查明的事实并经审理，驳回乐府餐饮公司的上诉，维持原判。

■ **案例评析**

一般情形下，劳动合同期限届满，劳动合同即行终止，但是为保护处于相对弱势地位的劳动者，《劳动合同法》第 45 条规定，有如下情形之一的，劳动合同应当续延至相应的情形消失时终止：①从事接触职业病危害作业的劳动者未进行离岗前职业健康检查，或者疑似职业病病人在诊断或者医学观察期间的；②在本单位患职业病或者因工负伤并被确认丧失或者部分丧失劳动能力的；③患病或者非因工负伤，在规定的医疗期内的；④女职工在孕期、产期、哺乳期的；⑤在本单位连续工作满 15 年，且距法定退休年龄不足 5 年的；⑥法律、行政法规规定的其他情形。

本案中，后经法院认可的双方的劳动合同期限为 2009 年 12 月 1 日至 2010 年 11 月 30 日，后原告于 2010 年 5 月初生病，最终被查为患有足细胞病，该病为肾病综合征的一种，且病情严重，属于癌症、精神病等难以治疗的特殊疾病的劳动者，应当享受 24 个月的医疗期。由此其医疗期应当至 2012 年 5 月。但是双方的劳动合同显然在医疗期内期满，此时，劳动合同应当延续至医疗期满时终止。被告乐府餐饮公司在 2011 年 3 月 7 日通知原告终止劳动合同，属于典型的医疗期内违法解除或者终止劳动合同，违反了法律规定，因此乐府餐饮公司于 2011 年 3 月 7 日作出的劳动合同终止告知书无效，应予撤销。

▌防控策略

第一，注意不能终止劳动合同的情形；

第二，遵循法定程序终止劳动合同；

第三，做好离职工作的管理，防止劳动者不辞而别或者工作未交接到位；

第四，依法计算经济补偿金并及时支付给劳动者。

第二节　劳动用工特殊情形下的法律实务与风险防控

目前，在我国，企业作为用人单位用工的形式多种多样，除了与劳动者签订劳动合同建立劳动关系外，还可以通过劳务派遣、非全日制用工等方式吸纳劳动者，这些方式有一定的优势，也存在一定的法律风险。以下就小微企业经常涉及的几种特殊用工形式进行法律分析。

一、劳务派遣制用工的法律关系与风险防控

劳务派遣，是指依照国家相关法律、法规以及地方法规成立的，具有资质的人才派遣服务机构（俗称人力资源公司或者劳务派遣公司）与劳动者建立劳动关系从而拥有人才的劳动力使用权并承担雇主责任，将签约人员外派至使用单位提供的工作场所从事相关工作，并向被外派的单位收取相关费用的营利性经营行为。[1]简而言之，"招人的不用人，用人的不招人"。

劳务派遣中存在三方主体，劳务派遣单位、接受劳务派遣的单位以及劳动者。在劳务派遣制用工形式下，劳务派遣单位与被派遣劳动者订立二年以上的固定期限劳动合同，按月支付劳动报酬，也即双方存在劳动合同关系，应当按照遵循劳动合同的相关法律准则。劳务派遣单位派遣劳动者与用人单位订立劳务派遣协议，这是一种双方约定的民事合同法律关系。劳务派遣协议应当约定派遣岗位和人员数量、派遣期限、劳动报酬和社会保险费的数额与支付方式以及违反协议的责任。被派遣劳动者为接受劳务派遣单位提供劳务，遵守接受劳务派遣单位的内部管理规程等。

（一）劳务派遣中小微企业作为接受劳务派遣单位享有的权利、义务

根据《劳动法》《劳动合同法》《劳动合同法实施条例》等法律法规的规定，接受劳务派遣的单位对于劳动者负有和劳动履行有关的法律义务，例如，

---

[1]　郭斌、王世卿：《企业法律风险与防控事务》，法律出版社 2013 年版，第 165 页。

提供劳动岗位的义务、提供劳动安全、卫生保护的义务、支付岗位性所需的技能培训的义务、支付岗位上加班工资和福利待遇的义务、实行正常工资调整机制的义务、不得将劳动者再派遣到其他用人单位的义务，并也享有要求劳动者服从本单位关于劳动履行的指挥、管理和命令以及关于劳动方面的合法规章制度的权利。

（二）劳务派遣的具体规则

1. 劳务派遣适用岗位

《劳动合同法》第 66 条规定："劳务派遣用工是补充形式，只能一般在临时性、辅助性或者替代性的工作岗位上实施。"对于具体什么是临时性、辅助性或者替代性岗位，《劳务派遣暂行规定》进行了阐明，该《规定》第 3 条规定："临时性工作岗位是指存续时间不超过 6 个月的岗位；辅助性工作岗位是指为主营业务岗位提供服务的非主营业务岗位；替代性工作岗位是指用工单位的劳动者因脱产学习、休假等原因无法工作的一定期间内，可以由其他劳动者替代工作的岗位。"因此，并不是任何岗位都可以适用这一用工方式，必须是符合上述"三性"方可适用。

2. 被派遣劳动者的权利

特别要注意的是被派遣劳动者与企业自雇员工享有劳动法上规定的劳动者享有的合法权利，接受劳务派遣单位和劳务派遣单位均不得侵犯其合法的劳动权利。

首先，在程序上，劳务派遣单位应当与被派遣劳动者订立二年以上的固定期限劳动合同，在与接受劳务派遣单位签订派遣协议后，劳务派遣单位应当将劳务派遣协议的内容告知被派遣劳动者。

其次，在具体权利上，被派遣劳动者享有与用工单位的劳动者同工同酬的权利。由劳务派遣单位按月支付给其劳动报酬。另外，被派遣劳动者有权在劳务派遣单位或者用工单位依法参加或者组织工会，维护自身的合法权益。

最后，在自身权益遭受损害时，可以依法寻求保护。被派遣劳动者享有与非派遣劳动者一样的单方法定劳动合同解除权。

（三）接受劳务派遣单位可能出现的不适当行为或者违法行为及其面临的法律风险

1. 未与劳务派遣单位签订劳务派遣协议

在合法的劳务派遣中，接受劳务派遣单位与被派遣劳动者不存在劳动关系，劳务派遣单位与劳动者存在劳动关系。但是如果接受劳务派遣单位未与劳务派遣单位签订劳务派遣协议，那么，就会面临以下两种风险：第一，如果接受劳务派遣单位已经与该劳动者形成用工关系，而在劳务派遣单位还没有支付该劳动者工资或为劳动者缴纳社会保险，接受劳务派遣单位无法证明该劳动者与劳务派遣单位存在劳动关系的情况下，就存在接受劳务派遣单位与劳动者存在事实劳动关系认定的风险，接受派遣单位无谓增加了用工成本及风险；第二，劳务派遣协议是接受劳务派遣单位明确双方权利义务关系的凭证，如果没有该协议，三方当事人的权利义务关系不明确，作为实际的用工单位，可能会面临比劳务派遣单位更多的法律风险。

2. 未依法履行自己的应尽的法律义务

如前述所言，虽然接受劳务派遣单位与劳动者并不存在劳动合同关系不需要直接向劳动者直接支付工资、社会保险等，但其作为实际的用工单位仍负有相应的诸如支付加班工资、福利待遇等义务，如果接受派遣单位未尽到上述义务，损害劳动者权益的，应承担相应的赔偿责任。

3. 不当的确定派遣期限，错误适用劳务派遣工作制

《劳动合同法》第59条第2款明确规定："用工单位应当根据工作岗位的实际需要与劳务派遣单位确定派遣期限，不得将连续用工期限分割订立数个短期劳务派遣协议。"如果有上述情况，情节严重，按照《劳动合同法实施条例》第35条的规定可能面临承担行政责任的风险。该条规定："用工单位违反劳动合同法和本条例有关劳务派遣规定的，由劳动行政部门和其他有关主管部门责令改正；情节严重的，以每位被派遣劳动者1000元以上5000元以下的标准处以罚款；给被派遣劳动者造成损害的，劳务派遣单位和用工单位承担连带赔偿责任。"

4. 因劳务派遣单位的不当行为承担法律责任

《劳动合同法》第92条第2款规定："劳务派遣单位、用工单位违反本法有关劳务派遣规定的，由劳动行政部门责令限期改正；逾期不改正的，以每人五千元以上五万元以下的标准处以罚款，对劳务派遣单位，吊销其劳务派遣业务经营许可证。用工单位给被派遣劳动者造成损害的，劳务派遣单位与用工单位承担连带赔偿责任。"

案例

昆山盛通劳务派遣服务有限公司诉昆山奎冠电子有限公司要求分担派遣员工工伤保险待遇损失纠纷案[1]

▍基本案情

2011年2月28日，昆山盛通劳务派遣服务有限公司（以下简称盛通劳务公

---

[1] 江苏省苏州市中级人民法院（2013）苏中民终字第2531号民事判决书。

司）与昆山奎冠电子有限公司（以下简称奎冠电子公司）签订《劳务派遣协议书》：约定由盛通劳务公司为奎冠电子公司提供劳务派遣用工服务，岗位及工种为包装作业员（只限于包装员工）；不允许奎冠电子公司将盛通劳务公司员工派遣到其他单位，如有上述违法行为，由此造成的一切后果由奎冠电子公司承担；盛通劳务公司未及时为派遣人员代缴各项保险费，由此造成的一切后果由盛通劳务公司承担；派遣人员发生工伤时，奎冠电子公司应及时通报盛通劳务公司，积极配合盛通劳务公司做好职工工伤申报工作，工伤医疗费由奎冠电子公司先垫付，双方共同处理；盛通劳务公司应在工伤认定后 15 日内，将奎冠电子公司的垫付费支付给奎冠电子公司，伤残等级赔付由盛通劳务公司参照社保标准支付一次性伤残补助金。

2011 年 7 月 1 日，盛通劳务公司与曹广彪签订了为期三年的全日制劳动合同后，曹广彪被派遣至奎冠电子公司做包装作业员。2011 年 7 月 8 日，曹广彪在物料部门接送物料过程中左上肢绞伤。曹广彪受伤后被送至昆山市中医医院抢救治疗，花去医疗费用 63 344.67 元，其中盛通劳务公司支付 51 572.09 元，奎冠电子公司支付 11 772.08 元。

2013 年 3 月 26 日，江苏省昆山市劳动人事争议仲裁委员会作出昆劳人仲案字（2013）第 0313 号仲裁裁决书，载明"被申请人盛通劳务在本裁决书生效之日起三日内支付申请人一次性伤残补助金 22 000 元、一次性工伤医疗补助金 188 331.2元、一次性伤残就业补助金 68 346 元，以上款项合计人民币 278 677.2元，被申请人奎冠电子承担连带责任"。后盛通劳务公司支付给曹广彪仲裁裁决所确定的补助金 278 677.2 元。

另查明：事发时，盛通劳务公司没有为曹广彪缴纳社会保险。

昆山市人民法院一审审理认为：

盛通劳务公司、奎冠电子公司签订的《劳务派遣协议书》合法有效，予以确认。协议约定，盛通劳务公司未及时为派遣人员代缴各项保险费，由此造成的一切后果由盛通劳务公司承担。据此，代缴社保的义务在盛通劳务公司。其未及时履行该义务，劳动者工伤所发生的相应损失，应由盛通劳务公司承担。奎冠电子公司作为用工单位，对用人单位派遣的劳动者的各项保险费的支付情况，理应尽到督促义务；未尽到督促义务的，应对该部分损失承担适当的赔偿责任。事发时曹广彪所在的工作部门是包装部，只是临时被叫到物料部门接送物料，故酌情认定由奎冠电子公司对全部损失承担 20% 的赔偿责任计 68 404.37 元，扣除已垫付的 11 772.08 元，奎冠电子公司应支付盛通劳务公司 56 632.29 元。

据此，依照《中华人民共和国合同法》第 60 条、第 107 条，《中华人民共和国劳动合同法》第 58 条第 1 款、第 59 条，《工伤保险条例》第 30 条、第 37 条之规定，昆山市人民法院于 2013 年 6 月 18 日作出（2013）昆民初字第 1328 号民事判决：

一、被告昆山奎冠电子有限公司支付原告昆山盛通劳务派遣服务有限公司 68 404.37 元，扣除已经支付的 11 772.08 元，余款 56 632.29 元于判决生效后 10 日内履行完毕。

二、被告昆山奎冠电子有限公司于判决生效后 10 日内赔偿原告昆山盛通劳务派遣服务有限公司利息损失（以 56 632.29 元为基数，从 2013 年 4 月 28 日起按照中国人民银行公布的同期银行贷款基准利率计算至判决生效之日止）。

一审判决后，奎冠电子公司不服，向苏州市中级人民法院提起上诉。

苏州市中级人民法院经审理，确认一审查明的事实。

苏州市中级人民法院二审认为：

盛通劳务公司在将曹广彪派遣至奎冠电子公司前未为曹广彪缴纳社保，导致曹广彪在奎冠电子公司工作期间因工受伤产生工伤保险待遇损失，根据《劳动合同法》第 92 条之规定，对外应由盛通劳务公司与奎冠电子公司向曹广彪承担连带赔偿责任。现盛通劳务公司已按生效劳动仲裁裁决书确定的金额向曹广彪支付赔偿费用，有权向奎冠电子公司提起追偿之诉。本案中，盛通劳务公司与奎冠电子公司签订了《劳务派遣协议书》，该协议内容不违反法律强制性规定，且系双方当事人真实意思表示，应认定为合法有效。根据协议书约定，盛通劳务公司作为派遣单位负责为劳动者缴纳社保，并承担未缴纳造成的一切后果。据此，本案中产生的损失原则上应由盛通劳务公司负担。奎冠电子公司作为用工单位，根据工作需要安排曹广彪从事临时性工作，亦在其经营管理权限范围之内，该情节不能成为认定奎冠电子公司存有过错的事由。但奎冠电子公司作为实际用工者和劳动者付出劳务的主要受益者，对被派遣员工依法负有保障其劳动安全的责任，其不能因与盛通劳务公司之间的相关约定，而对派遣员工的劳动安全保障漠视不理。奎冠电子公司对损害的发生亦具有法律上的责任，应适当分担损害赔偿数额。一审判决认定其承担比例为 20%，在合理范围之内，并无不当。据此，苏州市中级人民法院于 2013 年 11 月 30 日作出（2013）苏中民终字第 2531 号民事判决：驳回上诉，维持原判。

▌案例评析

因未依法为被派遣员工缴纳社保，被派遣员工因公受伤产生的工伤保险待遇损失，应由劳务派遣单位与用工单位承担连带赔偿责任。劳务派遣单位向被派遣劳动者实际支付全部赔偿费用后，有权向用工单位提起追偿之诉，追偿比例应当根据双方的责任大小予以确定。虽然派遣协议约定因未及时为派遣员工缴纳社保造成的损失由劳务派遣公司承担，但是考虑到用工单位是实际用工者，亦是劳动者付出劳动的主要受益者，对被派遣员工负有保障其劳动安全的法定义务，其对损害的发生具有法律上的责任，其应当分担损害赔偿数额。本案中，劳动者曹光彪依照劳务派遣单位与接受劳务派遣单位的派遣协议，被派遣到奎冠电子公司包装部门，岗位及工种为包装作业员（只限于包装员工），但事故发生时，其却被临时叫到物料部门接送物料，致使发生工伤。作为实际用工单位，奎冠公司的行为，违反了用工单位的安全卫生保护义务，另外，作为劳务派遣单位的盛通劳务公司无论依照劳动合同法相关规定，还是依照与奎冠公司的劳务派遣协议约定，均应当为劳动者缴纳社会保险，但是其未履行该义务，属于违反《劳动合同法》的行为，而作为接受劳务派遣单位的奎冠公司却也未督促盛通公司履行该义务。综上，无论对于劳动者工伤事故的发生还是对于用人单位违反法律规定，损害劳动者行为，依照《劳动合同法》第92条的规定，接受劳务派遣单位奎冠公司应当承担连带责任，应当支持原告盛通劳务公司要求其分担派遣员工工伤保险待遇损失的请求。

▌防控策略

第一，在适用劳务派遣制用工上，用人单位可以优先考虑新进员工、临时项目所需求的技术人员或者非全日制用工。这样既有利于对企业新进人员的考察，节省本单位的用工成本，也更符合劳务派遣岗位"临时性、辅助性或者替代性"的要求。

第二，慎重选择劳务派遣单位，依法全面签订劳务派遣协议，明晰双方的权利义务。对劳务派遣单位的相关行为进行监督，防止因为劳务派遣单位不具有相应的法律资质、未获得相应的行政许可等原因而导致劳务派遣协议无效，导致本单位承担与劳动者建立事实劳动关系的法律风险或者因为双方权利义务不明确引发争议，侵害劳动者合法权益，最后与劳务派遣单位承担不必要连带责任。另外，根据《劳务派遣暂行规定》第7条的规定，劳务派遣协议应当载明下列内容：①派遣的工作岗位名称和岗位性质；②工作地点；③派遣人员数量和派遣期限；④按照同工同酬原则确定的劳动报酬数额和支付方式；⑤社会保险费的数额和支付方式；⑥工作时间和休息休假事项；⑦被派遣劳动者工伤、生育或者患病期间的相关待遇；⑧劳动安全卫生以及培训事项；⑨经济补偿等费用；⑩劳务派遣协议期限；⑪劳务派遣服务费的支付方式和标准；⑫违反劳务派遣协议的责任；⑬法律、法规、规章规定应当纳入劳务派遣协议的其他事项。

第三，加强对被派遣劳动者的管理。保障被派遣劳动者同工同酬的权利、按规定支付加班费和绩效奖金等、提供与工作岗位相关的福利待遇的是用工单位应当承担的责任。另外，用工单位还要注意在管理过程中保险书面的证据。

二、非全日制用工的法律关系与风险防控

非全日制用工也是企业用工的一种方式。该种方式用工灵活，可以随时终止劳动关系而无需支付经济补偿，同时不需要缴纳社会保险（工伤保险除外）。在前述劳动合同种类部分对该种用工方式的基本内涵已经有所介绍，这里主要介绍其基本的适用规则。

（一）非全日制用工关系的建立

《劳动合同法》第69条规定："非全日制用工双方当事人可以订立口头协议。"由此可知，相对于一般的全日制劳动合同关系必须订立书面劳动合同而言，非全日制用工在合同形式上更为灵活，可以通过口头方式。另外，根据该条第2款的规定，在不影响先订立劳动合同履行的情况下，从事非全日制用工的劳动者可以与一个或者一个以上用人单位订立劳动合同。

（二）非全日制用工方式的具体内容

非全日制用工双方当事人不得约定试用期，其小时计酬标准不得低于用人单位所在地人民政府规定的最低小时工资标准，其劳动报酬结算支付周期最长不得超过十五日。

（三）小微企业作为用人单位在适用非全日制用工方式时面临的法律风险

第一，未签订书面劳动合同，无法明确用工方式。尽管《劳动合同法》允许非全日制劳动合同采用口头协议的方式订立，但是这种情况下可能无法明确双方的用工性质和权利义务。在不具备其他相关证据材料时有极大可能被认定为全日制劳动关系，进而面临被认定为未签订劳动合同并承担相应责任的风险。

第二，工作时间不规范、计酬方式不明确，违背法律关于非全日制用工的工作时间限定。在此种情形下，双方很容易就报酬支付发生争议，双方权利义务履行陷入不明晰状态，双方甚至有可能被认为形成了全日制用工关系。

第三，非全日制用工可能侵犯用人单位的商业秘密等。非全日制员工可以依法订立多重劳动关系，因此，如果劳动者再从事与用人单位相同行业，有时可能为了经济利益而泄露用人单位的商业秘密等。

案例 厦门市路桥管理有限公司诉符小秀劳动争议案[1]

▌基本案情

符小秀于2003年3月进入厦门市路桥管理有限公司（以下简称路桥公司），在厦门海沧大桥管理中心办公区域从事办公楼卫生保洁工作。2010年5月，路桥公司将符小秀调至海沧大桥从事桥面保洁工作，符小秀不予接受。符小秀因此于2010年6月9日以路桥公司拒绝签订劳动合同以及没有为其缴纳社会保险费为由向厦门市海沧区劳动争议仲裁委员会提起申诉，要求解除路桥公司和符小秀之间的劳动关系，补缴社会保险费，支付未签订劳动合同的双倍工资和经济补偿金9366元。厦门市海沧区劳动争议仲裁委员会于2010年7月12日作出厦海劳仲委（2010）第088号裁决书，裁决路桥公司为符小秀补缴社会保险费、支付经济补偿金9366元，并解除双方之间的劳动关系；驳回了符小秀的其他请求。裁决后，路桥公司、符小秀均不服，先后在法定期间提起诉讼。

一审法院查明：①2008年5月至2010年5月，符小秀的工资发放周期均为15天；2008年以前的工资，路桥公司采取每月一发的形式；②路桥公司提供了2008年至2010年4月的考勤表（载明每天的工作时间），拟证明符小秀每天、每周的工作时间；③符小秀在路桥公司上班至2010年5月，其确认劳动关系终止前12个月的平均工资为955元。

一审法院认为：①依照法律规定，当事人对自己提出的主张承担提供证据予以证明的责任。路桥公司主张与符小秀建立的是非全日制用工关系，应当承担相应的举证责任。根据路桥公司提供的《考勤表》记载，符小秀每周累计工作时间大部分未超过24小时，每天工作时间平均4小时左右，而且路桥公司每半个月与符小秀结算一次劳动报酬，可以认定双方之间形成的是非全日用工关系。符小秀提供的工资明细单仅证明其与路桥公司存在劳动关系，不能证明其与路桥公司存在全日制用工关系。符小秀主张其与路桥公司存在全日制用工关系，但其不能提供充分的证据予以证明，因此，法院不予采纳。②非全日制用工可以不签订劳动合同而采用口头协议形式，故符小秀主张路桥公司拒不与其签订劳动合同，诉请支付双倍工资缺乏法律依据。③非全日制用工关系是用人单位采取的用工形式，不影响劳动者与用人单位存在劳动关系的认定。用人单

---

[1] 一审：福建省厦门市海沧区人民法院（2010）海民初字第1573号；民事判决书二审：福建省厦门市中级人民法院（2010）厦民终字第2875号民事判决书。

位采用非全日制用工形式，仍负有保护劳动者的合法权益的法律义务，应为劳动者缴交社会保险金。因此，符小秀请求路桥公司为其补缴自 2000 年 3 月 1 日起至终止劳动关系之日止的社会保险费，法院予以支持。④路桥公司作为用人单位，没有为符小秀缴交社会保险金，损害了符小秀的合法权益，符小秀有权依法终止劳动关系，要求路桥公司支付经济补偿金。⑤鉴于符小秀从 2010 年 5 月后不在路桥公司处上班，双方的劳动关系实际终止，且双方均要求终止劳动关系，由此法院确认双方的劳动关系从 2010 年 5 月 30 日终止。

综上，判决如下：

一、确认厦门市路桥管理有限公司与符小秀的劳动关系自 2010 年 5 月 30 日终止；

二、驳回原告厦门市路桥管理有限公司的其他诉讼请求；

三、厦门市路桥管理有限公司应于本判决生效之日起 10 日内支付符小秀经济补偿金 9366 元；

四、厦门市路桥管理有限公司应于本判决生效之日起为符小秀补缴 2000 年 3 月 1 日起至 2010 年 5 月 30 日止，用人单位应缴部分的社会保险金；

五、驳回符小秀的其他诉讼请求。

一审宣判后，厦门市路桥管理有限公司、符小秀均不服提出上诉。

二审法院另查明，根据路桥公司提交的 2008 年 5 月以后的考勤表（其中个别考勤表缺失），符小秀每日的上班时间分为上午和下午两段。其中，2008 年 5 月至 2008 年 8 月期间，日工作时间超过 4 小时的分别为 14 天、9 天、7 天、13 天；2008 年 10 月期间，日工作时间超过 4 小时的有 8 天；2008 年 12 月上半月，日工作时间超过 4 小时的有 6 天；2009 年 1 月至 2 月期间，日工作时间超过 4 小时的各有 13 天；2009 年 3 月至 9 月期间，符小秀的上班时间为上午 7：00 至 9：10，下午 15：10 分至 18：00；2009 年 10 月至 2010 年 4 月，符小秀的上班时间为上午 7：00 至 9：00，下午 15：00 至 17：30。路桥公司和符小秀对原审认定双方劳动关系于 2010 年 5 月 30 日终止均没有异议。

二审法院审理后认为：根据路桥公司提交的考勤表，符小秀 2008 年 5 月以后大部分工作日的工作时间超过 4 小时，且相关考勤记录并未记载超过 4 小时部分属于超时加班或其他延长工时的情形，故从 2008 年 5 月至双方劳动关系终止时，路桥公司对符小秀的用工形式并不符合《中华人民共和国劳动合同法》所规定的非全日制用工形式。对于 2008 年 5 月之前的用工方式，因路桥公司没有提供相应的考勤记录或者其他有关符小秀用工方式的证据，故应当由路桥公司承担举证不能的后果。同时，依据现有的考勤记录，符小秀每日的工作时间分为上午和下午两段，其上班时间分别占据了每日正常工作时段的大部分，故符小秀主张其与路桥公司为全日制劳动关系具有一定的依据和合理性，本院予以采纳。

2010年5月，因符小秀不愿从事路桥公司所分配的工作，双方劳动关系终止，故路桥公司与符小秀的劳动关系存续期间为2000年3月至2010年5月30日。

由于路桥公司在劳动关系存续期间，没有与符小秀签订劳动合同和为其缴纳社保，原审根据符小秀的工作年限和工资收入情况，对符小秀主张的经济补偿金9366元予以支持，并判决路桥公司应当依法为符小秀补缴应当由用人单位承担的社保费并无不当。

根据《中华人民共和国劳动合同法》规定，用人单位自用工之日起超过一个月不满一年未与劳动者订立书面劳动合同的，应当向劳动者每月支付二倍的工资，自用工之日起满一年不与劳动者订立书面劳动合同的，视为用人单位与劳动者已经订立无固定期限劳动合同，据此，路桥公司在2008年之后没有在一年内与符小秀签订书面劳动合同，应向符小秀支付2008年2月至2008年12月期间的双倍工资，之后应视为双方已经订立无固定期限劳动合同。由于符小秀直至2010年6月才就路桥公司未与其签订书面劳动合同一事向劳动仲裁委申请仲裁，路桥公司以符小秀的该项诉讼请求超过诉讼时效为由提出抗辩，具有相应的法律依据，本院予以采纳。

综上所述，原审判决除了对双方用工方式的认定有误，本院予以更正外，判决的具体内容并无不当，可予以维持，路桥公司和符小秀的上诉请求不能成立，应予以驳回。

综上，依据《中华人民共和国劳动合同法》第14条第3款、第68条、第62条第1款，《中华人民共和国劳动争议调解仲裁法》第27条第1款，《中华人民共和国民事诉讼法》第153条第1款第（1）项、第（2）项之规定，判决驳回双方上诉，维持原判。

▌案例评析

本案属于因为用人单位未及时与劳动者签订书面的劳动合同，未明确双方的用工方式而导致双方用工性质难以确定，法院最终认定为全日制劳动关系并由用人单位承担未及时签订劳动合同的经济补偿金等一系列法律责任的典型案件。案件的争议焦点是双方用工方式的性质确认。

首先，厦门市路桥管理有限公司与符小秀对于是否存在劳动关系不存在争议。

其次，对于用工方式属于何种类型，双方执不同意见。《劳动合同法》第68条规定："非全日制用工，是指以小时计酬为主，劳动者在同一用人单位一般平均每日工作时间不超过四小时，每周工作时间累计不超过二十四小时的用工形式。"综合本案一审、二审法院查明的案件事实，以及双方当事人提交的证明工作时间的证据得知劳动者符小秀每日的上班时间分为上午和下午两段。其中，2008年5月至2008年8月期间，日工作时间超过4小时的分别为14天、9天、7天、13天；2008年10月期间，日工作时间超过4小时的有8天；2008年12月的上半月，日工作时间超过4小时的有6天；2009年1月至2月期间，日工作时间超过4小时的各有13天；2009年3月至9月期间，符小秀的上班时间为上午7：00至9：10，下午15：10分至18：00；2009年10月至2010年4月，符小秀的上班时间为上午7：00至9：00，下午15：00至17：30，由此可以认定符小秀2008年5月以后大部分工作日的工作时间超过4小时，且相关考勤记录并未记载超过4小时部分属于超时加班或其他延长工时的情形，据此，路桥公司对符小秀的用工形式无法认定为非全日制用工形式，而应当认定为全日制用工，二审法院对于用工方式的判定是正确的。

▍防控策略

第一，签订书面劳动合同。非全日制劳动合同的内容可以由双方协商确定，内容应当包括工作的时间和期限、工作内容、劳动报酬、劳动保护五项必备条款，但是不得约定试用期。

第二，规范工作时间和计酬方式。非全日制用工方式计酬标准不得低于用人单位所在地人民政府规定的最低小时工资标准。

第三，岗位安排与保护本单位商业秘密相结合。尽量避免将非全日制员工安置到涉及商业秘密的岗位，或者在必要条件下与劳动者签订保密协议。

第四，明确说明双方的用工性质。

第五，为非全日制劳动者办理工伤保险。基于法律规定及企业用工过程中的工伤风险的存在，企业应当为非全日制员工办理工伤保险，依法规范用工，降低企业因较大工伤事故的发生而遭受的经济损失。限制工伤事故对企业发展的不良影响，特别是对综合实力较为薄弱的小微企业而言，发生工伤事故却未办理工伤保险成为企业的巨大负担。

三、劳务用工的法律规则与风险防控

劳务用工一般指临时性、一次性雇佣他人完成劳务，以劳务结果计算报酬，对劳务过程不进行管理的用工方式。

（一）劳务关系的基本要素

1. 主体要件

劳务关系的主体不仅包括自然人，也包括法人、合伙、国家、外国组织以及其他特殊组织，区别于劳动关系中提供劳动一方仅可以是自然人的基本特征。

2. 双方地位

在劳动关系中，双方存在隶属、管理的关系，而劳务关系中双方是平等民事主体，提供劳务一方不受对方的指挥、领导。

3. 双方权利义务

在劳务用工中不存在加班费、病假工资，产假工资、年休假、最低工资标准、经济补偿金等概念，该用工方式下的权利义务由双方在平等自愿基础上自由约定。

4. 适用法律规范

一般情形下，劳动关系适用《劳动法》《劳动合同法》等社会性质法律，而劳务关系不受该类法律规范的规制，其法律基础是民事法律规范的相关内容。

（二）小微企业作为接受劳务一方参与劳务关系可能面临的法律风险

第一，与提供劳务一方约定不明确，导致双方关系与劳动关系混淆，难以辨别双方用工性质。

第二，承担雇主责任。《侵权责任法》第35条规定："个人之间形成劳务关系，提供劳务一方因劳务造成他人损害的，由接受劳务一方承担侵权责任。提供劳务一方因劳务自己受到损害的，根据双方各自的过错承担相应的责任。"

案例　湖北省恒泰建筑劳务有限公司诉侯波等公司劳务合同纠纷案[1]

▌基本案情

2014年被告中建三局第一建设工程有限责任公司（以下称：中建三局）作为劳务发包方与作为劳务分包方的被告湖北恒泰公司签订《天津红星国际广场1号地块建设工程写字楼及周边车库主体结构劳务分包合同》，约定由被告湖北省恒泰建筑劳务有限公司（以下称：恒泰公司）承包被告中建三局发包的坐落天津市河东区津滨大道160号天津红星国际广场1号地块写字楼及周边车库主体结构工程，合同总价13 196 586.5元，约定分包方（被告恒泰公司）必须严格

---

[1] 天津市第二中级人民法院（2015）二中民一终字第1543号民事判决书。

执行国家及政府的有关规定，依法与使用的农民工及其他劳务用工签订劳动合同，并按照规定足额支付劳务工资，否则，造成的后果自负。另双方合同附表6中有《分包方现场管理人员明细表》一份，人员表包括项目经理李俊杰、技术员侯波、木工工长李成。

原告侯波称其自2014年2月17日至2015年2月16日在涉诉工程为被告恒泰公司工作，月劳务报酬为7000元。原告已经向被告恒泰公司支取工资40 200元。

一审法院认为，原告在涉诉工程处为被告恒泰公司处工作，结合被告中建三局提交的《分包方现场管理人员明细表》及原告所提交证人证言等证据可以确认原告与被告恒泰公司存在劳务合同关系。原告提供劳务后，被告恒泰公司应当支付相应的报酬。关于原告主张月劳务报酬7000元。首先，原告提供证人证言可以证实劳务报酬数额；其次，被告恒泰公司未提供相反证据证明，应该承担举证不能的法律后果；最后，原告的职务为技术员，系现场管理人员，其月报酬数额符合建筑行业相关职位工资的一般标准。综上，原审法院认定原告月劳务报酬数额为7000元。扣除原告已经从被告恒泰公司支取的工资40 200元，被告恒泰公司应支付原告43 800元（7000元×12个月－40 200元）。被告中建三局与原告并无劳务关系，不应承担给付责任。

一审法院判决：一、本判决生效之日起十日内，被告湖北省恒泰建筑劳务有限公司给付原告侯波劳务报酬共计43 800元；二、驳回原告侯波的其他诉讼请求。

恒泰公司不服原审判决，向上一级法院提起上诉。

二审法院经审理认为，根据庭审查明的事实，各方当事人对侯波在恒泰公司分包中建三局工程项目工地上工作没有异议，恒泰公司应当支付侯波劳务报酬。恒泰公司上诉称其与侯波不存在直接劳务关系，而是案外人陈强雇佣的侯波，经过庭审查明，案外人陈强系代表恒泰公司与中建三局签订的分包合同中的合同签订人，因此根据该事实有理由相信陈强系恒泰公司工作人员，侯波通过陈强的介绍到恒泰公司的项目工地工作，应当认定侯波是为恒泰公司工作。恒泰公司称其与陈强签署了自负盈亏合同，但未提交证据证明，且其与陈强系内部管理关系，对外不能产生效力。恒泰公司的上述主张不能成立。恒泰公司称侯波主张的劳务报酬过高，只同意支付其主张数额的一半，但恒泰公司不能提交证据证明其与侯波就该数额的劳务报酬有约定，现侯波不同意恒泰公司的主张，且侯波在原审中提交了相关证人证言证明了双方劳务报酬每月为7000元的事实，因此根据证据优势原则，可以认定侯波主张的事实成立，原审法院据此判决并无不当。恒泰公司的上诉请求没有事实依据，本院不予支持。

综上，原审认定事实清楚，适用法律正确，应予维持。依据《中华人民共和国民事诉讼法》第 107 条第 1 款第（1）项之规定，判决驳回上诉，维持原判。

▌案例评析

本案属于因为劳务关系引发的劳动争议。在全案中存在以下几处法律关系：

一是中建三局第一建设工程有限责任公司与湖北恒泰公司签订的《天津红星国际广场 1 号地块建设工程写字楼及周边车库主体结构劳务分包合同》，该合同属于两公司之间签订的建设工程施工合同的分包合同，因为侯波并不属于该合同的主体，根据合同的相对性，其与中建三局第一建设工程有限责任公司不存在合同关系或者劳务关系。

二是侯波、陈强之间是否形成个人之间的劳务关系。根据法院查明的事实，案外人陈强系代表恒泰公司与中建三局签订的分包合同中的合同签订人，因此根据该事实，侯波有理由相信陈强系恒泰公司工作人员，否则其无法代表公司从事如此重大的合同签署行为。后侯波通过陈强的介绍到恒泰公司的项目工地工作，应当认定陈强的行为属于为恒泰公司执行工作任务的行为，而不是单纯的个人行为。因此，陈强与侯波之间并未形成劳务关系，且侯波也并未向陈强提供劳务，而是为恒泰公司的施工提供劳务，由此应当认定二人之间不存在劳务关系。

三是侯波与恒泰公司之间是否存在劳务关系。首先，根据恒泰公司与中建三局签订的劳务分包合同，对于合同项下的建设工程的劳务应当由恒泰公司完成，而侯波在该项目工地上工作，应当认定其为恒泰公司而不是中建三局提供劳务。由此，法院判定侯波与恒泰公司之间存在劳务关系事实认定清楚。

另外，关于侯波的劳务报酬的认定，被告恒泰公司未提供相反证据证明，被迫承担举证不能的法律后果。企业在诉讼过程中无法提供有效的证据支持自己主张的，应当依法承担相应的诉讼风险。

▌防控策略

第一，慎重选用劳务用工方式，在签订劳务合同时明确用工性质，并明确约定双方的权利义务。

第二，提供安全的工作条件和工作环境，防止出现侵犯提供劳务一方身体健康权以及提供劳务一方侵犯第三人合法权益的情形。

第三，及时支付提供劳务一方劳动报酬，避免不正当的拖欠工资行为。

第七章
小微企业知识产权管理的法律实务与对应风险防控

小微企业知识产权是其所拥有的，在生产经营过程中确保企业可持续发展并做大做强的重要无形资产。其范围相当广泛，包括著作权、专利权、商标权、发现权、发明权及其他科技成果权。结合小微企业运营时间，本章主要介绍专利权、著作权、商标权以及商业秘密这四类比较重要的知识产权管理的法律实务与风险及其防控措施。

第一节　专利权管理与侵权风险

一、专利权的基本概念及操作规范

（一）专利权的内涵及特征

所谓专利权，是指依照《专利法》的规定，权利人对其获得专利的发明创造（发明、实用新型、外观设计），在法定期限内所享有的独占权或专有权。

专利权具有如下特征，企业应当知晓：

一是专有性或者独占性。专利权人对其获得专利的发明创造，享有专有或者独占的权利。除法律规定外，任何人未经过专利权人许可，不得为生产经营目的制造、使用、许诺销售、销售、进口其专利产品，或者使用其专利方法以及使用、许诺销售、销售、进口依照该专利方法直接获得的产品，否则就构成对他人专利权的侵犯，应当依法承担法律责任。

二是地域性。专利权有国界，即依照我国专利法取得的专利权，仅在我国范围内具有法律效力，受我国法律保护，在其他国家没有法律约束力，不能受到他国的保护。

三是时间性。专利权也有时间限制，即只在法律规定的期限内有效。一旦法律的保护期限届满或者因法律规定的提前终止事由被公告终止，专利权人对其发明创造享有的专有权即行消灭，该项发明创造也就成为社会的公共财产，任何人均可无偿利用。

四是法定授权性。专利权并不能基于发明创造的事实自动产生，而是国家专利主管机关依法批准授予的。由此，发明人或者设计人需要向法定的国家专利主管机关申请，经专利主管机关依法审查合格后，才授予其专利权。

（二）专利权的客体——发明创造

并不是每一个具有创意的发明行为或者设计行为均可以获得专利权，只有属于专利法规定的发明创造范围，才属于专利权的客体，有机会被授予专利权。

根据《中华人民共和国专利法》（以下简称《专利法》）第 2 条规定：发明创造是指发明、实用新型和外观设计。具体的发明，是指对产品、方法或者其改进所提出的新的技术方案；实用新型，是指对产品的形状、构造或者其结合所提出的适于实用的新的技术方案；外观设计，是指对产品的形状、图案或者其结合以及色彩与形状、图案的结合所作出的富有美感并适于工业应用的新设计。

（三）发明创造应当具备的授予专利权的条件

授予专利权的发明和实用新型，应当具备新颖性、创造性和实用性。新颖性，是指该发明或者实用新型不属于现有技术；也没有任何单位或者个人就同样的发明或者实用新型在申请日以前向国务院专利行政部门提出过申请，并记载在申请日以后公布的专利申请文件或者公告的专利文件中。创造性，是指与现有技术相比，该发明具有突出的实质性特点和显著的进步，该实用新型具有实质性特点和进步。实用性，是指该发明或者实用新型能够制造或者使用，并且能够产生积极效果。这里的现有技术，是指申请日以前在国内外为公众所知的技术。这里的申请日，是指国务院专利行政部门收到专利申请文件之日。如果申请文件是邮寄的，是指寄出的邮戳日。

（四）专利管理部门

根据《专利法》第 3 条规定，国务院专利行政部门负责管理全国的专利工作；统一受理和审查专利申请，依法授予专利权。省、自治区、直辖市人民政府管理专利工作的部门负责本行政区域内的专利管理工作。由此可知，企业申请专利的部门应当是国务院专利部门，在取得专利后应当接受省一级人民政府专利工作部门的管理。

（五）专利的申请程序及手续要求

1. 申请发明或者实用新型专利的，应当提交请求书、说明书及其摘要和权利要求书等文件。请求书应当写明发明或者实用新型的名称，发明人的姓名，申请人姓名或者名称、地址，以及其他事项。说明书应当对发明或者实用新型作出清楚、完整的说明，以所属技术领域的技术人员能够实现为准；必要的时候，应当有附图。摘要应当简要说明发明或者实用新型的技术要点。权利要求书应当以说明书为依据，清楚、简要地限定要求专利保护的范围。依赖遗传资源完成的发明创造，申请人应当在专利申请文件中说明该遗传资源的直接来源和原始来源；申请人无法说明原始来源的，应当陈述理由。

2. 申请外观设计专利的，应当提交请求书、该外观设计的图片或者照片以及对该外观设计的简要说明等文件。申请人提交的有关图片或者照片应当清楚地显示要求专利保护的产品的外观设计。

（六）专利申请的初步审查及公布

《专利法》第 34 条规定："国务院专利行政部门收到发明专利申请后，经初步审查认为符合本法要求的，自申请日起满十八个月，即行公布。"

（七）专利权的授予

在专利权的授予程序上，发明与实用新型、外观设计的程序存在一定差异，主要表现在对发明专利申请的实质审查上。

《专利法》第 35 条规定："发明专利申请自申请日起三年内，国务院专利行政部门可以根据申请人随时提出的请求，对其申请进行实质审查；申请人无正当理由逾期不请求实质审查的，该申请即被视为撤回。"第 39 条规定："发明专利申请经实质审查没有发现驳回理由的，由国务院专利行政部门作出授予发明专利权的决定，发给发明专利证书，同时予以登记和公告。发明专利权自公告之日起生效。"第 40 条规定："实用新型和外观设计专利申请经初步审查没有发现驳回理由的，由国务院专利行政部门作出授予实用新型专利权或者外观设计专利权的决定，发给相应的专利证书，同时予以登记和公告。实用新型专利权和外观设计专利权也自公告之日起生效。"

（八）专利权期限

发明专利权的期限为 20 年，实用新型专利权和外观设计专利权的期限为 10 年，均自申请日起计算。

二、小微企业在专利权管理过程中存在的法律风险

（一）发生专利侵权行为

如前述关于专利权特征的解读，专利权人对于合法专利享有专有权。在发明、实用新型、外观设计专利权被授予后，除专利法另有规定的以外，任何单位或者个人未经专利权人许可，都不得实施其专利，

根据《专利法》第 60 条规定，未经专利权人许可，实施其专利，即侵犯其专利权。因专利权实施而产生纠纷的，由当事人协商解决；不愿协商或者协商不成的，专利权人或者利害关系人可以向人民法院起诉，也可以请求管理专利工作的部门处理。管理专利工作的部门处理时，认定侵权行为成立的，可以责令侵权人立即停止侵权行为，当事人不服的，可以自收到处理通知之日起 15 日内依照《中华人民共和国行政诉讼法》向人民法院起诉；侵权人期满不起诉又不停止侵权行为的，管理专利工作的部门可以申请人民法院强制执行。进行处理的管理专利工作的部门应当事人的请求，可以就侵犯专利权的赔偿数额进行调解；调解不成的，当事人可以依照《民事诉讼法》向人民法院起诉。随着，全社会创新速度的加快以及创新质量的提高，企业在开发、设计专利，实施专利以及保护专利等方面就存在侵犯他人专利权或者被他人侵犯专利权的风险，此时会陷入知识产权领域的民事、行政纠纷，对企业造成不利的影响。

（二）因专利权归属发生争议

在实践中，许多发明创造是通过企业的工作人员完成或者多方主体共同合作完成，若前期相关主体欠缺对于专利申请权、专利权等归属的约定或者约定不明确，相关主体可能就是否申请专利、专利权获批后的归属等问题而产生法律纠纷。纠纷的处理结果可能是企业一方丧失对应的专利权利，因此企业会遭受损失。

（三）引发专利权转让、许可合同纠纷

专利权是一种具有财产内容的权利，可以依法进入市场流通，为企业赢得更大的经济价值。《专利法》第 10 条规定：专利申请权和专利权可以转让。转让专利申请权或者专利权的，当事人应当订立书面合同，并向国务院专利行政部门登记，由国务院专利行政部门予以公告。专利申请权或者专利权的转让自登记之日起生效。另外该法第 12 条规定：任何单位或者个人实施他人专利的，应当与专利权人订立实施许可合同，向专利权人支付专利使用费。被许可人无权允许合同规定以外的任何单位或者个人实施该专利。由此，在专利权转让、许可合同签订、履行过程中，企业可能面临因选择主体不适当或者履行行为不适当而产生合同法律纠纷。

案例 双马塑业有限公司诉平阳县佳铭工艺品厂等侵害外观设计专利权纠纷案[1]

▌基本案情

台州市双马塑业有限公司于 2013 年 8 月 6 日向国家知识产权局申请"蔬菜处理器（A356 鱼形拉绳透明底）"外观设计专利，并于 2014 年 1 月 8 日获得授权公告，专利号为 ZL20133037×××.7。后台州市双马塑业有限公司于 2015 年 1 月 12 日更名为原告双马塑业有限公司。该涉案专利迄今存续有效。2015 年 6 月 24 日，原告委托申请人卢洋辉到浙江省台州市正立公证处（以下简称正立公证处）申请对其从佳铭工艺品厂在阿里巴巴网店开设的网店购买涉案侵权产品的过程进行保全证据公证。2015 年 6 月 25 日，原告委托卢洋辉至正立公证处，称其于 2015 年 6 月 24 日在佳铭工艺品厂阿里巴巴网店购买切菜器一箱，现收到申通快递公司取货通知，申请正立公证处对其收到的货物进行证据保全。佳铭工艺品厂系 2010 年注册，2014 年获核准的个体工商户。经营范围为工艺品加工，销售。乐怡公司系成立于 2003 年 7 月的有限责任公司，注册资本 300 万元，一般经营项目有工艺品，塑料制品，金属制厨用器皿。

庭审比对中，原告和乐怡公司均确认原告公证购买的被诉侵权产品外包装封存完好，并同意以原告从佳铭工艺品厂阿里巴巴网店公证购买的"手拉切菜器"作为庭审比对对象。乐怡公司确认该被诉侵权产品系由其生产并销售给佳铭工艺品厂。原告认为，被诉侵权产品与涉案专利的唯一区别为刀片数量不同，故两者构成近似，落入涉案专利保护范围。乐怡公司认为，被诉侵权产品与涉案专利存在以下 3 个区别：1. 主视图，被诉侵权产品的拉环下面底板有 1 个凹槽，涉案专利没有；2. 涉案侵权产品的透明壳体和盖之间有方形扣，涉案专利没有；3. 涉案侵权产品内的刀片是 3 片，而涉案外观专利的刀片是 2 片。故涉案侵权产品与涉案专利不构成近似。

法院审理后认为，原告系 ZL20133037×××.7 外观设计专利的专利权人，该专利至今合法有效，原告的专利权应受法律保护。本案系侵害外观设计专利权纠纷，乐怡公司对其生产、销售被诉侵权产品的事实没有异议，故本案的争议焦点为被诉侵权产品是否落入了涉案专利的保护范围及相关当事人应承担的法律责任。

---

[1] 温州市中级人民法院（2015）浙温知民初字第 114 号民事判决书。

序及渠道进行解决。首先，当事人可以通过协商方式解决，这样的途径可以节省诉讼成本，提升纠纷解决的效率，因此属于比较合适的解决手段，值得当事人参考。其次，如果双方均不愿意协商或者经过协商无法达成有效的解决协议时，相关的权利人可以向法院提起民事诉讼，通过司法途径解决，或者向本地区的专利工作部门提出解决请求，由其作为行政主体介入处理。经过专利工作部门处理，如果认定确实存在侵权行为的，可以责令侵权人立即停止侵权行为。这样的解决方式比较直接，可以直接认定侵权事实的存在与否，当然如果当事人不服专利工作部门的认定，也可以再采取行政诉讼的方式寻求救济。本案中，原被告双方是直接采取的提起民事诉讼的方式，寻求法律途径的解决。

6. 损失赔偿额的确定。如果被认定侵权行为成立后，侵权人应当承担赔偿权利人受损失的责任，如何确定这类损失，实践中根据《专利法》第 65 条处理。该条规定："侵犯专利权的赔偿数额按照权利人因被侵权所受到的实际损失确定；实际损失难以确定的，可以按照侵权人因侵权所获得的利益确定。权利人的损失或者侵权人获得的利益难以确定的，参照该专利许可使用费的倍数合理确定。赔偿数额还应当包括权利人为制止侵权行为所支付的合理开支。权利人的损失、侵权人获得的利益和专利许可使用费均难以确定的，人民法院可以根据专利权的类型、侵权行为的性质和情节等因素，确定给予一万元以上一百万元以下的赔偿。"本案中，由于原告因被侵权所受到的实际损失及乐怡公司因侵权所得的利益及涉案专利许可使用费均难以确定，且原告主张按法定原则确定赔偿数额，即依照上述 65 条的规定处理，并综合考虑原告专利权的性质，目前查明的乐怡公司制造、销售侵权产品数量、售价，乐怡公司的注册资本和经营规模，原告因本案诉讼支付的合理费用等因素，尤其考虑到原告针对乐怡公司制造、销售相同被诉侵权产品的行为已另行提起一个以乐怡公司为被告及另两个以乐怡公司为共同被告的三个关联诉讼，故确定乐怡公司在本案中应承担的赔偿金额为 1.5 万元，应当是合法又合理的赔偿数额。

▎防控策略

1. 企业要制定适应本企业情况并覆盖企业各相关环节的专利产权管理制度。企业专利产权管理的内容包括：①专利技术开发；②专利申请、维持、放弃的确定，职务与非职务发明的审查；③专利评价、评估；④专利资产运营，包括专利权转让、许可贸易、运用实施，专利作价投资，专利权质押等；⑤企业技术活动中形成的与专利申请相关技术档案的管理及对技术人员业务活动的规范；⑥对涉及专利技术开发权益的流动人员相关活动的规范；⑦专利权保护，包括专利侵权监视、专利诉讼及专利权边境保护等；⑧其它企业专利产权管理事项。

2. 企业对做出的发明创造，应进行分析评价并对应该申请专利的，及时申请国内外专利。对符合申请专利的发明创造应先提出专利申请，取得专利申请日后，再进行科技评价、评估、评奖、产品展览与销售等会导致技术发明公开丧失新颖性的活动。

对于不适于申请专利的发明创造，一般应将其纳入企业技术秘密保护范围，从本企业专利战略及经营实际出发，需要公开的除外。

3. 企业应依法维护其专利权益。发生被侵权，或者与他方产生专利侵权纠纷或其它专利纠纷的，及时采取措施，必要时请求专利管理机关处理，或向人民法院起诉。在这里应当注意的是对于一般的专利侵权行为，遵循"谁主张，谁举证"的原则，在诉讼中应当由主张侵权行为存在的权利人举证证明侵权事实的存在，但是如果涉及到新产品的制造方法专利，根据《专利法》第61条的规定，专利侵权纠纷涉及新产品制造方法的发明专利的，制造同样产品的单位或者个人应当提供其产品制造方法不同于专利方法的证明，即实施举证责任倒置，由被诉侵权人举证证明不存在侵权行为，这就对被诉当事人提出了更高的要求，因此，为防止在以后可能面对纠纷时处于不利的地位，在日常的管理过程中应当加强对于产品各方面的材料的管理、保护。

第二节　商标权管理法律实务与法律风险防控

一、企业商标权管理法律实务

（一）商标权的客体——商标

1. 商标的基本概念和功能。商标是经营者使用在商品或者服务上用以区别商品或者服务来源的标志。商标具有如下功能：①识别功能。商标能把经营者的商品或者服务同其他经营者的同类商品或者服务区别开来。②品质保证功能。即使用同一商标或服务的商品应具有同样的品质，便于消费者借助商标选购商品或者服务。③广告和竞争功能。基于前述两种功能，商标在一定程度上体现着经营者的商誉，这对经营者的商品或者服务就能起到广告宣传的作用，使经营者获得竞争优势。

2. 商标的类型。商标包括注册商标和未注册商标。注册商标，是指经商标局核准注册的商标为注册商标，包括商品商标、服务商标和集体商标、证明商标等；商标注册人享有商标专用权，受法律保护。未注册商标则是未经商标局核准注册的商标，该种商标也可以使用，但是权利人无法取得对于该商标的专用权。

3. 商标的特征。《中华人民共和国商标法》（以下简称《商标法》）第 8 条规定："任何能够将自然人、法人或者其他组织的商品与他人的商品区别开的标志，包括文字、图形、字母、数字、三维标志、颜色组合和声音等，以及上述要素的组合，均可以作为商标申请注册。"由此可知，商标并不限于可视性标志。但是值得注意的是，根据《商标法》第 10 条规定，下列标志不得作为商标使用：①同中华人民共和国的国家名称、国旗、国徽、国歌、军旗、军徽、军歌、勋章等相同或者近似的，以及同中央国家机关的名称、标志、所在地特定地点的名称或者标志性建筑物的名称、图形相同的；②同外国的国家名称、国旗、国徽、军旗等相同或者近似的，但经该国政府同意的除外；③同政府间国际组织的名称、旗帜、徽记等相同或者近似的，但经该组织同意或者不易误导公众的除外；④与表明实施控制、予以保证的官方标志、检验印记相同或者近似的，但经授权的除外；⑤同"红十字""红新月"的名称、标志相同或者近似的；⑥带有民族歧视性的；⑦带有欺骗性，容易使公众对商品的质量等特点或者产地产生误认的；⑧有害于社会主义道德风尚或者有其他不良影响的。

县级以上行政区划的地名或者公众知晓的外国地名，不得作为商标。但是，地名具有其他含义或者作为集体商标、证明商标组成部分的除外；已经注册的使用地名的商标继续有效。

（1）注册商标的基本要求。《商标法》第 9 条规定："申请注册的商标，应当有显著特征，便于识别，并不得与他人在先取得的合法权利相冲突。"也即申请注册的商标应当具有"三性"：显著性、可识别性、非权利冲突性。

（2）不得作为商标注册的标志：①仅有本商品的通用名称、图形、型号的；②仅直接表示商品的质量、主要原料、功能、用途、重量、数量及其他特点的；③其他缺乏显著特征的；④三维标志，仅由商品自身的性质产生的形状、为获得技术效果而需要有的商品形状或者使商品具有实质性价值的形状。

（二）申请商标注册的基本程序

1. 申请主体。《商标法》第 4 条规定："自然人、法人或者其他组织在生产经营活动中，对其商品或者服务需要取得商标专用权的，应当向商标局申请商标注册。"由此，商标注册申请主体可以是自然人，也可以是法人或者其他组织。此外，具体在申请过程中对于相关事项的办理，可以自行处理，也可以委托依法成立的商标代理机构办理。

2. 提出申请。商标注册申请人应当按规定的商品分类表填报使用商标的商品类别和商品名称，提出注册申请。该申请可以是书面方式，也可以是数据电文方式。

3. 注册商标申请的审查。对申请注册的商标，商标局会在收到商标注册申请文件之日起 9 个月内审查完毕，符合商标法有关规定的，予以初步审定公告。在审查过程中，如果商标局认为商标注册申请内容需要说明或者修正的，有时会要求申请人做出说明或者修正。但如果申请人未做出说明或者修正的，也不影响商标局做出审查决定。

4. 商标注册的核准。根据《商标法》第 33 条规定，对初步审定公告的商标，自公告之日起 3 个月内，在先权利人、利害关系人认为违反商标法第 13 条第 2 款和第 3 款、第 15 条、第 16 条第 1 款、第 30 条、第 31 条、第 32 条规定的，或者任何人认为违反《商标法》第 10 条、第 11 条、第 12 条规定的，可以向商标局提出异议。如果公告期满无异议的，予以核准注册，发给商标注册证，并予公告。

5. 商标权的取得时间。注册商标的有效期为 10 年，自核准注册之日起计算，也就是自核准之日，商标权人取得对商标的专用权。

（三）商标权的内容

商标权人有依法支配其注册商标并禁止他人侵害的权利，具体包括商标注册人对其注册商标的排他使用权、收益权、处分权、续展权和禁止他人侵害等权利。

所谓商标的使用，是指将商标用于商品、商品包装或者容器以及商品交易文书上，或者将商标用于广告宣传、展览以及其他商业活动中，用于识别商品来源的行为。

商标的处分和收益，是指商标注册人可以通过签订商标使用许可合同或者转让合同，许可他人使用其注册商标或者转让其商标收取经济报酬。

商标的续展，是指注册商标有效期满，需要继续使用的，商标注册人可以在法定期限内依法向商标局申请续展。

禁止他人侵害的权利，是指当自身商标权受到他人侵犯时依法可以寻求司法、行政等渠道请求其停止侵权行为并承担相应的法律责任的权利。

二、企业使用、管理商标过程中存在的法律风险

（一）未注册商标的法律风险

《商标法》第 31 条规定："两个或者两个以上的商标注册申请人，在同一种商品或者类似商品上，以相同或者近似的商标申请注册的，初步审定并公告申请在先的商标；同一天申请的，初步审定并公告使用在先的商标，驳回其他人

的申请，不予公告。"由此可知，我国商标注册以申请在先为原则。如果一家企业使用自己商标多年，但却未及时注册自己的商标，有可能因为其他人抢注而导致自己无法取得商标的专用权。

（二）注册商标被宣告无效的法律风险

《商标法》第44条规定："已经注册的商标，违反本法第十条、第十一条、第十二条规定的，或者是以欺骗手段或者其他不正当手段取得注册的，由商标局宣告该注册商标无效；其他单位或者个人可以请求商标评审委员会宣告该注册商标无效。"如前所述，注册商标必须符合法定特征，并且不属于不得注册商标范围类型，如果不具备上述条件则面临着被宣告无效的风险。

（三）商标保护期限届满未及时申请续展的法律风险

事实上，商标权仅指的是注册商标权，且该权利有效期为10年。如果期限届满需要再使用的，必须申请续展注册。《商标法》第40条规定："注册商标有效期满，需要继续使用的，商标注册人应当在期满前十二个月内按照规定办理续展手续；在此期间未能办理的，可以给予六个月的宽展期。每次续展注册的有效期为十年，自该商标上一届有效期满次日起计算。期满未办理续展手续的，注销其注册商标。"由此，如果经营者在法定的期限内未提前办理续展的注册申请，即要面临商标被注销的风险。

案例　宁波广天赛克思液压有限公司与邵文军侵害商标权纠纷再审案[1]

▎基本案情

当事人邵文军原系宁波市工商行政管理局江北分局工作人员，于2003年辞去公职。2006年2月10日，邵文军向商标局申请注册涉案商标，初审号为第5154071号，拟使用在第7类商品"泵膜片；机器、发动机和引擎的液压控制器；液压滤油器；泵（机器）；加热装置用泵；液压泵；液压元件（不包括车辆液压系统）；泵（机器、发动机或马达部件）"上。在初审公告期间，广天赛克思公司就邵文军申请注册的涉案商标提起了异议申请，其理由是："赛克思"商标系广天赛克思公司独创，该公司在先使用且已经具有一定知名度，邵文军的行为属恶意抢注，且涉案商标与广天赛克思公司的"sks"商标及申请中的"赛克思sks"商标构成近似。2011年6月12日，商标局作出（2011）商标异字第

〔1〕　中华人民共和国最高人民法院（2014）民提字第168号民事判决书。

18774 号《"赛克思 saikesi"商标异议裁定书》，裁定："异议人所提异议理由不成立，第 5154071 号'赛克思 saikesi'商标予以核准注册。"商标局向邵文军颁发了第 5154071 号涉案商标注册证，注册有效期限自 2009 年 3 月 21 日至 2019 年 3 月 20 日。但是该涉案注册商标至今未实际使用。虽然 2011 年 12 月 23 日邵文军与浙江铭远泵业有限公司（简称铭远公司）订立了《商标使用许可合同》，约定：邵文军将涉案商标许可给铭远公司使用，许可期限自 2012 年 1 月 1 日起至 2014 年 12 月 31 日止；许可使用费为 500 000 元，于 2012 年 2 月 29 日前一次性付清。但该合同也尚未实际履行。

当事人宁波广天赛克思液压有限公司发源于个人独资企业塞克思厂。赛克思厂于 1997 年 6 月 11 日成立，企业类型为个人独资企业，负责人为吴赛珍，住所地为宁波市鄞州区中河街道周东桥，该厂至今仍存在，其经营范围为：液压泵、液压泵配件、五金冲件、塑料件、机械配件、汽车配件、金属制品的制造、加工。2005 年 4 月 22 日，高志明、吴赛珍、宁波建工集团股份有限公司、赛克思厂投资成立了宁波建工赛克思液压有限公司（简称建工赛克思公司）。2006 年 6 月 15 日，建工赛克思公司更名为广天赛克思公司，企业类型为有限责任公司，注册资本 3000 万元，其后，注册资本增至 8500 万元，法定代表人为吴赛珍，住所地为宁波市江北区华业街 195 号，经营范围为：液压和气动机械及元件的开发、制造、加工；液压和气动机械及元件的批发、零售和维修服务；热处理加工（限分支机构经营）；自营和代理各类货物和技术的进出口，但国家限定或禁止进出口的货物和技术除外。

2000 年 1 月 31 日，赛克思厂注册了域名"saikesi. com"，到期时间为 2013 年 1 月 30 日。2007 年 6 月 16 日，广天赛克思公司委托铭万信息技术有限公司、北京铭万智达科技有限公司注册了域名"赛克思. cn"，注册年限为十年。2000 年 7 月 21 日，商标局向赛克思厂颁发了第 1423908 号"sks"商标注册证，系在椭圆形中排列字母"sks"，该商标核准使用的商品为第 7 类"液压泵、液压阀"，注册有效期限至 2010 年 7 月 20 日。2009 年 9 月 14 日，该商标转让给广天赛克思公司，2010 年 6 月 2 日，该商标经续展，注册有效期至 2020 年 7 月 20 日。2006 年 4 月 24 日，赛克思厂向商标局申请注册"sks 赛克思"商标，拟使用商品为第 7 类，该申请被驳回。宁波美达柯式印刷有限公司一直以来为赛克思厂、广天赛克思公司印刷产品宣传册，在其 2004~2005 年印刷的一系列宣传册封面上有注册商标"sks""saikesi"及"赛克思液压"等字样。在广天赛克思公司的住所地，大门上、大门上方悬挂的旗帜上、大门右侧的销售部玻璃上均标有"sks"商标和"赛克思液压"字样。

2011 年 2 月 9 日, 邵文军向浙江省宁波市中级人民法院起诉称: 广天赛克思公司使用与邵文军商标相同的文字作为企业字号, 并在与邵文军涉案商标核定使用商品相同的商标上突出使用, 构成侵害商标权。广天赛克思公司的侵权行为如下: 1. 在其公司所在地设置印有"赛克思液压"字样的巨幅广告牌, 悬挂印有"赛克思液压"字样的旗帜; 2. 在其产品宣传册的封面以大号字体标注"赛克思液压"字样, 内页中印有"赛克思"中文和拼音字样; 3. 使用含有"saikesi"拼音的网络域名并在公司网站上使用有"赛克思"中文字样和拼音的标识进行宣传, 且在产品铭牌上使用"saikesi"字样。为此, 邵文军请求判令: 1. 广天赛克思公司立即停止侵害邵文军享有的"赛克思 saikesi"注册商标专用权的行为, 具体包括停止在广告牌、宣传旗帜、产品宣传册、公司网站中使用含有"赛克思"中文字样和拼音的标识, 停止使用含有"赛克思"中文和拼音字样的网络域名, 停止在其产品上使用含有"赛克思"中文和"saikesi"拼音的标识; 2. 广天赛克思公司赔偿邵文军损失 50 万元。

广天赛克思公司辩称: 1. 广天赛克思公司未侵害邵文军的注册商标专用权, 未使用邵文军的"赛克思 satkesi"中文加拼音商标。广天赛克思公司系正当使用自己的企业字号, 且使用在先。广天赛克思公司使用"赛克思"三个字最早从宁波赛克思液压泵厂 (简称赛克思厂) 开始, 一直沿用至今。广天赛克思公司所在地的广告牌是公司厂房奠基时就已经竖立, 将其注册商标"sks"和"赛克思液压"共同使用, 与邵文军的注册商标不构成近似, 是邵文军恶意抢注了涉案商标。广天赛克思公司在涉案商标注册之前就注册域名, 故不存在侵权行为; 2. 邵文军要求广天赛克思公司向其赔偿 50 万元损失没有事实和法律依据, 邵文军的商标已经连续 3 年未曾实际使用, 邵文军也未将该商标使用在任何产品上; 3. 邵文军已知晓广天赛克思公司的上述使用行为, 其诉讼请求已经超过诉讼时效。请求驳回邵文军的诉讼请求。

该案分别经过宁波市中级人民法院一审、浙江省高级人民法院二审、最高人民法院再审, 出现了不同的裁判结果, 但一审法院和最高法院的认定意见基本一致, 最高人民法院的判决为终审判决。

一审法院审理认为: 本案主要涉及商标专用权和企业名称权的权利冲突纠纷, 审理该类纠纷应遵循诚实信用、维护公平竞争和保护在先权利等原则。本案中, 邵文军享有的涉案商标专用权和广天赛克思公司享有的企业名称权均是经法定程序确认的权利, 分别受商标法律、法规和企业名称登记管理法律、法规保护。商标是区别不同商品和服务来源的标志, 由文字、图形或者其组合构成; 企业名称是区别不同市场主体的标志, 由行政区划、字号、行业或者经营特点、组织形式构成，其中字号是区别不同企业的主要标志，也起着区别不同商品和服务来源的重要作用。本案争议的焦点是广天赛克思公司的行为是否侵害了邵文军的商标权，广天赛克思公司关于其是在先使用企业字号，享有在先权利的抗辩理由能否成立。

一、广天赛克思公司使用域名"saikesi. com"的行为是否侵害了邵文军的注册商标专用权。

广天赛克思公司认为，"saikesi. com"由赛克思厂早在2000年1月31日注册，并已在国际顶级域名数据库中记录，该域名系赛克思厂的字号"赛克思"的拼音，赛克思厂注册该域名具有正当的理由，在广天赛克思公司成立后，也一直沿用该域名作为官方网站介绍其公司经营状况。"saikesi. com"域名注册的时间早于邵文军申请注册商标的时间，广天赛克思公司与赛克思厂具有一脉相承的历史渊源，二者具有相同的法定代表人或负责人，广天赛克思公司使用该域名具有正当理由，广天赛克思公司及赛克思厂就该域名的注册、使用并无恶意。广天赛克思公司一直以来使用域名"saikesi. com"作为其网站进行对外宣传，已经使相关公众将该域名与广天赛克思公司对应起来，故"saikesi"与涉案商标比对，即使二者在音、形、义等因素上构成近似，也不会造成相关公众的混淆和误认，广天赛克思公司使用在先合法注册的域名，可认定其享有在先权利，并不构成《商标法》意义上的侵权行为。据此，邵文军主张广天赛克思公司使用域名"saikesi. com"的行为侵害了其注册商标专用权，一审法院不予支持，广天赛克思公司的该项抗辩理由成立。

二、广天赛克思公司在对外广告宣传中使用中文"赛克思"拼音"saikesi""saikesi"字样以及在液压泵商品铭牌上使用"saikesi"标识的行为是否侵害了邵文军的注册商标专用权。

一审法院认为，早在1997年，赛克思厂就已成立，生产、经营液压泵等产品，并基于其企业字号在对外广告宣传中使用"赛克思液压""赛克思"及"saikesi"等字样，在广天赛克思公司成立后，也一直沿用至今，广天赛克思公司和赛克思厂对外一并宣传，并自称"新厂"和"老厂"的关系，从其渊源来考量，广天赛克思公司的行为具有正当性和历史因素，遵循了诚实信用原则。广天赛克思公司在长期的使用过程中，已经使"赛克思液压""赛克思""saikesi""saikesi"和广天赛克思公司以及广天赛克思公司生产、经营的产品紧密联系，由于广天赛克思公司具有较大的生产规模和在技术创新领域取得的突出成绩及获得的行业广泛认可，更进一步扩大了企业字号及其商标"sks"的知名度，使其在行业内具有一定的影响力，为相关公众所知悉，"赛克思""saikesi"

"saikesi"，客观上已具有一定的知名度，因此，广天赛克思公司长期的在先使用行为，使其无论从具有一定知名度的企业字号，还是具有一定知名度的未注册商标的角度来看，都具有合法在先权利。虽然邵文军享有注册商标专用权，但并不能绝对否定在先产生的其他知识产权。由于邵文军的商标自核准注册已满3年，尚未实际投入使用，也不具有知名度，广天赛克思公司在对外广告宣传中使用中文"赛克思"拼音"saikesi""saikesi"字样的行为以及在液压泵商品铭牌上使用"saikesi"标识的行为客观上不会使相关公众对广天赛克思公司商品的来源产生混淆和误认，主观上广天赛克思公司也不具有攀附邵文军商标声誉的恶意。故广天赛克思公司在对外广告宣传中使用中文"赛克思"拼音"saike-si""saikesi"字样的行为以及在液压泵商品铭牌上使用"saikesi"标识的行为并未侵害邵文军的注册商标专用权。

综上，依照《中华人民共和国民法通则》第4条、第5条，《中华人民共和国民事诉讼法》（2007年修正）第64条第1款，《最高人民法院关于民事诉讼证据的若干规定》第2条之规定，浙江省宁波市中级人民法院于2012年9月10日判决：驳回邵文军的诉讼请求。

邵文军不服一审判决，向浙江省高级人民法院（以下简称二审法院）提起上诉。

二审法院审理认为：根据邵文军的上诉请求和理由以及广天赛克思公司的答辩意见，本案二审的争议焦点为：广天赛克思公司的被诉行为是否侵害了邵文军第5154071号注册商标专用权及其可能承担的责任。二审法院分析认定如下：

第一，邵文军原系宁波市工商行政管理局江北分局的工作人员，其于2006年将与位于宁波市江北区的广天赛克思公司的字号相同的"赛克思"及对应的拼音"saikesi"申请注册商标，并获得商标局核准。该注册商标虽经商标异议程序，但至今仍维持有效，邵文军就涉案注册商标享有商标专用权，仍可依法行使诉权以使其权利不受侵害，二审法院依法予以保护。

第二，综合邵文军的主张和一审判决罗列的广天赛克思公司的被诉侵权形态，二审法院归纳广天赛克思公司的涉案被诉侵权行为主要包括：1. 在厂房的大幅招牌、旗帜、门面等处使用"赛克思液压"字样；2. 在各种产品宣传册、网站上使用"赛克思液压""saikesi""saikesi"等字样，有少量"赛克思牌产品""赛克思产品""赛克思""赛克思厂""赛克思企业"等表述；3. 在产品铭牌上使用"saikesi"字样等。《企业名称登记管理规定》第20条规定："企业的印章、银行账户、牌匾、信笺所使用的名称应当与登记注册的企业名称相同。

从事商业、公共饮食、服务等行业的企业名称牌匾可适当简化，但应当报登记主管机关备案。"本案中，广天赛克思公司作为生产型企业，未规范使用其企业全称，在较大范围内醒目使用"赛克思"字样，相对独立于背景版式设计，虽然存在与其自有的"sks"注册商标共同使用的情形，但仍属对字号的突出使用。另外，广天赛克思公司对"saikesi""saikesi"的使用方式亦起到标识商品来源的功用，其单独或与"sks"注册商标共同使用的形态，均可认定系商标意义上的使用。

第三，依据《商标法》第52条第（1）项规定，未经商标注册人的许可，在同一种商品或者类似商品上使用与其注册商标相同或者近似的商标，属侵犯注册商标专用权的行为；《最高人民法院关于审理商标民事纠纷案件适用法律若干问题的解释》第1条第（1）项规定，将与他人注册商标相同或者相近似的文字作为企业的字号在相同或者类似商品上突出使用，容易使相关公众产生误认的，亦属于侵害注册商标专用权的行为。本案中，广天赛克思公司系在液压泵等产品上使用被诉侵权标识，与邵文军的涉案商标核定使用的商品相同；"赛克思""saikesi"均为邵文军涉案注册商标的重要组成部分，广天赛克思公司突出使用与邵文军涉案注册商标相近似的"赛克思"字号及"saikesi""saikesi"等标识，易使相关公众产生误认，已构成对邵文军涉案注册商标专用权的侵害。

第四，诚然，相对于邵文军涉案注册商标的申请，广天赛克思公司对"赛克思""saikesi""saikesi"等标识的使用属在先使用，其有权继续规范使用其企业名称，但由于我国实行的是商标注册制度，在商标专用权的获得上采用注册原则和申请在先原则，商标一旦获准注册，不论该商标实际使用的情况如何，注册商标专用权均应受法律保护，注册商标权人对注册商标依法享有积极的使用权和消极的禁止权。广天赛克思公司提供的现有证据不足以证明"赛克思""saikesi""saikesi"等标识在邵文军申请涉案商标注册时已经驰名或已具有一定的影响，广天赛克思公司的相关荣誉也系2006年之后陆续获得，均在邵文军申请商标注册之后，故在未注册商标层面对"赛克思""saikesi""saikesi"等标识也难以予以保护。广天赛克思公司有关在先使用、邵文军系恶意抢注、有违诚信等抗辩主张，尚不足以在民事侵权诉讼中对抗邵文军的涉案权利诉求，广天赛克思公司在本案审理中对邵文军涉案注册商标提出的效力质疑亦不属本案的审查范围之列。

综前所述，广天赛克思公司的被诉商标侵权行为侵害了邵文军涉案注册商标专用权，应承担相应的民事责任。因本案中邵文军的涉案注册商标至今未实际使用，广天赛克思公司的被诉侵权行为未给邵文军造成直接现实的经济损失，邵文军也未能提交因广天赛克思公司突出使用"赛克思"，字号及其拼音"saikesi""saikesi"等字样而给其造成实际损失和其他损害的证据，广天赛克思公司在本案中亦不存在侵权的主观故意。据此，赔偿额应仅限于邵文军为制止侵权行为所支付的合理律师代理费及其他合理开支，二审法院酌情确定赔偿额为2万元。

综上，二审法院认为，邵文军提出的部分上诉理由成立，对其相应的上诉请求应予支持。一审法院适用法律不当，依法应予纠正。依照《中华人民共和国民事诉讼法》第170条第1款第（2）项，商标法第52条第（1）项、第（5）项、第56条第1款，《最高人民法院关于审理商标民事纠纷案件适用法律若干问题的解释》第1条第（1）项、第17条之规定，判决：1. 撤销一审判决；2. 广天赛克思公司立即停止侵害邵文军所享有的涉案商标的注册商标专用权的行为，即立即停止突出使用"赛克思""saikesi""saikesi"等字样；3. 广天赛克思公司赔偿邵文军为制止侵权行为所支付的合理律师代理费及其他合理开支2万元，于判决送达之日起10日内履行完毕。4. 驳回邵文军的其他诉讼请求。

广天赛克思公司认为二审法院的判决认定事实缺乏证据证明，适用法律错误，向最高人民法院提出再审申请。

再审中，邵文军又提交如下证据：1. 邵文军邀请中国政法大学4位学者出具的《专家法律意见书》复印件，用以证明广天赛克思公司的行为侵害邵文军的注册商标专用权；2. 商标局于2014年2月20日出具的《商标使用许可合同备案通知书》，显示：邵文军的涉案商标许可上海启庞机电有限公司使用，使用期限自2013年8月15日至2015年8月15日；3. 上海启庞机电有限公司使用涉案商标的照片；4. 宁波市海曙盛涛汽车配件供应站使用涉案商标的照片及发票，开票日期为2014年10月27日；证据2~4均用以证明涉案商标的使用情况；5. 广天赛克思公司于2014年1月在代理商年会上使用涉案商标的照片，用以证明广天赛克思公司的侵权行为仍在继续进行；6. 宁波市公司工商行政管理局江北分局于2003年8月18日印发的《关于同意邵文军同志辞职的批复》，用以证明邵文军注册涉案商标并非利用职务便利。

再审法院经审理后认为一审法院认定事实清楚，适用法律正确，二审法院适用法律错误，故依照《中华人民共和国民事诉讼法》第13条、第170条第1款第（2）项、第207条之规定，判决维持一审判决，撤销二审判决。

▌案例评析

这是一起典型的商标权侵权纠纷。案件的争议焦点为广天赛克思公司的被诉行为是否侵害邵文军涉案商标的商标专用权。

一、关于广天赛克思公司是否享有合法的在先权利

从一审、二审法院查明的事实看，赛克思厂使用"赛克思"作为企业字号的时间早于邵文军申请注册涉案商标近 9 年；广天赛克思公司的前身建工赛克思公司成立并将"赛克思"作为其企业字号主要部分的时间亦早于邵文军申请注册涉案商标一年多。广天赛克思公司与赛克思厂虽然属于不同的主体，但由其发展历程及具体经营范围等不难发现二者存在一定的渊源关系，且"赛克思"字号从赛克思厂一直延续沿用至广天赛克思公司，广天赛克思公司只是在"赛克思"前加了"广天"二字，以跟其前身建工赛克思公司区别。赛克思厂与广天赛克思公司两家企业还一并使用其字号（或字号主要部分）"赛克思"、字号的拼音"saikesi"及企业名称简称"赛克思液压"对外进行广告宣传，经营同样的产品，取得了一定的知名度，且赛克思厂字号的知名度已经辐射到广天赛克思公司。因此，可以认定广天赛克思公司享有合法的在先字号权。其次，域名是互联网上识别和定位计算机的层次结构式的字符标识，与该计算机的互联网协议 IP 地址相对应。域名属于当事人的一种民事权益，受法律的保护。域名是全球性的，商标则有严格的地域性。因此，域名所有人注册域名之后，商标注册人才对该域名具有标识性部分申请注册商标并取得商标权的，其商标专用权不能延用及该域名。赛克思厂于 2000 年 1 月 31 日将其字号的拼音注册为域名"saikesi. com"，该域名已在国际顶级域名数据库中记录。广天赛克思公司成立后便一直使用赛克思厂的域名"saikesi. com"作为其官方网站进行对外宣传，具有了一定的知名度。其后，赛克思厂的域名"saikesi. com"变更注册至广天赛克思公司名下。尽管邵文军的涉案商标中也含有"赛克思"及其拼音"saikesi"，但赛克思厂注册并使用其域名"saikesi. com"的时间早于邵文军申请注册涉案商标 6 年，邵文军的涉案商标不能阻却赛克思厂的域名权，故可以认定赛克思厂享有在先的域名权。如前所述，广天赛克思公司与赛克思厂存在一脉相承的历史渊源关系，且赛克思厂的在先域名已变更注册至广天赛克思公司名下，因此，可以认定广天赛克思公司享有合法的在先域名权。

二、关于广天赛克思公司注册商标、字号、企业名称简称的使用状况及知名度情况

首先，宁波美达柯式印刷有限公司一直以来为赛克思厂、广天赛克思公司印刷产品宣传册。在 2004～2005 年赛克思厂印刷的宣传册封面及其他宣传册、

则企业的商标利益在商标审查期间将无法得到很好的保护。而未注册的商标处于一种无权利保障状态，随时可能因为他人相同或者近似的商标的核准注册而被禁止使用。

2. 商标联合策略。联合商标是指同一商标所有人在相同或者类似商品上注册的几个相同或者近似的商标，有的是文字相似，有的是图形近似，这些的商标称为联合商标。这种近似商标注册后并不一定都使用，但却可以有效防止他人仿冒或者注册，从而更有效的保护自己的商标。联合商标因为其作用和功能的特殊性，其中的某个商标闲置不用，一般不致被国家商标主管机关撤销。

3. 商标侵权打击策略。对于存在商标权侵权嫌疑的情况，企业应当及时咨询专业律师。对于不正当侵犯本企业商标利益的行为应予以坚决回击，这不仅是对商标权的维护更是对企业形象的维护。

第八章
小微企业财务、税务法律实务与对应风险防控

第一节　小微企业财务会计法律实务与风险防控

企业财务，是指企业在生产经营过程中客观存在的资金运动以及其所体现的经济利益关系。企业财务管理就是对企业资金运动的管理，也就是"管钱"。企业财务管理是企业管理的重要内容，如何管好财务，达到收支平衡，让企业始终有充足的资金流，并且不断带来效益，关乎企业的生存发展。而随着市场竞争的日趋激烈，财务风险对企业的生存发展影响愈来愈大，其中，企业财务管理人员的法律风险意识不强、企业内部管理不善、财务关系混乱是引发企业法律财务风险的重要原因。因此，全面掌握企业的财务管理制度，客观地分析和认识财务法律风险，采取各种措施控制和避免财务风险的发生，对于专业财务人员相对较少、管理不够完善的小微企业而言具有十分重要的意义。

一、小微企业财务会计法律实务

（一）会计的基本概念

会计，是指以货币计量作为统一尺度，根据凭证，按照法定的程序，对各企业、各单位的经济活动和财务开支全面地、系统地、真实地、准确地进行记录、计算、分析、检查和监督的一种活动。[1]简言之，就是企业做账建账。《中华人民共和国会计法》（以下简称《会计法》）第10条规定，下列经济业务事项，应当办理会计手续，进行会计核算：①款项和有价证券的收付；②财物的收发、增减和使用；③债权债务的发生和结算；④资本、基金的增减；⑤收

---

〔1〕　潘静成、刘文华：《经济法》，中国人民大学出版社2005年版，第314页。

入、支出、费用、成本的计算；⑥财务成果的计算和处理；⑦需要办理会计手续、进行会计核算的其他事项。

另外，值得注意的是小微企业当中的个体工商户，其是否建账应当根据其注册资金、营业额等实际情况而定。《中华人民共和国个体工商户建账管理暂行办法》（以下简称《个体商户建账管理暂行办法》）第 3 条规定，符合下列情形之一的个体工商户，应当设置复式账：①注册资金在 20 万元以上的；②销售增值税应税劳务的纳税人或营业税纳税人月销售（营业）额在 40 000 元以上；从事货物生产的增值税纳税人月销售额在 60 000 元以上；从事货物批发或零售的增值税纳税人月销售额在 80 000 元以上的；③省级税务机关确定应设置复式账的其他情形。

《会计法》第 4 条规定，符合下列情形之一的个体工商户，应当设置简易账，并积极创造条件设置复式账：①注册资金在 10 万元以上 20 万元以下的；②销售增值税应税劳务的纳税人或营业税纳税人月销售（营业）额在 15 000 元至 40 000 元；从事货物生产的增值税纳税人月销售额在 30 000 元至 60 000 元；从事货物批发或零售的增值税纳税人月销售额在 40 000 元至 80 000 元的；③省级税务机关确定应当设置简易账的其他情形。

如果达不到上述两条规定的建账标准，经县以上税务机关批准，可按照税收征管法的规定，建立收支凭证粘贴簿、进货销货登记簿或者使用税控装置。

（二）会计核算必须符合的基本要求

根据《会计法》的规定：各单位必须依法设置会计账簿，并保证其真实、完整，不得以虚假的经济业务事项或者资料进行会计核算，同时由单位负责人对本单位的会计工作和会计资料的真实性、完整性负责。由此，企业的会计核算必须真实、完整、规范、合法。

（三）企业做账建账的基本流程

1. 填制会计凭证

会计凭证，是记录企业经济业务事项的发生和完成情况，明确经济责任，并作为记账依据的书面证明，是会计核算的重要会计资料，包括原始凭证和记账凭证。上述《会计法》第 10 条所列的经济业务事项，必须填制或者取得原始凭证并及时送交会计机构。原始凭证记载的各项内容均不得涂改；如有错误，应当由出具单位重开或者更正，更正处应当加盖出具单位印章。原始凭证所记载金额有错误的，应当由出具单位重开，不得在原始凭证上更正。记账凭证应当根据经过审核的原始凭证及有关资料编制。

2. 登记会计账簿

会计凭证填好后由会计机构或者会计人员进行审查，符合标准后按照连续编号的页码顺序登记，并按照法律、行政法规和国家统一的会计制度的规定编制成为会计账簿。如果会计账簿记录发生错误或者隔页、缺号、跳行的，应当按照国家统一的会计制度规定的方法更正，并由会计人员和会计机构负责人（会计主管人员）在更正处盖章。使用电子计算机进行会计核算的，其会计账簿的登记、更正应当符合国家会计制度的规定，同时，企业应当建立财产清算制度，定期核对账目，保证会计账簿的记录与实物、款项等相符。

3. 编制财务会计报告

按照经过审核的会计账簿记录和有关资料等编制财务会计报告。具体的财务会计报告由会计报表、会计报表附注和财务情况说明书组成。会计报表又包括资产负债表、利润表、现金流表等报表，小微企业编制的会计报表可以不包括现金流量表。其中，资产负债表是指反映企业在某一特定日期的财务状况的财务会计报表，利润表是指反映企业在一定的会计期间经营成果的会计报表，现金流量表是指反映企业在一定会计期间的现金和现金等价物流入和流出的会计报表。

根据编制期间的不同，财务会计报告分为年度、半年度、季度、月度报告。一般企业应当在每一会计年度（会计年度自公历 1 月 1 日起至 12 月 31 日止）终了时编制年度财务会计报告。

（四）会计机构和会计人员的设置

企业结合自身实际情况，可以设置会计机构或者在有关机构中设置会计人员并指定会计主管人员。一般情形下，小微企业规模较小，如果不具备设置会计机构的条件可以不设置，但是应当委托经批准设立从事会计代理记账业务的中介机构代理记账。应当注意的是，根据规定，从事会计工作的人员必须取得会计从业资格证书，如果企业设置会计机构，必须要配备具备相应资质的人员，担任会计机构负责人的，还应当具备会计师以上专业技术职务资格或者从事会计工作三年以上经历。

二、小微企业财务管理过程中的法律风险

企业忽视对原始凭证的取得、填制以及审核管理，导致出现不合规格的凭证，例如伪造、变造甚至隐匿会计凭证。

有的企业为逃避税收，不根据法律、法规要求设置会计账簿，或者私设账目甚至作出完全虚假账目，以此来隐瞒收入或者虚报支出、转移资金等。

不按照规定领购、填开、取得、保管发票，在税务机关检查时受到处罚。

个体工商户型小微企业普遍没有掌握会计核算知识，有些只会记流水账，真正能按正规会计要求核算的不多，在个体工商户商品购销和劳务交换中，普遍存在着使用现金直接交易的情况。

案例　江山市造纸厂、杨云法销毁会计资料案[1]

▌基本案情

2000 年 3 月至 4 月的一天，时任被告单位江山造纸厂厂长的被告人杨云法，召集该厂经营副厂长、财务科长、副科长、出纳和该厂劳动服务公司的出纳到其办公室，与上述人员共同对该厂劳动服务公司上年度（1999 年 3 月~4 月至当日止）的财务支出流水账、凭证等会计资料进行审核，确认无异议后，将余额结转到新账簿上，由在场人签名。之后，杨云法决定沿用该厂以往的做法，将审核过的会计资料让人拿到锅炉房予以烧毁。

2001 年 4 月 5 日，被告人杨云法仍沿用前次做法，将审核过的该厂财务和该厂劳动服务公司上年度的财务流水账、凭证等会计资料，指使他人拿到锅炉房予以烧毁。

被告单位江山造纸厂的劳动服务公司两次被烧毁的会计资料，涉及收入金额共计 567 952.52 元。

法院生效裁判认为：被告人杨云法身为被告单位江山造纸厂的厂长、法定代表人，召集有关人员审核并指使他人烧毁该厂的会计资料，事实清楚，证据确凿、充分。

1998 年 8 月 21 日财政部、国家档案局发布的《中华人民共和国会计档案管理办法》（以下简称《会计档案管理办法》）第 4 条、2015 年修订后的第 5 条规定：单位应当加强会计档案管理工作，建立和完善会计档案的收集、整理、保管、利用和鉴定、销毁等管理制度，采取可靠的安全防护技术和措施，保证会计档案的真实、完整、可用、安全。该办法的附表一《企业和其他组织会计档案保管期限表》中规定，企业的会计凭证类和会计账簿类会计档案的保管期限是 15 年（现已改为 30 年）。1999 年 10 月 31 日第九届全国人民代表大会常务委员会第十二次会议修订的《中华人民共和国会计法》第 23 条规定："各单位对会计凭证、会计账簿、财务会计报告和其他会计资料应当建立档案，妥善保管。

---

[1]　浙江省江山市人民法院（2001）刑事判决书。

会计档案的保管期限和销毁办法，由国务院财政部门会同有关部门制定。"

《刑法》第162条之一规定："隐匿或者故意销毁依法应当保存的会计凭证、会计账簿、财务会计报告，情节严重的，处五年以下有期徒刑或者拘役，并处或者单处二万元以上二十万元以下罚金。单位犯前款罪的，对单位判处罚金，并对其直接负责的主管人员和其他直接责任人员，依照前款的规定处罚。"这是修正后的《刑法》新增的罪名。此罪主体既可以是具有刑事责任能力的自然人，也可以是单位法人；犯罪的主观方面是直接故意，并且具有逃避国家依法对单位财务进行监督的目的；侵害的客体是国家对公司、企业财务的管理秩序，犯罪对象是依法应当保存的会计凭证、会计账簿或财务会计报告，犯罪客观方面表现为对依法应当保存的会计凭证、会计账簿或财务会计报告实施隐匿或者故意销毁的行为。

被告人杨云法及其辩护人认为，烧毁会计资料只是沿用了被告单位江山造纸厂往年的做法，况且此举是为企业谋利，以此要求从轻处罚。《刑法》第3条规定："法律明文规定为犯罪行为的，依照法律定罪处刑；法律没有明文规定为犯罪行为的，不得定罪处刑。"第4条规定："对任何人犯罪，在适用法律上一律平等。不允许任何人有超越法律的特权。"江山造纸厂往年虽然烧毁过会计资料，但那些行为发生在《刑法》修正以前，根据罪刑法定和不溯及既往的原则，以往的这些行为不构成犯罪。在《刑法》将销毁会计资料的行为明确规定为犯罪后，江山造纸厂和杨云法仍不顾法律规定，为了本厂私利而以身试法，故不得不对其施以刑罚。杨云法及其辩护人所辩虽属事实，但不能成为要求从轻处罚的理由。考虑到杨云法归案后有悔罪表现，可酌情从轻处罚。据此，江山市人民法院于2001年11月16日判决：

一、被告单位江山造纸厂犯销毁会计资料罪，判处罚金10万元。

二、被告人杨云法犯销毁会计资料罪，判处有期徒刑一年，缓刑一年，并处罚金5万元。

▌案例评析

会计凭证、会计账簿是《会计法》规定依法应当保存的会计资料，任何单位与个人均不得隐匿或者故意销毁。被告单位江山造纸厂为本厂私利，经该厂决策机构集体研究同意后，用锅炉烧毁了依法应当保存的上述会计资料，其行为与法律的规定相悖，可视为情节严重。依照《刑法》第162条之一的规定，江山造纸厂的行为构成销毁会计资料罪。依照《刑法》第162条之一第2款和《刑法》第30条关于"公司、企业、事业单位、机关、团体实施的危害社会的行为，法律规定为单位犯罪的，应当负刑事责任"的规定，江山造纸厂应当承担刑事责任。被告人杨云法身为江山造纸厂的厂长、法定代表人，召集有关人员审核并指使他人烧毁会计资料，对江山造纸厂实施的销毁会计资料犯罪行为负有直接责任，是《刑法》第 162 条之一第 2 款规定的"直接负责的主管人员"，也应当依照《刑法》第 162 条之一第 1 款的规定承担销毁会计资料的刑事责任。公诉机关指控的犯罪成立。

▌防控策略

1. 小微企业应配备必要的专职或兼职会计人员，从事会计工作。一些力量单薄，规模很小，设备简陋，没有条件配备会计人员的小微企业，可以聘请社会中介机构代理建账记账。

2. 加强企业发票管理。在购进商品或者接受劳务以及从事其他无票经营活动时，必须按照规定取得发票。

3. 严格管理制度，加强对会计人员的管理。确保会计人员严格按照客观、公正的原则，帮助企业准确核算，建立账簿，并编制资产负债表、损益表、商品盘点表等财务报表。

4. 企业的销货收入，不论是存款还是现金，必须坚持按日清点，登记收入明细账，月终清结，凭此向税务机关申报纳税。

第二节　小微企业税务管理法律实务与风险防控

企业作为市场主体，从事生产经营活动，必须依法纳税，由此形成了与税务机关之间的纳征关系。近年来，市场经济日益活跃，企业的交易越来越频繁，我国的税收法律体系也越来越繁杂，税务机关对于企业纳税义务履行的监管也越来越严格。如果企业存在涉税问题，一旦税务机关对其实施检查，相关的问题就会暴露无遗，由此形成法律风险。因而，全面掌握税务法律知识，理顺企业纳税程序，是企业必须遵循的税务管理规则。

一、小微企业纳税法律实务

（一）税务登记

《中华人民共和国税收征收管理法》（以下简称《税收征收管理法》）第 15 条规定：企业，企业在外地设立的分支机构和从事生产、经营的场所，个体工商户和从事生产、经营的事业单位自领取营业执照之日起 30 日内，持有关证件，向税务机关申报办理税务登记。税务机关应当于收到申报的当日办理登记并发给税务登记证件。纳税人在纳税申报时应当报告如下内容：在银行开立的基本存款账户和其他存款账户的全部账号并备案财务会计制度、会计处理办法和会计核算软件。

（二）应纳税所得额

《中华人民共和国企业所得税法》（以下简称《企业所得税法》）[1]第5条规定："企业每一纳税年度的收入总额，减除不征税收入、免税收入、各项扣除以及允许弥补的以前年度亏损后的余额，为应纳税所得额。"收入总额是指企业以货币形式和非货币形式从各种来源取得的收入，包括：①销售货物收入；②提供劳务收入；③转让财产收入；④股息、红利等权益性投资收益；⑤利息收入；⑥租金收入；⑦特许权使用费收入；⑧接受捐赠收入；⑨其他收入。企业的不征税收入包括财政拨款、依法收取并纳入财政管理的行政事业性单位收费、政府性基金以及国务院规定的其他不征税收入。企业实际发生的与取得收入有关的、合理的支出，包括成本、费用、税金、损失和其他支出，准予在计算应纳税所得额时扣除。

个体工商户以业主为义务人缴纳个人所得税，具体的按年计算，分月预缴，由纳税义务人在次月15日内预缴，年度终了后3个月内汇算清缴，多退少补。

（三）纳税申报

纳税人必须按照法律、行政法规规定或者税务机关依照法律、行政法规的规定确定的申报期限、申报内容如实办理纳税申报，报送纳税报表、财务会计报表以及税务机关根据实际需要要求纳税人报送的其他纳税资料。具体的申报方式可以直接去税务机关办理，也可以按照规定采取邮寄、数据电文或者其他形式办理上述申报、报送事项。如果确有正当理由不能按期办理的，经税务机关核准，可以延期申报。但如果纳税人未按照规定的期限缴纳税款的，税务机关除责令限期缴纳外，从滞纳税款之日起，按日加收滞纳税款万分之五的滞纳金。

（四）税务凭证开具

《中华人民共和国税收征收管理法实施细则》（以下简称《税收管理法实施细则》）第46条规定："税务机关收到税款后，应当向纳税人开具完税凭证。纳税人通过银行缴纳税款的，税务机关可以委托银行开具完税凭证。"

---

[1] 这里的企业主要指的是在中华人民共和国境内的企业和其他取得收入的组织，个人独资企业、合伙企业不适用《企业所得税法》。

二、小微企业纳税过程中存在的法律风险

（一）税务登记环节的法律风险

在税收实践中，企业税务登记环节可能因为不熟悉设立登记基础法律制度，而出现不办理税务登记、虚假办理税务登记、不规范管理税务登记证件等法律风险或者因为不了解税务机关登记程序的基本规程而面临法律风险。

（二）纳税申报程序环节面临的法律风险

在纳税申报程序环节，企业比较容易面临法律风险，主要涉及以下方面：临时纳税人企业申报纳税的法律风险；企业作为代征人申报纳税的法律风险；企业不如实纳税申报的法律风险；企业延期申报纳税的法律风险；企业出现亏损不进行纳税申报的法律风险等。

（三）税款征收环节的法律风险

税款征收是税务机关对已经确定税收数额征收入库的行为。企业在税款征收程序环节面临的法律风险主要有如下几个方面：一是企业不明确征税主体引发法律风险，例如不配合征税机关征收相关税款，以此导致被税务机关处罚，引发法律风险；二是企业不明确纳税主体引发法律风险，例如企业因为经营范围或者业务范围不同承担不同的纳税义务，对此企业应当加以区分，并由此缴纳税款，但是如果企业不熟悉税法关于纳税的相关规定，就会引发错误纳税相应的法律风险；三是企业不明确税款的征缴方式而引发法律风险等。

案例 金民、袁丽等人逃税案[1]

▌基本案情

湖南省长沙市人民检察院指控：2005 年 3 月，被告人金民注册成立长沙飞腾运输有限责任公司（以下简称"飞腾公司"），2005 年 7 月取得自开票资格。2005 年 7 月至 2009 年 5 月，金民伙同该公司工作人员被告人袁丽、袁秀芝为了牟取非法利益，以飞腾公司的名义，在没有任何真实的运输业务发生的情况下，采取按 4.5% ~6% 收取开票费的方式，为何英、姚建林、李国发、陈建龙、彭加强、肖青、袁迪军等人虚开《公路、内河货物运输业统一发票》445 份，虚

---

[1]　一审：湖南省长沙市中级人民法院（2010）长中刑二初字第 0080 号刑事判决书；二审：湖南省高级人民法院（2011）湘高法刑二终字第 84 号刑事判决书；再审：湖南省长沙市中级人民法院（2012）长中刑二重初字第 0056 号刑事判决书。

开运输发票的总金额为 35 633 146.09 元，分别提供给：金杯电工股份有限公司、湖南远盛印刷材料有限责任公司、湖南祥龙贸易有限公司、湖南亿利达实业有限公司、长沙市环卫机械厂、长沙扬帆机电设备有限公司、湖南杨子冶金重型装备制造有限公司、湖南高程科技有限公司、湖南合昌机械制造有限公司等 30 家单位，上述单位已向税务机关申报抵扣税款共计 1 797 890 元。被告人袁秀芝参与向湖南鑫峰工贸有限公司（以下简称"鑫峰公司"）代开运输发票 4 份，共计金额 33.24 万元，鑫峰公司已向税务机关申报抵扣税款 23 268 元。湖南省长沙市人民检察院认为，被告人金民、袁丽虚开用于抵扣税款的发票，数额巨大，情节特别严重，其行为触犯了《中华人民共和国刑法》第 205 条第 1款、第 2 款之规定，被告人袁秀芝虚开用于抵扣税款的发票，其行为触犯了《中华人民共和国刑法》第 205 条第 1 款之规定，应当以虚开用于抵扣税款发票罪追究其刑事责任。

湖南省长沙市中级人民法院经审理查明：2005 年 1 月 20 日，被告人金民注册成立长沙飞腾运输有限责任公司（以下简称"飞腾公司"），注册资本 50 万元，道路货物运输车辆 5 台，车牌分别为：湘 A72048、湘 72010、湘 73420、湘 70911、湘 764410。2005 年 7 月，飞腾公司取得自开"运输业统一发票"资格。被告人袁丽受聘担任该公司开票员，被告人袁秀芝受聘担任会计。被告人金民本人或指使袁丽、袁秀芝以飞腾公司的名义按 4.5% ~6% 收取开票费，为从事运输业务的姚建林、李国发、陈建龙、袁迪军等人代开《公路、内河货物运输业统一发票》（以下简称"运输发票"）445 份，分别提供给长沙天力罐车制造有限公司（以下简称"天力公司"）、长沙市环卫机械厂（以下简称"环卫厂"）、湖南杨子冶金重型装备制造有限公司（以下简称"杨子公司"）、湖南祥龙贸易有限公司（以下简称"祥龙公司"）、湖南鑫峰工贸有限公司（以下简称"鑫峰公司"）等单位，代开运输发票的金额总计 8 761 189.86 元，上述单位已申报抵扣税款 613 281. 12 元。其中，被告人袁秀芝参与向鑫峰公司（鑫峰公司的运输业务由个体司机承担，需要运输发票登记做账）代开运输发票 4 份，金额共计 33.24 万元，鑫峰公司已申报抵扣税款 23 268 元。金民、袁丽、袁秀芝为他人代开发票后，以飞腾公司名义按规定缴纳了 3.3% 的营业税及附加。实际运输者由于未在税务机关开票，偷逃了 3.3% 的所得税。金民本人或指使袁丽、袁秀芝开票致使他人偷逃应纳所得税 289 118.23 元，占姚建林、李国发、陈建龙、袁迪军等人应缴税款的 50%。

法院生效判决认为：被告人金民本人或指使被告人袁丽、袁秀芝利用飞腾公司的开票资格，在没有提供运输劳务的情况下，以飞腾公司名义为其他提供了运输劳务的从业者或发生了实际运输业务的单位代开运输发票，致使其他运输从业者逃避纳税义务，偷逃税款289 118. 23元，占应纳税额的50%，被告人金民、袁丽、袁秀芝的行为均已构成逃税罪。公诉机关指控被告人金民、袁丽、袁秀芝的行为构成虚开用于抵扣税款发票罪的罪名不当，因为构成虚开用于抵扣税款发票罪，不但要有虚开的行为，还需要骗取税款的目的。被告人金民、袁丽、袁秀芝为他人代开运输发票的行为属于虚开行为，但是，根据本案的证据，所能认定的事实是三被告人在其他运输从业人员向有关单位提供了运输服务之后，为这些运输从业人员代开运输发票，并缴纳了3.3%的营业税、城市维护建设税以及教育费附加，其行为导致的后果是其他运输从业人员偷逃了3.3%的个人所得税，受票单位凭运输发票抵扣符合法律规定。因此，三被告人并无骗取税款的目的，故对被告人金民等人应以逃税罪定罪处罚。

▎案例评析

违反国家发票管理法规，虚开用于抵扣税款发票数额较大的，构成虚开用于抵扣税款发票罪。通常情况下，虚开用于抵扣税款发票罪的行为人均具有骗取税款以牟利的目的，而不单是为了逃避纳税义务。为逃避纳税义务虚开发票，虚开发票的行为仅是逃避纳税义务的一种手段。根据《刑法》第201条的规定，纳税人采取欺骗、隐瞒手段进行虚假纳税申报或者不申报，逃避缴纳税款数额较大并且占应纳税额10%以上的，构成逃税罪。因此，为逃避纳税义务而非骗取税款虚开发票，不构成虚开用于抵扣税款发票罪。

案例　辽宁中升捷通汽车销售服务有限公司与沈阳市地方税务局第一稽查局因税务处理决定行政判决书案[1]

▎基本案情

被告沈阳市地方税务局第一稽查局于2014年3月~10月期间对原告辽宁中升捷通汽车销售服务有限公司进行税务检查。检查过程中发现原告于2011年~2013年期间每年与东风汽车有限公司签订车辆采购目标框架协议1份，协议中标明了原告欲向东风汽车有限公司采购的车辆的数量及型号。原告在销售东风日产牌汽车的过程中并未全部签订销售合同，但销售的每辆汽车均附有销售结算单，销售结算单注明了销售车辆的型号、颜色、车架号、发动机号、价格等

---

〔1〕 辽宁省沈阳市中级人民法院（2015）沈中行终字第428号行政判决书。

内容。原告于 2011 年～2013 年每年都按采购价款 90% 及销售价款 20% 的万分之三缴纳印花税，被告认为上述采购协议和销售结算单应属于具有合同性质的应税凭证，原告并未按上述凭证足额缴纳印花税。2014 年 11 月 25 日，被告作出沈地税一稽处（2014）0084 号《税务处理决定书》，并于当日送达原告，要求原告补缴印花税 296 122.72 元。原告未在规定的期限内按照沈地税一稽处（2014）0084 号《税务处理决定书》的内容缴纳税款，被告于 2015 年 1 月 4 日依法采取税收强制执行措施，从原告存款账户中扣缴印花税税款 296 122.72 元。原告认为被告作出的税务处理决定书没有事实依据和法律依据，故诉至法院，请求法院依法撤销被告于 2014 年 11 月 25 日作出的沈地税一稽处（2014）0084 号《税务处理决定书》。

一审法院认为，根据《中华人民共和国税收征收管理法》的相关规定，被告具有税收征收管理职权。依法纳税是纳税人的义务，原告作为汽车销售企业，应当依法足额缴纳印花税。关于原告所述印花税核定问题，印花税的核定工作应由主管地方税务机关负责，印花税的征收方式由县（区）以上地方税务机关确定，以核定方式向企业征收印花税，应向纳税人发放印花税核定征收鉴定表，注明核定的应税比例和规定的税款缴纳期限。本案中，原告如果按照核定的方式缴纳印花税，应当有税务主管机关发放的印花税核定表，但并没有证据证明其主管机关沈阳市铁西区地方税务局对其实施了印花税核定，亦没有印花税核定表，被告提供的纳税事项表，表明原告的印花税征收方式为查账征收，没有核定征收的字样，故原告应按照《中华人民共和国印花税暂行条例》的相关规定据实申报印花税，而原告多年来一直按照核定征收比例计算缴纳印花税，以至于没有足额缴纳印花税，被告要求其补缴印花税的行政行为并无不当。关于具有合同性质的凭证的认定问题，原告在向东风汽车有限公司采购车辆时，并没有签订采购合同，而只是与其签订车辆采购目标框架协议，协议中约定了按月向东风汽车有限公司采购的不同汽车的型号和数量。原告在销售汽车时因每台汽车均附有销售结算单，且销售结算单中明确了销售汽车的型号、颜色、车架号及价格等内容。因此上述采购框架协议和销售结算单均应属于具有合同性质的凭证，原告应按规定缴纳相应的印花税。另被告作出的沈地税一稽处（2014）0084 号《税务处理决定书》适用法律正确、程序合法。综上，根据《中华人民共和国印花税暂行条例》第 2 条、《中华人民共和国印花税暂行条例施行细则》第 4 条、《国家税务总局关于外商投资企业的订单要货单据征收印花税问题的批复》[国税函（1997）505 号] 第 1 条、《最高人民法院关于执行〈中华人民共和国行政诉讼法〉若干问题的解释》第 56 条第 4 项之规定，判决：

驳回原告辽宁中升捷通汽车销售服务有限公司的诉讼请求。案件受理费 50 元，由原告承担。

中升公司不服一审判决，提出上诉。

经二审法院审查认定，一审法院认证正确。

二审法院认为，根据《中华人民共和国印花税暂行条例》第 10 条的规定，被上诉人税务第一稽查局具有作出被诉处理决定的法定职权。上诉人中升公司虽然于 2011 年~2013 年期间每年都按采购价款 90% 及销售价款 20% 的万分之三缴纳印花税，但上述缴纳印花税的方式并不符合《中华人民共和国印花税暂行条例》第 5 条的规定，且税务机关按照上诉人实际的销售合同及具有合同性质的相关凭证，予以计算相关总印花税额，并无不当。原审判决驳回上诉人的诉讼请求结论正确，依照《中华人民共和国行政诉讼法》第 89 条第 1 款第（1）项之规定，判决：驳回上诉，维持原判。

▌案例评析

全面了解企业应当缴纳的税费种类并及时按照法律规定的方式、时间等依法进行缴纳是企业生产经营的必要义务。如果未按照相应规定缴纳，则应当承担相应的行政责任，情节严重的有可能承担相应的刑事责任。《中华人民共和国印花税暂行条例》（以下简称《印花税暂行条例》）第 2 条 1 项规定：购销、加工承揽、建设工程承包、财产租赁、货物运输、仓储保管、借款、财产保险、技术合同或者具有合同性质的凭证为应纳税凭证。在中华人民共和国境内书立、领受该类凭证的单位和个人，都是印花税的纳税义务人，应当按照该条例规定缴纳印花税。本案中中升公司虽然于 2011 年~2013 年期间每年都按采购价款 90% 及销售价款 20% 的万分之三缴纳印花税，但是该种缴纳方式使其没有足额缴纳印花税，因此，其行为违反法律规定，税务管理机关的行政行为是正确的。

案例
衡水泽诚阻尼材料有限公司与河北省衡水市国家税务局处罚上诉案〔1〕

▌基本案情

2013 年 3 月 22 日，衡水国税局对泽诚公司涉税案立案检查。2014 年 8 月 8

〔1〕 河北省衡水市中级人民法院（2015）衡行终字第 61 号行政判决书。

日，衡水国税局作出衡国税罚（2014）6 号税务行政处罚决定（简称"6 号处罚决定"）。认定，泽诚公司自 2008 年 2 月～2010 年 8 月虚列不在岗××人工资、虚假缴纳不在岗××人保险，编造退税虚假材料，骗取国家福利退税款904 167.70元。决定，处偷税款 50% 的罚款即 452 083.85 元的处罚。泽诚公司不服，于 2014 年 8 月 20 日向河北省国家税务局提出行政复议，复议机关于2015 年 1 月 15 日作出冀国税复决字（2015）1 号税务行政复议决定，维持了衡水国税局 6 号处罚决定。

一审法院认为，依照国家相关税收法律规定，国家税务机关取消企业享受各项税收优惠政策的资格，不属于税收行政处罚的具体行政行为，福利企业退税资格只是税务部门的审批内容，泽诚公司要求撤销衡水国税局取消泽诚公司福利企业退税资格行政处罚的请求，不属于行政诉讼的审查范围。衡水国税局作出的税务行政处罚决定认定事实清楚，程序合法，适用依据正确，泽诚公司的证据不能证明其主张。依照最高人民法院《关于执行〈中华人民共和国行政诉讼法〉若干问题的解释》第 56 条第 4 项之规定，判决驳回泽诚公司的诉讼请求。案件受理费 50 元由泽诚公司负担。

泽诚公司不服，提起上诉。请求撤销一审判决，改判撤销被上诉人衡水国税局作出的 6 号处罚决定。

二审法院审理后认为，上诉人上诉理由不能成立，依法应予驳回。原审判决正确，依法应予维持。依照修改前的《中华人民共和国行政诉讼法》第 61 条第 1 项之规定，判决如下：驳回上诉，维持原判。

▌案例评析

泽诚公司为使企业符合福利企业标准，通过福利企业退税资格审批，利用××人员或××员工的××证，以虚列不在岗××员工工资、虚假缴纳不在岗××员工保险的方式，编造退税虚假资料，提供虚假申请，申报福利企业退税，以达到少缴应纳税款的目的。其行为显然属于伪造账簿、记账凭证，进行虚假纳税申报的偷税行为。一审法院所认定的事实，依照法定程序立案、检查、审理，通过告知、听证，听取上诉人的陈述、申辩，进一步复核上诉人提出的证据以及有关问题，根据《中华人民共和国税收征收管理法》第 63 条第 1 款"纳税人伪造、变造、隐匿、擅自销毁账簿、记账凭证，或者在账簿上多列支出或者不列、少列收入，或者经税务机关通知申报而拒不申报或者进行虚假的纳税申报，不缴或者少缴应纳税款的，是偷税。对纳税人偷税的，由税务机关追缴其不缴或者少缴的税款、滞纳金，并处不缴或者少缴的税款百分之五十以上五倍以下的罚款；构成犯罪的，依法追究刑事责任"的规定，作出 6 号处罚决定，按最低下限对原告处少缴税款 50% 的罚款，认定事实清楚，证据确凿，适用法律、法规正确，处理结果并无不当，可予维持。故一审判决驳回原告的诉讼请求符合法律规定。另外，关于原告所称处罚程序中的瑕疵问题，因未影响到案件事实的认定，且处理结果并无不当，对该上诉理由不予支持。关于原告所称福利企业退税资格问题。福利企业退税资格属于税务机关依申请的审批事项，不属于本案的审查范围。关于上诉人所称"豁免"上诉人可能有的伪造或虚假申报法律责任问题，根据案发时有效的《税收减免管理办法（试行）》第 13 条第 1 款"减免税审批是对纳税人提供的资料与减免税法定条件的相关性进行的审核，不改变纳税人真实申报责任"的规定，以及该法第 24 条第 1 款"纳税人实际经营情况不符合减免税规定条件的或采用欺骗手段获取减免税的、享受减免税条件发生变化未及时向税务机关报告的，以及未按本办法规定程序报批而自行减免税的，税务机关按照税收征管法有关规定予以处理"的规定，衡水税务局对于原告福利企业退税资格的审核通过并不能免除原告如实申报纳税的法律责任。

▎防控策略

1. 企业应当熟悉税法关于办理设立、变更税务登记的规定，并熟悉税务机关在设立、变更税务登记程序环节的工作内容。在领取营业执照后，及时到国家税务局和地方税务局领取税务登记表，办理设立税务登记。在相关事项发生变化时，遵守变更税务登记的时限要求，按照规定办理变更税务登记。

2. 加强对企业账簿、凭证的管理，根据合法有效的凭证记账进行核算。

3. 企业要熟悉税款征收法规，准确计算并按期缴纳税款，如负有扣缴义务，应当依照法律、行政法规的规定履行代扣代缴、代收代缴的义务，并向纳税人出具完税凭证。

第九章

小微企业合并、分立、解散的法律实务与对应风险防控

第一节 公司合并、分立、解散的法律规则与风险防控

一、公司的合并、分立的基本法律实务

公司的合并、分立有助于提高公司资本的运营效率，实现公司资源的合理流动与优化配置，避免公司资源的不必要浪费。近年来，资本市场越来越发达，公司的合并、分立活动也越来越活跃，在这个过程中如何有效掌握合并、分立的基本规则至关重要。

（一）公司的合并

1. 公司合并的基本内涵

公司的合并是指两家以上的公司不经过清算程序，直接合并为一家公司的法律行为。《公司法》第 172 条规定："公司合并可以采取吸收合并或者新设合并。一个公司吸收其他公司为吸收合并，被吸收的公司解散。两个以上公司合并设立一个新的公司为新设合并，合并各方解散。"吸收合并和新设合并各有利弊。就吸收合并而言，兼并公司并不消失，亦无需设立新公司，合并程序较为简单，但对于兼并对价心怀不满的被兼并公司管理层和股东可能会滋生"被吃掉"的失落感，被兼并公司的许多资源尤其是无形资产也可能就此弃置，进而导致资源浪费。就新设合并而言，各家公司的高管和股东会一起进入新公司，不存在孰高孰低的问题，但其缺点是新设公司程序烦琐，消灭的原公司的诸多资源在事实上或者法律上都无法或者很难传给新设的公司。

2. 公司合并的程序

公司合并，应当由合并各方签订合并协议，并编制资产负债表及财产清单。公司应当自作出合并决议之日起 10 日内通知债权人，并于 30 日内在报纸上公

告。债权人自接到通知书之日起 30 日内，未接到通知书的自公告之日起 45 日内，可以要求公司清偿债务或者提供相应的担保。值得注意的是在这里合并决议的做出属于股东（大）会的法定职权，而制定公司合并的方案属于董事会的法定职权，且公司的合并协议具有极端重要性，因此《公司法》规定，对于有限责任公司而言，必须经代表三分之二以上表决权的股东通过，对于股份有限责任公司而言，必须经出席股东大会会议的股东所持表决权的三分之二以上通过。

3. 公司合并的法律效果

被合并公司不复存在，丧失其法人资格。合并前公司的股东变成存续公司或新设公司的股东。在新设合并的情况下，原公司均自动丧失法人资格；在吸收合并的情况下，兼并公司继续存在，被兼并公司自动丧失法人资格，合并各方的债权、债务，应当由合并后存续的公司或者新设的公司承继，无论新设合并还是吸收合并，原公司之消灭均无需履行清算程序。

（二）公司的分立

1. 公司分立的基本内涵

公司分立，是指一家公司不经过清算程序，分设为两家以上公司的法律行为。它是现代公司开展资产重组、调整公司组织结构、降低投资风险、提高公司盈利能力的重要经营战略之一。公司分立可以分为新设分立和存续分立两种类型。新设分立是指公司的全部资产划归两个或者两个以上的新公司，原公司解散。存续分立是指公司以其部分资产另设一家或者数家新公司，原公司存续。

2. 公司分立的程序

与公司合并程序一样，公司分立也需要经过分立方案的起草、公布以及股东（大）会以资本多数决的方式通过的基本操作程序，与公司合并不一致的地方是，公司分立不存在债权人要求偿债或者担保的程序。另外，《公司法》第179条规定："公司合并或者分立，登记事项发生变更的，应当依法向公司登记机关办理变更登记；公司解散的，应当依法办理公司注销登记；设立新公司的，应当依法办理公司设立登记。"

3. 公司分立的法律后果

首先，公司分立，其财产作相应的分割。公司应当在合理期限内编制资产负债表及财产清单。在存续分立的情况下，由于财产分割导致公司财产减少，存续公司应当将资本减少事项记载于公司章程。

其次，公司分立前的债务由分立后的公司承担连带责任，除非公司在分立前与债权人就债务清偿达成的书面协议另有约定。

二、公司合并、分立过程中存在的法律风险

（一）法律意识不强，合并、分立协议过于简单，导致发生纠纷

因为一些小微企业的经营管理人员缺乏必要的合同法律知识，在签订合并或者分立协议的过程中存在实体上以及程序上的诸多问题，规范化程度不高，在协议的内容上存在不少法律漏洞，被当事人恶意利用，形成诉讼屡见不鲜。

（二）企业合并时，被合并人隐瞒或者遗漏企业债务

如上所述，在吸收合并中，被合并企业的权利义务概括性向吸收企业转移，如果企业未及时进行公示程序通知债权人申报债权，即与被兼并人签订兼并协议，后以资产状况不明为由对抗债权人，无法得到法律的支持。

（三）企业分立时对于债务承担未约定或者约定不明确，引发法律争议

一般情形下，企业在分立时应当对债务的承担作出约定，但是实践中往往有很多不规范的分立行为，主要分为以下三种情况：

一是企业分立时未对债务承担作出约定。这种情形忽视了债权人的合法权益，只是分割企业财产，而法律为了保护债权人的权益，使其合法权益不至于因此落空，明确规定分立后的企业应当对债务承担连带责任。

二是企业分立时对于债务的承担约定不明确。基于当事人对有关企业分立的法律规定不甚了解，或者当事人的疏忽等各种因素，对债务的承担可能产生约定不明的情况。这种情形下，双方当事人也容易产生意见分歧，最终和未约定一样要承担连带责任。

三是企业分立时对债务的承担虽有约定且约定明确，但是未经债权人认可，这样的约定亦属无效。

（四）企业吸收合并或者新设合并后未进行工商注销登记承担相应的责任

《最高人民法院关于审理企业改制相关的民事纠纷案件若干问题的规定》（法释〔2003〕1号）第34条规定：企业吸收合并或者新设合并后，被兼并企业应当办理而未办理工商注销登记，债权人起诉被兼并企业的，人民法院应当根据企业兼并后的具体情况，告知债权人追加责任主体，并判令责任主体承担民事责任。

案例 F公司诉Y公司物业管理合同纠纷案

▌基本案情

2000年5月，J厂以其后勤服务部门为基础，组建物业管理有限公司（后

定名为 F 公司），负责某路 10 号院 2 号、4 号楼房和某巷的物业管理工作，此房系 J 厂施工建设的向职工分配的福利住房。后 F 公司接受 J 厂的委托对上述房屋进行物业管理，并向 J 厂每年收取物业管理费 750 000 元，其中某路 10 号院 2 号、4 号楼房的物业管理费用每月 19 600 元。J 厂一直按照约定的数额向 F 公司交纳。2006 年 9 月 30 日，J 厂的总公司 G 集团以 J 厂的部分净资产作为其出资，与他人组建为 Y 公司，根据资产重组合同的约定：J 厂进入评估范围的债权债务由 Y 公司承继，某路 10 号院 2 号、4 号楼房作为非经营性资产由 Y 公司继续管理。F 公司一直为 10 号院的 5 栋楼房提供物业管理服务。但此后 Y 公司一直拖欠物业管理费。F 公司遂将 Y 公司诉至法院。Y 公司认为其与 F 公司没有签订过物业管理合同，二者之间不存在物业管理合同关系，且其也不是 10 号院 2 号、4 号楼房的业主，不应当承担给付物业管理费的责任。

法院审理后认为，F 公司为 Y 公司管理的某路 10 号院 2 号、4 号楼房提供物业管理服务，双方之间形成物业管理合同关系。根据有关规定，按照房改政策出售的公有住宅楼房仍应当由原单位负担产权人的交费项目，虽然 Y 公司不是上述楼房的业主，但 Y 公司为 J 厂与他人合并而成的公司。《公司法》第 175 条（修订后的第 174 条）规定，公司合并时，合并各方的债权、债务，应当由合并后存续的公司或者新设的公司承继。Y 公司承继了 J 厂的权利义务，故应当由 Y 公司按照物业管理的缴费水平向 F 公司交纳物业管理费。

▌案例评析

公司进行生产经营，不可避免地会对外产生债权债务，而公司合并后，至少有一个公司丧失法人资格，而且存续或者新设立的公司与以前的公司不同，对于公司的债权债务必须要有人承继。根据主体的承继性原则，公司合并时，合并各方的债权债务，应当由合并后存续或者新设立的公司承继。由此，如果企业在合并过程中对于目标公司的债权债务关系没有进行全面的了解，又没有相应的合同条款对于目标公司的债务陷阱进行必要的责任限定，那么很有可能与债权人陷入法律争议。

浙江华骏建材有限公司诉浙江龙游石菱新型建材有限公司等
买卖合同纠纷案 〔1〕

▌基本案情

2013 年以来，原告华骏建材公司多次向原浙江龙游石菱新型建材有限公司供货。2015 年 1 月 15 日，经双方对账确认，原浙江龙游石菱新型建材有限公司尚欠原告货款 770 832 元未付，其中 2014 年 8 月底前货款 530 532 元。2014 年 10 月 15 日，经龙游县工商行政管理局核准，原浙江龙游石菱新型建材有限公司分立为第一被告石菱新型建材公司和第二被告石菱水泥公司。2015 年 1 月 20 日和 3 月 26 日，原告又分别向被告石菱新型建材公司供货 43 000 元和 19 200 元。原告确认被告已支付货款 10 000 元。现原告以被告拖欠剩余货款未付为由诉至法院。

法院审理后认为，本案为买卖合同纠纷。原浙江龙游石菱新型建材有限公司及分立后的石菱新型建材公司自 2013 年 12 月起多次向原告华骏建材公司购买水泥助磨剂产品，双方之间的买卖关系没有违反法律和行政法规的强制性规定，应受法律保护。现被告拖欠原告货款未付的事实，2015 年 1 月 15 日前的货款有原告与被告石菱新型建材公司盖章确认的对账单为证，2015 年 1 月 20 日供货已由被告石菱新型建材公司员工傅炎芳、祝恒喜在原告产品出库单上签字确认。2015 年 3 月 26 日的出库单上的收货单位为石菱水泥公司，但原告庭审中解释为书写笔误，实际应为石菱新型建材公司，且同样有祝恒喜的签字确认，并与原告开具给被告石菱新型建材公司的增值税专用发票上记载的金额相符，足以确认。原浙江龙游石菱新型建材有限公司分立为被告石菱新型建材公司和被告石菱水泥公司，根据《中华人民共和国公司法》第 176 条："公司分立前的债务由分立后的公司承担连带责任。但是，公司在分立前与债权人就债务清偿达成的书面协议另有约定的除外。"现二被告未提供证据证明就公司分立前的债务清偿与债权人另有约定，故二被告应对 2014 年 10 月 15 日公司分立前的债务承担连带偿还责任。二被告经本院合法传唤，无正当理由拒不到庭参加诉讼，视为放弃诉讼权利。故原告华骏建材公司要求被告石菱新型建材公司支付尚欠货款及被告石菱水泥公司对公司分立前的货款承担共同付款责任，理由正当，本院予以支持。综上，依照《中华人民共和国合同法》第 60 条、第 159 条、第

〔1〕 浙江省兰溪市人民法院（2016）浙 0781 民初 1956 号民事判决书。

161 条,《最高人民法院关于审理买卖合同纠纷案件适用法律问题的解释》第 1 条,《中华人民共和国民事诉讼法》第 64 条、第 144 条之规定,判决如下:

一、被告浙江龙游石菱新型建材有限公司于本判决发生法律效力后十日内向原告浙江华骏建材有限公司支付货款人民币 823 032 元。

二、被告浙江龙游石菱水泥有限公司对第一项应支付货款中 530 532 元承担连带偿还责任。

▌案例评析

本案是一起典型的企业分立后因债务承担引起的法律纠纷。原浙江龙游石菱新型建材有限公司分立为被告石菱新型建材公司和被告石菱水泥公司,在分立时对公司债务的清偿,双方之间并未作出有效的约定,从而导致对 2014 年 10 月 15 日公司分立前与原告浙江华骏建材有限公司发生买卖合同关系所欠货款的支付发生争议,按照《公司法》第 176 条的规定,应当由双方承担分立后的各方承担连带责任。

> **案例**
> 广东省外贸潮州联营纸箱厂与潮州市金汉塑胶厂等企业兼并合同纠纷上诉案[1]

▌基本案情

纸箱厂系潮州市湘桥区二轻集体企业联社属下一家集体所有制企业,因外债多,经营困难,有的债权人已向法院起诉,部分生产设备及设施被法院查封,潮州市湘桥区人民政府和潮州市湘桥区二轻集体企业联社为解决该厂的生产和职工的生活出路等问题,经与塑胶厂协商,拟由塑胶厂兼并经营。1998 年 3 月 19 日,塑胶厂向纸箱厂出具《关于兼并广东省外贸潮州联营纸箱厂的答复意见》,其内容是:根据纸箱厂提出的兼并实施意见,塑胶厂经对照研究认为具备兼并条件,六项兼并意见塑胶厂都愿意接受。并分别明确答复如下:"一、我'潮州市金汉塑胶厂'是广东金汉集团属下企业,拥有固定资产 2500 万元。其中厂区面积 10 000 平方米,价值 300 万元;建筑面积 11 000 平方米。价值 1000 万元;机器设备 25 台/套,价值 200 万元。二、同意接受'广东省外贸潮州联营纸箱厂'1997 年 10 月 31 日的企业改革方案和 1997 年 12 月 18 日的企业改革方案附议。三、同意理顺'湘桥区二轻集体企业联社'资本金。'广东省包装进

---

[1] 广东省潮州市中级人民法院 (2015) 潮中法民二终字第 37 号民事判决书。

出口公司'的联营股本金，其中'湘桥区二轻集体企业联社'的资本金也同意在兼并协议签订生效 3 天内偿还。四、兼并后要致力恢复该厂的生产，在企业现有的基础上，计划新增投资 1500 万元以上扩大生产规模，继续以纸箱为主导产品，增置必要配套设备，购进彩色印刷设备，使纸箱和印刷形成一条龙产业，力争把纸箱厂办成粤东地区较大规模的企业。五、为确保兼并企业退休工人的基本退休费正常发放，我厂拟在市工商联城市信用社储备 100 万元基金作为保证金。六、我厂已于 3 月 19 日将兼并保证金划入湘桥区二轻集体企业联社账号。"纸箱厂认为塑胶厂提出的兼并答复意见的内容符合该厂提出的兼并条件，遂同意纸箱厂由塑胶厂兼并经营。塑胶厂于当月进驻纸箱厂，但双方并没有签订兼并协议书，纸箱厂也没有将财产、设备造册交由塑胶厂管理。塑胶厂进驻纸箱厂后，划付人民币 120 万元到潮州市湘桥区二轻集体企业联社作为兼并保证金，发放了纸箱厂拖欠工人的工资人民币 45 万元，借给纸箱厂人民币 12 万元，并对纸箱厂的生产场地、设备进行修缮。兼并初期，既有纸箱厂的领导成员及部分职工，也有塑胶厂雇用的员工共同参加生产经营。后由于行业生意萧条，加上因外债引起诉讼而导致部分厂房、生产设备被法院查封等诸多原因，企业逐渐走向停产状态，兼并方案未能善终。纸箱厂留厂里生产的工人也因厂的生产状态不景气而离厂，副厂长江家声自始至终在厂留守，塑胶厂也没有撤离。1998 年 12 月 23 日，广东省潮州市中级人民法院分别作出（1998）潮执字第 105、106、107 号民事判决书，判决房地产即日起归林金汉、林郁平所有；裁定生效后，林金汉、林郁平已将价款全额划付给广东省潮州市中级人民法院。上述房地产变卖款人民币 820 万元中，扣除纸箱厂应承担的厂房用地过户费人民币 20 万元、返还林金汉人民币 220 万元（该款分别为划付到潮州市湘桥区二轻集体企业联社作为兼并保证金人民币 120 万元，发放纸箱厂拖欠工人的工资人民币 45 万元，借给纸箱厂人民币 12 万元，并对纸箱厂的生产场地、设备进行修缮评估价人民币 122 万元，合计人民币 299 万元，决定返还人民币 220 万元）、上缴潮州市财政局的土地出让金人民币 108.12 万元、支付 13 宗案件债权人人民币 674 680 元、预留执行费人民币 75 320 元，剩余人民币 3 968 800 元回拨给纸箱厂作为解决职工历史遗留问题的费用。2014 年 6 月 26 日，纸箱厂以兼并期间塑胶厂在兼并没有结果情况下，仍占用其厂房 7000 多平方米作为汽车、摩托车寄车场和堆放其他杂物，作为营业性场所，塑胶厂必须付租金给纸箱厂以解决职工社保、医保、集资款、拖欠退休职工工资等问题之用为由而向一审法院起诉。

一审法院认为：1998 年 3 月 19 日，塑胶厂向纸箱厂出具《关于兼并纸箱厂的答复意见》，并划付人民币 120 万元的保证金，发放该厂原拖欠工人的工资人民民币 45 万元，借给该厂人民币 12 万元，对厂的生产场地、设备进行修缮，同时进厂进行经营，因此，可认定双方之间已产生了企业兼并合同关系。后由于纸箱厂债务较多，生产设备、厂房被法院查封等原因，兼并方案并未得到全面履行，但双方尚没有作出终止兼并的决定。至 1998 年 12 月 23 日，广东省潮州市中级人民法院裁定将纸箱厂沿厂门通道中线北侧的厂房、场地抵还债权人。2009 年 7 月 24 日广东省潮州市中级人民法院裁定将该厂沿厂门通道中线南侧的厂房、场地变卖给林金汉、林郁平，至此，纸箱厂的场地、厂房已全部处理完毕，因此，塑胶厂与纸箱厂之间的企业兼并合同关系也应终止。但由于塑胶厂在承买纸箱厂的部分场地、厂房时已溢价人民币 273.78 万元，而纸箱厂也没有就双方兼并期间的权利或经济损失（包括场地租金收益）进行主张，因此，应认定双方在兼并期间的权利义务就此清结。而且，即使塑胶厂或林金汉还应支付纸箱厂兼并开始至 2009 年 7 月 24 日之前的厂房场地租金等经济损失，由于该厂一直没有向塑胶厂、林金汉主张，直至 2013 年 11 月 22 日该厂部分职工及退休职工才向有关部门反映要求解决，至 2014 年 6 月 26 日才向一审法院起诉，根据《中华人民共和国民法通则》第 135 条"向人民法院请求保护民事权利的诉讼时效期间为二年，法律另有规定的除外"的规定，纸箱厂主张权利的时间已超过法律规定的诉讼时效期间，已丧失胜诉权，其诉讼请求应予驳回。据此，原审法院依照《中华人民共和国民法通则》第 135 条、《最高人民法院关于民事诉讼证据的若干规定》第 2 条"当事人对自己提出的诉讼请求所依据的事实或者反驳对方诉讼请求所依据的事实有责任提供证据加以证明。没有证据或者证据不足以证明当事人的事实主张的，由负有举证责任的当事人承担不利后果"的规定，于 2015 年 1 月 30 日作出（2014）潮湘法民二初字第 152 号民事判决：驳回广东省外贸潮州联营纸箱厂的诉讼请求。本案受理费人民币 80 574 元，由广东省外贸潮州联营纸箱厂负担。

纸箱厂不服一审判决，提起上诉，请求：1. 撤销（2014）潮湘法民二初字第 152 号民事判决；2. 判准纸箱厂的诉讼请求；3. 由塑胶厂、林金汉承担案件诉讼费用。

二审法院院认为：本案为兼并合同纠纷。一审法院认定的事实清楚，处理结果正确。纸箱厂的上诉主张依据不足，对其上诉请求本院不予支持。案经调解未果，依照《中华人民共和国民事诉讼法》第 170 条第 1 款第（1）项的规定，判决如下：驳回上诉，维持原判。

▋**案例评析**

本案是一起典型的因为企业吸收合并引起的法律纠纷，引发纠纷的根本原因在于合并双方对于合并事项并未签订有效的书面协议。根据双方当事人的诉辩意见，本案争议焦点是：纸箱厂要求塑胶厂、林金汉给付厂房、场地租金的请求能否得到支持？塑胶厂于 1998 年 3 月 19 日向纸箱厂出具《关于兼并"广东省外贸潮州联营纸箱厂"的答复意见》，同意接受纸箱厂提出的兼并意见。纸箱厂同意由塑胶厂兼并，塑胶厂遂于同月进驻纸箱厂。纸箱厂与塑胶厂之间虽然未签订书面的兼并协议，未进一步明确双方的权利义务，但双方通过要约、承诺的行为实际上形成了兼并合同关系。从纸箱厂提供的《企业改革方案》来看，该方案第四条约定"在协议签字之日起，所有条款生效"，即说明有关兼并条款需在兼并协议签订之后才生效，而双方自始至终未签订兼并协议，纸箱厂也未能提供证据证明在该期间内其要求塑胶厂签订兼并协议而被塑胶厂拒绝。自塑胶厂于 1998 年 3 月份进驻纸箱厂，直至纸箱厂厂房、场地于 2009 年 7 月份被处理完毕止，塑胶厂使用纸箱厂的厂房、场地是基于其与纸箱厂之间的兼并合同关系。纸箱厂在兼并目的未能实现的情况下，没有通过协商解除或是提起诉讼等方式解除其与塑胶厂之间的兼并合同关系，从而排除塑胶厂对纸箱厂厂房、场地的占有。纸箱厂与塑胶厂之间也没有关于厂房、场地占用费的约定。现纸箱厂诉请塑胶厂支付上述期间的厂房、场地租金，缺乏事实及法律依据。一审法院驳回纸箱厂的诉讼请求并无不当。因纸箱厂的诉讼请求不能支持，故关于其诉讼请求是否超过诉讼时效的问题，没有审理的必要。

▌防控策略

1. 在公司合并前，进行全面的事前调研，对于目标公司的资产、债权债务、知识产权等情况进行全面的了解，再行决定是否合并。

2. 完善合并、分立合同。在合并的情形下与目标公司就债务情况达成双方的保证条款，作为被合并方，则要对自己的组织机构、法律地位、资产负债情况、合同关系、劳资关系以及保险、环保等重要方面就资产、债务、风险责任等作出详细的描述，并就债务的有限性和可控性作出必要的承诺。同时，也可以设专项条款对受到对方轻微违约造成的损失通过扣减或提高收购价格等途径来进行弥补或赔偿。在分立的情况下，应当在分立时即与债权人就债务清偿达成清晰有效的约定，避免后期在债务承担中引发不必要的纠纷，造成公司的损失。

二、公司解散法律实务与风险防控

（一）公司解散的基本内涵

公司解散，是指依法成立的公司因为法律或者公司章程规定的事由出现，停止其生产经营活动，并经过清算程序，最终消灭其法律主体资格的状态和过程。[1]公司解散包括自愿解散和强制解散两类。

1. 自愿解散

自愿解散是公司根据公司章程或者股东决议而发生的解散。根据《公司法》第180条的规定，自愿解散的原因有：

（1）公司章程规定的营业期限届满或者公司章程规定的其他解散事由出现。这种解散以公司章程的事前约定为前提。

（2）股东会或者股东大会决议解散。这种解散属于公司的重大事项，根据《公司法》的规定，必须通过股东（大）会的特别表决程序。

（3）因公司合并或者分立需要解散。

2. 强制解散

强制解散是指公司非因自己的意志，而是基于法律的规定、政府有关部门的决定或者人民法院的判决而发生的公司解散。根据《公司法》第180条、第182条、第190条的规定，公司被强制解散的原因有：

（1）依法被吊销营业执照、责令关闭或者被撤销。根据相关法律、法规，公司被吊销营业执照的情形主要有：①虚报注册资本的；②用虚假证明或其他欺骗手段取得公司法人资格的；③变更、注销后，一定期限内不公告或者公告内容与核准不实的；④不按照规定进行年检的；⑤伪造、涂改、出借、出租、转让营业执照的；⑥公司成立后无正当理由超过6个月未开业的，或者开业后自行停业连续10个月以上的等。吊销营业执照是剥夺被处罚公司已经取得的营业执照，使其丧失继续从事生产经营资格的一种行政处罚措施。

责令关闭也是公司解散的原因之一。责令关闭是公司严重违反工商管理、市场经营、税收、劳动、环境保护等法律、法规的规定，有关行政机关为维护社会秩序，作出决定以终止该公司的主体资格使其不能进入市场经营的一种行政处罚。被行政机关依法撤销，是指公司在设立登记上存在瑕疵而由有关行政主管机关予以撤销的行为。例如，《公司法》第198条规定："违反本法规定，虚报注册资本、提交虚假材料或者采取其他欺诈手段隐瞒重要事实取得公司登记的，由公司登记机关责令改正，对虚报注册资本的公司，处以虚报注册资本金额百分之五以上百分之十五以下的罚款；对提交虚假材料或者采取其他欺诈手段隐瞒重要事实的公司，处以五万元以上五十万元以下的罚款；情节严重的，撤销公司登记或者吊销营业执照。"

---

〔1〕　李东方：《公司法教程》（第2版），中国政法大学出版社2015年版，第251页。

（2）公司经营管理发生严重困难，由人民法院依法判决解散公司。《公司法》第182条规定："公司经营管理发生严重困难，继续存续会使股东利益受到重大损失，通过其他途径不能解决的，持有公司全部股东表决权百分之十以上的股东，可以请求人民法院解散公司。"这属于公司陷入僵局情形下的解散。

（3）宣告破产。公司破产解散是指公司因不能清偿到期债务，被依法宣告破产而导致的公司解散。《公司法》第190条及有关法律、行政法规规定，在公司因不能清偿到期债务并且资产不足以清偿全部债务或者明显缺乏偿债能力的情况下，依公司或者公司债权人的申请，法院依法宣告公司破产的，公司自法院宣告破产之日起即告解散。

（二）公司解散的法律实务

1. 公司自愿解散

公司选择自愿解散时，可以事先对公司解散的条件或者营业期限作出约定，一旦条件具备或者营业期限届满，即可解散企业，或者在事先没有约定的情形下由公司权力机构在公司存续过程中随时决定企业解散。

2. 公司强制解散应当具备的法律条件

首先，对于上述所列举的依法被吊销营业执照、责令关闭或者被撤销导致的公司解散，必须是在公司的行为触犯了相应的法律、法规，应当受到对应行政处罚的情况下，才能依法强制公司解散。

其次，对于公司陷入僵局的强制解散，必须具备法定情形才可以向法院提出申请。《最高人民法院关于适用〈中华人民共和国公司法〉若干问题的规定（二）》第1条规定，单独或者合计持有公司全部股东表决权10%以上的股东，以下列事由之一提起解散公司诉讼，并符合公司法第182条规定的，人民法院应当予以受理：①公司持续2年以上无法召开股东会或者股东大会，公司经营管理发生严重困难的；②股东表决时无法达到法定或者公司章程规定的比例，持续2年以上不能做出有效的股东会或者股东大会决议，公司经营管理发生严重困难的；③公司董事长期冲突，且无法通过股东会或者股东大会解决，公司经营管理发生严重困难的；④经营管理发生严重困难，公司继续存续会使股东利益受到重大损失的情形。

最后，对于公司宣告破产而言，根据《中华人民共和国破产法》（以下简称《企业破产法》）第2条的规定，企业法人不能清偿到期债务，并且资产不足以清偿全部债务或者明显缺乏清偿能力的，可以向人民法院提出破产申请。这里的不能清偿到期债务从以下几个方面认定：从资产负债表、审计报告、资产评估报告等显示债权债务关系依法成立，履行期限已经届满，但是公司却未完全履行债务，总体上其全部资产不足以清偿全部债务的即可申请破产。

3. 公司破产的程序

（1）申请主体的确定。《企业破产法》第 7 条规定："债务人有本法第二条规定的情形，可以向人民法院提出重整、和解或者破产清算申请。债务人不能清偿到期债务，债权人可以向人民法院提出对债务人进行重整或者破产清算的申请。企业法人已解散但未清算或者未清算完毕，资产不足以清偿债务的，依法负有清算责任的人应当向人民法院申请破产清算。"由此，可以提出破产申请的主体包括三类：债权人、债务人和对企业依法负有清算责任的人。

（2）破产申请书和有关证据的提交。《企业破产法》第 8 条规定：向人民法院提出破产申请，应当提交破产申请书和有关证据。破产申请书应当载明下列事项：①申请人、被申请人的基本情况；②申请目的；③申请的事实和理由；④人民法院认为应当载明的其他事项。债务人提出申请的，还应当向人民法院提交财产状况说明、债务清册、债权清册、有关财务会计报告、职工安置预案以及职工工资的支付和社会保险费用的缴纳情况。

（3）人民法院受理破产申请依据。根据《企业破产法》第 10 条的规定，如果是债权人提出破产申请的，人民法院应当自收到申请之日起 5 日内通知债务人。债务人对申请有异议的，应当自收到人民法院的通知之日起 7 日内向人民法院提出。人民法院应当自异议期满之日起 10 日内裁定是否受理。除前款规定的情形外，人民法院应当自收到破产申请之日起 15 日内裁定是否受理。有特殊情况需要延长前两款规定的裁定受理期限的，经上一级人民法院批准，可以延长 15 日。自人民法院裁定受理之日起，破产程序启动。

（4）受理破产案件后人民法院的通知与公告。依据《企业破产法》第 11 条、第 14 条的规定，人民法院如果受理破产申请，应当自裁定作出之日起 5 日内送达申请人。债权人提出申请的，人民法院应当自裁定作出之日起 5 日内送达债务人。债务人应当自裁定送达之日起 15 日内，向人民法院提交财产状况说明、债务清册、债权清册、有关财务会计报告以及职工工资的支付和社会保险费用的缴纳情况。同时人民法院应当自裁定受理破产申请之日起 25 日内通知已知债权人，并予以公告。

（5）指定管理人。依据《企业破产法》第 25 条的规定，管理人履行下列职责：①接管债务人的财产、印章和账簿、文书等资料；②调查债务人财产状况，制作财产状况报告；③决定债务人的内部管理事务；④决定债务人的日常开支和其他必要开支；⑤在第一次债权人会议召开之前，决定继续或者停止债务人的营业；⑥管理和处分债务人的财产；⑦代表债务人参加诉讼、仲裁或者其他法律程序；⑧提议召开债权人会议；⑨人民法院认为管理人应当履行的其他职责。自此，管理人取代了债务人的地位，开始行使对债务人财产的管理和处分权，以有效地对债务人的财产进行管理。

（三）公司解散程序中存在的法律风险

若对公司陷入僵局的认定把握不明确，则无法通过法院判决解散公司。

公司破产程序中可能面临的法律风险：

（1）破产申请不符合破产的实质条件被人民法院裁定驳回；

（2）破产申请不具备法律规定的形式要件被人民法院裁定驳回；

（3）破产申请受理前债务人进行的不当行为被法院判决撤销或者无效的法律风险。

首先，《企业破产法》第33条规定，涉及债务人财产的下列行为无效：①为逃避债务而隐匿、转移财产的；②虚构债务或者承认不真实的债务的。

其次，人民法院受理破产申请前一年内，涉及债务人财产的下列行为，管理人有权请求人民法院予以撤销：①无偿转让财产的；②以明显不合理的价格进行交易的；③对没有财产担保的债务提供财产担保的；④对未到期的债务提前清偿的；⑤放弃债权的。

再次，人民法院受理破产申请前6个月内，债务人有《企业破产法》第2条第1款规定的情形，仍对个别债权人进行清偿的，管理人有权请求人民法院予以撤销。但是，个别清偿使债务人财产受益的除外。

案例
幸功飞与西安晖泰电子科技有限公司及许继英公司解散纠纷案[1]

▋基本案情

西安晖泰电子科技有限公司（以下简称"晖泰公司"）于2005年1月5日登记成立，注册资本100万元，企业类型为有限责任公司；股东许继英出资55万元，持有股份55%，股东幸功飞出资45万元，持有股份45%；许继英任公司执行董事，幸功飞担任监事，公司聘用边剑波（系许继英之女）为公司经理；公司注册登记地为西安市高新产业开发区团结路高科花园6号楼1单元202号。晖泰公司章程规定，执行董事行使下列职权：召集股东会会议，并向股东会报

---

[1] 一审：西安市中级人民法院（2010）西民四初字第269号民事判决书；二审：陕西省高级人民法院（2011）陕民二终字第00020号民事判决书。

告工作；执行股东会的决议；决定公司的经营计划和投资方案；制定公司的年度财务预算方案、决算方案；制定公司的利润分配方案和弥补亏损方案；制定公司增加或者减少注册资本的方案；制定公司合并、分立、解散或者变更公司形式的方案等。监事行使以下职权：检查公司财务；对执行董事、经理执行公司职务时违反法律、法规或者公司章程的行为进行监督；当执行董事和经理的行为损害公司的利益时，要求其予以纠正；提议召开临时股东会等。公司章程还规定，股东应于每年12月定期召开一次股东会，代表四分之一以上表决权的股东、执行董事或者监事可以提议召开临时股东会；股东根据出资比例在股东会议上行使表决权；股东会对增加或者减少注册资本、分立、合并、解散或变更公司形式、修改公司章程等事项作出的决定，必须经持有公司资本三分之二以上的股东通过，对其他事项作出决议，须经持有公司资本二分之一的股东通过等内容。

晖泰公司成立后，公司日常经营管理事务由经理边剑波具体负责。在晖泰公司经营期间，股东许继英和经理边剑波于2006年10月9日召开股东会，决定变更公司经营范围，增加边剑波为公司的新股东，并增加注册资本及股东出资额；2008年12月1日，许继英、边剑波又召开股东会，决定变更公司名称为西安晖泰商贸有限责任公司，并变更了公司经营范围，同时将原股东幸功飞出资分别转让给许继英、边剑波。就以上变更事项，晖泰公司向工商部门提交了相应的股东会决议、章程修正案、出资转让协议、验资报告。西安市工商行政管理局高新技术产业开发区分局分别于2006年11月、2008年12月对上述变更事项予以变更登记。

2009年10月19日，西安市工商行政管理局高新技术产业开发区分局作出西高工商行处字（2009）第63号行政处罚决定，认为：2006年10月9日和2008年12月1日，晖泰公司股东许继英和经理边剑波在未经幸功飞书面授权的情况下召开股东会，采用提交虚假验资报告和代签股东会决议、出资转让协议等方式将公司注册资本增至500万元，并将幸功飞股权全部转让给许继英和边剑波，并于2008年12月17日取得公司变更登记。西安晖泰商贸有限责任公司在申请变更登记期间，采用提交虚假验资报告的形式和代签股东会决议、出资转让协议等手段，多次隐瞒重要事实，取得公司变更登记，其行为违反《中华人民共和国公司法》第42条、第108条之规定，决定作出如下处罚：1.撤销公司2006年11月1日和2008年12月17日的变更登记；2.罚款10万元。该处罚决定生效后，幸功飞以晖泰公司因许继英、边剑波的违法行为被处以罚款，致其股东权益受到损害为由，对许继英、边剑波提起损害股东利益赔偿诉讼（另案处理）。

晖泰公司已持续5年未召开股东会。2009年年初，幸功飞因要求查账等事宜与晖泰公司经理边剑波发生争执，查账未果。晖泰公司目前未正常经营。

经一、二审法院多次调解，股东二人虽表示愿意协商解决纠纷，但未能协商一致使公司存续，也无其他解决纠纷的途径。幸功飞坚持要求解散公司，晖泰公司、许继英不同意解散公司。

一审法院认为：晖泰公司是否符合解散的条件是本案争议的焦点问题。《公司法》第183条规定："公司经营管理发生严重困难，继续存续会使股东利益受到重大损失，通过其他途径不能解决的，持有公司全部股东表决权百分之十以上的股东，可以请求人民法院解散公司。"晖泰公司章程以及工商登记资料载明，幸功飞系晖泰公司股东，持有晖泰公司45%出资额。其所持公司股权比例符合法律规定的提起公司解散之诉的股东持股比例。晖泰公司辩称幸功飞不具有股东资格，缺乏证据支持，不予采信。

晖泰公司章程规定，股东应于每年12月定期召开一次股东会，代表四分之一以上表决权的股东、执行董事，或者监事可以提议召开临时股东会。而晖泰公司已持续5年未召开定期股东会，也未召开临时股东会，无法形成有关公司经营决策的有效决议，由此导致晖泰公司经营管理发生严重困难。股东二人虽在本院审理期间表示愿意协商，却无法通过股东会的形式解散公司。同时，晖泰公司因股东许继英和经理边剑波在未经幸功飞书面授权的情况下召开股东会等取得公司变更登记，被工商行政管理机关作出行政处罚决定，股东幸功飞也因此与股东许继英、公司经理边剑波之间形成诉讼，表明以人合因素为重的有限责任公司的股东之间相互丧失了最基本的信任，致使公司失去继续存续的基础，公司僵局事件已经发生，继续存续会使股东利益受到重大损失。经本院多次调解，晖泰公司及股东二人未能协商解决，不具备通过其他途径解决公司僵局的条件。幸功飞请求解散公司，有事实依据及法律依据，本院依法予以支持。遂判决：晖泰公司解散。案件受理费100元，由晖泰公司负担。

一审宣判后，晖泰公司与许继英不服，向陕西省高级人民法院提起上诉。

省法院认为：原审判决认定事实清楚，适用法律正确，应予维持。遂判决：驳回上诉，维持原判。

▋案例评析

按照《公司法》第182条的规定，股东提起解散公司诉讼，必须达到法定的持股比例，且企业经营管理必须符合陷入僵局的情形。本案中，对于持股比例要求，晖泰公司章程以及工商登记资料载明，幸功飞系晖泰公司股东，并持有晖泰公司45%的出资额，故其所持公司的股权比例已达到《公司法》规定的提起公司解散之诉的股东10%以上持股比例。晖泰公司认为幸功飞不具有股东资格，缺乏证据支持。对于公司陷入僵局条件，晖泰公司已持续5年未召开股东会，无法形成有关公司经营决策的有效决议，导致公司经营管理发生严重困难；晖泰公司因股东许继英和经理边剑波在未经幸功飞书面授权的情况下召开股东会，提交虚假验资报告等取得公司变更登记，被工商行政管理机关作出行政处罚，表明股东之间已丧失了相互信任，已经形成公司僵局，公司若继续存续会使股东利益遭受重大损失。综上，幸功飞提起公司解散之诉，符合法律规定的条件，晖泰公司应予解散。

案例 林方清诉常熟市凯莱实业有限公司、戴小明公司解散纠纷案

▌基本案情

凯莱公司成立于2002年1月，林方清与戴小明系该公司股东，各占50%的股份，戴小明任公司法定代表人及执行董事，林方清任公司总经理兼公司监事。凯莱公司章程明确规定：股东会的决议须经代表二分之一以上表决权的股东通过，但对公司增加或减少注册资本、合并、解散、变更公司形式、修改公司章程作出决议时，必须经代表三分之二以上表决权的股东通过。股东会会议由股东按照出资比例行使表决权。2006年起，林方清与戴小明两人之间的矛盾逐渐显现。同年5月9日，林方清提议并通知召开股东会，由于戴小明认为林方清没有召集会议的权利，会议未能召开。同年6月6日、8月8日、9月16日、10月10日、10月17日，林方清委托律师向凯莱公司和戴小明发函称，因股东权益受到严重侵害，林方清作为享有公司股东会二分之一表决权的股东，已按公司章程规定的程序表决并通过了解散凯莱公司的决议，要求戴小明提供凯莱公司的财务账册等资料，并对凯莱公司进行清算。同年6月17日、9月7日、10月13日，戴小明回函称，林方清作出的股东会决议没有合法依据，戴小明不同意解散公司，并要求林方清交出公司财务资料。同年11月15日、25日，林方清再次向凯莱公司和戴小明发函，要求凯莱公司和戴小明提供公司财务账册等供其查阅，分配公司收入，解散公司。

江苏常熟服装城管理委员会（简称服装城管委会）证明凯莱公司目前经营尚正常，且愿意组织林方清和戴小明进行调解。

另查明，凯莱公司章程载明监事行使下列权利：检查公司财务；对执行董事、经理执行公司职务时违反法律、法规或者公司章程的行为进行监督；当董事和经理的行为损害公司的利益时，要求董事和经理予以纠正；提议召开临时股东会。从 2006 年 6 月 1 日至今，凯莱公司未召开过股东会。服装城管委会调解委员会于 2009 年 12 月 15 日、16 日两次组织双方进行调解，但均未成功。后原告林方清向法院提起诉讼称：常熟市凯莱实业有限公司（简称凯莱公司）经营管理发生严重困难，陷入公司僵局且无法通过其他方法解决，其权益遭受重大损害，请求解散凯莱公司。

法院生效裁判认为：

首先，凯莱公司的经营管理已发生严重困难。本案中，凯莱公司仅有戴小明与林方清两名股东，两人各占 50% 的股份，凯莱公司章程规定"股东会的决议须经代表二分之一以上表决权的股东通过"，且各方当事人一致认可该"二分之一以上"不包括本数。因此，只要两名股东的意见存有分歧、互不配合，就无法形成有效表决，这样显然会影响公司的运营。凯莱公司已持续 4 年未召开股东会，无法形成有效股东会决议，也就无法通过股东会决议的方式管理公司，股东会机制已经失灵。执行董事戴小明作为互有矛盾的两名股东之一，其管理公司的行为，已无法贯彻股东会的决议。林方清作为公司监事不能正常行使监事职权，无法发挥监督作用。由于凯莱公司的内部机制已无法正常运行、无法对公司的经营作出决策，即使尚未处于亏损状况，也不能改变该公司的经营管理已发生严重困难的事实。

其次，由于凯莱公司的内部运营机制早已失灵，林方清的股东权、监事权长期处于无法行使的状态，其投资凯莱公司的目的无法实现，利益受到重大损失，且凯莱公司的僵局通过其他途径长期无法解决。《公司法解释（二）》第 5 条明确规定了"当事人不能协商一致使公司存续的，人民法院应当及时判决"。本案中，林方清在提起公司解散诉讼之前，已通过其他途径试图化解与戴小明之间的矛盾，服装城管委会也曾组织双方当事人调解，但双方仍不能达成一致意见。两审法院也基于慎用司法手段强制解散公司的考虑，积极进行调解，但均未成功。

此外，林方清持有凯莱公司 50% 的股份，也符合公司法关于提起公司解散诉讼的股东须持有公司 10% 以上股份的条件。

综上所述，凯莱公司已符合公司法及《公司法解释（二）》所规定的股东提起解散公司之诉的条件，二审法院判决解散凯莱公司。

▌案例评析

根据《公司法》第182条和《最高人民法院关于适用〈中华人民共和国公司法〉若干问题的规定（二）》（简称《公司法解释（二）》）第1条的规定，判断公司的经营管理是否出现严重困难，应当从公司的股东会、董事会或执行董事及监事会或监事的运行现状进行综合分析。"公司经营管理发生严重困难"的侧重点在于公司管理方面存有严重内部障碍，如股东会机制失灵、无法就公司的经营管理进行决策等，不应片面理解为公司资金缺乏、严重亏损等经营性困难。二审法院从充分保护股东合法权益，合理规范公司治理结构，促进市场经济健康有序发展的角度出发，依法作出了上述判决。由此可知企业经营管理发生严重困难并不必然要求资不抵债，在企业经营管理机制失灵的情况下为了各股东和债权人的利益，可依法启动诉讼程序请求法院判决解散公司。

案例　嘉峪关市液化气供应站破产申请案[1]

▌基本案情

2015年1月19日，嘉峪关市液化气供应站以负债经营，无力缴纳职工正常的养老金、医保等，现已资不抵债为由向嘉峪关市中级人民法院申请进行破产清算。

法院查明：嘉峪关市液化气供应站成立于1995年，注册资金21万元，集体企业，登记在册员工8人，临时工1人。该站于2000年以出让方式取得位于兰新东路烽火台东侧商业用地5765㎡的土地使用权，期限为5年（自2000年2月18日至2005年2月18日），到期后再未缴纳土地使用费，现已丧失了该宗土地的使用权。目前嘉峪关市液化气供应站再无其他财产。

法院审理后认为，由于嘉峪关市液化气供应站没有可供进行清算的财产，其申请不符合《中华人民共和国企业破产法》的规定。依照《中华人民共和国企业破产法》第12条第2款之规定，裁定如下：驳回嘉峪关市液化气供应站的申请。

▌案例评析

破产申请的法定要件包括形式要件和实质要件两个方面，实质要件是指法律规定的企业本身必须符合法律规定的资不抵债、无法清偿到期债务情形以及

---

[1]　甘肃省嘉峪关市中级人民法院（2015）嘉民破字第1号民事裁定书。

具备相应的破产能力，本案中嘉峪关市液化气供应站已经没有可供进行清算的财产，因此即使启动破产程序也无法达到偿债的目的，不具备破产申请的实质要件，因此，法院应当裁定驳回其破产申请。

案例 宁夏华峰化工有限公司破产申请案[1]

▌基本案情

上诉人宁夏华峰化工有限公司因不服（2014）贺民破字第 1 号不予受理破产申请的民事裁定，向银川市中级人民法院提起上诉。其上诉理由称，一审裁定认定事实错误，上诉人不能清偿到期债务，符合法定破产条件，理由如下：第一，上诉人债务均已届清偿期。根据上诉人向一审法院提供的专项审计报告和债务清册显示，上诉人目前负债总额为 5 334 0151.61 元，均属到期债务，对于其中部分债务，债权人已向人民法院起诉并进入强制执行阶段，由于上诉人目前无力清偿，执行案件均处于停滞状态。未诉讼的债务上诉人亦无力清偿。第二，上诉人资产已不足以清偿全部债务。目前，上诉人银行账户内无现金存款，如果有现金存款早已被法院扣划。主要资产仅为土地、厂房和机器设备，而上述固定资产均用于向债权人进行抵押借款，且土地性质为工业用地难以变现。上述资产中仅土地存在升值的可能性，但是否升值和升值比例有多大，只能在破产过程中根据评估机构的结论确定。一审裁定中认定的"未对现金进行盘点，未对银行存款、借款进行函证以及未核算的入账银行账户，并存在大额款项及部分设备未入账等重大财物状况"没有事实依据，必须通过破产程序中的财务审计和评估程序才能确定。上诉人与北京北染染料有限公司签订设备租赁协议，上诉人收到的也仅仅是租金，收到的租金还不够偿还贷款利息，北京北染染料有限公司经营期间的债权债务均与上诉人无关，不应作为上诉人债权债务进行审查。故此，一审裁定认定事实错误。第三，上诉人申请破产有利于保护债权人的利益。由于目前债务均已届清偿期，只有对土地、厂房和机器设备进行变卖才有清偿债务的可能性。如果长期放任不理，已起诉的诉讼案件不能执行，未起诉的债务亦不能清偿，产生的利息、违约金等损失也将增加，厂房和机器设备也存在老化价值贬损的情形，不利于维护债权人的利益，将激化上诉人与债权人的矛盾，不利于社会稳定。因此，应当对上诉人的资产进行破产变卖，清偿债务。综上，请求依法撤销贺兰县人民法院（2014）贺民破字第 1

---

[1] 宁夏回族自治区银川市中级人民法院（2014）银立终字第 102 号民事裁定书。

号民事裁定书，改判受理并宣告上诉人破产清算。

经二审法院审查认为，本案中债务人宁夏华峰化工有限公司向法院提出破产还债申请，依据申请破产案件的相关规定，债务人提出破产申请的，除必须以书面的形式向债务人住所地的法院提出，并提交相关的证据等，还应当向法院提交财产状况说明、债务清册、债权清册、有关财务会计报告、职工安置预案以及职工工资的支付和社会保险费用的缴纳情况。而申请人未向一审法院提交其关于职工安置预案以及职工工资的支付和社会保险费用的缴纳情况的相关材料。故上诉人应当提交符合以上规定的立案材料，法院方可受理。综上，因申请人向宁夏回族自治区贺兰县人民法院提交的申请材料不符合受理条件，故宁夏回族自治区贺兰县人民法院对上诉人的破产申请裁定不予受理，符合法律规定。上诉人的上诉理由不能成立。根据《中华人民共和国民事诉讼法》第170条第1款第1项、第171条第1款、第175条之规定，裁定如下：驳回上诉，维持原裁定。

▌案例评析

破产申请的提出，必须符合法律规定的各项条件，才能得到法院的认可和接受，相应的破产程序才能启动。根据《企业破产法》第8条第2款的规定，债务人如果提出破产申请，除应当提交基本的破产申请书，还应当向人民法院提交企业的财产状况说明、债务清册、债权清册、有关财务会计报告、职工安置预案以及职工工资的支付和社会保险费用的缴纳情况。本案中债务人宁夏华峰化工有限公司向法院提出破产还债申请，但其并未向一审法院提交关于职工安置预案以及职工工资的支付和社会保险费用的缴纳情况等相关材料，因此不具备法院受理的条件，法院不予受理的裁定是正确的。

案例

丹阳市江南工业炉有限公司破产管理人诉兴化市剑达铸造有限公司等破产撤销权纠纷案[1]

▌基本案情

丹阳市江南工业炉有限公司与被告兴化市剑达铸造有限公司曾共同签署了对大江重工（焦作）有限公司的债权转让协议书（未注明签订日期），该协议书载明丹阳市江南工业炉有限公司将其对大江重工（焦作）有限公司享有的未

---

[1]　江苏省丹阳市人民法院（2015）丹商初字第00274号民事判决书。

到期债权 340 万元中的 138 万元转让给兴化市剑达铸造有限公司，以抵销丹阳市江南工业炉有限公司欠被告兴化市剑达铸造有限公司的货款，双方同时发出债权转让通知书。另大江重工（焦作）有限公司（甲方）、丹阳市江南工业炉有限公司（乙方）、兴化市剑达铸造有限公司（丙方）订立过一份"协议书"，该协议书约定：甲乙双方在 2013 年 1 月 19 日签订的（合同编号：DJZGSB2013016）买卖合同继续有效，该合同的后期履行的义务由丙方承担，乙方负责提供技术和人员支持丙方履行完该合同；该合同项下的货款和质保金 340 万元由甲方支付给丙方；在 2014 年 8 月 6 日，乙丙两方达成债权转让的协议，乙方同意将享有甲方债权中的 138 万元转让给丙方，丙方已以书面形式通知了甲方；丙方履行该合同时，甲方支付给丙方的款项，丙方扣除乙方应付给丙方的 2 356 000 元（含后续履行费用 976 000 元）后，多余款项全部交给乙方的托管单位江苏省丹阳市经济技术开发区管理委员会；本协议甲乙丙三方签字或盖章生效。在该协议书上，由丹阳市江南工业炉有限公司加盖公章及财务专用章，由兴化市剑达铸造有限公司加盖公章，但无大江重工（焦作）有限公司印章或签字，该协议书也未载明签署日期。上述协议签订后，丹阳市江南工业炉有限公司与被告兴化市剑达铸造有限公司实际未发过债权转让通知书给大江重工（焦作）有限公司。2014 年 10 月 9 日，法院裁定受理了丹阳市诚鑫农村小额贷款有限公司申请丹阳市江南工业炉有限公司破产清算一案并指定江苏江成律师事务所为该案的管理人。

另查明，大江重工（焦作）有限公司与丹阳市江南工业炉有限公司曾于 2013 年 1 月 19 日签订过底座预热炉、顶梁预热炉和掩护梁预热炉买卖合同，总价款为 680 万元。2013 年 3 月 13 日，丹阳市江南工业炉有限公司支付给大江重工（焦作）有限公司 40.8 万元的履约保证金。此后，大江重工（焦作）有限公司分批支付给丹阳市江南工业炉有限公司预付款和进度款合计 340 万元。

法院审理后认为，本案是破产管理人在管理破产企业期间针对债务人对个别债权人的清偿行为依据破产法的相关规定提起的撤销权诉讼，故本案的案由应确定为破产撤销权纠纷。丹阳市江南工业炉有限公司与兴化市剑达铸造有限公司签署的所谓"协议书"附有"本协议甲乙丙三方签字或盖章生效"的生效条件，而大江重工（焦作）有限公司并未在该协议书上签字或盖章，故该协议书未依法生效。丹阳市江南工业炉有限公司与被告兴化市剑达铸造有限公司共同签署了对大江重工（焦作）有限公司的债权转让协议，双方虽未向大江重工（焦作）有限公司发出债权转让通知书，该转让对大江重工（焦作）有限公司不发生法律效力，但是截至 2014 年 3 月 31 日，丹阳市江南工业炉有限公司已经处于不能清偿到期债务并且资不抵债的状态，上述债权转让行为发生在法院裁定受理丹阳市诚鑫农村小额贷款有限公司申请丹阳市江南工业炉有限公司破产清算前6个月内，性质上属于丹阳市江南工业炉有限公司以应收债权对被告兴化市剑达铸造有限公司个别清偿，该行为又未能使丹阳市江南工业炉有限公司的财产收益增加，却导致本可以向普通债权人平等清偿的整体财产权利减少，损害了破产债权人的整体利益，丹阳市江南工业炉有限公司破产管理人请求法院撤销上述债权转让协议，符合法律规定，法院予以支持。被告兴化市剑达铸造有限公司、大江重工（焦作）有限公司经本院传票传唤在第二次开庭时无正当理由拒不到庭参加诉讼，不影响法院依据查明的事实依法判决。依照《中华人民共和国合同法》第80条第1款、《中华人民共和国企业破产法》第32条、《中华人民共和国民事诉讼法》第144条的规定，判决如下：

撤销债权人为丹阳市江南工业炉有限公司、债务人为被告大江重工（焦作）有限公司、受让人为被告兴化市剑达铸造有限公司，转让债权额为人民币138万元的债权转让协议。

▌案例评析

本案属于破产管理人行使破产撤销权的典型案件。从案件事实及法律基本规定看，截至2014年3月31日，丹阳市江南工业炉有限公司已经处于不能清偿到期债务并且资不抵债的状态，却在2014年8月6日将其对债务人大江重工（焦作）有限公司享有的138万元的债权转让给兴化市剑达铸造有限公司，而2014年10月9日，法院即裁定受理了丹阳市诚鑫农村小额贷款有限公司申请丹阳市江南工业炉有限公司破产清算一案，通览整个案件的时间点，完全符合《企业破产法》规定的可撤销的破产行为，因此，应当予以撤销。

从法理上讲，在破产程序开始后，债权人的利益占有至关重要的地位。由于破产程序开始前，债务人对于自己的财产享有完整的所有权，可以自由处分，而破产企业的财产对于无担保债权人权利的实现具有一定的担保性，因而债务人可能出于恶意，随意处分财产，损害一般债权人的利益。因此，法律规定了破产撤销权制度，对债权人给予适当救济。因此，为了防止正常状态下的民事法律行为变成破产法上的可撤销行为，企业应当明确，两者的主要区别在于行为存在的企业生态环境的变化，继而在从事相应的清偿行为时谨慎为之。

▌防控策略

第一，全面了解公司陷入僵局时法院司法判决解散制度，并严格按照法律规定的条件提起解散公司之诉。

第二，以书面形式提出破产申请，同时提交法律规定的各项文件。

第三，保证破产申请主体合格，并向有管辖权的人民法院提出。

三、公司清算的法律实务与风险防控

（一）公司清算的基本内涵

公司解散后，应当依照法定程序对公司的财产和债权债务关系进行清理、处分和分配，从而消灭公司的法人资格。公司除了因为合并或者分立而导致的解散可以不清算外，其他类型的公司解散均需经过清算程序。公司解散后法人资格并未消灭，而是在清算范围内继续存在。清算的法律功能主要表现为公平清偿公司债务、分配公司财产。

（二）公司清算的种类

清算按照启动主体的不同，可以分为普通清算和特别清算。根据《公司法》第183条的规定，公司因公司章程规定的营业期限届满或者公司规定的其他解散事由出现而解散，公司因股东会或者股东大会决议而解散；公司因依法被吊销营业执照、责令关闭或者被撤销而解散，公司因出现僵局而由相应股东请求人民法院依法判决而解散这几种情形下，应当在解散事由出现之日起十五日内成立清算组，开始清算。有限责任公司的清算组由股东组成，股份有限公司的清算组由董事或者股东大会确定的人员组成。特别清算是指公司在普通清算的过程中，出现了显著障碍而无法继续进行普通清算程序时，由政府或者人民法院进行的清算。《公司法》第183条后款规定："……逾期不成立清算组进行清算的，债权人可以申请人民法院指定有关人员组成清算组进行清算。人民法院应当受理该申请，并及时组织清算组进行清算。"

（三）公司清算的程序

根据《公司法》及有关法律、法规的规定，公司清算的程序主要包括以下几个步骤：

1. 组成清算组

公司应当在解散事由出现的一定期间内，依法成立清算组，只有在清算组正式成立后，公司才进入实质性清算阶段。

2. 通知、公告债权人并进行债权登记

《公司法》第185条规定："清算组应当自成立之日起十日内通知债权人，并于六十日内在报纸上公告。债权人应当自接到通知书之日起三十日内，未接到通知书的自公告之日起四十五日内，向清算组申报其债权。"

3. 清理公司财产、编制资产负债表和财产清单

公司清算组成立后，要全面清理公司的全部财产，不仅包括固定资产，还包括流动资产；不仅包括有形资产，还包括知识产权等无形资产；不仅包括债权，还包括债务。在清理财产后，清算组负责编制资产负债表和财产清单，为之后的清算工作奠定基础。

4. 特定情况下，向人民法院申请宣告破产

公司清算组在进行清算时，如遇到法律规定的特殊情况，可以向人民法院申请宣告破产，从而由正常清算转向破产清算。《公司法》第 187 条规定："清算组在清理公司财产、编制资产负债表和财产清单后，发现公司财产不足清偿债务的，应当依法向人民法院申请宣告破产。公司经人民法院裁定宣告破产后，清算组应当将清算事务移交给人民法院。"

5. 制定清算方案，并报相关部门、组织确认

公司清算组在清理公司财产、编制资产负债表和财产清单后，应当提出合理的财产估价方案，计算出公司可分配财产的数额，提出分配方案，以供股东以及有关机关的审查和质疑。清算方案应当全面考虑，尽可能地征求和听取公司股东、债权人、职工等相关利益主体的意见和建议，并提交公司股东会、股东大会或者人民法院确认。

6. 收取债权、清偿债务、分配剩余财产

公司的清算方案经股东会、股东大会或者人民法院确认后，清算组即可按照清算方案收取债权、清偿债务和分配剩余财产。

7. 制作清算文件、进行公司注销登记

公司清算结束后，清算组应当制作清算报告和清算期间的财务收支报表、会计账簿等清算文件。清算文件材料是整个清算工作的书面总结，是清算程序的书面证明，清算文件应当报股东会、股东大会或者人民法院确认，并报送公司的登记机关，申请公司注销登记。至此，公司清算工作全面结束，公司法人人格消灭。

（四）公司清算过程中存在的法律风险和责任

1. 清算组成员谋取非法收入、侵占公司财产

《公司法》第 184 条规定，清算组在清算期间行使下列职权：①清理公司财产，分别编制资产负债表和财产清单；②通知、公告债权人；③处理与清算有关的公司未了结的业务；④清缴所欠税款以及清算过程中产生的税款；⑤清理债权、债务；⑥处理公司清偿债务后的剩余财产；⑦代表公司参与民事诉讼活动。由此可知，在公司清算过程中，清算组的权力非常大，如果其不忠于职守，

未依法履行清算义务，甚至利用职权，收受贿赂、侵占公司财产，将会给公司或者债权人带来巨大损失。

2. 未按照《公司法》的规定通知和公告债权人

《公司法》第204条第1款规定："公司在进行清算时，不依照本法规定通知或者公告债权人的，由公司登记机关责令改正，对公司处以一万元以上十万元以下的罚款。"

3. 清算期间违法处置债务人财产

公司在进行清算时，隐匿财产，对资产负债表或者财产清单作虚假记载或者在未清偿债务前分配公司财产的，由公司登记机关责令改正，对公司处以隐匿财产或者未清偿债务前分配公司财产金额5%以上10%以下的罚款；对直接负责的主管人员和其他直接责任人员处以1万元以上10万元以下的罚款。

案例 云南理想装饰设计工程有限公司诉詹尚清、詹兵等清算责任案[1]

■基本案情

昆明纯美工贸有限公司（以下简称纯美公司）于2002年4月29日登记成立，注册资本为500 000元，股东为詹尚清、詹兵，出资额分别为450 000元和50 000元。2006年7月8日，纯美公司和云南理想装饰设计工程有限公司（以下简称理想装饰公司）订立《建筑装饰工程施工合同》，约定理想装饰公司以包工包料方式对纯美公司位于玉溪市红塔大道38号的"玉溪亚太盛典婚纱摄影"装饰工程进行施工。2007年5月31日，理想装饰公司向昆明市西山区人民法院提起诉讼，要求纯美公司支付工程款791 184.57元。昆明市西山区人民法院于2009年3月2日作出（2007）西法民初字1739号民事判决，判决由纯美公司支付理想装饰公司工程款490 720.97元，鉴定费35 000元由纯美公司承担，一审诉讼费11 712元，由纯美公司承担7264元。纯美公司不服判决提起上诉。二审法院于2009年12月21日作出（2009）昆民二终字第597号民事判决，判决由纯美公司在判决生效后15日内支付理想装饰公司工程款458 954.37元，鉴定费35 000元，一、二审诉讼费23 424元，由纯美公司负担13 588元。判决生效后，纯美公司没有履行终审判决确定的义务，理想装饰公司向昆明市西山区人民法院申请强制执行。

[1] 一审：云南省昆明市西山区人民法院（2011）西法民初字第2113号；二审：云南省昆明市中级人民法院（2011）昆民五终字第38号民事裁判书。

2006 年 5 月 5 日，詹尚清、詹兵作出股东会决议，决定注销纯美公司，成立清算组，任命邱秋华为组长，詹尚清、詹兵为组员。纯美公司清算组在 2007 年 11 月 23 日的《都市时报》刊登注销公告。内容为纯美公司 2006 年 4 月 20 日经公司股东会决议解散，成立清算组进行清算，债权人在公告之日起 90 日内向清算组申报债权。昆明博高会计师事务所有限公司接受纯美公司清算组委托，于 2008 年 5 月 7 日出具《清算审计报告》，对纯美公司 2007 年 12 月 31 日的财务状况及清算损益进行了审计。《清算审计报告》中表述，公司无债权、无债务。2010 年 1 月 5 日，詹尚清、詹兵、邱秋华出具纯美公司清算报告，主要内容为：截至 2009 年 12 月 30 日，公司资产 32 7400. 33 元，净资产 327 400. 33 元，负债总额为 0 元，清算费用为 500 元，没有拖欠职工工资、社会保险和法定补偿金，没有拖欠税款，无债务。剩余资产 326 900. 33 元，詹尚清可分配 261 520. 264 元，詹兵可分配 65 380. 066 元。2010 年 1 月 18 日，云南省昆明市工商行政管理局根据纯美公司的申请核准注销了纯美公司的工商登记。

云南省昆明市西山区人民法院经审理认为：《民事诉讼法》第 111 条第 5 项规定，对判决、裁定已经发生法律效力的案件，当事人又起诉的，告知其按照申诉处理，但人民法院准许撤诉的裁定除外。(2009) 昆民二终字第 597 号民事判决确定，纯美公司应当支付理想装饰公司工程款 458 954. 37 元、鉴定费 3500 元，承担 13 588 元诉讼费。该判决生效后，纯美公司于 2010 年 1 月 18 日办理了工商注销登记，纯美公司的法人资格消灭。理想装饰公司基于纯美公司清算、注销的事实，根据公司法中清算责任的相关规定起诉詹尚清、詹兵、邱秋华，与理想装饰公司和纯美公司之间的承揽合同纠纷是两个独立诉讼，并非重复起诉行为。詹尚清、詹兵、邱秋华认为理想装饰公司的起诉违反"一事不再理"原则，且没有事实依据和法律依据，不能成立。

2006 年 5 月 5 日，詹尚清、詹兵作出注销公司的股东会决议，成立清算小组，清算小组由詹尚清、詹兵、邱秋华组成。《公司法》第 186 条第 1 款规定，清算组应当自成立之日起 10 日内通知债权人，并于 60 日内在报纸上公告。债权人应当自接到通知书之日起 30 日内，未接到通知书的自公告之日起 45 日内，向清算组申报债权。2006 年 7 月 8 日，理想装饰公司和纯美公司订立《建筑装饰工程施工合同》。2007 年 5 月 31 日，理想装饰公司向原审法院提起诉讼，请求纯美公司支付工程款。纯美公司清算组在 2007 年 11 月 23 日刊登注销公告时，并未书面通知理想装饰公司申报债权。此时理想装饰公司和纯美公司的承揽合同纠纷虽然尚未审结，但 2009 年 12 月 21 日 (2009) 昆民二终字第 597 号民事判决确定纯美公司支付理想装饰公司工程款、鉴定费、承担诉讼费后，纯美公司清算组仍然没有通知理想装饰公司补充申报债权，没有履行书面通知已知债权人的法律义务。另一方面，纯美公司清算组成立后，纯美公司和理想装饰公司订立合同，从事经营活动，违反了《公司法》第 187 条第 3 款关于清算期间，公司存续，但不得开展与清算无关的经营活动的规定。理想装饰公司对纯美公司的债权经终审判决确定后，纯美公司清算组在清算报告中称纯美公司无债务。詹尚清、詹兵确认清算报告，在理想装饰公司的债权尚未清理前即分配财产，违反了《公司法》第 187 条第 3 款关于公司财产在未依照前款规定清偿前，不得分配给股东的规定。

《公司法》第 190 条第 3 款规定，清算组成员因故意或重大过失给公司或者债权人造成损失的，应当承担赔偿责任。理想装饰公司主张詹尚清、詹兵赔偿经济损失 495 830.37 元和相应利息，詹尚清、詹兵认为自己已经履行了出资义务，赔偿范围应当在出资范围内承担有限责任。詹尚清、詹兵作为纯美公司股东和清算组成员，是纯美公司的清算责任人，应当依法履行清算职责。詹尚清、詹兵明知理想装饰公司是纯美公司债权人而没有履行通知义务，在理想装饰公司的债权没有清理的情况下，确认纯美公司债权债务清算完毕，申请注销纯美公司。纯美公司的法人资格终止，纯美公司的财产也被擅自分配，致使理想装饰公司对纯美公司的债权无法实现。根据《最高人民法院关于适用〈中华人民共和国公司法〉若干问题的规定（二）》（以下简称《公司法解释（二）》）第 11 条第 2 款、第 19 条的规定，詹尚清、詹兵应当对理想装饰公司的损失承担赔偿责任。

理想装饰公司请求邱秋华承担连带责任。《公司法》第 184 条规定，公司因本法第 181 条第（1）项、第（2）项、第（4）项、第（5）项规定而解散的，应当在解散事由出现之日起 15 日内成立清算组，开始清算。有限责任公司的清算组由股东组成，股份有限公司的清算组由董事长或者股东大会确定的人员组成。逾期不成立清算组进行清算的，债权人可以申请人民法院指定有关人员组成清算组进行清算。人民法院应当受理该申请，并及时组织清算。纯美公司是有限责任公司，清算组由股东组成。纯美公司 2006 年 5 月 5 日的股东会决议中虽然任命邱秋华为清算小组成员，并担任组长，但本案中没有证据证明邱秋华是纯美公司股东或实际控制人，邱秋华不是法定的清算义务人，其作为纯美公司清算组成员应视为履行纯美公司股东会决议的职务行为。因此理想装饰公司请求邱秋华承担连带赔偿责任缺乏法律依据，不予支持。

综上，云南省昆明市西山区人民法院依据《中华人民共和国公司法》第 184 条、第 193 条第 3 款，《公司法解释（二）》第 11 条第 2 款、第 19 条，《中华人民共和国民事诉讼法》第107条之规定，判决如下：

由被告詹尚清、被告詹兵于判决生效后10日内赔偿原告云南理想装饰设计有限公司经济损失495 830. 37元及该款自2010年1月6日起至款付清之日止的同期银行流动资金贷款利息。

驳回原告云南理想装饰设计有限公司要求被告邱秋华承担连带赔偿责任的诉讼请求。

詹尚清、詹兵的不服一审判决，提出上诉。云南省昆明市中级人民法院依照《中华人民共和国公司法》第186条、第190条第3款，《公司法解释（二）》第11条，《中华人民共和国民事诉讼法》第183条第1款第1项的规定，判决如下：驳回上诉，维持原判。

▌案例评析

本案是一起典型的公司清算程序不合法侵犯债权人利益引发的纠纷。纯美公司在股东会决议解散后，成立了清算组，其股东詹尚清、詹兵及其财会人员邱秋华三人为清算组成员，负责开展清算工作。在清算期间，清算组仅在2007年11月23日的《都市时报》上刊发了清算公告，但并未采用书面方式向债权人理想装饰公司发出申报债权的通知。虽然上诉人詹尚清和詹兵抗辩认为，申报债权期间，纯美公司与理想装饰公司之间的债权债务关系尚未经生效判决确定，理想装饰公司还不属于已知债权人，清算组没有通知的义务。但是，在2009年12月21日（2009）昆民二终字第597号民事判决书作出之后，直至2010年1月18日纯美公司申请工商注销期间，纯美公司与理想装饰公司的债权债务已经明确的情况下，纯美公司清算组仍然没有履行向理想装饰公司通知申报债权的义务，致使理想装饰公司丧失了在纯美公司清算终结、公司注销之前补充申报债权的权利。以至于理想装饰公司495 830.37元的债权未能在纯美公司清算期间获得清偿。纯美公司清算组在清算工作中，未按照《公司法》第186条及《公司法解释（二）》第11条的规定履行通知义务，给债权人理想装饰公司造成了495 830.37元的损失，侵犯了理想装饰公司合法的财产权，依法应当对其损失承担连带赔偿责任。

依照《公司法解释（二）》第11条的规定，对于未依照法律规定履行通知和公告义务，导致债权人未及时申报债权而未获清偿的，全体清算组成员都应当承担赔偿责任，而不仅仅是清算义务人才承担此侵权赔偿责任。纯美公司清算组由詹尚清、詹兵、邱秋华三人组成，虽然邱秋华不是纯美公司的股东，但邱秋华作为清算组成员仍然应当对理想装饰公司的损失承担连带赔偿责任。但鉴于本案一审判决驳回理想装饰公司对邱秋华的诉讼请求后，原审原告理想装饰公司并未提出上诉，且二上诉人詹尚清、詹兵也未以邱秋华不承担连带赔偿责任的认定为由提出上诉，应当视为理想装饰公司服从一审此项判决，故昆明市中级人民法院对一审判决结果予以维持，是符合法律规定的。

▋ **防控策略**

第一，严格按照法律、法规和公司章程的有关规定进行清算，不得违反程序。公司经营期限届满，或者公司章程规定的解散事由出现，或者股东会决定解散时，公司即告解散，停止一切经营活动。但是如果不进行清算或者不依法进行清算，所欠债务就无法清偿，就会侵害债权人的利益，债权人有权要求清算义务人进行清偿。

第二，关注清算程序的合法性和实体问题的准确性，如通知、公告时限、债权债务数额的准确性等。作为债权人，尤其应当关注清算组的行为是否合法，作为债务人应当关注清算组是否尽到相应的职责。

第二节　合伙企业、个人独资企业解散和清算法律实务与风险防控

一、合伙企业的解散和清算

（一）合伙企业解散的原因

根据《合伙企业法》第85条的规定，合伙企业在下列七种情况下应当解散：①合伙期限届满，合伙人决定不再经营；②合伙协议约定的解散事由出现；③全体合伙人决定解散；④合伙人已不具备法定人数满30天；⑤合伙协议约定的合伙目的已经实现或者无法实现；⑥依法被吊销营业执照、责令关闭或者被撤销；⑦法律、行政法规规定的其他原因。

（二）合伙企业解散后的清算

1. 清算组的组成

《合伙企业法》第86条规定："合伙企业解散，应当由清算人进行清算。清算人由全体合伙人担任；经全体合伙人过半数同意，可以自合伙企业解散事由出现后15日内指定一个或者数个合伙人，或者委托第三人，担任清算人。自合伙企业解散事由出现之日起15日内未确定清算人的，合伙人或者其他利害关系人可以申请人民法院指定清算人。"

2. 清算的基本程序

（1）申报债权。《合伙企业法》第 88 条规定："清算人自被确定之日起 10 日内将合伙企业解散事项通知债权人，并于 60 日内在报纸上公告。债权人应当自接到通知书之日起 30 日内，未接到通知书的自公告之日起 45 日内，向清算人申报债权。债权人申报债权，应当说明债权的有关事项，并提供证明材料。清算人应当对债权进行登记。在清算期间，合伙企业存续，但不得开展与清算无关的经营活动。"

（2）财产分配。根据《合伙企业法》第 89 条的规定，对合伙企业财产在支付清算费用和职工工资、社会保险费用、法定补偿金以及缴纳所欠税款、清偿债务后的剩余财产，依照《合伙企业法》第 33 条第 1 款的规定进行分配，即"合伙企业的利润分配、亏损分担，按照合伙协议的约定办理；合伙协议未约定或者约定不明确的，由合伙人协商决定；协商不成的，由合伙人按照实缴出资比例分配、分担；无法确定出资比例的，由合伙人平均分配、分担。"由此可知，合伙企业通过清理企业财产、资产负债表和财产清单，确认合伙企业现有的财产大于合伙企业所欠的债务，并能够清偿全部债务的时候，应当按照下列顺序分配剩余财产：①支付清算费用；②支付职工工资、社会保险费用、法定补偿金；③缴纳税款；④偿还合伙企业的其他债务；⑤将合伙企业的剩余财产分配给合伙人。

需要说明的是，《合伙企业法》第 89 条仅适用于合伙企业总资产大于合伙企业所欠债务时的清偿顺序。其基本原则就是只有合伙企业所欠债务都得到清偿后，才可以向合伙人分配剩余财产。虽然合伙企业的普通合伙人要对合伙企业的债务承担无限连带责任，甚至经过破产程序之后也不免责，但是，这项基本原则对任何合伙人都无例外。

（3）办理注销登记。《合伙企业法》第 90 条规定："清算结束，清算人应当编制清算报告，经全体合伙人签名、盖章后，在 15 日内向企业登记机关报送清算报告，申请办理合伙企业注销登记。"

另外，应当注意，根据《合伙企业法》第 91 条规定，合伙企业注销后，原普通合伙人对合伙企业存续期间的债务仍然应当承担无限连带责任。

（4）合伙企业的破产。《合伙企业法》第 92 条规定："合伙企业不能清偿到期债务的，债权人可以依法向人民法院提出破产清算申请，也可以要求普通合伙人清偿。"因此，当合伙企业不能清偿到期债务时，债权人有权申请合伙企业破产清算，其具体的破产清算程序，根据《企业破产法》第 135 条的规定，可以参照适用该法的规定。

（三）合伙企业解散、清算存在的法律风险

第一，合伙人在合伙企业清算前，不得请求分割合伙企业的财产，除非法律另有规定。

合伙人在合伙企业清算前私自转移或者处分合伙企业财产的，合伙企业不得以此对抗善意第三人；清算人违反本法规定，隐匿、转移合伙企业财产，对资产负债表或者财产清单作虚假记载，或者在未清偿债务前分配财产，损害债权人利益的，依法承担赔偿责任。

第二，清算人未按照法律法规和合伙协议的规定进行清算工作，例如未按照《合伙企业法》的规定向企业的登记机关报送清算报告，或者报送的清算报告隐瞒重要事实，或者有重大纰漏的，产生不必要的费用或造成企业损失。

第三，未及时指定清算人进行清算，导致合伙人或者其他利害关系人请求人民法院指定清算人。

案例 江苏徐州中院判决渠文姗诉支点事务所等合伙企业解散纠纷案[1]

▌基本案情

2011年7月20日，渠文姗与魏铭雯为设立支点事务所签订了企业合伙协议：经营期限为长期，合伙目的为搞活市场经济，方便群众；合伙企业注册资本10万元，魏铭雯出资9万元，渠文姗出资1万元；合伙人对执行合伙企业事务享有同等的权利，对合伙企业事务实行一人一票的表决办法；经全体合伙人协商，委托魏铭雯为合伙企业事务执行人；出现全体合伙人决定解散、合伙人已不具备法定人数、合伙协议约定的合伙目的已经实现或无法实现等情形的，合伙企业可以解散；在不给合伙企业事务执行造成不利影响情况下，合伙人可以退伙。2011年7月27日，支点事务所经徐州市铜山工商行政管理局铜山经济开发区分局审核准予登记。

支点事务所在申请设立登记期间应提交的文件材料，均由魏铭雯办理，支点事务所办公用房8间、计860平方米，亦系由魏铭雯无偿提供。该事务所为多家公司提供知识产权代理服务，并招聘了20余名员工从事知识产权代理业务，渠文姗担任现金会计。截至2015年7月，该事务所在徐州市社会保险基金管理中心正常参保缴费职工尚有10名。

[1] 一审：江苏省徐州市铜山区人民法院（2015）铜商初字第00325号民事裁决书；二审：江苏省徐州市中级人民法院（2015）徐商终字第0807号民事裁决书。

2014年2月，渠文姗和魏铭雯产生矛盾，渠文姗因此将支点事务所的营业执照等及专利代理机构注册证书正副本及公章、私章从支点事务所带走，此后未再回该所工作。渠文姗离开事务所后在徐州市淮海专利事务所工作。

2015年1月，渠文姗曾去国家知识产权局申请注销支点事务所的数字证书，该申请未获批准。1月22日，渠文姗通过特快专递向魏铭雯寄交了"撤销执行合伙人委托决定书"，以魏铭雯执行合伙事务期间存在着违约违法行为，侵害合伙企业及其他合伙人利益为由，撤销对魏铭雯执行合伙事务的委托。4月15日，魏铭雯以特快专递方式向渠文姗发出"除名通知"，以渠文姗未实际出资，同时窃取事务所的印章及经营证照，并意图注销专利代理证书等不正当行为造成事务所损失为由，通知渠文姗被除名，合伙人身份失效。该通知渠文姗于4月19日签收。4月20日，渠文姗通过特快专递向魏铭雯寄交了"除名通知"和"除名决议"，通知以魏铭雯侵害了其他合伙人对合伙企业经营及财务状况的知情权、虚列管理费用、侵占合伙财产等为由将魏铭雯除名，并告知如有异议可向法院起诉。

后双方各自提出有关诉讼。渠文姗起诉认为因合伙人已经不具备法定人数，合伙目的无法实现，且原告知情权被侵犯，请求解散支点事务所。

一审法院审理认为：支点事务所作为合伙企业其合伙目的不存在不能实现的情形，亦不存在必须解散的事由。原告渠文姗不愿合伙，可以依法选择退伙，退伙并不当然损害渠文姗利益。遂判决驳回原告渠文姗要求解散支点事务所的诉讼请求。

渠文姗不服原审判决，提起上诉。徐州市中级人民法院经审理后判决：驳回上诉，维持原判。

▌案例评析

本案是一起典型的合伙企业提出解散申请被驳回的案件。全案的争议焦点是：一是合伙人内部之间出现矛盾能否视为"合伙目的不能实现"；二是相互除名的决议事项是否有效，"已不具备法定人数"的解散理由能否成立。

1. 合伙企业协议约定"以长期经营为目的"的，且正在正常经营期间的，不能因合伙人内部之间出现矛盾而视为"合伙目的不能实现"。

首先，本案合伙协议写明了支点事务所合伙目的主要在于"搞活市场经济、方便群众"，并约定了支点事务所经营期限。支点事务所尚在正常经营，能够为其员工提供稳定的就业职位，能够给客户提供知识产权服务，能实现合伙目的。

其次，《合伙企业法》第5条明确规定了自愿、平等、公平、诚实信用原则。合伙人应当相互依赖，彼此忠诚，发生争议时，应当讲诚实、守信用，以善意的方式处理有关争议，积极采取有效合理措施，避免、减少可能产生的损失，维护企业和其他合伙人利益。从合伙企业法"合伙目的"的立法本意看，本案合伙企业不宜解散。

2. 仅有两名合伙人的合伙企业，合伙人享有同等表决权，一旦作出决议时意见不同，必然会形成表决僵局，其相互除名的决议事项无效，"已不具备法定人数"的解散理由不能成立。本案合伙人对对方的除名决议，因两名合伙人均享有同等的表决权，而陷入表决僵局，该决议事项应停止执行。故原告主张合伙人已不具备法定人数，证据不足、理由不充分，不符合合伙协议的约定。

3. 合伙企业仍在经营，合伙人之一认为出现矛盾导致人合性丧失的，应首先选择退伙，而无需解散合伙企业。本案合伙协议也约定了在不给合伙企业事务执行造成不利影响情况下，合伙人可以退伙。渠文姗表示不愿继续合伙，可以依法选择退伙，并有权要求与其他合伙人按照退伙时的合伙企业财产状况进行结算，退还其财产份额。退伙并不损害渠文姗利益，也不影响合伙企业吸收新合伙人入伙。

综上，合伙企业解散必须符合法定的情形方可进行。

案例
合伙人吕信铁在合伙企业解散后因未进行清算申请对合伙企业指定清算人案

▌基本案情

1997 年 5 月 14 日，吕信铁、苏志标、尤德仁三人签订《合作经营协议书》，约定由三合伙人各出资 5 万元，合作经营"泉州市万嘉织造厂有限公司"。1998 年 5 月，三人合伙经营的企业经工商部门注册登记为"泉州市丰泽区东霞织带加工厂"，法定代表人为吕信铁。1999 年 6 月 30 日，三合伙人签订了解除合伙关系的《协议》。协议书载明，因经营状况不佳，经协商三合伙人同意散伙，把企业的全部机器设备以 17 万元价格转让，企业合伙期间的财务由三合伙人另行审计处理。此后，被申请人尤德仁因合伙合同纠纷于 2000 年 6 月 23 日向法院提起诉讼，并由法院委托泉州东南有限责任会计师事务所对合伙企业经营期间的盈亏情况进行审计。另查明，东霞织带加工厂经工商登记为集体所有制企业，挂靠泉州市丰泽区东霞居民委员会。

泉州市丰泽区人民法院认为：泉州市丰泽区东霞织带加工厂由吕信铁、苏志标、尤德仁三人合伙创办，虽然工商行政管理部门登记为集体所有制企业，但实际为个人合伙。三合伙人不愿意继续经营，决定解散合伙企业，不违反有关法律规定，但合伙企业解散应当进行清算。三合伙人虽已就合伙企业财产的处理达成协议，并由法院委托有关部门对合伙企业经营期间的盈亏情况进行审计，但合伙人并未履行通知和公告债权人、编制清算报告等清算程序，清算人没有指定，清算组没有成立，合伙企业尚未进行清算。合伙企业解散，清算人应由全体合伙人担任，未能由全体合伙人担任清算人的，经全体合伙人过半数同意，可以自合伙解散后15日内指定一名或者数名合伙人或者委托第三人担任清算人。15日内未确定清算人的，合伙人或者其他利害关系人可以申请人民法院指定清算人。本案中，在合伙企业解散后，三合伙人无法就应否对企业进行清算、由谁担任清算人达成协议，作为合伙人之一的申请人向人民法院申请指定清算人并无不妥，对申请人的申请予以支持。

依照《中华人民共和国民事诉讼法》第140条第（十一）项、第161条、第163条，《中华人民共和国民法通则》第40条、第47条，《最高人民法院关于贯彻执行〈中华人民共和国民法通则〉若干问题的意见（试行）》第49条，《中华人民共和国合伙企业法》第2条、第57条第（三）项、第58条、第59条、第64条的规定，该院于2002年11月12日作出裁定：申请人吕信铁与被申请人苏志标、尤德仁应于本裁定生效后十五日内共同组成清算组，对泉州市丰泽区东霞织带加工厂进行清算。

▌案例评析

本案是因合伙企业解散后未及时进行组建清算组进行清算导致的诉讼。如前面合伙企业清算组的组成所述，《合伙企业法》第86条规定："合伙企业解散，应当由清算人进行清算。清算人由全体合伙人担任；经全体合伙人过半数同意，可以自合伙企业解散事由出现后十五日内指定一个或者数个合伙人，或者委托第三人，担任清算人。自合伙企业解散事由出现之日起十五日内未确定清算人的，合伙人或者其他利害关系人可以申请人民法院指定清算人。"本案中三合伙人虽已就合伙企业财产的处理达成协议，并由法院委托有关部门对合伙企业经营期间的盈亏情况进行审计，开始了财产清理程序却并没有成立清算组，显然不合法律规定，作为合伙企业合伙人，吕信铁有权依据上述法条请求人民法院指定清算组进行清算。

▌防控策略

合伙企业处置合伙企业的财产均要依据法律和登记备案的"合伙协议"进行，否则，无论在清算前还是在清算过程中，都会承担相应的法律责任，构成犯罪的，还要追究刑事责任。

合伙企业的清算人应当注意，清算人编制的清算报告须经全体合伙人签名、盖章后才能报送企业登记机关，取得全体合伙人的签名、盖章首先就要取得全体合伙人对清算结果的认可，这就要求清算人应严格按照法律法规和合伙协议的规定进行清算工作，维护合伙企业和全体合伙人的利益，不谋私利；同时又不能损害债权人的利益。

在解散事由出现时，应当按照法律规定的期限及时组建清算组进行清算。

二、个人独资企业解散和清算

（一）个人独资企业解散的原因

根据《个人独资企业法》第 26 条的规定，个人独资企业解散的原因有以下几种：①投资人决定解散；②投资人死亡或者被宣告死亡，无继承人或者继承人决定放弃继承；③被依法吊销营业执照；④法律行政法规规定的其他情况。

上面任何一种情形出现，个人独资企业就应当解散。

（二）个人独资企业的清算

1. 清算方式

根据《个人独资企业法》第 27 条规定，个人独资企业清算有两种方式，一种是由投资人自行清算，另一种是债权人申请人民法院指定清算人进行清算。但无论哪种方式，都要按照法律规定的程序进行。

2. 清算程序

个人独资企业的清算程序总体上依据《个人独资企业法》以及《最高人民法院关于个人独资企业清算是否可以参照适用企业破产法规定的破产清算程序的批复（法释〔2012〕16 号）》，在个人独资企业不能清偿到期债务，并且资产不足以清偿全部债务或者明显缺乏清偿能力的情况下，可以参照适用企业破产法规定的破产清算程序进行清算。

但与此同时，应当注意，根据《个人独资企业法》第 31 条的规定，人民法院参照适用破产清算程序裁定终结个人独资企业的清算程序后，个人独资企业的债权人仍然可以就其未获清偿的部分向投资人主张权利。具体的个人独资企业的清算程序，有如下步骤：

（1）清理个人独资企业财产，自行清算的发出债权申报通知，编制资产负债表和财产清单。《个人独资企业法》第 27 条第 2 款规定："投资人自行清算的，应当在清算前十五日书面通知债权人，无法通知的，应当予以公告。债权人应当在接到通知之日起三十日内，未接到通知的应当在公告之日起六十日内向投资人申报债权。"

（2）处理与清算有关的个人独资企业未了结的事务。

（3）清缴所欠税款。

（4）清理债权、债务。

（5）处理个人独资企业清偿债务后的剩余财产。

（6）编制清算报告，办理注销企业登记。

（三）个人独资企业解散、清算中存在的法律风险

个人独资企业及其投资人在清算过程中从事隐匿或者转移财产的行为。如前所述，对于个人独资企业的清算有两种形式，在投资人自行清算的情况下，投资人很有可能为逃避债务在向有关管理机关申报清算材料时隐瞒重要事实，不进行全面、真实、准确的汇报，以此隐匿或者转移财产。《个人独资企业法》第 42 条规定："个人独资企业及其投资人在清算前或清算期间隐匿或转移财产，逃避债务的，依法追回其财产，并按照有关规定予以处罚；构成犯罪的，依法追究刑事责任。"

个人独资企业解散后，投资人在法定期限内仍然应当承担相应的偿债责任。《个人独资企业法》第 28 条规定："个人独资企业解散后，原投资人对个人独资企业存续期间的债务仍然应当承担偿还责任，但债权人在五年内未向债务人提出偿债请求的，该责任消灭。"

案例　潘法根诉徐琴儿、俞春雷民间借贷纠纷案[1]

▍基本案情

一审法院经审理查明：杭州余杭区神州电缆厂（以下简称神州电缆厂）是俞大平的个人独资企业，于 2004 年 10 月 8 日被吊销营业执照。2001 年 11 月 26 日，神州电缆厂向潘法根借款 35 000 元，约定月利率 15‰。2008 年 1 月 5 日，俞春雷向徐卫国出具了一份对俞大平债务提供担保的保证书，保证期间为 2 年。徐琴儿与俞大平系夫妻关系，俞大平于 2008 年 11 月 9 日亡故。

一审法院经审理认为：被依法吊销营业执照的个人独资企业应当解散。个人独资企业解散后，原投资人对个人独资企业存续期间的债务仍应承担偿还责任，但债权人在 5 年内未向债务人提出偿债请求的，该责任消灭。神州电缆厂是个人独资企业，于 2004 年 10 月 8 日吊销营业执照。潘法根未在法定期限内向

---

〔1〕　浙江省杭州市中级人民法院（2011）浙杭商终字第 7 号民事判决书。

神州电缆厂和俞大平主张权利，潘法根的债权已消灭。在俞大平不应承担责任的情况下，潘法根要求俞大平的妻子徐琴儿承担责任没有事实根据和法律依据。债权人未在保证期间要求保证人承担保证责任的，保证人免除保证责任。依照《中华人民共和国担保法》第 26 条第 2 款和《中华人民共和国民事诉讼法》第 130 条之规定，判决：驳回潘法根的诉讼请求。案件受理费 2040 元，减半收取 1020 元，由潘法根负担。

宣判后，潘法根不服，提起上诉，并向二审法院提供了杭州市余杭区径山镇绿景村村民委员会于 2010 年 11 月 20 日出具的证明 1 份，拟证明俞大平在 2008 年 11 月 9 日病故，神州电缆厂宣告解散，未清算的事实。被上诉人徐琴儿、俞春雷未提供新的证据，对潘法根提供的上述证明中加盖村民委员会公章的真实性没有异议，但对内容的真实性有异议，认为神州电缆厂在 2004 年 10 月 8 日就被吊销营业执照，证明中陈述该企业正常运转到 2008 年 11 月 9 日，与事实不符，该证明无法达到上诉人的证明目的。

二审法院认为，被上诉人徐琴儿、俞春雷所提异议成立，对上诉人潘法根提供的村民委员会的证明的形式真实性予以确认，但对其主张的证明目的不予确认并最终依照《中华人民共和国民事诉讼法》第 153 条第 1 款第（一）项之规定，判决如下：驳回上诉，维持原判。

▌案例评析

这是一起个人独资企业解散引发的纠纷。借据载明，借款人为神州电缆厂，因此，应认定本案借款关系成立于潘法根与神州电缆厂之间。神州电缆厂系个人独资企业，该企业已于 2004 年 10 月 8 日被吊销营业执照。《中华人民共和国个人独资企业法》第 26 条规定："个人独资企业有下列情形之一时……应当解散……"该条款中规定了 4 种应当解散的情形，其中第 3 款规定的情形为"被依法吊销营业执照"。故神州电缆厂在 2004 年 10 月 8 日被依法吊销营业执照之日即应予解散。同时，《个人独资企业法》第 28 条规定：个人独资企业解散后，原投资人对个人独资企业存续期间的债务仍应承担偿还责任，但债权人在 5 年内未向债务人提出偿债请求的，该责任消灭。根据上述法律规定，在个人独资企业解散后，债权人对原独资企业存续期间的债务有权向原投资人主张权利，但该权利应当在企业解散后 5 年内行使。该五年期间为法律规定的除斥期间，在期间届满后即发生权利消灭的法律后果。潘法根因未在法定期限内向俞大平主张权利，俞大平的责任已消灭。在作为主债务人的俞大平之责任已消灭的前提下，潘法根向徐琴儿、俞春雷主张权利无事实依据和法律依据。综上，法院的判决认定事实清楚，适用法律正确，程序合法。

▎防控策略

加强企业监管，全面审查清算报告，防止投资人虚假清算，隐匿财产。

要处理好法律规范和委托合同之间的关系。在委托合同中增加对受托人离职之后义务的规定。

第三节　个体工商户终止的法律实务和风险防控

一、个体工商户终止的法律实务

（一）主动终止

《个体工商户条例》第12条规定："个体工商户不再从事经营活动的，应当到登记机关办理注销登记。"这是对个体工商户经营主体自主决定结束经营行为，关闭工商户这一组织的规定。

（二）被动终止

《个体工商户条例》第24条规定："在个体工商户营业执照有效期内，有关行政机关依法吊销、撤销个体工商户的行政许可，或者行政许可有效期届满的，应当自吊销、撤销行政许可或者行政许可有效期届满之日起5个工作日内通知登记机关，由登记机关撤销注册登记或者吊销营业执照，或者责令当事人依法办理变更登记。"这属于个体工商户从事违法行为或者失去法定资格、许可，被迫终止的情形。例如，该条例第22条规定："个体工商户提交虚假材料骗取注册登记，或者伪造、涂改、出租、出借、转让营业执照的，由登记机关责令改正，处4000元以下的罚款；情节严重的，撤销注册登记或者吊销营业执照。"个体工商户被撤销注册登记或者营业执照，就失去经营资格，必须终止。

关于注销登记，《个体工商户登记管理办法》第16条规定了办理注销登记应当提交的文件：①申请人签署的个体工商户注销登记申请书；②个体工商户营业执照正本及所有副本；③国家工商行政管理总局规定提交的其他文件。

需要说明的是，家庭经营的个体工商户申请注销登记的，应当由全体参加经营家庭成员在《个体工商户注销登记申请书》经营者签名栏中予以签字确认。

二、个体工商户终止的法律风险

（一）未按照规定办理税务注销登记

纳税人发生以下情形的，根据《税务登记管理办法》（国家税务总局令第

36 号)、《国家税务总局关于进一步完善税务登记管理有关问题的公告》（国家税务总局公告 2011 年第 21 号)、《国家税务总局关于推行增值税发票系统升级版有关问题的公告》（国家税务总局公告 2014 年第 73 号）等文件的规定，应当向主管税务机关申报办理注销税务登记：

（1）因发生破产、撤销以及其他情形，依法终止纳税义务的；

（2）按规定不需要在工商行政管理机关或者其他机关办理注销登记，但经有关机关批准或者宣告终止的；

（3）被工商行政管理机关吊销营业执照或者被其他机关予以撤销登记的；

（4）因住所、经营地点变动，涉及改变税务登记机关的。

（二）被工商行政管理部门清理

2016 年 6 月国家工商总局、国家税务总局联合发布《关于清理长期停业未经营企业工作有关问题的通知》，连续两个年度未依法报送年度报告且未进行纳税申报的企业、个体工商户，将会被依法清理，清理的方式包括督促补报年度报告、纳税申报、变更企业登记事项、吊销营业执照等。

▌防控策略

在具备法定终止事由时，向税务机关提供如下材料，并按照法定程序申请税务注销登记：

（1）注销税务登记申请审批表；

（2）税务登记证件和其他税务证件；

（3）发票领用簿及未验旧、未使用的发票；

（4）工商营业执照被吊销的，应提交工商行政管理部门发出的吊销决定原件及复印件；

（5）使用增值税税控系统的增值税纳税人应提供金税盘、税控盘和报税盘，或者提供金税卡和 IC 卡。

停业两年，且不具有再继续经营的可能时，应及时办理个体工商户注销登记。

附　录

一、重要法律文书范本

1. 公司登记（备案）申请书

公司登记（备案）申请书

注：请仔细阅读本申请书《填写说明》，按要求填写。

基本信息			
名　　称			
名称预先核准文号/注册号/统一社会信用代码			
住　　所	＿＿＿＿＿省（市/自治区）＿＿＿＿＿市（地区/盟/自治州）＿＿＿＿＿县（自治县/旗/自治旗/市/区）＿＿＿＿＿乡（民族乡/镇/街道）＿＿＿＿＿村（路/社区）＿＿＿＿＿号		
生产经营地	＿＿＿＿＿省（市/自治区）＿＿＿＿＿市（地区/盟/自治州）＿＿＿＿＿县（自治县/旗/自治旗/市/区）＿＿＿＿＿乡（民族乡/镇/街道）＿＿＿＿＿村（路/社区）＿＿＿＿＿号		
联系电话		邮政编码	
设立			
法定代表人姓　名		职　　务	□董事长 □执行董事 □经理
注册资本	＿＿＿＿＿万元	公司类型	
设立方式（股份公司填写）	□发起设立　　　□募集设立		
经营范围			
经营期限	□＿＿＿＿＿年 □长期	申请执照副本数量	＿＿＿＿＿个

续表

备案				
分公司 □增设□注销	名　称		注册号/统一 社会信用代码	
	登记机关		登记日期	
清算组	成　员			
	负责人		联系电话	

基本信息

　　本公司依照《公司法》《公司登记管理条例》相关规定申请登记、备案，提交材料真实有效。通过联络员登录企业信用信息公示系统向登记机关报送、向社会公示的企业信息为本企业提供、发布的信息，信息真实、有效。

　　法定代表人签字：　　　　　　　　　　　　　　公司盖章

　　（清算组负责人）签字：　　　　　　　　　年　　月　　日

附表1

股东（发起人）出资情况

股东（发起人）名称或姓名	证件类型	证件号码	出资时间	出资方式	认缴出资额（万元）	出资比例

公司登记（备案）申请书填写说明

注：以下"说明"供填写申请书参照使用，不需向登记机关提供。

1. 本申请书适用于有限责任公司、股份有限公司向公司登记机关申请设立、变更登记及有关事项备案。

2. 向登记机关提交的申请书只填写与本次申请有关的栏目。

3. 申请公司设立登记，填写"基本信息"栏、"设立"栏和"备案"栏有关内容及"法定代表人信息""董事、监事、经理信息""股东（发起人）出资情况""财务负责人信息""联络员信息"。"申请人声明"由公司拟任法定代表人签署。

4. 公司申请变更登记，填写"基本信息"栏及"变更"栏有关内容。"申请人声明"由公司原法定代表人或者拟任法定代表人签署并加盖公司公章。申请变更同时需要备案的，同时填写"备案"栏有关内容。申请公司名称变更，在名称中增加"集团或（集团）"字样的，应当填写集团名称、集团简称（无集团简称的可不填）；申请公司法定代表人变更的，应填写、提交拟任法定代表人信息（"法定代表人信息"）；申请股东变更的，应填写、提交"股东（发起人）出资情况"。变更项目可加行续写或附页续写。

5. 公司增设分公司应向原登记机关备案，注销分公司可向原登记机关备案。填写"基本信息"栏及"备案"栏有关内容，"申请人声明"由法定代表人签署并加盖公司公章。"分公司增设/注销"项可加行续写或附页续写。

6. 公司申请章程修订或其他事项备案，填写"基本信息"栏、"备案"栏及相关附表所需填写的有关内容。申请联络员备案的，应填写"联络员信息"。"申请人声明"由公司法定代表人签署并加盖公司公章；申请清算组备案的，"申请人声明"由公司清算组负责人签署。

7. 办理公司设立登记填写名称预先核准通知书文号，不填写注册号或统一社会信用代码。办理变更登记、备案填写公司注册号或统一社会信用代码，不填写名称预先核准通知书文号。

8. 公司类型应当填写"有限责任公司"或"股份有限公司"。其中，国有独资公司应当填写"有限责任公司（国有独资）"；一人有限责任公司应当注明

"一人有限责任公司（自然人独资）"或"一人有限责任公司（法人独资）"。

9. 股份有限公司应在"设立方式"栏选择填写"发起设立"或者"募集设立"。有限责任公司无需填写此项。

10. "经营范围"栏应根据公司章程、参照《国民经济行业分类》国家标准及有关规定填写。

11. 申请人提交的申请书应当使用 A4 型纸。依本表打印生成的，使用黑色钢笔或签字笔签署；手工填写的，使用黑色钢笔或签字笔工整填写、签署。

2. 非公司企业法人登记（备案）申请书

非公司企业法人登记（备案）申请书

注：请仔细阅读本申请书《填写说明》，按要求填写。

基本信息				
名　　称				
名称预先核准文号/注册号/统一社会信用代码				
住　　所	_____省（市/自治区）_____市（地区/盟/自治州）_____县（自治县/旗/自治旗/市/区）_____乡（民族乡/镇/街道）_____村（路/社区）_____号			
生产经营地	_____省（市/自治区）_____市（地区/盟/自治州）_____县（自治县/旗/自治旗/市/区）_____乡（民族乡/镇/街道）_____村（路/社区）_____号			
联系电话		邮政编码		

开业				
法定代表人姓　名		职　务		
注册资本	_____万元	经济性质		
经营期限	_____年　□长期	申请执照副本数　量	_____个	

变更			
变更项目	原登记内容	申请变更登记内容	

分支机构	名　称	性　质	登记机关	登记类型
		□法人□非法人		□增设□撤销

续表

备案		
主管部门 （出资人）	名　　称	
	法人类型	
	登记机关	
	证照号码	

章程	□章程　　□章程修正案	其他	□财务负责人	□联络员

申请人声明

　　本企业依照《企业法人登记管理条例》《企业法人登记管理条例施行细则》及相关规定申请登记、备案，提交材料真实有效。通过联络员登录企业信用信息公示系统向登记机关报送、向社会公示的企业信息为本企业提供、发布的信息，信息真实、有效。

　　　　组建负责人（或法定代表人）签字：　　　　　　　　公司盖章

　　　　　　　　　　　　　　　　　　　　　　　　　　年　　月　　日

非公司企业法人登记（备案）申请书填写说明

注：以下"说明"供填写申请书参照使用，不需向登记或核准机关提供。

1. 本申请书适用于非公司企业法人向登记机关申请开业、变更登记及有关事项备案。

2. 向登记机关提交的申请书只填写与本次申请有关的栏目。

3. 申请非公司企业法人开业登记，填写"基本信息"栏、"开业"栏、"备案"栏有关内容及"法定代表人信息""财务负责人信息""联络员信息"。"申请人声明"由企业组建负责人签署。

4. 非公司企业法人申请变更登记，填写"基本信息"栏及"变更"栏有关内容。"申请人声明"由原法定代表人或者拟任法定代表人签署并加盖企业法人公章。申请名称变更，在名称中增加"集团或（集团）"字样的，应当填写集团名称、集团简称（无集团简称的可不填）；申请法定代表人变更的，应填写、提交拟任法定代表人信息（"法定代表人信息"）。变更项目可加行续写或附页续写。

5. 非公司企业法人在异地（跨原登记主管机关管辖地）增设或者撤销分支机构，应向原登记机关申请变更登记，填写"基本信息"栏及"变更"栏有关内容。"申请人声明"由法定代表人签署并加盖企业法人公章。本项可加行续写或附页续写。

6. 非公司企业法人申请备案，填写"基本信息"栏及"备案"栏有关内容。"主管部门（出资人）"的"法人类型"根据"主管部门（出资人）"性质选择填写：国务院、地方人民政府、社会团体法人、事业法人或企业法人。申请联络员备案的，应填写"联络员信息"。"申请人声明"由法定代表人签署并加盖企业法人公章。

7. 办理非公司企业法人开业登记填写企业名称预先核准通知书文号，不填写注册号或统一社会信用代码。办理变更登记、备案填写非公司企业法人名称和注册号或统一社会信用代码，不填写名称预先核准通知书文号。

8. "经济性质"应据实选择下列一项填写：全民所有制、集体所有制、联营。

9. "经营范围"根据企业章程、参照《国民经济行业分类》国家标准及有关规定填写。

10. 申请人提交的申请书应当使用 A4 型纸。依本表打印生成的，使用黑色钢笔或签字笔签署；手工填写的，使用黑色钢笔或签字笔工整填写、签署。

3. 合伙企业设立登记申请书

合伙企业设立登记申请书

企业名称：

郑重承诺

经全体合伙人一致决定，向登记机关提出合伙企业（分支机构）的设立申请，并就如下内容郑重承诺：

1. 如实向登记机关提交有关材料，反映真实情况，并对申请材料实质内容的真实性负责。

2. 本申请书所列全部内容均为全体合伙人的共同决定和真实意思表示。

3. 经营范围涉及照后审批事项的，在领取营业执照后，将及时到相关审批部门办理审批手续，在取得审批前不从事相关经营活动。需要开展未经登记的后置审批事项经营的，将在完成经营范围变更登记后，及时办理相应审批手续，未取得审批前不从事相关经营活动。

4. 本企业一经设立将自觉参加年度报告，依法主动公示信息，对报送和公示信息的真实性、及时性负责。

5. 本企业一经设立将依法纳税，自觉履行法定统计义务，严格遵守有关法律法规的规定，诚实守信经营。

全体合伙人签字：

年月日

企业登记基本信息表

企业名称			
主要经营场所① (经营场所)	北京市　　　　区（县）		（门牌号）
生产经营地②	省（区、市）　　市　　县		（门牌号）
执行事务合伙人③ （负责人）		委派代表 （中　文）	
企业类型④		币　　种⑤	
认缴出资额	万元	实缴出资额	万元
经营范围			
合伙期限	长期/＿＿＿年	申请副本数	＿＿＿份
核算方式⑥	□独立核算	□非独立核算	
合伙人名录	合伙人姓名或名称	承担责任方式⑦	

注：① 填写主要经营场所（经营场所）时请列明详细地址，精确到门牌号或房间号，如"北京市 XX 区 XX 路（街）XX 号 XX 室"。

② 生产经营地用于核实税源，请如实填写详细地址；如不填写，视为与主要经营场所一致。发生变化的，由企业向税务主管机关申请变更。

③ "执行事务合伙人（负责人）"栏填写依据合伙协议确定的执行事务合伙人。执行事务合伙人是法人或其他组织的，还应当填写其委派代表的中文姓名。如申请合伙企业分支机构设立的，应在此栏填写负责人的中文姓名。

④ "企业类型"根据合伙企业的实际情况，填写为"普通合伙企业"或"有限合伙企业"。

⑤ "币种"一栏仅外资合伙企业填写。

⑥ "核算方式"仅限分支机构填写。发生变化的，由企业向税务主管机关申请变更。

⑦ "承担责任方式"栏内有限合伙人应填写"有限责任"，普通合伙人应填写"无限责任"。

⑧ 合伙企业分支机构无需填写"委派代表""企业类型""认缴出资额""实缴出资额""合伙期限"以及"合伙人名录"。

⑨ 本页不够填的，可复印续填。

主要经营场所（经营场所）证明

企业名称	
主要经营场所① （经营场所）	北京市　　　区（县）　　　　　　（门牌号）
产权人证明②	同意将上述地址提供给该企业使用。 产权人盖章（签字）： 　　　　　　　年　月　日
需　要 证　明 情　况③	上述经营场所产权人为＿＿＿＿＿＿＿＿＿，房屋用途为＿＿＿＿＿＿＿。 特此证明。 证明单位公章： 证明单位负责人签字： 　　　　　　　年　月　日

注：① 请在"主要经营场所（经营场所）"一栏写清详细地址，精确到门牌号或房间号，如"北京市 XX 区 XX 路（街）XX 号 XX 室"。

② 产权人为单位的，应在"产权人证明"一栏内加盖公章；产权人为自然人的，由产权人亲笔签字。同时需提交由产权人盖章或签字的《房屋所有权证》复印件。

③ 若住所暂未取得《房屋所有权证》，可由有关部门在"需要证明情况"一栏盖章，视为对该房屋权属、用途合法性的确认。具体可出证的情况请参见《投资办照通用指南及风险提示》。

核发营业执照情况

发照人员签字		发照日期	年　月　日
领执照情况	本人领取了执照正本一份，副本　　　份。 签字：　　　　　　　　　　　　　　年　月　日		
备　注			

一次性告知记录

您提交的文件、证件还需要进一步修改或补充，请您按照第　　号一次性告知单中的提示部分准备相应文件，此外，还应提交下列文件：

被委托人：　　　　　　受理人：　　　　　　　　年　月　日

4. 企业名称预先核准申请书

企业名称预先核准申请书

注：请仔细阅读本申请书《填写说明》，按要求填写。

□企业设立名称预先核准					
申请企业名称					
备选企业字号					
企业住所	＿＿＿＿省（市/自治区）＿＿＿＿市（地区/盟/自治州）＿＿＿＿县（自治县/旗/自治旗/市/区）				
投资总额（外资）		万元	币种（外资）		
注册资本（金）		万元	币种（外资）		
企业类型			经营期限		
经营范围					
投资人名称或姓名	证照号码	国别（地区）（外资）	出资额（万元）（外资）	币种（外资）	出资比例（外资）
□已核准名称项目调整（投资人除外）					
已核准名称			通知书文号		
拟调整项目	原申请内容			拟调整内容	

续表

<h3 align="center">□已核准名称延期</h3>

已核准名称		通知书文号	
原有效期		有效期延至	___年___月___日

<h3 align="center">指定代表或者共同委托代理人</h3>

指定代表或委托代理人/者 经办人姓名		移动电话	
授权期限	自　年　月　日至　年　月　日		

授权权限 1. 同意□不同意□核对登记材料中的复印件并签署核对意见；
　　　　2. 同意□不同意□修改有关表格的填写错误；
　　　　3. 同意□不同意□领取《企业名称预先核准通知书》。

（指定代表或委托代理人、具体经办人身份证件复印件粘贴处）

申请人 签字或盖章	
	年　　　月　　　日

企业名称预先核准申请书填写说明

注：以下"说明"供填写申请书参照使用，不需向登记机关提供。

1. 本申请书适用于内资企业和外资企业的名称预先核准申请、名称项目调整（投资人除外）、名称延期申请等。

2. 向登记机关提交的申请书只填写与本次申请有关的栏目。

3. 申请人应根据《企业名称登记管理规定》和《企业名称登记管理实施办法》有关规定申请企业名称预先核准，所提供信息应真实、合法、有效。

4. 外商投资企业申请在预先核准的名称中间使用（中国）的，应当满足下列条件：外商独资企业或外方控股企业；使用外方出资企业字号；符合不含行政区划企业名称注册资本等规定条件。

5. "企业类型"栏应根据以下具体类型选择填写：有限责任公司、股份有限公司、分公司、非公司企业法人、营业单位、企业非法人分支机构、个人独资企业、合伙企业。

6. "经营范围"栏只需填写与企业名称行业表述相一致的主要业务项目，应参照《国民经济行业分类》国家标准及有关规定填写。

7. "投资总额""币种""国别（地区）""出资额""出资比例"外商投资企业填写，内资企业可以不填。

8. 申请企业设立名称预先核准、对已核准企业名称项目进行调整或延长有效期限的，申请人为全体投资人。其中，自然人投资的由本人签字，内资非自然人投资的加盖公章，外商投资企业外方非自然人投资的由有权签字人签字。

9. 在原核准名称不变的情况下，可以对已核准名称项目进行调整，如住所、注册资本（金）等，变更投资人的除外。

10. 《企业名称预先核准通知书》的延期应当在有效期期满前一个月内申请办理，申请延期时应交回《企业名称预先核准通知书》原件。投资人有正当理由，可以申请《企业名称预先核准通知书》有效期延期六个月，经延期的《企业名称预先核准通知书》不得再次申请延期。

11. 指定代表或委托代理人/者经办人应在粘贴的身份证件复印件上用黑色钢笔或签字笔签字确认"与原件一致"。

12. "投资人姓名或名称"栏及"已核准名称项目调整（投资人除外）"项可加行续写或附页续写。

13. 申请人提交的申请书应当使用 A4 型纸。依本表打印生成的，使用黑色钢笔或签字笔签署；手工填写的，使用黑色钢笔或签字笔工整填写、签署。

5. 公司注销登记申请书

公司注销登记申请书

注：请仔细阅读本申请书《填写说明》，按要求填写。

名　　称		注册号/统一社会信用代码	
公司类型		清算组备案通知书文号	
注销原因	□公司章程规定的营业期限届满或其他解散事由出现； □股东决定、股东会、股东大会决议解散； □因公司合并或者分立需要解散； □依法被吊销营业执照、责令关闭或者被撤销； □人民法院依法予以解散； □公司被依法宣告破产； □法律、行政法规规定的其他解散情形：＿＿＿＿＿＿＿。		
对外投资清理情况	□已清理完毕　　□无对外投资	分公司注销登记情况	□已办理完毕　　□无分公司
债权债务清理情况	□已清理完毕　　□无债权债务		
清税情况	□已清理完毕　　□未涉及纳税义务		
公告情况	公告报纸名称		公告日期
申请人声明	本公司依照《公司法》、《公司登记管理条例》申请注销登记，提交材料真实有效。 签字：　　　　　　　　　　　　　　公司盖章 　　　　　　　　　　　　年　　月　　日		

公司注销登记申请书填写说明

注：以下"说明"供填写申请书参照使用，不需向登记机关提供。

1. 本申请书适用于有限责任公司、股份有限公司向公司登记机关申请注销登记。

2. 公司申请注销登记，已清算的，"申请人声明"由公司清算组负责人签署；因公司合并、分立未清算的，"申请人声明"由公司法定代表人签署；破产程序终结办理注销的，"申请人声明"由破产管理人签署。

3. 申请人提交的申请书应当使用 A4 型纸。依本表打印生成的，使用黑色钢笔或签字笔签署；手工填写的，使用黑色钢笔或签字笔工整填写、签署。

6. 企业劳动合同范本

员工劳动合同（范本）

_____公司（单位）（以下简称甲方）

_____（以下简称乙方）

身份证号：

家庭住址：

联系电话：

依照国家有关法律条例，就聘用事宜，订立本劳动合同。

第一条 试用期及录用

（一）甲方依照合同条款聘用乙方为员工，乙方工作部门为_____职位，工种为，乙方应经过三至六个月的试用期，在此期间，甲乙任何一方有权终止合同，但必须提前七天通知对方或以七天的试用工资作为补偿。

（二）试用期满，双方无异议，乙方成为甲方的正式合同制劳务工，甲方将以书面方式给予确认。

（三）乙方试用合格后被正式录用，其试用期应计算在合同有效期内。

第二条 工资及其它补助奖金

（一）甲方根据国家有关规定和企业经营状况实行本企业的等级工资制度，并根据乙方所担负的职务和其他条件确定其相应的工资标准，以银行转账形式支付，按月发放。

（二）甲方根据盈利情况及乙方的行为和工作表现增加工资，如果乙方没达到甲方规定的要求指标，乙方的工资将得不到提升。

（三）甲方（公司主管人员）会同人事部门，在如下情况，甲方将给乙方荣誉或物质奖励，如模范地遵守公司的规章制度，生产和工作中的突出贡献或物质奖励，技术革新、经营管理改善，乙方也

由于有突出贡献得到工资和职务级别的提升。

（四）甲方根据本企业利润情况设立年终奖金，可根据员工劳动表现及在单位服务年限发放奖金。

（五）甲方根据政府的有关规定和企业状况，向乙方提供津贴和补助金。

（六）除了法律、法规、规章明确提出的要求补助外，甲方将不再有义务向乙方提供其它补助津贴。

第三条　工作时间及公假

（一）乙方的工作时间每天为 8 小时（不含吃饭时间），每星期工作五天半或每周工作时间不超过 44 小时，除吃饭时间外，每个工作日不安排其它休息时间。

（二）乙方有权享受法定节假日以及婚假、丧假等有薪假期。甲方如要求乙方在法定节假日工作，在征得乙方同意后，须安排乙方相应的时间轮休，或按国家规定支付乙方加班费。

（三）乙方成为正式员工，在本企业连续工作满半年后，可按比例获得每年根据其所担负的职务相应享受＿＿＿＿＿＿＿天的有薪年假。

（四）乙方在生病时，经甲方认可的医生及医院证明，过试用期的员工每月可享受有薪病假一天，病假工资超出有薪病假部分的待遇，按政府和单位的有关规定执行。

（五）甲方根据生产经营需要，可调整变动工作时间，包括变更日工作开始和结束的时间，在照顾员工有合理的休息时间的情况下，日工作时间可做不连贯的变更，或要求员工在法定节假日及休息日到岗工作。乙方无特殊理由应积极支持和服从甲方安排，但甲方应严格控制加班加点。

第四条　员工教育

在乙方任职期间，甲方须经常对乙方进行职业道德、业务技术、安全生产及各种规章制度及社会法制教育，乙方应积极接受这方面的教育。

第五条　工作安排与条件

（一）甲方有权根据生产和工作需要及乙方的能力，合理安排和调整乙方的工作，乙方应服从甲方的管理和安排，在规定的工作时间内按质按量完成甲方指派的工作任务。

（二）甲方须为乙方提供符合国家要求的安全卫生的工作环境，否则乙方有权拒绝工作或终止合同。

第六条　劳动保护

甲方根据生产和工作需要，按国家规定为乙方提供劳动保护用品和保健食品。对女职工经期、孕期、产期和哺乳期提供相应的保护，具体办法按国家有关规定执行。

第七条　劳动保险及福利待遇

（一）甲方按国家劳动保险条例规定，为乙方支付医药费用，病假工资、养老保险费用及工伤保险费用。

（二）甲方根据单位规定提供乙方宿舍和工作餐（每天_____次）。

第八条　解除合同

（一）符合下列情况，甲方可以解除劳动合同

（1）甲方因营业情况发生变化，而多余的职工又不能改换其它工种。

（2）乙方患病或非因工负伤，按规定的医疗期满后，不能从事原工作，也不能调换其它工种。

（3）乙方严重违反企业劳动纪律和规章制度，并造成一定后果，根据企业有关条例和规定应予辞退的，甲方有权随时解除乙方的劳动合同。

（4）乙方因触犯国家法规被拘留、劳动教养、判刑，甲方将作开除处理，劳动合同随之终止。

（二）符合下列情况，乙方可以解除劳动合同。

（1）经国家有关部门确认，劳动安全，卫生条件恶劣，严重危害了乙方身体健康的。

（2）甲方不履行劳动合同或违反国家政策、法规、侵害乙方合法利益。

（3）甲方不按规定支付乙方劳动报酬的。

（三）在下列情况下，甲方不得不解除劳动合同。

（1）乙方患病和因工负伤，在规定的医疗期内的。

（2）乙方因工负伤或患职业病，正在进行治疗的。

（3）女员工在孕期、产期或哺乳期的。

（四）乙方因工负伤或患职业病、医疗终结经政府有关部门确认为部分丧失劳动能力的，企业应予妥善安置。

（五）任何一方解除劳动合同，一般情况下，必须提前一个月通知对方，或以一个月的工资作为补偿，解除合同的程序按企业有关规定办理。

（六）乙方在合同期内，持有正当理由，不愿继续在本企业工作时，可以提出辞职，但须提前一个月书面通知甲方，经甲方批准后生效。辞职员工如系由企业出资培训，在培训期满后，工作未满合同规定年限的，应赔偿甲方一定的培训费用。未经甲方同意擅自离职，甲方有权通过政府劳动部门，要求乙方返回工作岗位，并赔偿因此给甲方造成的经济损失。

第九条　劳动纪律

（一）乙方应遵守国家的各项规定和企业的《员工手册》以及单位的各项规章制度。

（二）乙方如触犯刑律，受法律制裁或违反《员工手册》和甲方规定的其

它规章制度，甲方有权按《员工手册》等规定，分别给予乙方相应的纪律处分，直至开除，因乙方违反《员工手册》和其它规章制度，造成本企业利益受到损害，如企业声誉的损害、财产的损坏，甲方根据严重程度，可采取一次性罚款措施。

（三）如果乙方违反合同规定，贪污受贿，严重玩忽职守或有不道德、粗鲁行为，引起或预示将引起严重损害到他人人身和财产利益，乙方触犯刑律受到法律制裁等，上述种种，甲方有权立即予以开除，并不给予"合同补偿金"和"合同履约金"。乙方贪污受贿或损害他人人身和财产利益所造成的损失。由乙方负完全承担赔偿责任。

（四）乙方在合同期内和以后，不得向任何人泄漏本企业的商业机密消息。乙方在职期间不得同时在与本企业经营相似的企业、团体以及与本企业有业务关系的企业团体兼职。乙方合同终止或其他原因由本企业离职时，应向部门主管人员交回所有与经营有关的文件资料，包括通信、备忘录、顾客清单、图表资料及培训教材等。

第十条　合同的实施和批准

（一）本合同经_____讨论制定，报经_____批准，用_____文字书写，内容以中文为准，合同解释权属本公司人事部。

（二）单位《员工手册》《雇员犯规及警告通告》及其它经济纪律规定均为合同附件，是合同的组成部分。

（三）本合同一经鉴定，甲、乙双方必须严格遵守，任何一方不得单方面修改合同内容，如有未尽事宜或与政府有关规定抵触时，按政府有关规定处理。

（四）本合同自鉴定之日生效，有效期为_____年于_____年_____月_____日到期，合同期满前两个月，如双方无异议本合同自行延长_____年。

（五）本合同一式两份，甲乙双方各执一份，由甲方上级主管部门和国家劳动管理部门监督执行。

甲方（签字）

日期：

乙方（签字）

日期：

二、重要的企业类相关法律、法规

1. 中华人民共和国公司法

第一章 总 则

第一条 为了规范公司的组织和行为，保护公司、股东和债权人的合法权益，维护社会经济秩序，促进社会主义市场经济的发展，制定本法。

第二条 本法所称公司是指依照本法在中国境内设立的有限责任公司和股份有限公司。

第三条 公司是企业法人，有独立的法人财产，享有法人财产权。公司以其全部财产对公司的债务承担责任。

有限责任公司的股东以其认缴的出资额为限对公司承担责任；股份有限公司的股东以其认购的股份为限对公司承担责任。

第四条 公司股东依法享有资产收益、参与重大决策和选择管理者等权利。

第五条 公司从事经营活动，必须遵守法律、行政法规，遵守社会公德、商业道德，诚实守信，接受政府和社会公众的监督，承担社会责任。

公司的合法权益受法律保护，不受侵犯。

第六条 设立公司，应当依法向公司登记机关申请设立登记。符合本法规定的设立条件的，由公司登记机关分别登记为有限责任公司或者股份有限公司；不符合本法规定的设立条件的，不得登记为有限责任公司或者股份有限公司。

法律、行政法规规定设立公司必须报经批准的，应当在公司登记前依法办理批准手续。

公众可以向公司登记机关申请查询公司登记事项，公司登记机关应当提供查询服务。

第七条 依法设立的公司，由公司登记机关发给公司营业执照。公司营业执照签发日期为公司成立日期。

公司营业执照应当载明公司的名称、住所、注册资本、经营范围、法定代表人姓名等事项。

公司营业执照记载的事项发生变更的，公司应当依法办理变更登记，由公司登记机关换发营业执照。

第八条 依照本法设立的有限责任公司，必须在公司名称中标明有限责任公司或者有限公司字样。

依照本法设立的股份有限公司，必须在公司名称中标明股份有限公司或者股份公司字样。

第九条 有限责任公司变更为股份有限公司，应当符合本法规定的股份有限公司的条件。股份有限公司变更为有限责任公司，应当符合本法规定的有限责任公司的条件。

有限责任公司变更为股份有限公司的，或者股份有限公司变更为有限责任公司的，公司变更前的债权、债务由变更后的公司承继。

第十条 公司以其主要办事机构所在地为住所。

第十一条 设立公司必须依法制定公司章程。公司章程对公司、股东、董事、监事、高级管理人员具有约束力。

第十二条 公司的经营范围由公司章程规定，并依法登记。公司可以修改公司章程，改变经营范围，但是应当办理变更登记。

公司的经营范围中属于法律、行政法规规定须经批准的项目，应当依法经过批准。

第十三条 公司法定代表人依照公司章程的规定，由董事长、执行董事或者经理担任，并依法登记。公司法定代表人变更，应当办理变更登记。

第十四条 公司可以设立分公司。设立分公司，应当向公司登记机关申请登记，领取营业执照。分公司不具有法人资格，其民事责任由公司承担。

公司可以设立子公司，子公司具有法人资格，依法独立承担民事责任。

第十五条 公司可以向其他企业投资；但是，除法律另有规定外，不得成为对所投资企业的债务承担连带责任的出资人。

第十六条 公司向其他企业投资或者为他人提供担保，依照公司章程的规定，由董事会或者股东会、股东大会决议；公司章程对投资或者担保的总额及单项投资或者担保的数额有限额规定的，不得超过规定的限额。

公司为公司股东或者实际控制人提供担保的，必须经股东会或者股东大会决议。

前款规定的股东或者受前款规定的实际控制人支配的股东，不得参加前款规定事项的表决。该项表决由出席会议的其他股东所持表决权的过半数通过。

第十七条 公司必须保护职工的合法权益，依法与职工签订劳动合同，参加社会保险，加强劳动保护，实现安全生产。

公司应当采用多种形式，加强公司职工的职业教育和岗位培训，提高职工素质。

第十八条 公司职工依照《中华人民共和国工会法》组织工会，开展工会活动，维护职工合法权益。公司应当为本公司工会提供必要的活动条件。公司工会代表职工就职工的劳动报酬、工作时间、福利、保险和劳动安全卫生等事项依法与公司签订集体合同。

公司依照宪法和有关法律的规定，通过职工代表大会或者其他形式，实行民主管理。

公司研究决定改制以及经营方面的重大问题、制定重要的规章制度时，应当听取公司工会的意见，并通过职工代表大会或者其他形式听取职工的意见和建议。

第十九条 在公司中，根据中国共产党章程的规定，设立中国共产党的组织，开展党的活动。公司应当为党组织的活动提供必要条件。

第二十条 公司股东应当遵守法律、行政法规和公司章程，依法行使股东权利，不得滥用股东权利损害公司或者其他股东的利益；不得滥用公司法人独立地位和股东有限责任损害公司债权人的利益。

公司股东滥用股东权利给公司或者其他股东造成损失的，应当依法承担赔偿责任。

公司股东滥用公司法人独立地位和股东有限责任，逃避债务，严重损害公司债权人利益的，应当对公司债务承担连带责任。

第二十一条 公司的控股股东、实际控制人、董事、监事、高级管理人员不得利用其关联关系损害公司利益。

违反前款规定，给公司造成损失的，应当承担赔偿责任。

第二十二条 公司股东会或者股东大会、董事会的决议内容违反法律、行政法规的无效。

股东会或者股东大会、董事会的会议召集程序、表决方式违反法律、行政法规或者公司章程，或者决议内容违反公司章程的，股东可以自决议作出之日起六十日内，请求人民法院撤销。

股东依照前款规定提起诉讼的，人民法院可以应公司的请求，要求股东提供相应担保。

公司根据股东会或者股东大会、董事会决议已办理变更登记的，人民法院宣告该决议无效或者撤销该决议后，公司应当向公司登记机关申请撤销变更登记。

第二章　有限责任公司的设立和组织机构

第一节　设　立

第二十三条　设立有限责任公司，应当具备下列条件：

（一）股东符合法定人数；

（二）有符合公司章程规定的全体股东认缴的出资额；

（三）股东共同制定公司章程；

（四）有公司名称，建立符合有限责任公司要求的组织机构；

（五）有公司住所。

第二十四条　有限责任公司由五十个以下股东出资设立。

第二十五条　有限责任公司章程应当载明下列事项：

（一）公司名称和住所；

（二）公司经营范围；

（三）公司注册资本；

（四）股东的姓名或者名称；

（五）股东的出资方式、出资额和出资时间；

（六）公司的机构及其产生办法、职权、议事规则；

（七）公司法定代表人；

（八）股东会会议认为需要规定的其他事项。

股东应当在公司章程上签名、盖章。

第二十六条　有限责任公司的注册资本为在公司登记机关登记的全体股东认缴的出资额。

法律、行政法规以及国务院决定对有限责任公司注册资本实缴、注册资本最低限额另有规定的，从其规定。

第二十七条　股东可以用货币出资，也可以用实物、知识产权、土地使用权等可以用货币估价并可以依法转让的非货币财产作价出资；但是，法律、行政法规规定不得作为出资的财产除外。

对作为出资的非货币财产应当评估作价，核实财产，不得高估或者低估作价。法律、行政法规对评估作价有规定的，从其规定。

第二十八条 股东应当按期足额缴纳公司章程中规定的各自所认缴的出资额。股东以货币出资的,应当将货币出资足额存入有限责任公司在银行开设的账户;以非货币财产出资的,应当依法办理其财产权的转移手续。

股东不按照前款规定缴纳出资的,除应当向公司足额缴纳外,还应当向已按期足额缴纳出资的股东承担违约责任。

第二十九条 股东认足公司章程规定的出资后,由全体股东指定的代表或者共同委托的代理人向公司登记机关报送公司登记申请书、公司章程等文件,申请设立登记。

第三十条 有限责任公司成立后,发现作为设立公司出资的非货币财产的实际价额显著低于公司章程所定价额的,应当由交付该出资的股东补足其差额;公司设立时的其他股东承担连带责任。

第三十一条 有限责任公司成立后,应当向股东签发出资证明书。

出资证明书应当载明下列事项:

(一)公司名称;

(二)公司成立日期;

(三)公司注册资本;

(四)股东的姓名或者名称、缴纳的出资额和出资日期;

(五)出资证明书的编号和核发日期。

出资证明书由公司盖章。

第三十二条 有限责任公司应当置备股东名册,记载下列事项:

(一)股东的姓名或者名称及住所;

(二)股东的出资额;

(三)出资证明书编号。

记载于股东名册的股东,可以依股东名册主张行使股东权利。

公司应当将股东的姓名或者名称向公司登记机关登记;登记事项发生变更的,应当办理变更登记。未经登记或者变更登记的,不得对抗第三人。

第三十三条 股东有权查阅、复制公司章程、股东会会议记录、董事会会议决议、监事会会议决议和财务会计报告。

股东可以要求查阅公司会计账簿。股东要求查阅公司会计账簿的,应当向公司提出书面请求,说明目的。公司有合理根据认为股东查阅会计账簿有不正当目的,可能损害公司合法利益的,可以拒绝提供查阅,并应当自股东提出书面请求之日起十五日内书面答复股东并说明理由。公司拒绝提供查阅的,股东可以请求人民法院要求公司提供查阅。

第三十四条 股东按照实缴的出资比例分取红利；公司新增资本时，股东有权优先按照实缴的出资比例认缴出资。但是，全体股东约定不按照出资比例分取红利或者不按照出资比例优先认缴出资的除外。

第三十五条 公司成立后，股东不得抽逃出资。

第二节 组织机构

第三十六条 有限责任公司股东会由全体股东组成。股东会是公司的权力机构，依照本法行使职权。

第三十七条 股东会行使下列职权：

（一）决定公司的经营方针和投资计划；

（二）选举和更换非由职工代表担任的董事、监事，决定有关董事、监事的报酬事项；

（三）审议批准董事会的报告；

（四）审议批准监事会或者监事的报告；

（五）审议批准公司的年度财务预算方案、决算方案；

（六）审议批准公司的利润分配方案和弥补亏损方案；

（七）对公司增加或者减少注册资本作出决议；

（八）对发行公司债券作出决议；

（九）对公司合并、分立、解散、清算或者变更公司形式作出决议；

（十）修改公司章程；

（十一）公司章程规定的其他职权。

对前款所列事项股东以书面形式一致表示同意的，可以不召开股东会会议，直接作出决定，并由全体股东在决定文件上签名、盖章。

第三十八条 首次股东会会议由出资最多的股东召集和主持，依照本法规定行使职权。

第三十九条 股东会会议分为定期会议和临时会议。

定期会议应当依照公司章程的规定按时召开。代表十分之一以上表决权的股东，三分之一上的董事，监事会或者不设监事会的公司的监事提议召开临时会议的，应当召开临时会议。

第四十条 有限责任公司设立董事会的，股东会会议由董事会召集，董事长主持；董事长不能履行职务或者不履行职务的，由副董事长主持；副董事长不能履行职务或者不履行职务的，由半数以上董事共同推举一名董事主持。

有限责任公司不设董事会的，股东会会议由执行董事召集和主持。

董事会或者执行董事不能履行或者不履行召集股东会会议职责的，由监事会或者不设监事会的公司的监事召集和主持；监事会或者监事不召集和主持的，代表十分之一以上表决权的股东可以自行召集和主持。

第四十一条 召开股东会会议，应当于会议召开十五日前通知全体股东；但是，公司章程另有规定或者全体股东另有约定的除外。

股东会应当对所议事项的决定作成会议记录，出席会议的股东应当在会议记录上签名。

第四十二条 股东会会议由股东按照出资比例行使表决权；但是，公司章程另有规定的除外。

第四十三条 股东会的议事方式和表决程序，除本法有规定的外，由公司章程规定。

股东会会议作出修改公司章程、增加或者减少注册资本的决议，以及公司合并、分立、解散或者变更公司形式的决议，必须经代表三分之二以上表决权的股东通过。

第四十四条 有限责任公司设董事会，其成员为三人至十三人；但是，本法第五十一条另有规定的除外。

两个以上的国有企业或者两个以上的其他国有投资主体投资设立的有限责任公司，其董事会成员中应当有公司职工代表；其他有限责任公司董事会成员中可以有公司职工代表。董事会中的职工代表由公司职工通过职工代表大会、职工大会或者其他形式民主选举产生。

董事会设董事长一人，可以设副董事长。董事长、副董事长的产生办法由公司章程规定。

第四十五条 董事任期由公司章程规定，但每届任期不得超过三年。董事任期届满，连选可以连任。

董事任期届满未及时改选，或者董事在任期内辞职导致董事会成员低于法定人数的，在改选出的董事就任前，原董事仍应当依照法律、行政法规和公司章程的规定，履行董事职务。

第四十六条 董事会对股东会负责，行使下列职权：

（一）召集股东会会议，并向股东会报告工作；

（二）执行股东会的决议；

（三）决定公司的经营计划和投资方案；

（四）制订公司的年度财务预算方案、决算方案；

（五）制订公司的利润分配方案和弥补亏损方案；

（六）制订公司增加或者减少注册资本以及发行公司债券的方案；

（七）制订公司合并、分立、解散或者变更公司形式的方案；

（八）决定公司内部管理机构的设置；

（九）决定聘任或者解聘公司经理及其报酬事项，并根据经理的提名决定聘任或者解聘公司副经理、财务负责人及其报酬事项；

（十）制定公司的基本管理制度；

（十一）公司章程规定的其他职权。

第四十七条　董事会会议由董事长召集和主持；董事长不能履行职务或者不履行职务的，由副董事长召集和主持；副董事长不能履行职务或者不履行职务的，由半数以上董事共同推举一名董事召集和主持。

第四十八条　董事会的议事方式和表决程序，除本法有规定的外，由公司章程规定。

董事会应当对所议事项的决定作成会议记录，出席会议的董事应当在会议记录上签名。

董事会决议的表决，实行一人一票。

第四十九条　有限责任公司可以设经理，由董事会决定聘任或者解聘。经理对董事会负责，行使下列职权：

（一）主持公司的生产经营管理工作，组织实施董事会决议；

（二）组织实施公司年度经营计划和投资方案；

（三）拟订公司内部管理机构设置方案；

（四）拟订公司的基本管理制度；

（五）制定公司的具体规章；

（六）提请聘任或者解聘公司副经理、财务负责人；

（七）决定聘任或者解聘除应由董事会决定聘任或者解聘以外的负责管理人员；

（八）董事会授予的其他职权。

公司章程对经理职权另有规定的，从其规定。

经理列席董事会会议。

第五十条　股东人数较少或者规模较小的有限责任公司，可以设一名执行董事，不设董事会。执行董事可以兼任公司经理。

执行董事的职权由公司章程规定。

第五十一条　有限责任公司设监事会，其成员不得少于三人。股东人数较少或者规模较小的有限责任公司，可以设一至二名监事，不设监事会。

监事会应当包括股东代表和适当比例的公司职工代表，其中职工代表的比例不得低于三分之一，具体比例由公司章程规定。监事会中的职工代表由公司职工通过职工代表大会、职工大会或者其他形式民主选举产生。

监事会设主席一人，由全体监事过半数选举产生。监事会主席召集和主持监事会会议；监事会主席不能履行职务或者不履行职务的，由半数以上监事共同推举一名监事召集和主持监事会会议。

董事、高级管理人员不得兼任监事。

第五十二条 监事的任期每届为三年。监事任期届满，连选可以连任。

监事任期届满未及时改选，或者监事在任期内辞职导致监事会成员低于法定人数的，在改选出的监事就任前，原监事仍应当依照法律、行政法规和公司章程的规定，履行监事职务。

第五十三条 监事会、不设监事会的公司的监事行使下列职权：

（一）检查公司财务；

（二）对董事、高级管理人员执行公司职务的行为进行监督，对违反法律、行政法规、公司章程或者股东会决议的董事、高级管理人员提出罢免的建议；

（三）当董事、高级管理人员的行为损害公司的利益时，要求董事、高级管理人员予以纠正；

（四）提议召开临时股东会会议，在董事会不履行本法规定的召集和主持股东会会议职责时召集和主持股东会会议；

（五）向股东会会议提出提案；

（六）依照本法第一百五十二条的规定，对董事、高级管理人员提起诉讼；

（七）公司章程规定的其他职权。

第五十四条 监事可以列席董事会会议，并对董事会决议事项提出质询或者建议。

监事会、不设监事会的公司的监事发现公司经营情况异常，可以进行调查；必要时，可以聘请会计师事务所等协助其工作，费用由公司承担。

第五十五条 监事会每年度至少召开一次会议，监事可以提议召开临时监事会会议。

监事会的议事方式和表决程序，除本法有规定的外，由公司章程规定。

监事会决议应当经半数以上监事通过。

监事会应当对所议事项的决定作成会议记录，出席会议的监事应当在会议记录上签名。

第五十六条 监事会、不设监事会的公司的监事行使职权所必需的费用，由公司承担。

第三节 一人有限责任公司的特别规定

第五十七条 一人有限责任公司的设立和组织机构,适用本节规定;本节没有规定的,适用本章第一节、第二节的规定。

本法所称一人有限责任公司,是指只有一个自然人股东或者一个法人股东的有限责任公司。

第五十八条 一个自然人只能投资设立一个一人有限责任公司。该一人有限责任公司不能投资设立新的一人有限责任公司。

第五十九条 一人有限责任公司应当在公司登记中注明自然人独资或者法人独资,并在公司营业执照中载明。

第六十条 一人有限责任公司章程由股东制定。

第六十一条 一人有限责任公司不设股东会。股东作出本法第三十八条第一款所列决定时,应当采用书面形式,并由股东签名后置备于公司。

第六十二条 一人有限责任公司应当在每一会计年度终了时编制财务会计报告,并经会计师事务所审计。

第六十三条 一人有限责任公司的股东不能证明公司财产独立于股东自己的财产的,应当对公司债务承担连带责任。

第四节 国有独资公司的特别规定

第六十四条 国有独资公司的设立和组织机构,适用本节规定;本节没有规定的,适用本章第一节、第二节的规定。

本法所称国有独资公司,是指国家单独出资、由国务院或者地方人民政府授权本级人民政府国有资产监督管理机构履行出资人职责的有限责任公司。

第六十五条 国有独资公司章程由国有资产监督管理机构制定,或者由董事会制订报国有资产监督管理机构批准。

第六十六条 国有独资公司不设股东会,由国有资产监督管理机构行使股东会职权。国有资产监督管理机构可以授权公司董事会行使股东会的部分职权,决定公司的重大事项,但公司的合并、分立、解散、增加或者减少注册资本和发行公司债券,必须由国有资产监督管理机构决定;其中,重要的国有独资公司合并、分立、解散、申请破产的,应当由国有资产监督管理机构审核后,报本级人民政府批准。

前款所称重要的国有独资公司,按照国务院的规定确定。

第六十七条 国有独资公司设董事会，依照本法第四十七条、第六十七条的规定行使职权。董事每届任期不得超过三年。董事会成员中应当有公司职工代表。

董事会成员由国有资产监督管理机构委派；但是，董事会成员中的职工代表由公司职工代表大会选举产生。

董事会设董事长一人，可以设副董事长。董事长、副董事长由国有资产监督管理机构从董事会成员中指定。

第六十八条 国有独资公司设经理，由董事会聘任或者解聘。经理依照本法第五十条规定行使职权。

经国有资产监督管理机构同意，董事会成员可以兼任经理。

第六十九条 国有独资公司的董事长、副董事长、董事、高级管理人员，未经国有资产监督管理机构同意，不得在其他有限责任公司、股份有限公司或者其他经济组织兼职。

第七十条 国有独资公司监事会成员不得少于五人，其中职工代表的比例不得低于三分之一，具体比例由公司章程规定。

监事会成员由国有资产监督管理机构委派；但是，监事会成员中的职工代表由公司职工代表大会选举产生。监事会主席由国有资产监督管理机构从监事会成员中指定。

监事会行使本法第五十四条第（一）项至第（三）项规定的职权和国务院规定的其他职权。

第三章　有限责任公司的股权转让

第七十一条 有限责任公司的股东之间可以相互转让其全部或者部分股权。

股东向股东以外的人转让股权，应当经其他股东过半数同意。股东应就其股权转让事项书面通知其他股东征求同意，其他股东自接到书面通知之日起满三十日未答复的，视为同意转让。其他股东半数以上不同意转让的，不同意的股东应当购买该转让的股权；不购买的，视为同意转让。

经股东同意转让的股权，在同等条件下，其他股东有优先购买权。两个以上股东主张行使优先购买权的，协商确定各自的购买比例；协商不成的，按照转让时各自的出资比例行使优先购买权。

公司章程对股权转让另有规定的，从其规定。

第七十二条 人民法院依照法律规定的强制执行程序转让股东的股权时，应当通知公司及全体股东，其他股东在同等条件下有优先购买权。其他股东自人民法院通知之日起满二十日不行使优先购买权的，视为放弃优先购买权。

第七十三条 依照本法第七十一条、第七十二条转让股权后，公司应当注销原股东的出资证明书，向新股东签发出资证明书，并相应修改公司章程和股东名册中有关股东及其出资额的记载。对公司章程的该项修改不需再由股东会表决。

第七十四条 有下列情形之一的，对股东会该项决议投反对票的股东可以请求公司按照合理的价格收购其股权：

（一）公司连续五年不向股东分配利润，而公司该五年连续盈利，并且符合本法规定的分配利润条件的；

（二）公司合并、分立、转让主要财产的；

（三）公司章程规定的营业期限届满或者章程规定的其他解散事由出现，股东会会议通过决议修改章程使公司存续的。

自股东会会议决议通过之日起六十日内，股东与公司不能达成股权收购协议的，股东可以自股东会会议决议通过之日起九十日内向人民法院提起诉讼。

第七十五条 自然人股东死亡后，其合法继承人可以继承股东资格；但是，公司章程另有规定的除外。

第四章　股份有限公司的设立和组织机构

第一节　设　立

第七十六条 设立股份有限公司，应当具备下列条件：

（一）发起人符合法定人数；

（二）有符合公司章程规定的全体发起人认购的股本总额或者募集的实收股本总额；

（三）股份发行、筹办事项符合法律规定；

（四）发起人制订公司章程，采用募集方式设立的经创立大会通过；

（五）有公司名称，建立符合股份有限公司要求的组织机构；

（六）有公司住所。

第七十七条 股份有限公司的设立，可以采取发起设立或者募集设立的方式。

发起设立，是指由发起人认购公司应发行的全部股份而设立公司。

募集设立，是指由发起人认购公司应发行股份的一部分，其余股份向社会公开募集或者向特定对象募集而设立公司。

第七十八条 设立股份有限公司,应当有二人以上二百人以下为发起人,其中须有半数以上的发起人在中国境内有住所。

第七十九条 股份有限公司发起人承担公司筹办事务。

发起人应当签订发起人协议,明确各自在公司设立过程中的权利和义务。

第八十条 股份有限公司采取发起设立方式设立的,注册资本为在公司登记机关登记的全体发起人认购的股本总额。在发起人认购的股份缴足前,不得向他人募集股份。

股份有限公司采取募集方式设立的,注册资本为在公司登记机关登记的实收股本总额。

法律、行政法规以及国务院决定对股份有限公司注册资本实缴、注册资本最低限额另有规定的,从其规定。

第八十一条 股份有限公司章程应当载明下列事项:

(一)公司名称和住所;

(二)公司经营范围;

(三)公司设立方式;

(四)公司股份总数、每股金额和注册资本;

(五)发起人的姓名或者名称、认购的股份数、出资方式和出资时间;

(六)董事会的组成、职权和议事规则;

(七)公司法定代表人;

(八)监事会的组成、职权和议事规则;

(九)公司利润分配办法;

(十)公司的解散事由与清算办法;

(十一)公司的通知和公告办法;

(十二)股东大会会议认为需要规定的其他事项。

第八十二条 发起人的出资方式,适用本法第二十七条的规定。

第八十三条 以发起设立方式设立股份有限公司的,发起人应当书面认足公司章程规定其认购的股份,并按照公司章程规定缴纳出资。以非货币财产出资的,应当依法办理其财产权的转移手续。

发起人不依照前款规定缴纳出资的,应当按照发起人协议承担违约责任。

发起人认足公司章程规定的出资后,应当选举董事会和监事会,由董事会向公司登记机关报送公司章程以及法律、行政法规规定的其他文件,申请设立登记。

第八十四条 以募集设立方式设立股份有限公司的，发起人认购的股份不得少于公司股份总数的百分之三十五；但是，法律、行政法规另有规定的，从其规定。

第八十五条 发起人向社会公开募集股份，必须公告招股说明书，并制作认股书。认股书应当载明本法第八十七条所列事项，由认股人填写认购股数、金额、住所，并签名、盖章。认股人按照所认购股数缴纳股款。

第八十六条 招股说明书应当附有发起人制订的公司章程，并载明下列事项：

（一）发起人认购的股份数；

（二）每股的票面金额和发行价格；

（三）无记名股票的发行总数；

（四）募集资金的用途；

（五）认股人的权利、义务；

（六）本次募股的起止期限及逾期未募足时认股人可以撤回所认股份的说明。

第八十七条 发起人向社会公开募集股份，应当由依法设立的证券公司承销，签订承销协议。

第八十八条 发起人向社会公开募集股份，应当同银行签订代收股款协议。

代收股款的银行应当按照协议代收和保存股款，向缴纳股款的认股人出具收款单据，并负有向有关部门出具收款证明的义务。

第八十九条 发行股份的股款缴足后，必须经依法设立的验资机构验资并出具证明。发起人应当自股款缴足之日起三十日内主持召开公司创立大会。创立大会由发起人、认股人组成。

发行的股份超过招股说明书规定的截止期限尚未募足的，或者发行股份的股款缴足后，发起人在三十日内未召开创立大会的，认股人可以按照所缴股款并加算银行同期存款利息，要求发起人返还。

第九十条 发起人应当在创立大会召开十五日前将会议日期通知各认股人或者予以公告。创立大会应有代表股份总数过半数的发起人、认股人出席，方可举行。

创立大会行使下列职权：

（一）审议发起人关于公司筹办情况的报告；

（二）通过公司章程；

（三）选举董事会成员；

（四）选举监事会成员；

（五）对公司的设立费用进行审核；

（六）对发起人用于抵作股款的财产的作价进行审核；

（七）发生不可抗力或者经营条件发生重大变化直接影响公司设立的，可以作出不设立公司的决议。

创立大会对前款所列事项作出决议，必须经出席会议的认股人所持表决权过半数通过。

第九十一条 发起人、认股人缴纳股款或者交付抵作股款的出资后，除未按期募足股份、发起人未按期召开创立大会或者创立大会决议不设立公司的情形外，不得抽回其股本。

第九十二条 董事会应于创立大会结束后三十日内，向公司登记机关报送下列文件，申请设立登记：

（一）公司登记申请书；

（二）创立大会的会议记录；

（三）公司章程；

（四）验资证明；

（五）法定代表人、董事、监事的任职文件及其身份证明；

（六）发起人的法人资格证明或者自然人身份证明；

（七）公司住所证明。

以募集方式设立股份有限公司公开发行股票的，还应当向公司登记机关报送国务院证券监督管理机构的核准文件。

第九十三条 股份有限公司成立后，发起人未按照公司章程的规定缴足出资的，应当补缴；其他发起人承担连带责任。

股份有限公司成立后，发现作为设立公司出资的非货币财产的实际价额显著低于公司章程所定价额的，应当由交付该出资的发起人补足其差额；其他发起人承担连带责任。

第九十四条 股份有限公司的发起人应当承担下列责任：

（一）公司不能成立时，对设立行为所产生的债务和费用负连带责任；

（二）公司不能成立时，对认股人已缴纳的股款，负返还股款并加算银行同期存款利息的连带责任；

（三）在公司设立过程中，由于发起人的过失致使公司利益受到损害的，应当对公司承担赔偿责任。

第九十五条 有限责任公司变更为股份有限公司时，折合的实收股本总额不得高于公司净资产额。有限责任公司变更为股份有限公司，为增加资本公开发行股份时，应当依法办理。

第九十六条 股份有限公司应当将公司章程、股东名册、公司债券存根、股东大会会议记录、董事会会议记录、监事会会议记录、财务会计报告置备于本公司。

第九十七条 股东有权查阅公司章程、股东名册、公司债券存根、股东大会会议记录、董事会会议决议、监事会会议决议、财务会计报告，对公司的经营提出建议或者质询。

第二节 股东大会

第九十八条 股份有限公司股东大会由全体股东组成。股东大会是公司的权力机构，依照本法行使职权。

第九十九条 本法第三十八条第一款关于有限责任公司股东会职权的规定，适用于股份有限公司股东大会。

第一百条 股东大会应当每年召开一次年会。有下列情形之一的，应当在两个月内召开临时股东大会：

（一）董事人数不足本法规定人数或者公司章程所定人数的三分之二时；

（二）公司未弥补的亏损达实收股本总额三分之一时；

（三）单独或者合计持有公司百分之十以上股份的股东请求时；

（四）董事会认为必要时；

（五）监事会提议召开时；

（六）公司章程规定的其他情形。

第一百零一条 股东大会会议由董事会召集，董事长主持；董事长不能履行职务或者不履行职务的，由副董事长主持；副董事长不能履行职务或者不履行职务的，由半数以上董事共同推举一名董事主持。

董事会不能履行或者不履行召集股东大会会议职责的，监事会应当及时召集和主持；监事会不召集和主持的，连续九十日以上单独或者合计持有公司百分之十以上股份的股东可以自行召集和主持。

第一百零二条 召开股东大会会议，应当将会议召开的时间、地点和审议的事项于会议召开二十日前通知各股东；临时股东大会应当于会议召开十五日前通知各股东；发行无记名股票的，应当于会议召开三十日前公告会议召开的时间、地点和审议事项。

单独或者合计持有公司百分之三以上股份的股东，可以在股东大会召开十日前提出临时提案并书面提交董事会；董事会应当在收到提案后二日内通知其他股东，并将该临时提案提交股东大会审议。临时提案的内容应当属于股东大会职权范围，并有明确议题和具体决议事项。

股东大会不得对前两款通知中未列明的事项作出决议。

无记名股票持有人出席股东大会会议的，应当于会议召开五日前至股东大会闭会时将股票交存于公司。

第一百零三条　股东出席股东大会会议，所持每一股份有一表决权。但是，公司持有的本公司股份没有表决权。

股东大会作出决议，必须经出席会议的股东所持表决权过半数通过。但是，股东大会作出修改公司章程、增加或者减少注册资本的决议，以及公司合并、分立、解散或者变更公司形式的决议，必须经出席会议的股东所持表决权的三分之二以上通过。

第一百零四条　本法和公司章程规定公司转让、受让重大资产或者对外提供担保等事项必须经股东大会作出决议的，董事会应当及时召集股东大会会议，由股东大会就上述事项进行表决。

第一百零五条　股东大会选举董事、监事，可以依照公司章程的规定或者股东大会的决议，实行累积投票制。

本法所称累积投票制，是指股东大会选举董事或者监事时，每一股份拥有与应选董事或者监事人数相同的表决权，股东拥有的表决权可以集中使用。

第一百零六条　股东可以委托代理人出席股东大会会议，代理人应当向公司提交股东授权委托书，并在授权范围内行使表决权。

第一百零七条　股东大会应当对所议事项的决定作成会议记录，主持人、出席会议的董事应当在会议记录上签名。会议记录应当与出席股东的签名册及代理出席的委托书一并保存。

第三节　董事会、经理

第一百零八条　股份有限公司设董事会，其成员为五人至十九人。

董事会成员中可以有公司职工代表。董事会中的职工代表由公司职工通过职工代表大会、职工大会或者其他形式民主选举产生。

本法第四十六条关于有限责任公司董事任期的规定，适用于股份有限公司董事。

本法第四十七条关于有限责任公司董事会职权的规定，适用于股份有限公司董事会。

第一百零九条　董事会设董事长一人，可以设副董事长。董事长和副董事长由董事会以全体董事的过半数选举产生。

董事长召集和主持董事会会议，检查董事会决议的实施情况。副董事长协助董事长工作，董事长不能履行职务或者不履行职务的，由副董事长履行职务；副董事长不能履行职务或者不履行职务的，由半数以上董事共同推举一名董事履行职务。

第一百一十条　董事会每年度至少召开两次会议，每次会议应当于会议召开十日前通知全体董事和监事。

代表十分之一以上表决权的股东、三分之一以上董事或者监事会，可以提议召开董事会临时会议。董事长应当自接到提议后十日内，召集和主持董事会会议。

董事会召开临时会议，可以另定召集董事会的通知方式和通知时限。

第一百一十一条　董事会会议应有过半数的董事出席方可举行。董事会作出决议，必须经全体董事的过半数通过。

董事会决议的表决，实行一人一票。

第一百一十二条　董事会会议，应由董事本人出席；董事因故不能出席，可以书面委托其他董事代为出席，委托书中应载明授权范围。

董事会应当对会议所议事项的决定作成会议记录，出席会议的董事应当在会议记录上签名。

董事应当对董事会的决议承担责任。董事会的决议违反法律、行政法规或者公司章程、股东大会决议，致使公司遭受严重损失的，参与决议的董事对公司负赔偿责任。但经证明在表决时曾表明异议并记载于会议记录的，该董事可以免除责任。

第一百一十三条　股份有限公司设经理，由董事会决定聘任或者解聘。

本法第五十条关于有限责任公司经理职权的规定，适用于股份有限公司经理。

第一百一十四条　公司董事会可以决定由董事会成员兼任经理。

第一百一十五条　公司不得直接或者通过子公司向董事、监事、高级管理人员提供借款。

第一百一十六条　公司应当定期向股东披露董事、监事、高级管理人员从公司获得报酬的情况。

第四节　监事会

第一百一十七条　股份有限公司设监事会，其成员不得少于三人。

监事会应当包括股东代表和适当比例的公司职工代表,其中职工代表的比例不得低于三分之一,具体比例由公司章程规定。监事会中的职工代表由公司职工通过职工代表大会、职工大会或者其他形式民主选举产生。

监事会设主席一人,可以设副主席。监事会主席和副主席由全体监事过半数选举产生。监事会主席召集和主持监事会会议;监事会主席不能履行职务或者不履行职务的,由监事会副主席召集和主持监事会会议;监事会副主席不能履行职务或者不履行职务的,由半数以上监事共同推举一名监事召集和主持监事会会议。

董事、高级管理人员不得兼任监事。

本法第五十三条关于有限责任公司监事任期的规定,适用于股份有限公司监事。

第一百一十八条 本法第五十四条、第五十五条关于有限责任公司监事会职权的规定,适用于股份有限公司监事会。

监事会行使职权所必需的费用,由公司承担。

第一百一十九条 监事会每六个月至少召开一次会议。监事可以提议召开临时监事会会议。

监事会的议事方式和表决程序,除本法有规定的外,由公司章程规定。

监事会决议应当经半数以上监事通过。

监事会应当对所议事项的决定作成会议记录,出席会议的监事应当在会议记录上签名。

第五节 上市公司组织机构的特别规定

第一百二十条 本法所称上市公司,是指其股票在证券交易所上市交易的股份有限公司。

第一百二十一条 上市公司在一年内购买、出售重大资产或者担保金额超过公司资产总额百分之三十的,应当由股东大会作出决议,并经出席会议的股东所持表决权的三分之二以上通过。

第一百二十二条 上市公司设立独立董事,具体办法由国务院规定。

第一百二十三条 上市公司设董事会秘书,负责公司股东大会和董事会会议的筹备、文件保管以及公司股东资料的管理,办理信息披露事务等事宜。

第一百二十四条 上市公司董事与董事会会议决议事项所涉及的企业有关联关系的,不得对该项决议行使表决权,也不得代理其他董事行使表决权。该董事会会议由过半数的无关联关系董事出席即可举行,董事会会议所作决议须经无关联关系董事过半数通过。出席董事会的无关联关系董事人数不足三人的，应将该事项提交上市公司股东大会审议。

第五章　股份有限公司的股份发行和转让

第一节　股份发行

第一百二十五条　股份有限公司的资本划分为股份，每一股的金额相等。

公司的股份采取股票的形式。股票是公司签发的证明股东所持股份的凭证。

第一百二十六条　股份的发行，实行公平、公正的原则，同种类的每一股份应当具有同等权利。

同次发行的同种类股票，每股的发行条件和价格应当相同；任何单位或者个人所认购的股份，每股应当支付相同价额。

第一百二十七条　股票发行价格可以按票面金额，也可以超过票面金额，但不得低于票面金额。

第一百二十八条　股票采用纸面形式或者国务院证券监督管理机构规定的其他形式。

股票应当载明下列主要事项：

（一）公司名称；

（二）公司成立日期；

（三）股票种类、票面金额及代表的股份数；

（四）股票的编号。

股票由法定代表人签名，公司盖章。

发起人的股票，应当标明发起人股票字样。

第一百二十九条　公司发行的股票，可以为记名股票，也可以为无记名股票。

公司向发起人、法人发行的股票，应当为记名股票，并应当记载该发起人、法人的名称或者姓名，不得另立户名或者以代表人姓名记名。

第一百三十条　公司发行记名股票的，应当置备股东名册，记载下列事项：

（一）股东的姓名或者名称及住所；

（二）各股东所持股份数；

（三）各股东所持股票的编号；

（四）各股东取得股份的日期。

发行无记名股票的，公司应当记载其股票数量、编号及发行日期。

第一百三十一条 国务院可以对公司发行本法规定以外的其他种类的股份，另行作出规定。

第一百三十二条 股份有限公司成立后，即向股东正式交付股票。公司成立前不得向股东交付股票。

第一百三十三条 公司发行新股，股东大会应当对下列事项作出决议：

（一）新股种类及数额；

（二）新股发行价格；

（三）新股发行的起止日期；

（四）向原有股东发行新股的种类及数额。

第一百三十四条 公司经国务院证券监督管理机构核准公开发行新股时，必须公告新股招股说明书和财务会计报告，并制作认股书。

本法第八十八条、第八十九条的规定适用于公司公开发行新股。

第一百三十五条 公司发行新股，可以根据公司经营情况和财务状况，确定其作价方案。

第一百三十六条 公司发行新股募足股款后，必须向公司登记机关办理变更登记，并公告。

第二节　股份转让

第一百三十七条 股东持有的股份可以依法转让。

第一百三十八条 股东转让其股份，应当在依法设立的证券交易场所进行或者按照国务院规定的其他方式进行。

第一百三十九条 记名股票，由股东以背书方式或者法律、行政法规规定的其他方式转让；转让后由公司将受让人的姓名或者名称及住所记载于股东名册。

股东大会召开前二十日内或者公司决定分配股利的基准日前五日内，不得进行前款规定的股东名册的变更登记。但是，法律对上市公司股东名册变更登记另有规定的，从其规定。

第一百四十条 无记名股票的转让，由股东将该股票交付给受让人后即发生转让的效力。

第一百四十一条 发起人持有的本公司股份，自公司成立之日起一年内不得转让。公司公开发行股份前已发行的股份，自公司股票在证券交易所上市交易之日起一年内不得转让。

公司董事、监事、高级管理人员应当向公司申报所持有的本公司的股份及其变动情况，在任职期间每年转让的股份不得超过其所持有本公司股份总数的百分之二十五；所持本公司股份自公司股票上市交易之日起一年内不得转让。上述人员离职后半年内，不得转让其所持有的本公司股份。公司章程可以对公司董事、监事、高级管理人员转让其所持有的本公司股份作出其他限制性规定。

第一百四十二条 公司不得收购本公司股份。但是，有下列情形之一的除外：

（一）减少公司注册资本；

（二）与持有本公司股份的其他公司合并；

（三）将股份奖励给本公司职工；

（四）股东因对股东大会作出的公司合并、分立决议持异议，要求公司收购其股份的。

公司因前款第（一）项至第（三）项的原因收购本公司股份的，应当经股东大会决议。公司依照前款规定收购本公司股份后，属于第（一）项情形的，应当自收购之日起十日内注销；属于第（二）项、第（四）项情形的，应当在六个月内转让或者注销。

公司依照第一款第（三）项规定收购的本公司股份，不得超过本公司已发行股份总额的百分之五；用于收购的资金应当从公司的税后利润中支出；所收购的股份应当在一年内转让给职工。

公司不得接受本公司的股票作为质押权的标的。

第一百四十三条 记名股票被盗、遗失或者灭失，股东可以依照《中华人民共和国民事诉讼法》规定的公示催告程序，请求人民法院宣告该股票失效。人民法院宣告该股票失效后，股东可以向公司申请补发股票。

第一百四十四条 上市公司的股票，依照有关法律、行政法规及证券交易所交易规则上市交易。

第一百四十五条 上市公司必须依照法律、行政法规的规定，公开其财务状况、经营情况及重大诉讼，在每会计年度内半年公布一次财务会计报告。

第六章 公司董事、监事、高级管理人员的资格和义务

第一百四十六条 有下列情形之一的，不得担任公司的董事、监事、高级管理人员：

（一）无民事行为能力或者限制民事行为能力；

（二）因贪污、贿赂、侵占财产、挪用财产或者破坏社会主义市场经济秩序，被判处刑罚，执行期满未逾五年，或者因犯罪被剥夺政治权利，执行期满

未逾五年；

（三）担任破产清算的公司、企业的董事或者厂长、经理，对该公司、企业的破产负有个人责任的，自该公司、企业破产清算完结之日起未逾三年；

（四）担任因违法被吊销营业执照、责令关闭的公司、企业的法定代表人，并负有个人责任的，自该公司、企业被吊销营业执照之日起未逾三年；

（五）个人所负数额较大的债务到期未清偿。

公司违反前款规定选举、委派董事、监事或者聘任高级管理人员的，该选举、委派或者聘任无效。

董事、监事、高级管理人员在任职期间出现本条第一款所列情形的，公司应当解除其职务。

第一百四十七条 董事、监事、高级管理人员应当遵守法律、行政法规和公司章程，对公司负有忠实义务和勤勉义务。

董事、监事、高级管理人员不得利用职权收受贿赂或者其他非法收入，不得侵占公司的财产。

第一百四十八条 董事、高级管理人员不得有下列行为：

（一）挪用公司资金；

（二）将公司资金以其个人名义或者以其他个人名义开立账户存储；

（三）违反公司章程的规定，未经股东会、股东大会或者董事会同意，将公司资金借贷给他人或者以公司财产为他人提供担保；

（四）违反公司章程的规定或者未经股东会、股东大会同意，与本公司订立合同或者进行交易；

（五）未经股东会或者股东大会同意，利用职务便利为自己或者他人谋取属于公司的商业机会，自营或者为他人经营与所任职公司同类的业务；

（六）接受他人与公司交易的佣金归为己有；

（七）擅自披露公司秘密；

（八）违反对公司忠实义务的其他行为。

董事、高级管理人员违反前款规定所得的收入应当归公司所有。

第一百四十九条 董事、监事、高级管理人员执行公司职务时违反法律、行政法规或者公司章程的规定，给公司造成损失的，应当承担赔偿责任。

第一百五十条 股东会或者股东大会要求董事、监事、高级管理人员列席会议的，董事、监事、高级管理人员应当列席并接受股东的质询。

董事、高级管理人员应当如实向监事会或者不设监事会的有限责任公司的监事提供有关情况和资料，不得妨碍监事会或者监事行使职权。

　　第一百五十一条　董事、高级管理人员有本法第一百五十条规定的情形的，有限责任公司的股东、股份有限公司连续一百八十日以上单独或者合计持有公司百分之一以上股份的股东，可以书面请求监事会或者不设监事会的有限责任公司的监事向人民法院提起诉讼；监事有本法第一百五十条规定的情形的，前述股东可以书面请求董事会或者不设董事会的有限责任公司的执行董事向人民法院提起诉讼。

　　监事会、不设监事会的有限责任公司的监事，或者董事会、执行董事收到前款规定的股东书面请求后拒绝提起诉讼，或者自收到请求之日起三十日内未提起诉讼，或者情况紧急、不立即提起诉讼将会使公司利益受到难以弥补的损害的，前款规定的股东有权为了公司的利益以自己的名义直接向人民法院提起诉讼。

　　他人侵犯公司合法权益，给公司造成损失的，本条第一款规定的股东可以依照前两款的规定向人民法院提起诉讼。

　　第一百五十二条　董事、高级管理人员违反法律、行政法规或者公司章程的规定，损害股东利益的，股东可以向人民法院提起诉讼。

第七章　公司债券

　　第一百五十三条　本法所称公司债券，是指公司依照法定程序发行、约定在一定期限还本付息的有价证券。

　　公司发行公司债券应当符合《中华人民共和国证券法》规定的发行条件。

　　第一百五十四条　发行公司债券的申请经国务院授权的部门核准后，应当公告公司债券募集办法。

　　公司债券募集办法中应当载明下列主要事项：

　　（一）公司名称；

　　（二）债券募集资金的用途；

　　（三）债券总额和债券的票面金额；

　　（四）债券利率的确定方式；

　　（五）还本付息的期限和方式；

　　（六）债券担保情况；

　　（七）债券的发行价格、发行的起止日期；

　　（八）公司净资产额；

　　（九）已发行的尚未到期的公司债券总额；

　　（十）公司债券的承销机构。

第一百五十五条 公司以实物券方式发行公司债券的，必须在债券上载明公司名称、债券票面金额、利率、偿还期限等事项，并由法定代表人签名，公司盖章。

第一百五十六条 公司债券，可以为记名债券，也可以为无记名债券。

第一百五十七条 公司发行公司债券应当置备公司债券存根簿。

发行记名公司债券的，应当在公司债券存根簿上载明下列事项：

（一）债券持有人的姓名或者名称及住所；

（二）债券持有人取得债券的日期及债券的编号；

（三）债券总额，债券的票面金额、利率、还本付息的期限和方式；

（四）债券的发行日期。

发行无记名公司债券的，应当在公司债券存根簿上载明债券总额、利率、偿还期限和方式、发行日期及债券的编号。

第一百五十八条 记名公司债券的登记结算机构应当建立债券登记、存管、付息、兑付等相关制度。

第一百五十九条 公司债券可以转让，转让价格由转让人与受让人约定。

公司债券在证券交易所上市交易的，按照证券交易所的交易规则转让。

第一百六十条 记名公司债券，由债券持有人以背书方式或者法律、行政法规规定的其他方式转让；转让后由公司将受让人的姓名或者名称及住所记载于公司债券存根簿。

无记名公司债券的转让，由债券持有人将该债券交付给受让人后即发生转让的效力。

第一百六十一条 上市公司经股东大会决议可以发行可转换为股票的公司债券，并在公司债券募集办法中规定具体的转换办法。上市公司发行可转换为股票的公司债券，应当报国务院证券监督管理机构核准。

发行可转换为股票的公司债券，应当在债券上标明可转换公司债券字样，并在公司债券存根簿上载明可转换公司债券的数额。

第一百六十二条 发行可转换为股票的公司债券的，公司应当按照其转换办法向债券持有人换发股票，但债券持有人对转换股票或者不转换股票有选择权。

第八章 公司财务、会计

第一百六十三条 公司应当依照法律、行政法规和国务院财政部门的规定建立本公司的财务、会计制度。

第一百六十四条　公司应当在每一会计年度终了时编制财务会计报告，并依法经会计师事务所审计。

财务会计报告应当依照法律、行政法规和国务院财政部门的规定制作。

第一百六十五条　有限责任公司应当依照公司章程规定的期限将财务会计报告送交各股东。

股份有限公司的财务会计报告应当在召开股东大会年会的二十日前置备于本公司，供股东查阅；公开发行股票的股份有限公司必须公告其财务会计报告。

第一百六十六条　公司分配当年税后利润时，应当提取利润的百分之十列入公司法定公积金。公司法定公积金累计额为公司注册资本的百分之五十以上的，可以不再提取。

公司的法定公积金不足以弥补以前年度亏损的，在依照前款规定提取法定公积金之前，应当先用当年利润弥补亏损。

公司从税后利润中提取法定公积金后，经股东会或者股东大会决议，还可以从税后利润中提取任意公积金。

公司弥补亏损和提取公积金后所余税后利润，有限责任公司依照本法第三十五条的规定分配；股份有限公司按照股东持有的股份比例分配，但股份有限公司章程规定不按持股比例分配的除外。

股东会、股东大会或者董事会违反前款规定，在公司弥补亏损和提取法定公积金之前向股东分配利润的，股东必须将违反规定分配的利润退还公司。

公司持有的本公司股份不得分配利润。

第一百六十七条　股份有限公司以超过股票票面金额的发行价格发行股份所得的溢价款以及国务院财政部门规定列入资本公积金的其他收入，应当列为公司资本公积金。

第一百六十八条　公司的公积金用于弥补公司的亏损、扩大公司生产经营或者转为增加公司资本。但是，资本公积金不得用于弥补公司的亏损。

法定公积金转为资本时，所留存的该项公积金不得少于转增前公司注册资本的百分之二十五。

第一百六十九条　公司聘用、解聘承办公司审计业务的会计师事务所，依照公司章程的规定，由股东会、股东大会或者董事会决定。

公司股东会、股东大会或者董事会就解聘会计师事务所进行表决时，应当允许会计师事务所陈述意见。

第一百七十条　公司应当向聘用的会计师事务所提供真实、完整的会计凭证、会计账簿、财务会计报告及其他会计资料，不得拒绝、隐匿、谎报。

第一百七十一条 公司除法定的会计账簿外，不得另立会计账簿。

对公司资产，不得以任何个人名义开立账户存储。

第九章 公司合并、分立、增资、减资

第一百七十二条 公司合并可以采取吸收合并或者新设合并。

一个公司吸收其他公司为吸收合并，被吸收的公司解散。两个以上公司合并设立一个新的公司为新设合并，合并各方解散。

第一百七十三条 公司合并，应当由合并各方签订合并协议，并编制资产负债表及财产清单。公司应当自作出合并决议之日起十日内通知债权人，并于三十日内在 报纸上公告。债权人自接到通知书之日起三十日内，未接到通知书的自公告之日起四十五日内，可以要求公司清偿债务或者提供相应的担保。

第一百七十四条 公司合并时，合并各方的债权、债务，应当由合并后存续的公司或者新设的公司承继。

第一百七十五条 公司分立，其财产作相应的分割。

公司分立，应当编制资产负债表及财产清单。公司应当自作出分立决议之日起十日内通知债权人，并于三十日内在报纸上公告。

第一百七十六条 公司分立前的债务由分立后的公司承担连带责任。但是，公司在分立前与债权人就债务清偿达成的书面协议另有约定的除外。

第一百七十七条 公司需要减少注册资本时，必须编制资产负债表及财产清单。

公司应当自作出减少注册资本决议之日起十日内通知债权人，并于三十日内在报纸上公告。债权人自接到通知书之日起三十日内，未接到通知书的自公告之日起四十五日内，有权要求公司清偿债务或者提供相应的担保。

第一百七十八条 有限责任公司增加注册资本时，股东认缴新增资本的出资，依照本法设立有限责任公司缴纳出资的有关规定执行。

股份有限公司为增加注册资本发行新股时，股东认购新股，依照本法设立股份有限公司缴纳股款的有关规定执行。

第一百七十九条 公司合并或者分立，登记事项发生变更的，应当依法向公司登记机关办理变更登记；公司解散的，应当依法办理公司注销登记；设立新公司的，应当依法办理公司设立登记。

公司增加或者减少注册资本，应当依法向公司登记机关办理变更登记。

第十章　公司解散和清算

第一百八十条　公司因下列原因解散:

(一)公司章程规定的营业期限届满或者公司章程规定的其他解散事由出现;

(二)股东会或者股东大会决议解散;

(三)因公司合并或者分立需要解散;

(四)依法被吊销营业执照、责令关闭或者被撤销;

(五)人民法院依照本法第一百八十三条的规定予以解散。

第一百八十一条　公司有本法第一百八十一条第(一)项情形的,可以通过修改公司章程而存续。

依照前款规定修改公司章程,有限责任公司须经持有三分之二以上表决权的股东通过,股份有限公司须经出席股东大会会议的股东所持表决权的三分之二以上通过。

第一百八十二条　公司经营管理发生严重困难,继续存续会使股东利益受到重大损失,通过其他途径不能解决的,持有公司全部股东表决权百分之十以上的股东,可以请求人民法院解散公司。

第一百八十三条　公司因本法第一百八十一条第(一)项、第(二)项、第(四)项、第(五)项规定而解散的,应当在解散事由出现之日起十五日内成立清算组,开始清算。有限责任公司的清算组由股东组成,股份有限公司的清算组由董事或者股东大会确定的人员组成。逾期不成立清算组进行清算的,债权人可以申请人民法院指定有关人员组成清算组进行清算。人民法院应当受理该申请,并及时组织清算组进行清算。

第一百八十四条　清算组在清算期间行使下列职权:

(一)清理公司财产,分别编制资产负债表和财产清单;

(二)通知、公告债权人;

(三)处理与清算有关的公司未了结的业务;

(四)清缴所欠税款以及清算过程中产生的税款;

(五)清理债权、债务;

(六)处理公司清偿债务后的剩余财产;

(七)代表公司参与民事诉讼活动。

第一百八十五条　清算组应当自成立之日起十日内通知债权人,并于六十日内在报纸上公告。债权人应当自接到通知书之日起三十日内,未接到通知书的自公告之日起四十五日内，向清算组申报其债权。

债权人申报债权，应当说明债权的有关事项，并提供证明材料。清算组应当对债权进行登记。

在申报债权期间，清算组不得对债权人进行清偿。

第一百八十六条 清算组在清理公司财产、编制资产负债表和财产清单后，应当制定清算方案，并报股东会、股东大会或者人民法院确认。

公司财产在分别支付清算费用、职工的工资、社会保险费用和法定补偿金，缴纳所欠税款，清偿公司债务后的剩余财产，有限责任公司按照股东的出资比例分配，股份有限公司按照股东持有的股份比例分配。

清算期间，公司存续，但不得开展与清算无关的经营活动。公司财产在未依照前款规定清偿前，不得分配给股东。

第一百八十七条 清算组在清理公司财产、编制资产负债表和财产清单后，发现公司财产不足清偿债务的，应当依法向人民法院申请宣告破产。

公司经人民法院裁定宣告破产后，清算组应当将清算事务移交给人民法院。

第一百八十八条 公司清算结束后，清算组应当制作清算报告，报股东会、股东大会或者人民法院确认，并报送公司登记机关，申请注销公司登记，公告公司终止。

第一百八十九条 清算组成员应当忠于职守，依法履行清算义务。

清算组成员不得利用职权收受贿赂或者其他非法收入，不得侵占公司财产。

清算组成员因故意或者重大过失给公司或者债权人造成损失的，应当承担赔偿责任。

第一百九十条 公司被依法宣告破产的，依照有关企业破产的法律实施破产清算。

第十一章 外国公司的分支机构

第一百九十一条 本法所称外国公司是指依照外国法律在中国境外设立的公司。

第一百九十二条 外国公司在中国境内设立分支机构，必须向中国主管机关提出申请，并提交其公司章程、所属国的公司登记证书等有关文件，经批准后，向公司登记机关依法办理登记，领取营业执照。

外国公司分支机构的审批办法由国务院另行规定。

第一百九十三条 外国公司在中国境内设立分支机构，必须在中国境内指定负责该分支机构的代表人或者代理人，并向该分支机构拨付与其所从事的经营活动相适应的资金。

对外国公司分支机构的经营资金需要规定最低限额的，由国务院另行规定。

第一百九十四条 外国公司的分支机构应当在其名称中标明该外国公司的国籍及责任形式。

外国公司的分支机构应当在本机构中置备该外国公司章程。

第一百九十五条 外国公司在中国境内设立的分支机构不具有中国法人资格。

外国公司对其分支机构在中国境内进行经营活动承担民事责任。

第一百九十六条 经批准设立的外国公司分支机构，在中国境内从事业务活动，必须遵守中国的法律，不得损害中国的社会公共利益，其合法权益受中国法律保护。

第一百九十七条 外国公司撤销其在中国境内的分支机构时，必须依法清偿债务，依照本法有关公司清算程序的规定进行清算。未清偿债务之前，不得将其分支机构的财产移至中国境外。

第十二章　法律责任

第一百九十八条 违反本法规定，虚报注册资本、提交虚假材料或者采取其他欺诈手段隐瞒重要事实取得公司登记的，由公司登记机关责令改正，对虚报注册资本 的公司，处以虚报注册资本金额百分之五以上百分之十五以下的罚款；对提交虚假材料或者采取其他欺诈手段隐瞒重要事实的公司，处以五万元以上五十万元以下的 罚款；情节严重的，撤销公司登记或者吊销营业执照。

第一百九十九条 公司的发起人、股东虚假出资，未交付或者未按期交付作为出资的货币或者非货币财产的，由公司登记机关责令改正，处以虚假出资金额百分之五以上百分之十五以下的罚款。

第二百条 公司的发起人、股东在公司成立后，抽逃其出资的，由公司登记机关责令改正，处以所抽逃出资金额百分之五以上百分之十五以下的罚款。

第二百零一条 公司违反本法规定，在法定的会计账簿以外另立会计账簿的，由县级以上人民政府财政部门责令改正，处以五万元以上五十万元以下的罚款。

第二百零二条 公司在依法向有关主管部门提供的财务会计报告等材料上作虚假记载或者隐瞒重要事实的，由有关主管部门对直接负责的主管人员和其他直接责任人员处以三万元以上三十万元以下的罚款。

第二百零三条 公司不依照本法规定提取法定公积金的，由县级以上人民政府财政部门责令如数补足应当提取的金额，可以对公司处以二十万元以下的罚款。

第二百零四条 公司在合并、分立、减少注册资本或者进行清算时，不依照本法规定通知或者公告债权人的，由公司登记机关责令改正，对公司处以一万元以上十万元以下的罚款。

公司在进行清算时，隐匿财产，对资产负债表或者财产清单作虚假记载或者在未清偿债务前分配公司财产的，由公司登记机关责令改正，对公司处以隐匿财产或者未清偿债务前分配公司财产金额百分之五以上百分之十以下的罚款；对直接负责的主管人员和其他直接责任人员处以一万元以上十万元以下的罚款。

第二百零五条 公司在清算期间开展与清算无关的经营活动的，由公司登记机关予以警告，没收违法所得。

第二百零六条 清算组不依照本法规定向公司登记机关报送清算报告，或者报送清算报告隐瞒重要事实或者有重大遗漏的，由公司登记机关责令改正。

清算组成员利用职权徇私舞弊、谋取非法收入或者侵占公司财产的，由公司登记机关责令退还公司财产，没收违法所得，并可以处以违法所得一倍以上五倍以下的罚款。

第二百零七条 承担资产评估、验资或者验证的机构提供虚假材料的，由公司登记机关没收违法所得，处以违法所得一倍以上五倍以下的罚款，并可以由有关主管部门依法责令该机构停业、吊销直接责任人员的资格证书，吊销营业执照。

承担资产评估、验资或者验证的机构因过失提供有重大遗漏的报告的，由公司登记机关责令改正，情节较重的，处以所得收入一倍以上五倍以下的罚款，并可以由有关主管部门依法责令该机构停业、吊销直接责任人员的资格证书，吊销营业执照。

承担资产评估、验资或者验证的机构因其出具的评估结果、验资或者验证证明不实，给公司债权人造成损失的，除能够证明自己没有过错的外，在其评估或者证明不实的金额范围内承担赔偿责任。

第二百零八条 公司登记机关对不符合本法规定条件的登记申请予以登记，或者对符合本法规定条件的登记申请不予登记的，对直接负责的主管人员和其他直接责任人员，依法给予行政处分。

第二百零九条 公司登记机关的上级部门强令公司登记机关对不符合本法规定条件的登记申请予以登记，或者对符合本法规定条件的登记申请不予登记的，或者对违法登记进行包庇的，对直接负责的主管人员和其他直接责任人员依法给予行政处分。

第二百一十条　未依法登记为有限责任公司或者股份有限公司，而冒用有限责任公司或者股份有限公司名义的，或者未依法登记为有限责任公司或者股份有限公司的分公司，而冒用有限责任公司或者股份有限公司的分公司名义的，由公司登记机关责令改正或者予以取缔，可以并处十万元以下的罚款。

第二百一十一条　公司成立后无正当理由超过六个月未开业的，或者开业后自行停业连续六个月以上的，可以由公司登记机关吊销营业执照。

公司登记事项发生变更时，未依照本法规定办理有关变更登记的，由公司登记机关责令限期登记；逾期不登记的，处以一万元以上十万元以下的罚款。

第二百一十二条　外国公司违反本法规定，擅自在中国境内设立分支机构的，由公司登记机关责令改正或者关闭，可以并处五万元以上二十万元以下的罚款。

第二百一十三条　利用公司名义从事危害国家安全、社会公共利益的严重违法行为的，吊销营业执照。

第二百一十四条　公司违反本法规定，应当承担民事赔偿责任和缴纳罚款、罚金的，其财产不足以支付时，先承担民事赔偿责任。

第二百一十五条　违反本法规定，构成犯罪的，依法追究刑事责任。

第十三章　附　则

第二百一十六条　本法下列用语的含义：

（一）高级管理人员，是指公司的经理、副经理、财务负责人，上市公司董事会秘书和公司章程规定的其他人员。

（二）控股股东，是指其出资额占有限责任公司资本总额百分之五十以上或者其持有的股份占股份有限公司股本总额百分之五十以上的股东；出资额或者持有股份的比例虽然不足百分之五十，但依其出资额或者持有的股份所享有的表决权已足以对股东会、股东大会的决议产生重大影响的股东。

（三）实际控制人，是指虽不是公司的股东，但通过投资关系、协议或者其他安排，能够实际支配公司行为的人。

（四）关联关系，是指公司控股股东、实际控制人、董事、监事、高级管理人员与其直接或者间接控制的企业之间的关系，以及可能导致公司利益转移的其他关系。但是，国家控股的企业之间不仅因为同受国家控股而具有关联关系。

第二百一十七条　外商投资的有限责任公司和股份有限公司适用本法；有关外商投资的法律另有规定的，适用其规定。

第二百一十八条　本法自 2006 年 1 月 1 日起施行。

2. 最高人民法院关于适用《中华人民共和国公司法》
若干问题的规定（一）

（法释〔2006〕3 号）

《最高人民法院关于适用〈中华人民共和国公司法〉若干问题的规定（一）》已于 2006 年 3 月 27 日由最高人民法院审判委员会第 1382 次会议通过，现予公布，自 2006 年 5 月 9 日起施行。

二〇〇六年四月二十八日

为正确适用 2005 年 10 月 27 日十届全国人大常委会第十八次会议修订的《中华人民共和国公司法》，对人民法院在审理相关的民事纠纷案件中，具体适用公司法的有关问题规定如下：

第一条 公司法实施后，人民法院尚未审结的和新受理的民事案件，其民事行为或事件发生在公司法实施以前的，适用当时的法律法规和司法解释。

第二条 因公司法实施前有关民事行为或者事件发生纠纷起诉到人民法院的，如当时的法律法规和司法解释没有明确规定时，可参照适用公司法的有关规定。

第三条 原告以公司法第二十二条第二款、第七十五条第二款规定事由，向人民法院提起诉讼时，超过公司法规定期限的，人民法院不予受理。

第四条 公司法第一百五十二条规定的 180 日以上连续持股期间，应为股东向人民法院提起诉讼时，已期满的持股时间；规定的合计持有公司百分之一以上股份，是指两个以上股东持股份额的合计。

第五条 人民法院对公司法实施前已经终审的案件依法进行再审时，不适用公司法的规定。

第六条 本规定自公布之日起实施。

3. 最高人民法院关于适用《中华人民共和国公司法》
若干问题的规定（二）

（2008 年 5 月 5 日最高人民法院审判委员会第 1447 次会议通过根据 2014 年 2 月 17 日最高人民法院审判委员会第 1607 次会议《关于修改关于适用〈中华人民共和国公司法〉若干问题的规定的决定》修正）

为正确适用《中华人民共和国公司法》，结合审判实践，就人民法院审理公司解散和清算案件适用法律问题作出如下规定。

第一条　单独或者合计持有公司全部股东表决权百分之十以上的股东，以下列事由之一提起解散公司诉讼，并符合公司法第一百八十二条规定的，人民法院应予受理：

（一）公司持续两年以上无法召开股东会或者股东大会，公司经营管理发生严重困难的；

（二）股东表决时无法达到法定或者公司章程规定的比例，持续两年以上不能做出有效的股东会或者股东大会决议，公司经营管理发生严重困难的；

（三）公司董事长期冲突，且无法通过股东会或者股东大会解决，公司经营管理发生严重困难的；

（四）经营管理发生其他严重困难，公司继续存续会使股东利益受到重大损失的情形。

股东以知情权、利润分配请求权等权益受到损害，或者公司亏损、财产不足以偿还全部债务，以及公司被吊销企业法人营业执照未进行清算等为由，提起解散公司诉讼的，人民法院不予受理。

第二条　股东提起解散公司诉讼，同时又申请人民法院对公司进行清算的，人民法院对其提出的清算申请不予受理。人民法院可以告知原告，在人民法院判决解散公司后，依据公司法第一百八十三条　和本规定第七条的规定，自行组织清算或者另行申请人民法院对公司进行清算。

第三条　股东提起解散公司诉讼时，向人民法院申请财产保全或者证据保全的，在股东提供担保且不影响公司正常经营的情形下，人民法院可以保全。

第四条　股东提起解散公司诉讼应当以公司为被告。

原告以其他股东为被告一并提起诉讼的，人民法院应当告知原告将其他股东变更为第三人；原告坚持不予变更的，人民法院应当驳回原告对其他股东的起诉。

原告提起解散公司诉讼应当告知其他股东，或者由人民法院通知其参加诉讼。其他股东或者有关利害关系人申请以共同原告或者第三人身份参加诉讼的，人民法院应予准许。

第五条　人民法院审理解散公司诉讼案件，应当注重调解。当事人协商同意由公司或者股东收购股份，或者以减资等方式使公司存续，且不违反法律、行政法规强制性规定的，人民法院应予支持。当事人不能协商一致使公司存续的，人民法院应当及时判决。

经人民法院调解公司收购原告股份的，公司应当自调解书生效之日起六个月内将股份转让或者注销。股份转让或者注销之前,原告不得以公司收购其股份为由对抗公司债权人。

第六条 人民法院关于解散公司诉讼作出的判决,对公司全体股东具有法律约束力。

人民法院判决驳回解散公司诉讼请求后,提起该诉讼的股东或者其他股东又以同一事实和理由提起解散公司诉讼的,人民法院不予受理。

第七条 公司应当依照公司法第一百八十三条的规定,在解散事由出现之日起十五日内成立清算组,开始自行清算。

有下列情形之一,债权人申请人民法院指定清算组进行清算的,人民法院应予受理:

(一)公司解散逾期不成立清算组进行清算的;

(二)虽然成立清算组但故意拖延清算的;

(三)违法清算可能严重损害债权人或者股东利益的。

具有本条 第二款所列情形,而债权人未提起清算申请,公司股东申请人民法院指定清算组对公司进行清算的,人民法院应予受理。

第八条 人民法院受理公司清算案件,应当及时指定有关人员组成清算组。

清算组成员可以从下列人员或者机构中产生:

(一)公司股东、董事、监事、高级管理人员;

(二)依法设立的律师事务所、会计师事务所、破产清算事务所等社会中介机构;

(三)依法设立的律师事务所、会计师事务所、破产清算事务所等社会中介机构中具备相关专业知识并取得执业资格的人员。

第九条 人民法院指定的清算组成员有下列情形之一的,人民法院可以根据债权人、股东的申请,或者依职权更换清算组成员:

(一)有违反法律或者行政法规的行为;

(二)丧失执业能力或者民事行为能力;

(三)有严重损害公司或者债权人利益的行为。

第十条 公司依法清算结束并办理注销登记前,有关公司的民事诉讼,应当以公司的名义进行。

公司成立清算组的,由清算组负责人代表公司参加诉讼;尚未成立清算组的,由原法定代表人代表公司参加诉讼。

第十一条 公司清算时,清算组应当按照公司法第一百八十五条的规定,将公司解散清算事宜书面通知全体已知债权人,并根据公司规模和营业地域范围在全国或者公司注册登记地省级有影响的报纸上进行公告。

清算组未按照前款规定履行通知和公告义务，导致债权人未及时申报债权而未获清偿，债权人主张清算组成员对因此造成的损失承担赔偿责任的，人民法院应依法予以支持。

第十二条 公司清算时，债权人对清算组核定的债权有异议的，可以要求清算组重新核定。清算组不重新核定，或者债权人对重新核定的债权仍有异议，债权人以公司为被告向人民法院提起诉讼请求确认的，人民法院应予受理。

第十三条 债权人在规定的期限内未申报债权，在公司清算程序终结前补充申报的，清算组应予登记。

公司清算程序终结，是指清算报告经股东会、股东大会或者人民法院确认完毕。

第十四条 债权人补充申报的债权，可以在公司尚未分配财产中依法清偿。公司尚未分配财产不能全额清偿，债权人主张股东以其在剩余财产分配中已经取得的财产予以清偿的，人民法院应予支持；但债权人因重大过错未在规定期限内申报债权的除外。

债权人或者清算组，以公司尚未分配财产和股东在剩余财产分配中已经取得的财产，不能全额清偿补充申报的债权为由，向人民法院提出破产清算申请的，人民法院不予受理。

第十五条 公司自行清算的，清算方案应当报股东会或者股东大会决议确认；人民法院组织清算的，清算方案应当报人民法院确认。未经确认的清算方案，清算组不得执行。

执行未经确认的清算方案给公司或者债权人造成损失，公司、股东或者债权人主张清算组成员承担赔偿责任的，人民法院应依法予以支持。

第十六条 人民法院组织清算的，清算组应当自成立之日起六个月内清算完毕。

因特殊情况无法在六个月内完成清算的，清算组应当向人民法院申请延长。

第十七条 人民法院指定的清算组在清理公司财产、编制资产负债表和财产清单时，发现公司财产不足清偿债务的，可以与债权人协商制作有关债务清偿方案。

债务清偿方案经全体债权人确认且不损害其他利害关系人利益的，人民法院可依清算组的申请裁定予以认可。清算组依据该清偿方案清偿债务后，应当向人民法院申请裁定终结清算程序。

债权人对债务清偿方案不予确认或者人民法院不予认可的，清算组应当依法向人民法院申请宣告破产。

第十八条 有限责任公司的股东、股份有限公司的董事和控股股东未在法定期限内成立清算组开始清算，导致公司财产贬值、流失、毁损或者灭失，债权人主张其在造成损失范围内对公司债务承担赔偿责任的，人民法院应依法予以支持。

有限责任公司的股东、股份有限公司的董事和控股股东因怠于履行义务，导致公司主要财产、账册、重要文件等灭失，无法进行清算，债权人主张其对公司债务承担连带清偿责任的，人民法院应依法予以支持。

上述情形系实际控制人原因造成，债权人主张实际控制人对公司债务承担相应民事责任的，人民法院应依法予以支持。

第十九条 有限责任公司的股东、股份有限公司的董事和控股股东，以及公司的实际控制人在公司解散后，恶意处置公司财产给债权人造成损失，或者未经依法清算，以虚假的清算报告骗取公司登记机关办理法人注销登记，债权人主张其对公司债务承担相应赔偿责任的，人民法院应依法予以支持。

第二十条 公司解散应当在依法清算完毕后，申请办理注销登记。公司未经清算即办理注销登记，导致公司无法进行清算，债权人主张有限责任公司的股东、股份有限公司的董事和控股股东，以及公司的实际控制人对公司债务承担清偿责任的，人民法院应依法予以支持。

公司未经依法清算即办理注销登记，股东或者第三人在公司登记机关办理注销登记时承诺对公司债务承担责任，债权人主张其对公司债务承担相应民事责任的，人民法院应依法予以支持。

第二十一条 有限责任公司的股东、股份有限公司的董事和控股股东，以及公司的实际控制人为二人以上的，其中一人或者数人按照本规定第十八条和第二十条第一款的规定承担民事责任后，主张其他人员按照过错大小分担责任的，人民法院应依法予以支持。

第二十二条 公司解散时，股东尚未缴纳的出资均应作为清算财产。股东尚未缴纳的出资，包括到期应缴未缴的出资，以及依照公司法第二十六条和第八十条的规定分期缴纳尚未届满缴纳期限的出资。

公司财产不足以清偿债务时，债权人主张未缴出资股东，以及公司设立时的其他股东或者发起人在未缴出资范围内对公司债务承担连带清偿责任的，人民法院应依法予以支持。

第二十三条 清算组成员从事清算事务时，违反法律、行政法规或者公司章程给公司或者债权人造成损失，公司或者债权人主张其承担赔偿责任的，人民法院应依法予以支持。

有限责任公司的股东、股份有限公司连续一百八十日以上单独或者合计持有公司百分之一以上股份的股东，依据公司法第一百五十一条第三款的规定，以清算组成员有前款所述行为为由向人民法院提起诉讼的，人民法院应予受理。

公司已经清算完毕注销，上述股东参照公司法第一百五十一条第三款的规定，直接以清算组成员为被告、其他股东为第三人向人民法院提起诉讼的，人民法院应予受理。

第二十四条 解散公司诉讼案件和公司清算案件由公司住所地人民法院管辖。公司住所地是指公司主要办事机构所在地。公司办事机构所在地不明确的，由其注册地人民法院管辖。

基层人民法院管辖县、县级市或者区的公司登记机关核准登记公司的解散诉讼案件和公司清算案件；中级人民法院管辖地区、地级市以上的公司登记机关核准登记公司的解散诉讼案件和公司清算案件。

4. 最高人民法院关于适用《中华人民共和国公司法》若干问题的规定（三）

（法释〔2011〕3号）

《最高人民法院关于适用〈中华人民共和国公司法〉若干问题的规定（三）》已于2010年12月6日由最高人民法院审判委员会第1504次会议通过，现予公布，自2011年2月16日施行。

二〇一一年一月二十七日

为正确适用《中华人民共和国公司法》，结合审判实践，就人民法院审理公司设立、出资、股权确认等纠纷案件适用法律问题作出如下规定。

第一条 为设立公司而签署公司章程、向公司认购出资或者股份并履行公司设立职责的人，应当认定为公司的发起人，包括有限责任公司设立时的股东。

第二条 发起人为设立公司以自己名义对外签订合同，合同相对人请求该发起人承担合同责任的，人民法院应予支持。

公司成立后对前款规定的合同予以确认，或者已经实际享有合同权利或者履行合同义务，合同相对人请求公司承担合同责任的，人民法院应予支持。

第三条 发起人以设立中公司名义对外签订合同，公司成立后合同相对人请求公司承担合同责任的，人民法院应予支持。

公司成立后有证据证明发起人利用设立中公司的名义为自己的利益与相对人签订合同，公司以此为由主张不承担合同责任的，人民法院应予支持，但相对人为善意的除外。

第四条 公司因故未成立，债权人请求全体或者部分发起人对设立公司行为所产生的费用和债务承担连带清偿责任的，人民法院应予支持。

部分发起人依照前款规定承担责任后，请求其他发起人分担的，人民法院应当判令其他发起人按照约定的责任承担比例分担责任；没有约定责任承担比例的，按照约定的出资比例分担责任；没有约定出资比例的，按照均等份额分担责任。

因部分发起人的过错导致公司未成立，其他发起人主张其承担设立行为所产生的费用和债务的，人民法院应当根据过错情况，确定过错一方的责任范围。

第五条 发起人因履行公司设立职责造成他人损害，公司成立后受害人请求公司承担侵权赔偿责任的，人民法院应予支持；公司未成立，受害人请求全体发起人承担连带赔偿责任的，人民法院应予支持。

公司或者无过错的发起人承担赔偿责任后，可以向有过错的发起人追偿。

第六条 股份有限公司的认股人未按期缴纳所认股份的股款，经公司发起人催缴后在合理期间内仍未缴纳，公司发起人对该股份另行募集的，人民法院应当认定该募集行为有效。认股人延期缴纳股款给公司造成损失，公司请求该认股人承担赔偿责任的，人民法院应予支持。

第七条 出资人以不享有处分权的财产出资，当事人之间对于出资行为效力产生争议的，人民法院可以参照物权法第一百零六条的规定予以认定。

以贪污、受贿、侵占、挪用等违法犯罪所得的货币出资后取得股权的，对违法犯罪行为予以追究、处罚时，应当采取拍卖或者变卖的方式处置其股权。

第八条 出资人以划拨土地使用权出资，或者以设定权利负担的土地使用权出资，公司、其他股东或者公司债权人主张认定出资人未履行出资义务的，人民法院应当责令当事人在指定的合理期间内办理土地变更手续或者解除权利负担；逾期未办理或者未解除的，人民法院应当认定出资人未依法全面履行出资义务。

第九条 出资人以非货币财产出资，未依法评估作价，公司、其他股东或者公司债权人请求认定出资人未履行出资义务的，人民法院应当委托具有合法资格的评估机构对该财产评估作价。评估确定的价额显著低于公司章程所定价额的，人民法院应当认定出资人未依法全面履行出资义务。

第十条 出资人以房屋、土地使用权或者需要办理权属登记的知识产权等财产出资，已经交付公司使用但未办理权属变更手续，公司、其他股东或者公司债权人主张认定出资人未履行出资义务的，人民法院应当责令当事人在指定的合理期间内办理权属变更手续；在前述期间内办理了权属变更手续的，人民法院应当认定其已经履行了出资义务；出资人主张自其实际交付财产给公司使用时享有相应股东权利的，人民法院应予支持。

出资人以前款规定的财产出资，已经办理权属变更手续但未交付给公司使用，公司或者其他股东主张其向公司交付、并在实际交付之前不享有相应股东权利的，人民法院应予支持。

第十一条　出资人以其他公司股权出资，符合下列条件的，人民法院应当认定出资人已履行出资义务：

（一）出资的股权由出资人合法持有并依法可以转让；

（二）出资的股权无权利瑕疵或者权利负担；

（三）出资人已履行关于股权转让的法定手续；

（四）出资的股权已依法进行了价值评估。

股权出资不符合前款第（一）、（二）、（三）项的规定，公司、其他股东或者公司债权人请求认定出资人未履行出资义务的，人民法院应当责令该出资人在指定的合理期间内采取补正措施，以符合上述条件；逾期未补正的，人民法院应当认定其未依法全面履行出资义务。

股权出资不符合本条第一款第（四）项的规定，公司、其他股东或者公司债权人请求认定出资人未履行出资义务的，人民法院应当按照本规定第九条的规定处理。

第十二条　公司成立后，公司、股东或者公司债权人以相关股东的行为符合下列情形之一且损害公司权益为由，请求认定该股东抽逃出资的，人民法院应予支持：

（一）将出资款项转入公司账户验资后又转出；

（二）通过虚构债权债务关系将其出资转出；

（三）制作虚假财务会计报表虚增利润进行分配；

（四）利用关联交易将出资转出；

（五）其他未经法定程序将出资抽回的行为。

第十三条　股东未履行或者未全面履行出资义务，公司或者其他股东请求其向公司依法全面履行出资义务的，人民法院应予支持。

公司债权人请求未履行或者未全面履行出资义务的股东在未出资本息范围内对公司债务不能清偿的部分承担补充赔偿责任的，人民法院应予支持；未履行或者未全面履行出资义务的股东已经承担上述责任，其他债权人提出相同请求的，人民法院不予支持。

股东在公司设立时未履行或者未全面履行出资义务，依照本条第一款或者第二款提起诉讼的原告，请求公司的发起人与被告股东承担连带责任的，人民法院应予支持；公司的发起人承担责任后，可以向被告股东追偿。

股东在公司增资时未履行或者未全面履行出资义务，依照本条第一款或者第二款提起诉讼的原告，请求未尽公司法第一百四十八条第一款规定的义务而使出资未缴足的董事、高级管理人员承担相应责任的，人民法院应予支持；董事、高级管理人员承担责任后，可以向被告股东追偿。

第十四条 股东抽逃出资，公司或者其他股东请求其向公司返还出资本息、协助抽逃出资的其他股东、董事、高级管理人员或者实际控制人对此承担连带责任的，人民法院应予支持。

公司债权人请求抽逃出资的股东在抽逃出资本息范围内对公司债务不能清偿的部分承担补充赔偿责任、协助抽逃出资的其他股东、董事、高级管理人员或者实际控制人对此承担连带责任的，人民法院应予支持；抽逃出资的股东已经承担上述责任，其他债权人提出相同请求的，人民法院不予支持。

第十五条 第三人代垫资金协助发起人设立公司，双方明确约定在公司验资后或者在公司成立后将该发起人的出资抽回以偿还该第三人，发起人依照前述约定抽回出资偿还第三人后又不能补足出资，相关权利人请求第三人连带承担发起人因抽回出资而产生的相应责任的，人民法院应予支持。

第十六条 出资人以符合法定条件的非货币财产出资后，因市场变化或者其他客观因素导致出资财产贬值，公司、其他股东或者公司债权人请求该出资人承担补足出资责任的，人民法院不予支持。但是，当事人另有约定的除外。

第十七条 股东未履行或者未全面履行出资义务或者抽逃出资，公司根据公司章程或者股东会决议对其利润分配请求权、新股优先认购权、剩余财产分配请求权等股东权利作出相应的合理限制，该股东请求认定该限制无效的，人民法院不予支持。

第十八条 有限责任公司的股东未履行出资义务或者抽逃全部出资，经公司催告缴纳或者返还，其在合理期间内仍未缴纳或者返还出资，公司以股东会决议解除该股东的股东资格，该股东请求确认该解除行为无效的，人民法院不予支持。

在前款规定的情形下，人民法院在判决时应当释明，公司应当及时办理法定减资程序或者由其他股东或者第三人缴纳相应的出资。在办理法定减资程序或者其他股东或者第三人缴纳相应的出资之前，公司债权人依照本规定第十三条或者第十四条请求相关当事人承担相应责任的，人民法院应予支持。

第十九条 有限责任公司的股东未履行或者未全面履行出资义务即转让股权，受让人对此知道或者应当知道，公司请求该股东履行出资义务、受让人对此承担连带责任的，人民法院应予支持；公司债权人依照本规定第十三条第二款向该股东提起诉讼，同时请求前述受让人对此承担连带责任的，人民法院应予支持。

受让人根据前款规定承担责任后，向该未履行或者未全面履行出资义务的股东追偿的，人民法院应予支持。但是，当事人另有约定的除外。

第二十条 公司股东未履行或者未全面履行出资义务或者抽逃出资，公司或者其他股东请求其向公司全面履行出资义务或者返还出资，被告股东以诉讼时效为由进行抗辩的，人民法院不予支持。

公司债权人的债权未过诉讼时效期间，其依照本规定第十三条第二款、第十四条第二款的规定请求未履行或者未全面履行出资义务或者抽逃出资的股东承担赔偿责任，被告股东以出资义务或者返还出资义务超过诉讼时效期间为由进行抗辩的，人民法院不予支持。

第二十一条 当事人之间对是否已履行出资义务发生争议，原告提供对股东履行出资义务产生合理怀疑证据的，被告股东应当就其已履行出资义务承担举证责任。

第二十二条 当事人向人民法院起诉请求确认其股东资格的，应当以公司为被告，与案件争议股权有利害关系的人作为第三人参加诉讼。

第二十三条 当事人之间对股权归属发生争议，一方请求人民法院确认其享有股权的，应当证明以下事实之一：

（一）已经依法向公司出资或者认缴出资，且不违反法律法规强制性规定；

（二）已经受让或者以其他形式继受公司股权，且不违反法律法规强制性规定。

第二十四条 当事人依法履行出资义务或者依法继受取得股权后，公司未根据公司法第三十二条、第三十三条的规定签发出资证明书、记载于股东名册并办理公司登记机关登记，当事人请求公司履行上述义务的，人民法院应予支持。

第二十五条 有限责任公司的实际出资人与名义出资人订立合同，约定由实际出资人出资并享有投资权益，以名义出资人为名义股东，实际出资人与名义股东对该合同效力发生争议的，如无合同法第五十二条规定的情形，人民法院应当认定该合同有效。

前款规定的实际出资人与名义股东因投资权益的归属发生争议,实际出资人以其实际履行了出资义务为由向名义股东主张权利的,人民法院应予支持。名义股东以公司股东名册记载、公司登记机关登记为由否认实际出资人权利的,人民法院不予支持。

实际出资人未经公司其他股东半数以上同意,请求公司变更股东、签发出资证明书、记载于股东名册、记载于公司章程并办理公司登记机关登记的,人民法院不予支持。

第二十六条 名义股东将登记于其名下的股权转让、质押或者以其他方式处分,实际出资人以其对于股权享有实际权利为由,请求认定处分股权行为无效的,人民法院可以参照物权法第一百零六条的规定处理。

名义股东处分股权造成实际出资人损失,实际出资人请求名义股东承担赔偿责任的,人民法院应予支持。

第二十七条 公司债权人以登记于公司登记机关的股东未履行出资义务为由,请求其对公司债务不能清偿的部分在未出资本息范围内承担补充赔偿责任,股东以其仅为名义股东而非实际出资人为由进行抗辩的,人民法院不予支持。

名义股东根据前款规定承担赔偿责任后,向实际出资人追偿的,人民法院应予支持。

第二十八条 股权转让后尚未向公司登记机关办理变更登记,原股东将仍登记于其名下的股权转让、质押或者以其他方式处分,受让股东以其对于股权享有实际权利为由,请求认定处分股权行为无效的,人民法院可以参照物权法第一百零六条的规定处理。

原股东处分股权造成受让股东损失,受让股东请求原股东承担赔偿责任、对于未及时办理变更登记有过错的董事、高级管理人员或者实际控制人承担相应责任的,人民法院应予支持;受让股东对于未及时办理变更登记也有过错的,可以适当减轻上述董事、高级管理人员或者实际控制人的责任。

第二十九条 冒用他人名义出资并将该他人作为股东在公司登记机关登记的,冒名登记行为人应当承担相应责任;公司、其他股东或者公司债权人以未履行出资义务为由,请求被冒名登记为股东的承担补足出资责任或者对公司债务不能清偿部分的赔偿责任的,人民法院不予支持。

5. 中华人民共和国合伙企业法

(1997 年 2 月 23 日第八届全国人民代表大会常务委员会第二十四次会议通过
2006 年 8 月 27 日第十届全国人民代表大会常务委员会第二十三次会议修订)

第一章 总 则

第一条 为了规范合伙企业的行为，保护合伙企业及其合伙人、债权人的合法权益，维护社会经济秩序，促进社会主义市场经济的发展，制定本法。

第二条 本法所称合伙企业，是指自然人、法人和其他组织依照本法在中国境内设立的普通合伙企业和有限合伙企业。

普通合伙企业由普通合伙人组成，合伙人对合伙企业债务承担无限连带责任。本法对普通合伙人承担责任的形式有特别规定的，从其规定。

有限合伙企业由普通合伙人和有限合伙人组成，普通合伙人对合伙企业债务承担无限连带责任，有限合伙人以其认缴的出资额为限对合伙企业债务承担责任。

第三条 国有独资公司、国有企业、上市公司以及公益性的事业单位、社会团体不得成为普通合伙人。

第四条 合伙协议依法由全体合伙人协商一致、以书面形式订立。

第五条 订立合伙协议、设立合伙企业，应当遵循自愿、平等、公平、诚实信用原则。

第六条 合伙企业的生产经营所得和其他所得，按照国家有关税收规定，由合伙人分别缴纳所得税。

第七条 合伙企业及其合伙人必须遵守法律、行政法规，遵守社会公德、商业道德，承担社会责任。

第八条 合伙企业及其合伙人的合法财产及其权益受法律保护。

第九条 申请设立合伙企业，应当向企业登记机关提交登记申请书、合伙协议书、合伙人身份证明等文件。

合伙企业的经营范围中有属于法律、行政法规规定在登记前须经批准的项目的，该项经营业务应当依法经过批准，并在登记时提交批准文件。

第十条 申请人提交的登记申请材料齐全、符合法定形式，企业登记机关能够当场登记的，应予当场登记，发给营业执照。

除前款规定情形外，企业登记机关应当自受理申请之日起二十日内，作出是否登记的决定。予以登记的，发给营业执照；不予登记的，应当给予书面答复，并说明理由。

第十一条 合伙企业的营业执照签发日期，为合伙企业成立日期。

合伙企业领取营业执照前，合伙人不得以合伙企业名义从事合伙业务。

第十二条 合伙企业设立分支机构，应当向分支机构所在地的企业登记机关申请登记，领取营业执照。

第十三条 合伙企业登记事项发生变更的，执行合伙事务的合伙人应当自作出变更决定或者发生变更事由之日起十五日内，向企业登记机关申请办理变更登记。

第二章 普通合伙企业

第一节 合伙企业设立

第十四条 设立合伙企业，应当具备下列条件：

（一）有二个以上合伙人。合伙人为自然人的，应当具有完全民事行为能力；

（二）有书面合伙协议；

（三）有合伙人认缴或者实际缴付的出资；

（四）有合伙企业的名称和生产经营场所；

（五）法律、行政法规规定的其他条件。

第十五条 合伙企业名称中应当标明"普通合伙"字样。

第十六条 合伙人可以用货币、实物、知识产权、土地使用权或者其他财产权利出资，也可以用劳务出资。

合伙人以实物、知识产权、土地使用权或者其他财产权利出资，需要评估作价的，可以由全体合伙人协商确定，也可以由全体合伙人委托法定评估机构评估。

合伙人以劳务出资的，其评估办法由全体合伙人协商确定，并在合伙协议中载明。

第十七条 合伙人应当按照合伙协议约定的出资方式、数额和缴付期限，履行出资义务。

以非货币财产出资的，依照法律、行政法规的规定，需要办理财产权转移手续的，应当依法办理。

第十八条 合伙协议应当载明下列事项：

（一）合伙企业的名称和主要经营场所的地点；

（二）合伙目的和合伙经营范围；

（三）合伙人的姓名或者名称、住所；

（四）合伙人的出资方式、数额和缴付期限；

（五）利润分配、亏损分担方式；

（六）合伙事务的执行；

（七）入伙与退伙；

（八）争议解决办法；

（九）合伙企业的解散与清算；

（十）违约责任。

第十九条　合伙协议经全体合伙人签名、盖章后生效。合伙人按照合伙协议享有权利，履行义务。

修改或者补充合伙协议，应当经全体合伙人一致同意；但是，合伙协议另有约定的除外。

合伙协议未约定或者约定不明确的事项，由合伙人协商决定；协商不成的，依照本法和其他有关法律、行政法规的规定处理。

第二节　合伙企业财产

第二十条　合伙人的出资、以合伙企业名义取得的收益和依法取得的其他财产，均为合伙企业的财产。

第二十一条　合伙人在合伙企业清算前，不得请求分割合伙企业的财产；但是，本法另有规定的除外。

合伙人在合伙企业清算前私自转移或者处分合伙企业财产的，合伙企业不得以此对抗善意第三人。

第二十二条　除合伙协议另有约定外，合伙人向合伙人以外的人转让其在合伙企业中的全部或者部分财产份额时，须经其他合伙人一致同意。

合伙人之间转让在合伙企业中的全部或者部分财产份额时，应当通知其他合伙人。

第二十三条　合伙人向合伙人以外的人转让其在合伙企业中的财产份额的，在同等条件下，其他合伙人有优先购买权；但是，合伙协议另有约定的除外。

第二十四条　合伙人以外的人依法受让合伙人在合伙企业中的财产份额的，经修改合伙协议即成为合伙企业的合伙人，依照本法和修改后的合伙协议享有权利，履行义务。

第二十五条 合伙人以其在合伙企业中的财产份额出质的，须经其他合伙人一致同意；未经其他合伙人一致同意，其行为无效，由此给善意第三人造成损失的，由行为人依法承担赔偿责任。

第三节 合伙事务执行

第二十六条 合伙人对执行合伙事务享有同等的权利。

按照合伙协议的约定或者经全体合伙人决定，可以委托一个或者数个合伙人对外代表合伙企业，执行合伙事务。

作为合伙人的法人、其他组织执行合伙事务的，由其委派的代表执行。

第二十七条 依照本法第二十六条第二款规定委托一个或者数个合伙人执行合伙事务的，其他合伙人不再执行合伙事务。

不执行合伙事务的合伙人有权监督执行事务合伙人执行合伙事务的情况。

第二十八条 由一个或者数个合伙人执行合伙事务的，执行事务合伙人应当定期向其他合伙人报告事务执行情况以及合伙企业的经营和财务状况，其执行合伙事务所产生的收益归合伙企业，所产生的费用和亏损由合伙企业承担。

合伙人为了解合伙企业的经营状况和财务状况，有权查阅合伙企业会计账簿等财务资料。

第二十九条 合伙人分别执行合伙事务的，执行事务合伙人可以对其他合伙人执行的事务提出异议。提出异议时，应当暂停该项事务的执行。如果发生争议，依照本法第三十条规定作出决定。

受委托执行合伙事务的合伙人不按照合伙协议或者全体合伙人的决定执行事务的，其他合伙人可以决定撤销该委托。

第三十条 合伙人对合伙企业有关事项作出决议，按照合伙协议约定的表决办法办理。合伙协议未约定或者约定不明确的，实行合伙人一人一票并经全体合伙人过半数通过的表决办法。

本法对合伙企业的表决办法另有规定的，从其规定。

第三十一条 除合伙协议另有约定外，合伙企业的下列事项应当经全体合伙人一致同意：

（一）改变合伙企业的名称；

（二）改变合伙企业的经营范围、主要经营场所的地点；

（三）处分合伙企业的不动产；

（四）转让或者处分合伙企业的知识产权和其他财产权利；

（五）以合伙企业名义为他人提供担保；

（六）聘任合伙人以外的人担任合伙企业的经营管理人员。

第三十二条　合伙人不得自营或者同他人合作经营与本合伙企业相竞争的业务。

除合伙协议另有约定或者经全体合伙人一致同意外，合伙人不得同本合伙企业进行交易。

合伙人不得从事损害本合伙企业利益的活动。

第三十三条　合伙企业的利润分配、亏损分担，按照合伙协议的约定办理；合伙协议未约定或者约定不明确的，由合伙人协商决定；协商不成的，由合伙人按照实缴出资比例分配、分担；无法确定出资比例的，由合伙人平均分配、分担。

合伙协议不得约定将全部利润分配给部分合伙人或者由部分合伙人承担全部亏损。

第三十四条　合伙人按照合伙协议的约定或者经全体合伙人决定，可以增加或者减少对合伙企业的出资。

第三十五条　被聘任的合伙企业的经营管理人员应当在合伙企业授权范围内履行职务。

被聘任的合伙企业的经营管理人员，超越合伙企业授权范围履行职务，或者在履行职务过程中因故意或者重大过失给合伙企业造成损失的，依法承担赔偿责任。

第三十六条　合伙企业应当依照法律、行政法规的规定建立企业财务、会计制度。

第四节　合伙企业与第三人关系

第三十七条　合伙企业对合伙人执行合伙事务以及对外代表合伙企业权利的限制，不得对抗善意第三人。

第三十八条　合伙企业对其债务，应先以其全部财产进行清偿。

第三十九条　合伙企业不能清偿到期债务的，合伙人承担无限连带责任。

第四十条　合伙人由于承担无限连带责任，清偿数额超过本法第三十三条第一款规定的其亏损分担比例的，有权向其他合伙人追偿。

第四十一条　合伙人发生与合伙企业无关的债务，相关债权人不得以其债权抵销其对合伙企业的债务；也不得代位行使合伙人在合伙企业中的权利。

第四十二条　合伙人的自有财产不足清偿其与合伙企业无关的债务的，该合伙人可以以其从合伙企业中分取的收益用于清偿；债权人也可以依法请求人民法院强制执行该合伙人在合伙企业中的财产份额用于清偿。

人民法院强制执行合伙人的财产份额时，应当通知全体合伙人，其他合伙人有优先购买权；其他合伙人未购买，又不同意将该财产份额转让给他人的，依照本法第五十一条的规定为该合伙人办理退伙结算，或者办理削减该合伙人相应财产份额的结算。

第五节　入伙、退伙

第四十三条　新合伙人入伙，除合伙协议另有约定外，应当经全体合伙人一致同意，并依法订立书面入伙协议。

订立入伙协议时，原合伙人应当向新合伙人如实告知原合伙企业的经营状况和财务状况。

第四十四条　入伙的新合伙人与原合伙人享有同等权利，承担同等责任。入伙协议另有约定的，从其约定。

新合伙人对入伙前合伙企业的债务承担无限连带责任。

第四十五条　合伙协议约定合伙期限的，在合伙企业存续期间，有下列情形之一的，合伙人可以退伙：

（一）合伙协议约定的退伙事由出现；

（二）经全体合伙人一致同意；

（三）发生合伙人难以继续参加合伙的事由；

（四）其他合伙人严重违反合伙协议约定的义务。

第四十六条　合伙协议未约定合伙期限的，合伙人在不给合伙企业事务执行造成不利影响的情况下，可以退伙，但应当提前三十日通知其他合伙人。

第四十七条　合伙人违反本法第四十五条、第四十六条的规定退伙的，应当赔偿由此给合伙企业造成的损失。

第四十八条　合伙人有下列情形之一的，当然退伙：

（一）作为合伙人的自然人死亡或者被依法宣告死亡；

（二）个人丧失偿债能力；

（三）作为合伙人的法人或者其他组织依法被吊销营业执照、责令关闭撤销，或者被宣告破产；

（四）法律规定或者合伙协议约定合伙人必须具有相关资格而丧失该资格；

（五）合伙人在合伙企业中的全部财产份额被人民法院强制执行。

合伙人被依法认定为无民事行为能力人或者限制民事行为能力人的，经其他合伙人一致同意，可以依法转为有限合伙人，普通合伙企业依法转为有限合伙企业。其他合伙人未能一致同意的，该无民事行为能力或者限制民事行为能力的合伙人退伙。

退伙事由实际发生之日为退伙生效日。

第四十九条 合伙人有下列情形之一的，经其他合伙人一致同意，可以决议将其除名：

（一）未履行出资义务；

（二）因故意或者重大过失给合伙企业造成损失；

（三）执行合伙事务时有不正当行为；

（四）发生合伙协议约定的事由。

对合伙人的除名决议应当书面通知被除名人。被除名人接到除名通知之日，除名生效，被除名人退伙。

被除名人对除名决议有异议的，可以自接到除名通知之日起三十日内，向人民法院起诉。

第五十条 合伙人死亡或者被依法宣告死亡的，对该合伙人在合伙企业中的财产份额享有合法继承权的继承人，按照合伙协议的约定或者经全体合伙人一致同意，从继承开始之日起，取得该合伙企业的合伙人资格。

有下列情形之一的，合伙企业应当向合伙人的继承人退还被继承合伙人的财产份额：

（一）继承人不愿意成为合伙人；

（二）法律规定或者合伙协议约定合伙人必须具有相关资格，而该继承人未取得该资格；

（三）合伙协议约定不能成为合伙人的其他情形。

合伙人的继承人为无民事行为能力人或者限制民事行为能力人的，经全体合伙人一致同意，可以依法成为有限合伙人，普通合伙企业依法转为有限合伙企业。全体合伙人未能一致同意的，合伙企业应当将被继承合伙人的财产份额退还该继承人。

第五十一条 合伙人退伙，其他合伙人应当与该退伙人按照退伙时的合伙企业财产状况进行结算，退还退伙人的财产份额。退伙人对给合伙企业造成的损失负有赔偿责任的，相应扣减其应当赔偿的数额。

退伙时有未了结的合伙企业事务的，待该事务了结后进行结算。

第五十二条 退伙人在合伙企业中财产份额的退还办法，由合伙协议约定或者由全体合伙人决定，可以退还货币，也可以退还实物。

第五十三条 退伙人对基于其退伙前的原因发生的合伙企业债务，承担无限连带责任。

第五十四条 合伙人退伙时，合伙企业财产少于合伙企业债务的，退伙人应当依照本法第三十三条第一款的规定分担亏损。

第六节 特殊的普通合伙企业

第五十五条 以专业知识和专门技能为客户提供有偿服务的专业服务机构，可以设立为特殊的普通合伙企业。

特殊的普通合伙企业是指合伙人依照本法第五十七条的规定承担责任的普通合伙企业。

特殊的普通合伙企业适用本节规定；本节未作规定的，适用本章第一节至第五节的规定。

第五十六条 特殊的普通合伙企业名称中应当标明"特殊普通合伙"字样。

第五十七条 一个合伙人或者数个合伙人在执业活动中因故意或者重大过失造成合伙企业债务的，应当承担无限责任或者无限连带责任，其他合伙人以其在合伙企业中的财产份额为限承担责任。

合伙人在执业活动中非因故意或者重大过失造成的合伙企业债务以及合伙企业的其他债务，由全体合伙人承担无限连带责任。

第五十八条 合伙人执业活动中因故意或者重大过失造成的合伙企业债务，以合伙企业财产对外承担责任后，该合伙人应当按照合伙协议的约定对给合伙企业造成的损失承担赔偿责任。

第五十九条 特殊的普通合伙企业应当建立执业风险基金、办理职业保险。

执业风险基金用于偿付合伙人执业活动造成的债务。执业风险基金应当单独立户管理。具体管理办法由国务院规定。

第三章 有限合伙企业

第六十条 有限合伙企业及其合伙人适用本章规定；本章未作规定的，适用本法第二章第一节至第五节关于普通合伙企业及其合伙人的规定。

第六十一条 有限合伙企业由二个以上五十个以下合伙人设立；但是，法律另有规定的除外。

有限合伙企业至少应当有一个普通合伙人。

第六十二条 有限合伙企业名称中应当标明"有限合伙"字样。

第六十三条 合伙协议除符合本法第十八条的规定外，还应当载明下列事项：

（一）普通合伙人和有限合伙人的姓名或者名称、住所；

（二）执行事务合伙人应具备的条件和选择程序；

（三）执行事务合伙人权限与违约处理办法；

（四）执行事务合伙人的除名条件和更换程序；

（五）有限合伙人入伙、退伙的条件、程序以及相关责任；

（六）有限合伙人和普通合伙人相互转变程序。

第六十四条 有限合伙人可以用货币、实物、知识产权、土地使用权或者其他财产权利作价出资。

有限合伙人不得以劳务出资。

第六十五条 有限合伙人应当按照合伙协议的约定按期足额缴纳出资；未按期足额缴纳的，应当承担补缴义务，并对其他合伙人承担违约责任。

第六十六条 有限合伙企业登记事项中应当载明有限合伙人的姓名或者名称及认缴的出资数额。

第六十七条 有限合伙企业由普通合伙人执行合伙事务。执行事务合伙人可以要求在合伙协议中确定执行事务的报酬及报酬提取方式。

第六十八条 有限合伙人不执行合伙事务，不得对外代表有限合伙企业。

有限合伙人的下列行为，不视为执行合伙事务：

（一）参与决定普通合伙人入伙、退伙；

（二）对企业的经营管理提出建议；

（三）参与选择承办有限合伙企业审计业务的会计师事务所；

（四）获取经审计的有限合伙企业财务会计报告；

（五）对涉及自身利益的情况，查阅有限合伙企业财务会计账簿等财务资料；

（六）在有限合伙企业中的利益受到侵害时，向有责任的合伙人主张权利或者提起诉讼；

（七）执行事务合伙人怠于行使权利时，督促其行使权利或者为了本企业的利益以自己的名义提起诉讼；

（八）依法为本企业提供担保。

第六十九条 有限合伙企业不得将全部利润分配给部分合伙人；但是，合伙协议另有约定的除外。

第七十条 有限合伙人可以同本有限合伙企业进行交易；但是，合伙协议另有约定的除外。

第七十一条 有限合伙人可以自营或者同他人合作经营与本有限合伙企业

相竞争的业务；但是，合伙协议另有约定的除外。

第七十二条 有限合伙人可以将其在有限合伙企业中的财产份额出质；但是，合伙协议另有约定的除外。

第七十三条 有限合伙人可以按照合伙协议的约定向合伙人以外的人转让其在有限合伙企业中的财产份额，但应当提前三十日通知其他合伙人。

第七十四条 有限合伙人的自有财产不足清偿其与合伙企业无关的债务的，该合伙人可以以其从有限合伙企业中分取的收益用于清偿；债权人也可以依法请求人民法院强制执行该合伙人在有限合伙企业中的财产份额用于清偿。

人民法院强制执行有限合伙人的财产份额时，应当通知全体合伙人。在同等条件下，其他合伙人有优先购买权。

第七十五条 有限合伙企业仅剩有限合伙人的，应当解散；有限合伙企业仅剩普通合伙人的，转为普通合伙企业。

第七十六条 第三人有理由相信有限合伙人为普通合伙人并与其交易的，该有限合伙人对该笔交易承担与普通合伙人同样的责任。

有限合伙人未经授权以有限合伙企业名义与他人进行交易，给有限合伙企业或者其他合伙人造成损失的，该有限合伙人应当承担赔偿责任。

第七十七条 新入伙的有限合伙人对入伙前有限合伙企业的债务，以其认缴的出资额为限承担责任。

第七十八条 有限合伙人有本法第四十八条第一款第一项、第三项至第五项所列情形之一的，当然退伙。

第七十九条 作为有限合伙人的自然人在有限合伙企业存续期间丧失民事行为能力的，其他合伙人不得因此要求其退伙。

第八十条 作为有限合伙人的自然人死亡、被依法宣告死亡或者作为有限合伙人的法人及其他组织终止时，其继承人或者权利承受人可以依法取得该有限合伙人在有限合伙企业中的资格。

第八十一条 有限合伙人退伙后，对基于其退伙前的原因发生的有限合伙企业债务，以其退伙时从有限合伙企业中取回的财产承担责任。

第八十二条 除合伙协议另有约定外，普通合伙人转变为有限合伙人，或者有限合伙人转变为普通合伙人，应当经全体合伙人一致同意。

第八十三条 有限合伙人转变为普通合伙人的，对其作为有限合伙人期间有限合伙企业发生的债务承担无限连带责任。

第八十四条 普通合伙人转变为有限合伙人的，对其作为普通合伙人期间合伙企业发生的债务承担无限连带责任。

第四章　合伙企业解散、清算

第八十五条　合伙企业有下列情形之一的，应当解散：

（一）合伙期限届满，合伙人决定不再经营；

（二）合伙协议约定的解散事由出现；

（三）全体合伙人决定解散；

（四）合伙人已不具备法定人数满三十天；

（五）合伙协议约定的合伙目的已经实现或者无法实现；

（六）依法被吊销营业执照、责令关闭或者被撤销；

（七）法律、行政法规规定的其他原因。

第八十六条　合伙企业解散，应当由清算人进行清算。

清算人由全体合伙人担任；经全体合伙人过半数同意，可以自合伙企业解散事由出现后十五日内指定一个或者数个合伙人，或者委托第三人，担任清算人。

自合伙企业解散事由出现之日起十五日内未确定清算人的，合伙人或者其他利害关系人可以申请人民法院指定清算人。

第八十七条　清算人在清算期间执行下列事务：

（一）清理合伙企业财产，分别编制资产负债表和财产清单；

（二）处理与清算有关的合伙企业未了结事务；

（三）清缴所欠税款；

（四）清理债权、债务；

（五）处理合伙企业清偿债务后的剩余财产；

（六）代表合伙企业参加诉讼或者仲裁活动。

第八十八条　清算人自被确定之日起十日内将合伙企业解散事项通知债权人，并于六十日内在报纸上公告。债权人应当自接到通知书之日起三十日内，未接到通知书的自公告之日起四十五日内，向清算人申报债权。

债权人申报债权，应当说明债权的有关事项，并提供证明材料。清算人应当对债权进行登记。

清算期间，合伙企业存续，但不得开展与清算无关的经营活动。

第八十九条　合伙企业财产在支付清算费用和职工工资、社会保险费用、法定补偿金以及缴纳所欠税款、清偿债务后的剩余财产，依照本法第三十三条第一款的规定进行分配。

第九十条　清算结束，清算人应当编制清算报告，经全体合伙人签名、盖章后，在十五日内向企业登记机关报送清算报告，申请办理合伙企业注销登记。

第九十一条 合伙企业注销后，原普通合伙人对合伙企业存续期间的债务仍应承担无限连带责任。

第九十二条 合伙企业不能清偿到期债务的，债权人可以依法向人民法院提出破产清算申请，也可以要求普通合伙人清偿。

合伙企业依法被宣告破产的，普通合伙人对合伙企业债务仍应承担无限连带责任。

第五章　法律责任

第九十三条 违反本法规定，提交虚假文件或者采取其他欺骗手段，取得合伙企业登记的，由企业登记机关责令改正，处以五千元以上五万元以下的罚款；情节严重的，撤销企业登记，并处以五万元以上二十万元以下的罚款。

第九十四条 违反本法规定，合伙企业未在其名称中标明"普通合伙"、"特殊普通合伙"或者"有限合伙"字样的，由企业登记机关责令限期改正，处以二千元以上一万元以下的罚款。

第九十五条 违反本法规定，未领取营业执照，而以合伙企业或者合伙企业分支机构名义从事合伙业务的，由企业登记机关责令停止，处以五千元以上五万元以下的罚款。

合伙企业登记事项发生变更时，未依照本法规定办理变更登记的，由企业登记机关责令限期登记；逾期不登记的，处以二千元以上二万元以下的罚款。

合伙企业登记事项发生变更，执行合伙事务的合伙人未按期申请办理变更登记的，应当赔偿由此给合伙企业、其他合伙人或者善意第三人造成的损失。

第九十六条 合伙人执行合伙事务，或者合伙企业从业人员利用职务上的便利，将应当归合伙企业的利益据为己有的，或者采取其他手段侵占合伙企业财产的，应当将该利益和财产退还合伙企业；给合伙企业或者其他合伙人造成损失的，依法承担赔偿责任。

第九十七条 合伙人对本法规定或者合伙协议约定必须经全体合伙人一致同意始得执行的事务擅自处理，给合伙企业或者其他合伙人造成损失的，依法承担赔偿责任。

第九十八条 不具有事务执行权的合伙人擅自执行合伙事务，给合伙企业或者其他合伙人造成损失的，依法承担赔偿责任。

第九十九条 合伙人违反本法规定或者合伙协议的约定，从事与本合伙企业相竞争的业务或者与本合伙企业进行交易的，该收益归合伙企业所有；给合伙企业或者其他合伙人造成损失的，依法承担赔偿责任。

第一百条　清算人未依照本法规定向企业登记机关报送清算报告，或者报送清算报告隐瞒重要事实，或者有重大遗漏的，由企业登记机关责令改正。由此产生的费用和损失，由清算人承担和赔偿。

第一百零一条　清算人执行清算事务，牟取非法收入或者侵占合伙企业财产的，应当将该收入和侵占的财产退还合伙企业；给合伙企业或者其他合伙人造成损失的，依法承担赔偿责任。

第一百零二条　清算人违反本法规定，隐匿、转移合伙企业财产，对资产负债表或者财产清单作虚假记载，或者在未清偿债务前分配财产，损害债权人利益的，依法承担赔偿责任。

第一百零三条　合伙人违反合伙协议的，应当依法承担违约责任。

合伙人履行合伙协议发生争议的，合伙人可以通过协商或者调解解决。不愿通过协商、调解解决或者协商、调解不成的，可以按照合伙协议约定的仲裁条款或者事后达成的书面仲裁协议，向仲裁机构申请仲裁。合伙协议中未订立仲裁条款，事后又没有达成书面仲裁协议的，可以向人民法院起诉。

第一百零四条　有关行政管理机关的工作人员违反本法规定，滥用职权、徇私舞弊、收受贿赂、侵害合伙企业合法权益的，依法给予行政处分。

第一百零五条　违反本法规定，构成犯罪的，依法追究刑事责任。

第一百零六条　违反本法规定，应当承担民事赔偿责任和缴纳罚款、罚金，其财产不足以同时支付的，先承担民事赔偿责任。

第六章　附　则

第一百零七条　非企业专业服务机构依据有关法律采取合伙制的，其合伙人承担责任的形式可以适用本法关于特殊的普通合伙企业合伙人承担责任的规定。

第一百零八条　外国企业或者个人在中国境内设立合伙企业的管理办法由国务院规定。

第一百零九条　本法自 2007 年 6 月 1 日起施行。

6. 个人独资企业法

第一章　总　则

第一条　为了规范个人独资企业的行为，保护个人独资企业投资人和债权人的合法权益，维护社会经济秩序，促进社会主义市场经济的发展，根据宪法，制定本法。

第二条 本法所称个人独资企业，是指依照本法在中国境内设立，由一个自然人投资，财产为投资人个人所有，投资人以其个人财产对企业债务承担无限责任的经营实体。

第三条 个人独资企业以其主要办事机构所在地为住所。

第四条 个人独资企业从事经营活动必须遵守法律、行政法规，遵守诚实信用原则，不得损害社会公共利益。

个人独资企业应当依法履行纳税义务。

第五条 国家依法保护个人独资企业的财产和其他合法权益。

第六条 个人独资企业应当依法招用职工。职工的合法权益受法律保护。

个人独资企业职工依法建立工会，工会依法开展活动。

第七条 在个人独资企业中的中国共产党党员依照中国共产党章程进行活动。

第二章 个人独资企业的设立

第八条 设立个人独资企业应当具备下列条件：

（一）投资人为一个自然人；

（二）有合法的企业名称；

（三）有投资人申报的出资；

（四）有固定的生产经营场所和必要的生产经营条件；

（五）有必要的从业人员。

第九条 申请设立个人独资企业，应当由投资人或者其委托的代理人向个人独资企业所在地的登记机关提交设立申请书、投资人身份证明、生产经营场所使用证明等文件。委托代理人申请设立登记时，应当出具投资人的委托书和代理人的合法证明。

个人独资企业不得从事法律、行政法规禁止经营的业务；从事法律、行政法规规定须报经有关部门审批的业务，应当在申请设立登记时提交有关部门的批准文件。

第十条 个人独资企业设立申请书应当载明下列事项：

（一）企业的名称和住所；

（二）投资人的姓名和居所；

（三）投资人的出资额和出资方式；

（四）经营范围。

第十一条　个人独资企业的名称应当与其责任形式及从事的营业相符合。

第十二条　登记机关应当在收到设立申请文件之日起十五日内，对符合本法规定条件的，予以登记，发给营业执照；对不符合本法规定条件的，不予登记，并应当给予书面答复，说明理由。

第十三条　个人独资企业的营业执照的签发日期，为个人独资企业成立日期。

在领取个人独资企业营业执照前，投资人不得以个人独资企业名义从事经营活动。

第十四条　个人独资企业设立分支机构，应当由投资人或者其委托的代理人向分支机构所在地的登记机关申请登记，领取营业执照。

分支机构经核准登记后，应将登记情况报该分支机构隶属的个人独资企业的登记机关备案。

分支机构的民事责任由设立该分支机构的个人独资企业承担。

第十五条　个人独资企业存续期间登记事项发生变更的，应当在作出变更决定之日起的十五日内依法向登记机关申请办理变更登记。

第三章　个人独资企业的投资人及事务管理

第十六条　法律、行政法规禁止从事营利性活动的人，不得作为投资人申请设立个人独资企业。

第十七条　个人独资企业投资人对本企业的财产依法享有所有权，其有关权利可以依法进行转让或继承。

第十八条　个人独资企业投资人在申请企业设立登记时明确以其家庭共有财产作为个人出资的，应当依法以家庭共有财产对企业债务承担无限责任。

第十九条　个人独资企业投资人可以自行管理企业事务，也可以委托或者聘用其他具有民事行为能力的人负责企业的事务管理。

投资人委托或者聘用他人管理个人独资企业事务，应当与受托人或者被聘用的人签订书面合同，明确委托的具体内容和授予的权利范围。

受托人或者被聘用的人员应当履行诚信、勤勉义务，按照与投资人签订的合同负责个人独资企业的事务管理。

投资人对受托人或者被聘用的人员职权的限制，不得对抗善意第三人。

第二十条　投资人委托或者聘用的管理个人独资企业事务的人员不得有下列行为：

（一）利用职务上的便利，索取或者收受贿赂；

（二）利用职务或者工作上的便利侵占企业财产；

（三）挪用企业的资金归个人使用或者借贷给他人；

（四）擅自将企业资金以个人名义或者以他人名义开立账户储存；

（五）擅自以企业财产提供担保；

（六）未经投资人同意，从事与本企业相竞争的业务；

（七）未经投资人同意，同本企业订立合同或者进行交易；

（八）未经投资人同意，擅自将企业商标或者其他知识产权转让给他人使用；

（九）泄露本企业的商业秘密；

（十）法律、行政法规禁止的其他行为。

第二十一条 个人独资企业应当依法设置会计账簿，进行会计核算。

第二十二条 个人独资企业招用职工的，应当依法与职工签订劳动合同，保障职工的劳动安全，按时、足额发放职工工资。

第二十三条 个人独资企业应当按照国家规定参加社会保险，为职工缴纳社会保险费。

第二十四条 个人独资企业可以依法申请贷款、取得土地使用权，并享有法律、行政法规规定的其他权利。

第二十五条 任何单位和个人不得违反法律、行政法规的规定，以任何方式强制个人独资企业提供财力、物力、人力；对于违法强制提供财力、物力、人力的行为，个人独资企业有权拒绝。

第四章 个人独资企业的解散和清算

第二十六条 个人独资企业有下列情形之一时，应当解散；

（一）投资人决定解散；

（二）投资人死亡或者被宣告死亡，无继承人或者继承人决定放弃继承；

（三）被依法吊销营业执照；

（四）法律、行政法规规定的其他情形。

第二十七条 个人独资企业解散，由投资人自行清算或者由债权人申请人民法院指定清算人进行清算。

投资人自行清算的，应当在清算前十五日内书面通知债权人，无法通知的，应当予以公告。债权人应当在接到通知之日起三十日内，未接到通知的应当在公告之日起六十日内，向投资人申报其债权。

第二十八条　个人独资企业解散后，原投资人对个人独资企业存续期间的债务仍应承担偿还责任，但债权人在五年内未向债务人提出偿债请求的，该责任消灭。

第二十九条　个人独资企业解散的，财产应当按照下列顺序清偿：

（一）所欠职工工资和社会保险费用；

（二）所欠税款；

（三）其他债务。

第三十条　清算期间，个人独资企业不得开展与清算目的无关的经营活动。在按前条规定清偿债务前，投资人不得转移、隐匿财产。

第三十一条　个人独资企业财产不足以清偿债务的，投资人应当以其个人的其他财产予以清偿。

第三十二条　个人独资企业清算结束后，投资人或者人民法院指定的清算人应当编制清算报告，并于十五日内到登记机关办理注销登记。

第五章　法律责任

第三十三条　违反本法规定，提交虚假文件或采取其他欺骗手段，取得企业登记的，责令改正，处以五千元以下的罚款；情节严重的，并处吊销营业执照。

第三十四条　违反本法规定，个人独资企业使用的名称与其在登记机关登记的名称不相符合的，责令限期改正，处以二千元以下的罚款。

第三十五条　涂改、出租、转让营业执照的，责令改正，没收违法所得，处以三千元以下的罚款；情节严重的，吊销营业执照。

伪造营业执照的，责令停业，没收违法所得，处以五千元以下的罚款。构成犯罪的，依法追究刑事责任。

第三十六条　个人独资企业成立后无正当理由超过六个月未开业的，或者开业后自行停业连续六个月以上的，吊销营业执照。

第三十七条　违反本法规定，未领取营业执照，以个人独资企业名义从事经营活动的，责令停止经营活动，处以三千元以下的罚款。

个人独资企业登记事项发生变更时，未按本法规定办理有关变更登记的，责令限期办理变更登记；逾期不办理的，处以二千元以下的罚款。

第三十八条　投资人委托或者聘用的人员管理个人独资企业事务时违反双方订立的合同，给投资人造成损害的，承担民事赔偿责任。

第三十九条　个人独资企业违反本法规定，侵犯职工合法权益，未保障职工劳动安全，不缴纳社会保险费用的，按照有关法律、行政法规予以处罚，并追究有关责任人员的责任。

第四十条 投资人委托或者聘用的人员违反本法第二十条规定，侵犯个人独资企业财产权益的，责令退还侵占的财产；给企业造成损失的，依法承担赔偿责任；有违法所得的，没收违法所得；构成犯罪的，依法追究刑事责任。

第四十一条 违反法律、行政法规的规定强制个人独资企业提供财力、物力、人力的，按照有关法律、行政法规予以处罚，并追究有关责任人员的责任。

第四十二条 个人独资企业及其投资人在清算前或清算期间隐匿或转移财产，逃避债务的，依法追回其财产，并按照有关规定予以处罚；构成犯罪的，依法追究刑事责任。

第四十三条 投资人违反本法规定，应当承担民事赔偿责任和缴纳罚款、罚金，其财产不足以支付的，或者被判处没收财产的，应当先承担民事赔偿责任。

第四十四条 登记机关对不符合本法规定条件的个人独资企业予以登记，或者对符合本法规定条件的企业不予登记的，对直接责任人员依法给予行政处分；构成犯罪的，依法追究刑事责任。

第四十五条 登记机关的上级部门的有关主管人员强令登记机关对不符合本法规定条件的企业予以登记，或者对符合本法规定条件的企业不予登记的，或者对登记机关的违法登记行为进行包庇的，对直接责任人员依法给予行政处分；构成犯罪的，依法追究刑事责任。

第四十六条 登记机关对符合法定条件的申请不予登记或者超过法定时限不予答复的，当事人可依法申请行政复议或提起行政诉讼。

第六章 附 则

第四十七条 外商独资企业不适用本法。

第四十八条 本法自 2000 年 1 月 1 日起施行。

7. 个体工商户条例

第一条 为了保护个体工商户的合法权益，鼓励、支持和引导个体工商户健康发展，加强对个体工商户的监督、管理，发挥其在经济社会发展和扩大就业中的重要作用，制定本条例。

第二条 有经营能力的公民，依照本条例规定经工商行政管理部门登记，从事工商业经营的，为个体工商户。

个体工商户可以个人经营，也可以家庭经营。

个体工商户的合法权益受法律保护，任何单位和个人不得侵害。

第三条　县、自治县、不设区的市、市辖区工商行政管理部门为个体工商户的登记机关（以下简称登记机关）。登记机关按照国务院工商行政管理部门的规定，可以委托其下属工商行政管理所办理个体工商户登记。

第四条　国家对个体工商户实行市场平等准入、公平待遇的原则。

申请办理个体工商户登记，申请登记的经营范围不属于法律、行政法规禁止进入的行业的，登记机关应当依法予以登记。

第五条　工商行政管理部门和县级以上人民政府其他有关部门应当依法对个体工商户实行监督和管理。

个体工商户从事经营活动，应当遵守法律、法规，遵守社会公德、商业道德，诚实守信，接受政府及其有关部门依法实施的监督。

第六条　地方各级人民政府和县级以上人民政府有关部门应当采取措施，在经营场所、创业和职业技能培训、职业技能鉴定、技术创新、参加社会保险等方面，为个体工商户提供支持、便利和信息咨询等服务。

第七条　依法成立的个体劳动者协会在工商行政管理部门指导下，为个体工商户提供服务，维护个体工商户合法权益，引导个体工商户诚信自律。

个体工商户自愿加入个体劳动者协会。

第八条　申请登记为个体工商户，应当向经营场所所在地登记机关申请注册登记。申请人应当提交登记申请书、身份证明和经营场所证明。

个体工商户登记事项包括经营者姓名和住所、组成形式、经营范围、经营场所。个体工商户使用名称的，名称作为登记事项。

第九条　登记机关对申请材料依法审查后，按照下列规定办理：

（一）申请材料齐全、符合法定形式的，当场予以登记；申请材料不齐全或者不符合法定形式要求的，当场告知申请人需要补正的全部内容；

（二）需要对申请材料的实质性内容进行核实的，依法进行核查，并自受理申请之日起 15 日内作出是否予以登记的决定；

（三）不符合个体工商户登记条件的，不予登记并书面告知申请人，说明理由，告知申请人有权依法申请行政复议、提起行政诉讼。

予以注册登记的，登记机关应当自登记之日起 10 日内发给营业执照。

国家推行电子营业执照。电子营业执照与纸质营业执照具有同等法律效力。

第十条　个体工商户登记事项变更的，应当向登记机关申请办理变更登记。

个体工商户变更经营者的，应当在办理注销登记后，由新的经营者重新申请办理注册登记。家庭经营的个体工商户在家庭成员间变更经营者的，依照前款规定办理变更手续。

第十一条 申请注册登记或者变更登记的登记事项属于依法须取得行政许可的，应当向登记机关提交许可证明。

第十二条 个体工商户不再从事经营活动的，应当到登记机关办理注销登记。

第十三条 个体工商户应当于每年 1 月 1 日至 6 月 30 日，向登记机关报送年度报告。

个体工商户应当对其年度报告的真实性、合法性负责。

个体工商户年度报告办法由国务院工商行政管理部门制定。

第十四条 登记机关将未按照规定履行年度报告义务的个体工商户载入经营异常名录，并在企业信用信息公示系统上向社会公示。

第十五条 登记机关接收个体工商户年度报告和抽查不得收取任何费用。

第十六条 登记机关和有关行政机关应当在其政府网站和办公场所，以便于公众知晓的方式公布个体工商户申请登记和行政许可的条件、程序、期限、需要提交的全部材料目录和收费标准等事项。

登记机关和有关行政机关应当为申请人申请行政许可和办理登记提供指导和查询服务。

第十七条 个体工商户在领取营业执照后，应当依法办理税务登记。

个体工商户税务登记内容发生变化的，应当依法办理变更或者注销税务登记。

第十八条 任何部门和单位不得向个体工商户集资、摊派，不得强行要求个体工商户提供赞助或者接受有偿服务。

第十九条 地方各级人民政府应当将个体工商户所需生产经营场地纳入城乡建设规划，统筹安排。

个体工商户经批准使用的经营场地，任何单位和个人不得侵占。

第二十条 个体工商户可以凭营业执照及税务登记证明，依法在银行或者其他金融机构开立账户，申请贷款。

金融机构应当改进和完善金融服务，为个体工商户申请贷款提供便利。

第二十一条 个体工商户可以根据经营需要招用从业人员。

个体工商户应当依法与招用的从业人员订立劳动合同，履行法律、行政法规定和合同约定的义务，不得侵害从业人员的合法权益。

第二十二条 个体工商户提交虚假材料骗取注册登记，或者伪造、涂改、出租、出借、转让营业执照的，由登记机关责令改正，处 4000 元以下的罚款；

情节严重的，撤销注册登记或者吊销营业执照。

第二十三条 个体工商户登记事项变更，未办理变更登记的，由登记机关责令改正，处 1500 元以下的罚款；情节严重的，吊销营业执照。

个体工商户未办理税务登记的，由税务机关责令限期改正；逾期未改正的，经税务机关提请，由登记机关吊销营业执照。

第二十四条 在个体工商户营业执照有效期内，有关行政机关依法吊销、撤销个体工商户的行政许可，或者行政许可有效期届满的，应当自吊销、撤销行政许可或者行政许可有效期届满之日起 5 个工作日内通知登记机关，由登记机关撤销注册登记或者吊销营业执照，或者责令当事人依法办理变更登记。

第二十五条 工商行政管理部门以及其他有关部门应当加强个体工商户管理工作的信息交流，逐步建立个体工商户管理信息系统。

第二十六条 工商行政管理部门以及其他有关部门的工作人员，滥用职权、徇私舞弊、收受贿赂或者侵害个体工商户合法权益的，依法给予处分；构成犯罪的，依法追究刑事责任。

第二十七条 香港特别行政区、澳门特别行政区永久性居民中的中国公民，台湾地区居民可以按照国家有关规定，申请登记为个体工商户。

第二十八条 个体工商户申请转变为企业组织形式，符合法定条件的，登记机关和有关行政机关应当为其提供便利。

第二十九条 无固定经营场所摊贩的管理办法，由省、自治区、直辖市人民政府根据当地实际情况规定。

第三十条 本条例自 2011 年 11 月 1 日起施行。1987 年 8 月 5 日国务院发布的《城乡个体工商户管理暂行条例》同时废止。

8. 个体工商户登记管理办法

(2011 年 9 月 30 日国家工商行政管理总局令第 56 号公布，根据 2014 年 2 月 20 日国家工商行政管理总局令第 63 号公布的《国家工商行政管理总局关于修改〈中华人民共和国企业法人登记管理条例施行细则〉、〈外商投资合伙企业登记管理规定〉、〈个人独资企业登记管理办法〉、〈个体工商户登记管理办法〉等规章的决定》修订)

第一章 总 则

第一条 为保护个体工商户合法权益，鼓励、支持和引导个体工商户健康发展，规范个体工商户登记管理行为，依据《个体工商户条例》，制定本办法。

第二条　有经营能力的公民经工商行政管理部门登记，领取个体工商户营业执照，依法开展经营活动。

第三条　个体工商户的注册、变更和注销登记应当依照《个体工商户条例》和本办法办理。

申请办理个体工商户登记，申请人应当对申请材料的真实性负责。

第四条　工商行政管理部门是个体工商户的登记管理机关。

国家工商行政管理总局主管全国的个体工商户登记管理工作。

省、自治区、直辖市工商行政管理局和设区的市（地区）工商行政管理局负责本辖区的个体工商户登记管理工作。

县、自治县、不设区的市工商行政管理局以及市辖区工商行政管理分局为个体工商户的登记机关（以下简称登记机关），负责本辖区内的个体工商户登记。

第五条　登记机关可以委托其下属工商行政管理所（以下简称工商所）办理个体工商户登记。

第二章　登记事项

第六条　个体工商户的登记事项包括：

（一）经营者姓名和住所；

（二）组成形式；

（三）经营范围；

（四）经营场所。

个体工商户使用名称的，名称作为登记事项。

第七条　经营者姓名和住所，是指申请登记为个体工商户的公民姓名及其户籍所在地的详细住址。

第八条　组成形式，包括个人经营和家庭经营。

家庭经营的，参加经营的家庭成员姓名应当同时备案。

第九条　经营范围，是指个体工商户开展经营活动所属的行业类别。

登记机关根据申请人申请，参照《国民经济行业分类》中的类别标准，登记个体工商户的经营范围。

第十条　经营场所，是指个体工商户营业所在地的详细地址。

个体工商户经登记机关登记的经营场所只能为一处。

第十一条　个体工商户申请使用名称的，应当按照《个体工商户名称登记管理办法》办理。

第三章　登记申请

第十二条　个人经营的，以经营者本人为申请人；家庭经营的，以家庭成员中主持经营者为申请人。

委托代理人申请注册、变更、注销登记的，应当提交申请人的委托书和代理人的身份证明或者资格证明。

第十三条　申请个体工商户登记，申请人或者其委托的代理人可以直接到经营场所所在地登记机关登记；登记机关委托其下属工商所办理个体工商户登记的，到经营场所所在地工商所登记。

申请人或者其委托的代理人可以通过邮寄、传真、电子数据交换、电子邮件等方式向经营场所所在地登记机关提交申请。通过传真、电子数据交换、电子邮件等方式提交申请的，应当提供申请人或者其代理人的联络方式及通讯地址。对登记机关予以受理的申请，申请人应当自收到受理通知书之日起 5 日内，提交与传真、电子数据交换、电子邮件内容一致的申请材料原件。

第十四条　申请个体工商户注册登记，应当提交下列文件：

（一）申请人签署的个体工商户注册登记申请书；

（二）申请人身份证明；

（三）经营场所证明；

（四）国家工商行政管理总局规定提交的其他文件。

第十五条　申请个体工商户变更登记，应当提交下列文件：

（一）申请人签署的个体工商户变更登记申请书；

（二）申请经营场所变更的，应当提交新经营场所证明；

（三）国家工商行政管理总局规定提交的其他文件。

第十六条　申请个体工商户注销登记，应当提交下列文件：

（一）申请人签署的个体工商户注销登记申请书；

（二）个体工商户营业执照正本及所有副本；

（三）国家工商行政管理总局规定提交的其他文件。

第十七条　申请注册、变更登记的经营范围涉及国家法律、行政法规或者国务院决定规定在登记前须经批准的项目的，应当在申请登记前报经国家有关部门批准，并向登记机关提交相关批准文件。

第四章　受理、审查和决定

第十八条　登记机关收到申请人提交的登记申请后，对于申请材料齐全、符合法定形式的，应当受理。

申请材料不齐全或者不符合法定形式，登记机关应当当场告知申请人需要补正的全部内容，申请人按照要求提交全部补正申请材料的，登记机关应当受理。

申请材料存在可以当场更正的错误的，登记机关应当允许申请人当场更正。

第十九条　登记机关受理登记申请，除当场予以登记的外，应当发给申请人受理通知书。

对于不符合受理条件的登记申请，登记机关不予受理，并发给申请人不予受理通知书。

申请事项依法不属于个体工商户登记范畴的，登记机关应当即时决定不予受理，并向申请人说明理由。

第二十条　申请人提交的申请材料齐全、符合法定形式的，登记机关应当当场予以登记，并发给申请人准予登记通知书。

根据法定条件和程序，需要对申请材料的实质性内容进行核实的，登记机关应当指派两名以上工作人员进行核查，并填写申请材料核查情况报告书。登记机关应当自受理登记申请之日起15日内作出是否准予登记的决定。

第二十一条　对于以邮寄、传真、电子数据交换、电子邮件等方式提出申请并经登记机关受理的，登记机关应当自受理登记申请之日起15日内作出是否准予登记的决定。

第二十二条　登记机关作出准予登记决定的，应当发给申请人准予个体工商户登记通知书，并在10日内发给申请人个体工商户营业执照。不予登记的，应当发给申请人个体工商户登记驳回通知书。

第五章　监督管理

第二十三条　个体工商户应当于每年1月1日至6月30日向登记机关报送上一年度年度报告，并对其年度报告的真实性、合法性负责。

个体工商户年度报告、公示办法由国家工商行政管理总局另行制定。

第二十四条　个体工商户营业执照（以下简称营业执照）分为正本和副本，载明个体工商户的名称、经营者姓名、组成形式、经营场所、经营范围、注册日期和注册号、发照机关及发照时间信息，正、副本具有同等法律效力。

第二十五条 营业执照正本应当置于个体工商户经营场所的醒目位置。

第二十六条 个体工商户变更登记涉及营业执照载明事项的，登记机关应当换发营业执照。

第二十七条 营业执照遗失或毁损的，个体工商户应当向登记机关申请补领或者更换。

营业执照遗失的，个体工商户还应当在公开发行的报刊上声明作废。

第二十八条 有下列情形之一的，登记机关或其上级机关根据利害关系人的请求或者依据职权，可以撤销个体工商户登记：

（一）登记机关工作人员滥用职权、玩忽职守作出准予登记决定的；

（二）超越法定职权作出准予登记决定的；

（三）违反法定程序作出准予登记决定的；

（四）对不具备申请资格或者不符合法定条件的申请人准予登记的；

（五）依法可以撤销登记的其他情形。

申请人以欺骗、贿赂等不正当手段取得个体工商户登记的，应当予以撤销。

依照前两款的规定撤销个体工商户登记，可能对公共利益造成重大损害的，不予撤销。

依照本条第一款的规定撤销个体工商户登记，经营者合法权益受到损害的，行政机关应当依法给予赔偿。

第二十九条 登记机关作出撤销登记决定的，应当发给原申请人撤销登记决定书。

第三十条 有关行政机关依照《个体工商户条例》第二十四条规定，通知登记机关个体工商户行政许可被撤销、吊销或者行政许可有效期届满的，登记机关应当依法撤销登记或者吊销营业执照，或者责令当事人依法办理变更登记。

第三十一条 登记机关应当依照国家工商行政管理总局有关规定，依托个体工商户登记管理数据库，利用信息化手段，开展个体工商户信用监管，促进社会信用体系建设。

第六章　登记管理信息公示、公开

第三十二条 登记机关应当在登记场所及其网站公示个体工商户登记的以下内容：

（一）登记事项；

（二）登记依据；

（三）登记条件；

（四）登记程序及期限；

（五）提交申请材料目录及申请书示范文本；

（六）登记收费标准及依据。

登记机关应申请人的要求应当就公示内容予以说明、解释。

第三十三条 公众查阅个体工商户的下列信息，登记机关应当提供：

（一）注册、变更、注销登记的相关信息；

（二）国家工商行政管理总局规定公开的其他信息。

第三十四条 个体工商户登记管理材料涉及国家秘密、商业秘密和个人隐私的，登记机关不得对外公开。

第七章　法律责任

第三十五条 个体工商户提交虚假材料骗取注册登记，或者伪造、涂改、出租、出借、转让营业执照的，由登记机关责令改正，处4000元以下的罚款；情节严重的，撤销注册登记或者吊销营业执照。

第三十六条 个体工商户登记事项变更，未办理变更登记的，由登记机关责令改正，处1500元以下的罚款；情节严重的，吊销营业执照。

第三十七条 个体工商户违反本办法第二十五条规定的，由登记机关责令限期改正；逾期未改正的，处500元以下的罚款。

第八章　附　　则

第三十八条 香港特别行政区、澳门特别行政区永久性居民中的中国公民，台湾地区居民可以按照国家有关规定，申请登记为个体工商户。

第三十九条 个体工商户申请转变为企业组织形式的，登记机关应当依法为其提供继续使用原名称字号、保持工商登记档案延续性等市场主体组织形式转变方面的便利，及相关政策、法规和信息咨询服务。

第四十条 个体工商户办理注册登记、变更登记，应当缴纳登记费。

个体工商户登记收费标准，按照国家有关规定执行。

第四十一条 个体工商户的登记文书格式以及营业执照的正本、副本样式，由国家工商行政管理总局制定。

第四十二条 本办法自2011年11月1日起施行。1987年9月5日国家工商行政管理局公布、1998年12月3日国家工商行政管理局令第86号修订的《城乡个体工商户管理暂行条例实施细则》、2004年7月23日国家工商行政管理总局令第13号公布的《个体工商户登记程序规定》同时废止。

9. 中华人民共和国企业破产法

第一章　总　则

第一条　为规范企业破产程序，公平清理债权债务，保护债权人和债务人的合法权益，维护社会主义市场经济秩序，制定本法。

第二条　企业法人不能清偿到期债务，并且资产不足以清偿全部债务或者明显缺乏清偿能力的，依照本法规定清理债务。

企业法人有前款规定情形，或者有明显丧失清偿能力可能的，可以依照本法规定进行重整。

第三条　破产案件由债务人住所地人民法院管辖。

第四条　破产案件审理程序，本法没有规定的，适用民事诉讼法的有关规定。

第五条　依照本法开始的破产程序，对债务人在中华人民共和国领域外的财产发生效力。

对外国法院作出的发生法律效力的破产案件的判决、裁定，涉及债务人在中华人民共和国领域内的财产，申请或者请求人民法院承认和执行的，人民法院依照中华人民共和国缔结或者参加的国际条约，或者按照互惠原则进行审查，认为不违反中华人民共和国法律的基本原则，不损害国家主权、安全和社会公共利益，不损害中华人民共和国领域内债权人的合法权益的，裁定承认和执行。

第六条　人民法院审理破产案件，应当依法保障企业职工的合法权益，依法追究破产企业经营管理人员的法律责任。

第二章　申请和受理

第一节　申　请

第七条　债务人有本法第二条规定的情形，可以向人民法院提出重整、和解或者破产清算申请。

债务人不能清偿到期债务，债权人可以向人民法院提出对债务人进行重整或者破产清算的申请。

企业法人已解散但未清算或者未清算完毕，资产不足以清偿债务的，依法负有清算责任的人应当向人民法院申请破产清算。

第八条　向人民法院提出破产申请，应当提交破产申请书和有关证据。

破产申请书应当载明下列事项：

（一）申请人、被申请人的基本情况；

（二）申请目的；

（三）申请的事实和理由；

（四）人民法院认为应当载明的其他事项。

债务人提出申请的，还应当向人民法院提交财产状况说明、债务清册、债权清册、有关财务会计报告、职工安置预案以及职工工资的支付和社会保险费用的缴纳情况。

第九条 人民法院受理破产申请前，申请人可以请求撤回申请。

第二节 受 理

第十条 债权人提出破产申请的，人民法院应当自收到申请之日起五日内通知债务人。债务人对申请有异议的，应当自收到人民法院的通知之日起七日内向人民法院提出。人民法院应当自异议期满之日起十日内裁定是否受理。

除前款规定的情形外，人民法院应当自收到破产申请之日起十五日内裁定是否受理。

有特殊情况需要延长前两款规定的裁定受理期限的，经上一级人民法院批准，可以延长十五日。

第十一条 人民法院受理破产申请的，应当自裁定作出之日起五日内送达申请人。

债权人提出申请的，人民法院应当自裁定作出之日起五日内送达债务人。债务人应当自裁定送达之日起十五日内，向人民法院提交财产状况说明、债务清册、债权清册、有关财务会计报告以及职工工资的支付和社会保险费用的缴纳情况。

第十二条 人民法院裁定不受理破产申请的，应当自裁定作出之日起五日内送达申请人并说明理由。申请人对裁定不服的，可以自裁定送达之日起十日内向上一级人民法院提起上诉。

人民法院受理破产申请后至破产宣告前，经审查发现债务人不符合本法第二条规定情形的，可以裁定驳回申请。申请人对裁定不服的，可以自裁定送达之日起十日内向上一级人民法院提起上诉。

第十三条 人民法院裁定受理破产申请的，应当同时指定管理人。

第十四条 人民法院应当自裁定受理破产申请之日起二十五日内通知已知债权人，并予以公告。

通知和公告应当载明下列事项：

（一）申请人、被申请人的名称或者姓名；

（二）人民法院受理破产申请的时间；

（三）申报债权的期限、地点和注意事项；

（四）管理人的名称或者姓名及其处理事务的地址；

（五）债务人的债务人或者财产持有人应当向管理人清偿债务或者交付财产的要求；

（六）第一次债权人会议召开的时间和地点；

（七）人民法院认为应当通知和公告的其他事项。

第十五条　自人民法院受理破产申请的裁定送达债务人之日起至破产程序终结之日，债务人的有关人员承担下列义务：

（一）妥善保管其占有和管理的财产、印章和账簿、文书等资料；

（二）根据人民法院、管理人的要求进行工作，并如实回答询问；

（三）列席债权人会议并如实回答债权人的询问；

（四）未经人民法院许可，不得离开住所地；

（五）不得新任其他企业的董事、监事、高级管理人员。

前款所称有关人员，是指企业的法定代表人；经人民法院决定，可以包括企业的财务管理人员和其他经营管理人员。

第十六条　人民法院受理破产申请后，债务人对个别债权人的债务清偿无效。

第十七条　人民法院受理破产申请后，债务人的债务人或者财产持有人应当向管理人清偿债务或者交付财产。

债务人的债务人或者财产持有人故意违反前款规定向债务人清偿债务或者交付财产，使债权人受到损失的，不免除其清偿债务或者交付财产的义务。

第十八条　人民法院受理破产申请后，管理人对破产申请受理前成立而债务人和对方当事人均未履行完毕的合同有权决定解除或者继续履行，并通知对方当事人。管理人自破产申请受理之日起二个月内未通知对方当事人，或者自收到对方当事人催告之日起三十日内未答复的，视为解除合同。

管理人决定继续履行合同的，对方当事人应当履行；但是，对方当事人有权要求管理人提供担保。管理人不提供担保的，视为解除合同。

第十九条　人民法院受理破产申请后，有关债务人财产的保全措施应当解除，执行程序应当中止。

第二十条　人民法院受理破产申请后，已经开始而尚未终结的有关债务人的民事诉讼或者仲裁应当中止；在管理人接管债务人的财产后，该诉讼或者仲裁继续进行。

第二十一条　人民法院受理破产申请后，有关债务人的民事诉讼，只能向受理破产申请的人民法院提起。

第三章　管理人

第二十二条　管理人由人民法院指定。

债权人会议认为管理人不能依法、公正执行职务或者有其他不能胜任职务情形的，可以申请人民法院予以更换。

指定管理人和确定管理人报酬的办法，由最高人民法院规定。

第二十三条　管理人依照本法规定执行职务，向人民法院报告工作，并接受债权人会议和债权人委员会的监督。

管理人应当列席债权人会议，向债权人会议报告职务执行情况，并回答询问。

第二十四条　管理人可以由有关部门、机构的人员组成的清算组或者依法设立的律师事务所、会计师事务所、破产清算事务所等社会中介机构担任。

人民法院根据债务人的实际情况，可以在征询有关社会中介机构的意见后，指定该机构具备相关专业知识并取得执业资格的人员担任管理人。

有下列情形之一的，不得担任管理人：

（一）因故意犯罪受过刑事处罚；

（二）曾被吊销相关专业执业证书；

（三）与本案有利害关系；

（四）人民法院认为不宜担任管理人的其他情形。

个人担任管理人的，应当参加执业责任保险。

第二十五条　管理人履行下列职责：

（一）接管债务人的财产、印章和账簿、文书等资料；

（二）调查债务人财产状况，制作财产状况报告；

（三）决定债务人的内部管理事务；

（四）决定债务人的日常开支和其他必要开支；

（五）在第一次债权人会议召开之前，决定继续或者停止债务人的营业；

（六）管理和处分债务人的财产；

（七）代表债务人参加诉讼、仲裁或者其他法律程序；

（八）提议召开债权人会议；

（九）人民法院认为管理人应当履行的其他职责。

本法对管理人的职责另有规定的，适用其规定。

第二十六条　在第一次债权人会议召开之前，管理人决定继续或者停止债务人的营业或者有本法第六十九条规定行为之一的，应当经人民法院许可。

第二十七条　管理人应当勤勉尽责，忠实执行职务。

第二十八条　管理人经人民法院许可，可以聘用必要的工作人员。

管理人的报酬由人民法院确定。债权人会议对管理人的报酬有异议的，有权向人民法院提出。

第二十九条　管理人没有正当理由不得辞去职务。管理人辞去职务应当经人民法院许可。

第四章　债务人财产

第三十条　破产申请受理时属于债务人的全部财产，以及破产申请受理后至破产程序终结前债务人取得的财产，为债务人财产。

第三十一条　人民法院受理破产申请前一年内，涉及债务人财产的下列行为，管理人有权请求人民法院予以撤销：

（一）无偿转让财产的；

（二）以明显不合理的价格进行交易的；

（三）对没有财产担保的债务提供财产担保的；

（四）对未到期的债务提前清偿的；

（五）放弃债权的。

第三十二条　人民法院受理破产申请前六个月内，债务人有本法第二条第一款规定的情形，仍对个别债权人进行清偿的，管理人有权请求人民法院予以撤销。但是，个别清偿使债务人财产受益的除外。

第三十三条　涉及债务人财产的下列行为无效：

（一）为逃避债务而隐匿、转移财产的；

（二）虚构债务或者承认不真实的债务的。

第三十四条　因本法第三十一条、第三十二条或者第三十三条规定的行为而取得的债务人的财产，管理人有权追回。

第三十五条　人民法院受理破产申请后，债务人的出资人尚未完全履行出资义务的，管理人应当要求该出资人缴纳所认缴的出资，而不受出资期限的限制。

第三十六条　债务人的董事、监事和高级管理人员利用职权从企业获取的非正常收入和侵占的企业财产，管理人应当追回。

第三十七条 人民法院受理破产申请后，管理人可以通过清偿债务或者提供为债权人接受的担保，取回质物、留置物。

前款规定的债务清偿或者替代担保，在质物或者留置物的价值低于被担保的债权额时，以该质物或者留置物当时的市场价值为限。

第三十八条 人民法院受理破产申请后，债务人占有的不属于债务人的财产，该财产的权利人可以通过管理人取回。但是，本法另有规定的除外。

第三十九条 人民法院受理破产申请时，出卖人已将买卖标的物向作为买受人的债务人发运，债务人尚未收到且未付清全部价款的，出卖人可以取回在运途中的标的物。但是，管理人可以支付全部价款，请求出卖人交付标的物。

第四十条 债权人在破产申请受理前对债务人负有债务的，可以向管理人主张抵销。但是，有下列情形之一的，不得抵销：

（一）债务人的债务人在破产申请受理后取得他人对债务人的债权的；

（二）债权人已知债务人有不能清偿到期债务或者破产申请的事实，对债务人负担债务的；但是，债权人因为法律规定或者有破产申请一年前所发生的原因而负担债务的除外；

（三）债务人的债务人已知债务人有不能清偿到期债务或者破产申请的事实，对债务人取得债权的；但是，债务人的债务人因为法律规定或者有破产申请一年前所发生的原因而取得债权的除外。

第五章　破产费用和共益债务

第四十一条 人民法院受理破产申请后发生的下列费用，为破产费用：

（一）破产案件的诉讼费用；

（二）管理、变价和分配债务人财产的费用；

（三）管理人执行职务的费用、报酬和聘用工作人员的费用。

第四十二条 人民法院受理破产申请后发生的下列债务，为共益债务：

（一）因管理人或者债务人请求对方当事人履行双方均未履行完毕的合同所产生的债务；

（二）债务人财产受无因管理所产生的债务；

（三）因债务人不当得利所产生的债务；

（四）为债务人继续营业而应支付的劳动报酬和社会保险费用以及由此产生的其他债务；

（五）管理人或者相关人员执行职务致人损害所产生的债务；

（六）债务人财产致人损害所产生的债务。

第四十三条　破产费用和共益债务由债务人财产随时清偿。

债务人财产不足以清偿所有破产费用和共益债务的，先行清偿破产费用。

债务人财产不足以清偿所有破产费用或者共益债务的，按照比例清偿。

债务人财产不足以清偿破产费用的，管理人应当提请人民法院终结破产程序。人民法院应当自收到请求之日起十五日内裁定终结破产程序，并予以公告。

第六章　债权申报

第四十四条　人民法院受理破产申请时对债务人享有债权的债权人，依照本法规定的程序行使权利。

第四十五条　人民法院受理破产申请后，应当确定债权人申报债权的期限。债权申报期限自人民法院发布受理破产申请公告之日起计算，最短不得少于三十日，最长不得超过三个月。

第四十六条　未到期的债权，在破产申请受理时视为到期。

附利息的债权自破产申请受理时起停止计息。

第四十七条　附条件、附期限的债权和诉讼、仲裁未决的债权，债权人可以申报。

第四十八条　债权人应当在人民法院确定的债权申报期限内向管理人申报债权。

债务人所欠职工的工资和医疗、伤残补助、抚恤费用，所欠的应当划入职工个人账户的基本养老保险、基本医疗保险费用，以及法律、行政法规规定应当支付给职工的补偿金，不必申报，由管理人调查后列出清单并予以公示。职工对清单记载有异议的，可以要求管理人更正；管理人不予更正的，职工可以向人民法院提起诉讼。

第四十九条　债权人申报债权时，应当书面说明债权的数额和有无财产担保，并提交有关证据。申报的债权是连带债权的，应当说明。

第五十条　连带债权人可以由其中一人代表全体连带债权人申报债权，也可以共同申报债权。

第五十一条　债务人的保证人或者其他连带债务人已经代替债务人清偿债务的，以其对债务人的求偿权申报债权。

债务人的保证人或者其他连带债务人尚未代替债务人清偿债务的，以其对债务人的将来求偿权申报债权。但是，债权人已经向管理人申报全部债权的除外。

第五十二条 连带债务人数人被裁定适用本法规定的程序的，其债权人有权就全部债权分别在各破产案件中申报债权。

第五十三条 管理人或者债务人依照本法规定解除合同的，对方当事人以因合同解除所产生的损害赔偿请求权申报债权。

第五十四条 债务人是委托合同的委托人，被裁定适用本法规定的程序，受托人不知该事实，继续处理委托事务的，受托人以由此产生的请求权申报债权。

第五十五条 债务人是票据的出票人，被裁定适用本法规定的程序，该票据的付款人继续付款或者承兑的，付款人以由此产生的请求权申报债权。

第五十六条 在人民法院确定的债权申报期限内，债权人未申报债权的，可以在破产财产最后分配前补充申报；但是，此前已进行的分配，不再对其补充分配。为审查和确认补充申报债权的费用，由补充申报人承担。

债权人未依照本法规定申报债权的，不得依照本法规定的程序行使权利。

第五十七条 管理人收到债权申报材料后，应当登记造册，对申报的债权进行审查，并编制债权表。

债权表和债权申报材料由管理人保存，供利害关系人查阅。

第五十八条 依照本法第五十七条规定编制的债权表，应当提交第一次债权人会议核查。

债务人、债权人对债权表记载的债权无异议的，由人民法院裁定确认。

债务人、债权人对债权表记载的债权有异议的，可以向受理破产申请的人民法院提起诉讼。

第七章 债权人会议

第一节 一般规定

第五十九条 依法申报债权的债权人为债权人会议的成员，有权参加债权人会议，享有表决权。

债权尚未确定的债权人，除人民法院能够为其行使表决权而临时确定债权额的外，不得行使表决权。

对债务人的特定财产享有担保权的债权人，未放弃优先受偿权利的，对于本法第六十一条第一款第七项、第十项规定的事项不享有表决权。

债权人可以委托代理人出席债权人会议，行使表决权。代理人出席债权人会议，应当向人民法院或者债权人会议主席提交债权人的授权委托书。

债权人会议应当有债务人的职工和工会的代表参加，对有关事项发表意见。

第六十条　债权人会议设主席一人，由人民法院从有表决权的债权人中指定。

债权人会议主席主持债权人会议。

第六十一条　债权人会议行使下列职权：

（一）核查债权；

（二）申请人民法院更换管理人，审查管理人的费用和报酬；

（三）监督管理人；

（四）选任和更换债权人委员会成员；

（五）决定继续或者停止债务人的营业；

（六）通过重整计划；

（七）通过和解协议；

（八）通过债务人财产的管理方案；

（九）通过破产财产的变价方案；

（十）通过破产财产的分配方案；

（十一）人民法院认为应当由债权人会议行使的其他职权。

债权人会议应当对所议事项的决议作成会议记录。

第六十二条　第一次债权人会议由人民法院召集，自债权申报期限届满之日起十五日内召开。

以后的债权人会议，在人民法院认为必要时，或者管理人、债权人委员会、占债权总额四分之一以上的债权人向债权人会议主席提议时召开。

第六十三条　召开债权人会议，管理人应当提前十五日通知已知的债权人。

第六十四条　债权人会议的决议，由出席会议的有表决权的债权人过半数通过，并且其所代表的债权额占无财产担保债权总额的二分之一以上。但是，本法另有规定的除外。

债权人认为债权人会议的决议违反法律规定，损害其利益的，可以自债权人会议作出决议之日起十五日内，请求人民法院裁定撤销该决议，责令债权人会议依法重新作出决议。

债权人会议的决议，对于全体债权人均有约束力。

第六十五条　本法第六十一条第一款第八项、第九项所列事项，经债权人会议表决未通过的，由人民法院裁定。

本法第六十一条第一款第十项所列事项，经债权人会议二次表决仍未通过的，由人民法院裁定。

对前两款规定的裁定，人民法院可以在债权人会议上宣布或者另行通知债权人。

第六十六条 债权人对人民法院依照本法第六十五条第一款作出的裁定不服的,债权额占无财产担保债权总额二分之一以上的债权人对人民法院依照本法第六十五条第二款作出的裁定不服的,可以自裁定宣布之日或者收到通知之日起十五日内向该人民法院申请复议。复议期间不停止裁定的执行。

第二节 债权人委员会

第六十七条 债权人会议可以决定设立债权人委员会。债权人委员会由债权人会议选任的债权人代表和一名债务人的职工代表或者工会代表组成。债权人委员会成员不得超过九人。

债权人委员会成员应当经人民法院书面决定认可。

第六十八条 债权人委员会行使下列职权:

(一)监督债务人财产的管理和处分;

(二)监督破产财产分配;

(三)提议召开债权人会议;

(四)债权人会议委托的其他职权。

债权人委员会执行职务时,有权要求管理人、债务人的有关人员对其职权范围内的事务作出说明或者提供有关文件。

管理人、债务人的有关人员违反本法规定拒绝接受监督的,债权人委员会有权就监督事项请求人民法院作出决定;人民法院应当在五日内作出决定。

第六十九条 管理人实施下列行为,应当及时报告债权人委员会:

(一)涉及土地、房屋等不动产权益的转让;

(二)探矿权、采矿权、知识产权等财产权的转让;

(三)全部库存或者营业的转让;

(四)借款;

(五)设定财产担保;

(六)债权和有价证券的转让;

(七)履行债务人和对方当事人均未履行完毕的合同;

(八)放弃权利;

(九)担保物的取回;

(十)对债权人利益有重大影响的其他财产处分行为。

未设立债权人委员会的,管理人实施前款规定的行为应当及时报告人民法院。

第八章 重 整

第一节 重整申请和重整期间

第七十条 债务人或者债权人可以依照本法规定，直接向人民法院申请对债务人进行重整。

债权人申请对债务人进行破产清算的，在人民法院受理破产申请后、宣告债务人破产前，债务人或者出资额占债务人注册资本十分之一以上的出资人，可以向人民法院申请重整。

第七十一条 人民法院经审查认为重整申请符合本法规定的，应当裁定债务人重整，并予以公告。

第七十二条 自人民法院裁定债务人重整之日起至重整程序终止，为重整期间。

第七十三条 在重整期间，经债务人申请，人民法院批准，债务人可以在管理人的监督下自行管理财产和营业事务。

有前款规定情形的，依照本法规定已接管债务人财产和营业事务的管理人应当向债务人移交财产和营业事务，本法规定的管理人的职权由债务人行使。

第七十四条 管理人负责管理财产和营业事务的，可以聘任债务人的经营管理人员负责营业事务。

第七十五条 在重整期间，对债务人的特定财产享有的担保权暂停行使。但是，担保物有损坏或者价值明显减少的可能，足以危害担保权人权利的，担保权人可以向人民法院请求恢复行使担保权。

在重整期间，债务人或者管理人为继续营业而借款的，可以为该借款设定担保。

第七十六条 债务人合法占有的他人财产，该财产的权利人在重整期间要求取回的，应当符合事先约定的条件。

第七十七条 在重整期间，债务人的出资人不得请求投资收益分配。

在重整期间，债务人的董事、监事、高级管理人员不得向第三人转让其持有的债务人的股权。但是，经人民法院同意的除外。

第七十八条 在重整期间，有下列情形之一的，经管理人或者利害关系人请求，人民法院应当裁定终止重整程序，并宣告债务人破产：

（一）债务人的经营状况和财产状况继续恶化，缺乏挽救的可能性；

（二）债务人有欺诈、恶意减少债务人财产或者其他显著不利于债权人的行为；

（三）由于债务人的行为致使管理人无法执行职务。

第二节　重整计划的制定和批准

第七十九条　债务人或者管理人应当自人民法院裁定债务人重整之日起六个月内，同时向人民法院和债权人会议提交重整计划草案。

前款规定的期限届满，经债务人或者管理人请求，有正当理由的，人民法院可以裁定延期三个月。

债务人或者管理人未按期提出重整计划草案的，人民法院应当裁定终止重整程序，并宣告债务人破产。

第八十条　债务人自行管理财产和营业事务的，由债务人制作重整计划草案。

管理人负责管理财产和营业事务的，由管理人制作重整计划草案。

第八十一条　重整计划草案应当包括下列内容：

（一）债务人的经营方案；

（二）债权分类；

（三）债权调整方案；

（四）债权受偿方案；

（五）重整计划的执行期限；

（六）重整计划执行的监督期限；

（七）有利于债务人重整的其他方案。

第八十二条　下列各类债权的债权人参加讨论重整计划草案的债权人会议，依照下列债权分类，分组对重整计划草案进行表决：

（一）对债务人的特定财产享有担保权的债权；

（二）债务人所欠职工的工资和医疗、伤残补助、抚恤费用，所欠的应当划入职工个人账户的基本养老保险、基本医疗保险费用，以及法律、行政法规规定应当支付给职工的补偿金；

（三）债务人所欠税款；

（四）普通债权。

人民法院在必要时可以决定在普通债权组中设小额债权组对重整计划草案进行表决。

第八十三条　重整计划不得规定减免债务人欠缴的本法第八十二条第一款第二项规定以外的社会保险费用；该项费用的债权人不参加重整计划草案的

表决。

第八十四条 人民法院应当自收到重整计划草案之日起三十日内召开债权人会议，对重整计划草案进行表决。

出席会议的同一表决组的债权人过半数同意重整计划草案，并且其所代表的债权额占该组债权总额的三分之二以上的，即为该组通过重整计划草案。

债务人或者管理人应当向债权人会议就重整计划草案作出说明，并回答询问。

第八十五条 债务人的出资人代表可以列席讨论重整计划草案的债权人会议。

重整计划草案涉及出资人权益调整事项的，应当设出资人组，对该事项进行表决。

第八十六条 各表决组均通过重整计划草案时，重整计划即为通过。

自重整计划通过之日起十日内，债务人或者管理人应当向人民法院提出批准重整计划的申请。人民法院经审查认为符合本法规定的，应当自收到申请之日起三十日内裁定批准，终止重整程序，并予以公告。

第八十七条 部分表决组未通过重整计划草案的，债务人或者管理人可以同未通过重整计划草案的表决组协商。该表决组可以在协商后再表决一次。双方协商的结果不得损害其他表决组的利益。

未通过重整计划草案的表决组拒绝再次表决或者再次表决仍未通过重整计划草案，但重整计划草案符合下列条件的，债务人或者管理人可以申请人民法院批准重整计划草案：

（一）按照重整计划草案，本法第八十二条第一款第一项所列债权就该特定财产将获得全额清偿，其因延期清偿所受的损失将得到公平补偿，并且其担保权未受到实质性损害，或者该表决组已经通过重整计划草案；

（二）按照重整计划草案，本法第八十二条第一款第二项、第三项所列债权将获得全额清偿，或者相应表决组已经通过重整计划草案；

（三）按照重整计划草案，普通债权所获得的清偿比例，不低于其在重整计划草案被提请批准时依照破产清算程序所能获得的清偿比例，或者该表决组已经通过重整计划草案；

（四）重整计划草案对出资人权益的调整公平、公正，或者出资人组已经通过重整计划草案；

（五）重整计划草案公平对待同一表决组的成员，并且所规定的债权清偿顺序不违反本法第一百一十三条的规定；

（六）债务人的经营方案具有可行性。

人民法院经审查认为重整计划草案符合前款规定的，应当自收到申请之日起三十日内裁定批准，终止重整程序，并予以公告。

第八十八条 重整计划草案未获得通过且未依照本法第八十七条的规定获得批准，或者已通过的重整计划未获得批准的，人民法院应当裁定终止重整程序，并宣告债务人破产。

第三节 重整计划的执行

第八十九条 重整计划由债务人负责执行。

人民法院裁定批准重整计划后，已接管财产和营业事务的管理人应当向债务人移交财产和营业事务。

第九十条 自人民法院裁定批准重整计划之日起，在重整计划规定的监督期内，由管理人监督重整计划的执行。

在监督期内，债务人应当向管理人报告重整计划执行情况和债务人财务状况。

第九十一条 监督期届满时，管理人应当向人民法院提交监督报告。自监督报告提交之日起，管理人的监督职责终止。

管理人向人民法院提交的监督报告，重整计划的利害关系人有权查阅。

经管理人申请，人民法院可以裁定延长重整计划执行的监督期限。

第九十二条 经人民法院裁定批准的重整计划，对债务人和全体债权人均有约束力。

债权人未依照本法规定申报债权的，在重整计划执行期间不得行使权利；在重整计划执行完毕后，可以按照重整计划规定的同类债权的清偿条件行使权利。

债权人对债务人的保证人和其他连带债务人所享有的权利，不受重整计划的影响。

第九十三条 债务人不能执行或者不执行重整计划的，人民法院经管理人或者利害关系人请求，应当裁定终止重整计划的执行，并宣告债务人破产。

人民法院裁定终止重整计划执行的，债权人在重整计划中作出的债权调整的承诺失去效力。债权人因执行重整计划所受的清偿仍然有效，债权未受清偿的部分作为破产债权。

前款规定的债权人，只有在其他同顺位债权人同自己所受的清偿达到同一比例时，才能继续接受分配。

有本条第一款规定情形的，为重整计划的执行提供的担保继续有效。

第九十四条　按照重整计划减免的债务，自重整计划执行完毕时起，债务人不再承担清偿责任。

第九章　和　解

第九十五条　债务人可以依照本法规定，直接向人民法院申请和解；也可以在人民法院受理破产申请后、宣告债务人破产前，向人民法院申请和解。

债务人申请和解，应当提出和解协议草案。

第九十六条　人民法院经审查认为和解申请符合本法规定的，应当裁定和解，予以公告，并召集债权人会议讨论和解协议草案。

对债务人的特定财产享有担保权的权利人，自人民法院裁定和解之日起可以行使权利。

第九十七条　债权人会议通过和解协议的决议，由出席会议的有表决权的债权人过半数同意，并且其所代表的债权额占无财产担保债权总额的三分之二以上。

第九十八条　债权人会议通过和解协议的，由人民法院裁定认可，终止和解程序，并予以公告。管理人应当向债务人移交财产和营业事务，并向人民法院提交执行职务的报告。

第九十九条　和解协议草案经债权人会议表决未获得通过，或者已经债权人会议通过的和解协议未获得人民法院认可的，人民法院应当裁定终止和解程序，并宣告债务人破产。

第一百条　经人民法院裁定认可的和解协议，对债务人和全体和解债权人均有约束力。

和解债权人是指人民法院受理破产申请时对债务人享有无财产担保债权的人。

和解债权人未依照本法规定申报债权的，在和解协议执行期间不得行使权利；在和解协议执行完毕后，可以按照和解协议规定的清偿条件行使权利。

第一百零一条　和解债权人对债务人的保证人和其他连带债务人所享有的权利，不受和解协议的影响。

第一百零二条　债务人应当按照和解协议规定的条件清偿债务。

第一百零三条　因债务人的欺诈或者其他违法行为而成立的和解协议，人民法院应当裁定无效，并宣告债务人破产。

有前款规定情形的，和解债权人因执行和解协议所受的清偿，在其他债权人所受清偿同等比例的范围内，不予返还。

第一百零四条 债务人不能执行或者不执行和解协议的，人民法院经和解债权人请求，应当裁定终止和解协议的执行，并宣告债务人破产。

人民法院裁定终止和解协议执行的，和解债权人在和解协议中作出的债权调整的承诺失去效力。和解债权人因执行和解协议所受的清偿仍然有效，和解债权未受清偿的部分作为破产债权。

前款规定的债权人，只有在其他债权人同自己所受的清偿达到同一比例时，才能继续接受分配。

有本条第一款规定情形的，为和解协议的执行提供的担保继续有效。

第一百零五条 人民法院受理破产申请后，债务人与全体债权人就债权债务的处理自行达成协议的，可以请求人民法院裁定认可，并终结破产程序。

第一百零六条 按照和解协议减免的债务，自和解协议执行完毕时起，债务人不再承担清偿责任。

第十章 破产清算

第一节 破产宣告

第一百零七条 人民法院依照本法规定宣告债务人破产的，应当自裁定作出之日起五日内送达债务人和管理人，自裁定作出之日起十日内通知已知债权人，并予以公告。

债务人被宣告破产后，债务人称为破产人，债务人财产称为破产财产，人民法院受理破产申请时对债务人享有的债权称为破产债权。

第一百零八条 破产宣告前，有下列情形之一的，人民法院应当裁定终结破产程序，并予以公告：

（一）第三人为债务人提供足额担保或者为债务人清偿全部到期债务的；

（二）债务人已清偿全部到期债务的。

第一百零九条 对破产人的特定财产享有担保权的权利人，对该特定财产享有优先受偿的权利。

第一百一十条 享有本法第一百零九条规定权利的债权人行使优先受偿权利未能完全受偿的，其未受偿的债权作为普通债权；放弃优先受偿权利的，其债权作为普通债权。

第二节 变价和分配

第一百一十一条 管理人应当及时拟订破产财产变价方案，提交债权人会议讨论。

管理人应当按照债权人会议通过的或者人民法院依照本法第六十五条第一款规定裁定的破产财产变价方案，适时变价出售破产财产。

第一百一十二条　变价出售破产财产应当通过拍卖进行。但是，债权人会议另有决议的除外。

破产企业可以全部或者部分变价出售。企业变价出售时，可以将其中的无形资产和其他财产单独变价出售。

按照国家规定不能拍卖或者限制转让的财产，应当按照国家规定的方式处理。

第一百一十三条　破产财产在优先清偿破产费用和共益债务后，依照下列顺序清偿：

（一）破产人所欠职工的工资和医疗、伤残补助、抚恤费用，所欠的应当划入职工个人账户的基本养老保险、基本医疗保险费用，以及法律、行政法规规定应当支付给职工的补偿金；

（二）破产人欠缴的除前项规定以外的社会保险费用和破产人所欠税款；

（三）普通破产债权。

破产财产不足以清偿同一顺序的清偿要求的，按照比例分配。

破产企业的董事、监事和高级管理人员的工资按照该企业职工的平均工资计算。

第一百一十四条　破产财产的分配应当以货币分配方式进行。但是，债权人会议另有决议的除外。

第一百一十五条　管理人应当及时拟订破产财产分配方案，提交债权人会议讨论。

破产财产分配方案应当载明下列事项：

（一）参加破产财产分配的债权人名称或者姓名、住所；

（二）参加破产财产分配的债权额；

（三）可供分配的破产财产数额；

（四）破产财产分配的顺序、比例及数额；

（五）实施破产财产分配的方法。

债权人会议通过破产财产分配方案后，由管理人将该方案提请人民法院裁定认可。

第一百一十六条　破产财产分配方案经人民法院裁定认可后，由管理人执行。

管理人按照破产财产分配方案实施多次分配的，应当公告本次分配的财产额和债权额。管理人实施最后分配的，应当在公告中指明，并载明本法第一百一十七条第二款规定的事项。

第一百一十七条　对于附生效条件或者解除条件的债权，管理人应当将其分配额提存。

管理人依照前款规定提存的分配额，在最后分配公告日，生效条件未成就或者解除条件成就的，应当分配给其他债权人；在最后分配公告日，生效条件成就或者解除条件未成就的，应当交付给债权人。

第一百一十八条　债权人未受领的破产财产分配额，管理人应当提存。债权人自最后分配公告之日起满二个月仍不领取的，视为放弃受领分配的权利，管理人或者人民法院应当将提存的分配额分配给其他债权人。

第一百一十九条　破产财产分配时，对于诉讼或者仲裁未决的债权，管理人应当将其分配额提存。自破产程序终结之日起满二年仍不能受领分配的，人民法院应当将提存的分配额分配给其他债权人。

第三节　破产程序的终结

第一百二十条　破产人无财产可供分配的，管理人应当请求人民法院裁定终结破产程序。

管理人在最后分配完结后，应当及时向人民法院提交破产财产分配报告，并提请人民法院裁定终结破产程序。

人民法院应当自收到管理人终结破产程序的请求之日起十五日内作出是否终结破产程序的裁定。裁定终结的，应当予以公告。

第一百二十一条　管理人应当自破产程序终结之日起十日内，持人民法院终结破产程序的裁定，向破产人的原登记机关办理注销登记。

第一百二十二条　管理人于办理注销登记完毕的次日终止执行职务。但是，存在诉讼或者仲裁未决情况的除外。

第一百二十三条　自破产程序依照本法第四十三条第四款或者第一百二十条的规定终结之日起二年内，有下列情形之一的，债权人可以请求人民法院按照破产财产分配方案进行追加分配：

（一）发现有依照本法第三十一条、第三十二条、第三十三条、第三十六条规定应当追回的财产的；

（二）发现破产人有应当供分配的其他财产的。

有前款规定情形，但财产数量不足以支付分配费用的，不再进行追加分配，由人民法院将其上交国库。

第一百二十四条　破产人的保证人和其他连带债务人，在破产程序终结后，对债权人依照破产清算程序未受清偿的债权，依法继续承担清偿责任。

第十一章　法律责任

第一百二十五条　企业董事、监事或者高级管理人员违反忠实义务、勤勉义务，致使所在企业破产的，依法承担民事责任。

有前款规定情形的人员，自破产程序终结之日起三年内不得担任任何企业的董事、监事、高级管理人员。

第一百二十六条　有义务列席债权人会议的债务人的有关人员，经人民法院传唤，无正当理由拒不列席债权人会议的，人民法院可以拘传，并依法处以罚款。债务人的有关人员违反本法规定，拒不陈述、回答，或者作虚假陈述、回答的，人民法院可以依法处以罚款。

第一百二十七条　债务人违反本法规定，拒不向人民法院提交或者提交不真实的财产状况说明、债务清册、债权清册、有关财务会计报告以及职工工资的支付情况和社会保险费用的缴纳情况的，人民法院可以对直接责任人员依法处以罚款。

债务人违反本法规定，拒不向管理人移交财产、印章和账簿、文书等资料的，或者伪造、销毁有关财产证据材料而使财产状况不明的，人民法院可以对直接责任人员依法处以罚款。

第一百二十八条　债务人有本法第三十一条、第三十二条、第三十三条规定的行为，损害债权人利益的，债务人的法定代表人和其他直接责任人员依法承担赔偿责任。

第一百二十九条　债务人的有关人员违反本法规定，擅自离开住所地的，人民法院可以予以训诫、拘留，可以依法并处罚款。

第一百三十条　管理人未依照本法规定勤勉尽责，忠实执行职务的，人民法院可以依法处以罚款；给债权人、债务人或者第三人造成损失的，依法承担赔偿责任。

第一百三十一条　违反本法规定，构成犯罪的，依法追究刑事责任。

第十二章　附　则

第一百三十二条　本法施行后，破产人在本法公布之日前所欠职工的工资和医疗、伤残补助、抚恤费用，所欠的应当划入职工个人账户的基本养老保险、基本医疗保险费用，以及法律、行政法规规定应当支付给职工的补偿金，依照本法第一百一十三条的规定清偿后不足以清偿的部分，以本法第一百零九条规定的特定财产优先于对该特定财产享有担保权的权利人受偿。

第一百三十三条 在本法施行前国务院规定的期限和范围内的国有企业实施破产的特殊事宜，按照国务院有关规定办理。

第一百三十四条 商业银行、证券公司、保险公司等金融机构有本法第二条规定情形的，国务院金融监督管理机构可以向人民法院提出对该金融机构进行重整或者破产清算的申请。国务院金融监督管理机构依法对出现重大经营风险的金融机构采取接管、托管等措施的，可以向人民法院申请中止以该金融机构为被告或者被执行人的民事诉讼程序或者执行程序。

金融机构实施破产的，国务院可以依据本法和其他有关法律的规定制定实施办法。

第一百三十五条 其他法律规定企业法人以外的组织的清算，属于破产清算的，参照适用本法规定的程序。

第一百三十六条 本法自 2007 年 6 月 1 日起施行，《中华人民共和国企业破产法（试行）》同时废止。

10. 中华人民共和国中小企业促进法

第一章 总 则

第一条 为了改善中小企业经营环境，促进中小企业健康发展，扩大城乡就业，发挥中小企业在国民经济和社会发展中的重要作用，制定本法。

第二条 本法所称中小企业，是指在中华人民共和国境内依法设立的有利于满足社会需要，增加就业，符合国家产业政策，生产经营规模属于中小型的各种所有制和各种形式的企业。

中小企业的划分标准由国务院负责企业工作的部门根据企业职工人数、销售额、资产总额等指标，结合行业特点制定，报国务院批准。

第三条 国家对中小企业实行积极扶持、加强引导、完善服务、依法规范、保障权益的方针，为中小企业创立和发展创造有利的环境。

第四条 国务院负责制定中小企业政策，对全国中小企业的发展进行统筹规划。

国务院负责企业工作的部门组织实施国家中小企业政策和规划，对全国中小企业工作进行综合协调、指导和服务。

　　国务院有关部门根据国家中小企业政策和统筹规划，在各自职责范围内对中小企业工作进行指导和服务。

　　县级以上地方各级人民政府及其所属的负责企业工作的部门和其他有关部门在各自职责范围内对本行政区域内的中小企业进行指导和服务。

　　第五条　国务院负责企业工作的部门根据国家产业政策，结合中小企业特点和发展状况，以制定中小企业发展产业指导目录等方式，确定扶持重点，引导鼓励中小企业发展。

　　第六条　国家保护中小企业及其出资人的合法投资，及因投资取得的合法收益。任何单位和个人不得侵犯中小企业财产及其合法收益。

　　任何单位不得违反法律、法规向中小企业收费和罚款，不得向中小企业摊派财物。中小企业对违反上述规定的行为有权拒绝和有权举报、控告。

　　第七条　行政管理部门应当维护中小企业的合法权益，保护其依法参与公平竞争与公平交易的权利，不得歧视，不得附加不平等的交易条件。

　　第八条　中小企业必须遵守国家劳动安全、职业卫生、社会保障、资源环保、质量、财政税收、金融等方面的法律、法规，依法经营管理，不得侵害职工合法权益，不得损害社会公共利益。

　　第九条　中小企业应当遵守职业道德，恪守诚实信用原则，努力提高业务水平，增强自我发展能力。

第二章　资金支持

　　第十条　中央财政预算应当设立中小企业科目，安排扶持中小企业发展专项资金。

　　地方人民政府应当根据实际情况为中小企业提供财政支持。

　　第十一条　国家扶持中小企业发展专项资金用于促进中小企业服务体系建设，开展支持中小企业的工作，补充中小企业发展基金和扶持中小企业发展的其他事项。

　　第十二条　国家设立中小企业发展基金。中小企业发展基金由下列资金组成：

　　（一）中央财政预算安排的扶持中小企业发展专项资金；

　　（二）基金收益；

　　（三）捐赠；

　　（四）其他资金。

　　国家通过税收政策，鼓励对中小企业发展基金的捐赠。

第十三条　国家中小企业发展基金用于下列扶持中小企业的事项：

（一）创业辅导和服务；

（二）支持建立中小企业信用担保体系；

（三）支持技术创新；

（四）鼓励专业化发展以及与大企业的协作配套；

（五）支持中小企业服务机构开展人员培训、信息咨询等项工作；

（六）支持中小企业开拓国际市场；

（七）支持中小企业实施清洁生产；

（八）其他事项。

中小企业发展基金的设立和使用管理办法由国务院另行规定。

第十四条　中国人民银行应当加强信贷政策指导，改善中小企业融资环境。

中国人民银行应当加强对中小金融机构的支持力度，鼓励商业银行调整信贷结构，加大对中小企业的信贷支持。

第十五条　各金融机构应当对中小企业提供金融支持，努力改进金融服务，转变服务作风，增强服务意识，提高服务质量。

各商业银行和信用社应当改善信贷管理，扩展服务领域，开发适应中小企业发展的金融产品，调整信贷结构，为中小企业提供信贷、结算、财务咨询、投资管理等方面的服务。

国家政策性金融机构应当在其业务经营范围内，采取多种形式，为中小企业提供金融服务。

第十六条　国家采取措施拓宽中小企业的直接融资渠道，积极引导中小企业创造条件，通过法律、行政法规允许的各种方式直接融资。

第十七条　国家通过税收政策鼓励各类依法设立的风险投资机构增加对中小企业的投资。

第十八条　国家推进中小企业信用制度建设，建立信用信息征集与评价体系，实现中小企业信用信息查询、交流和共享的社会化。

第十九条　县级以上人民政府和有关部门应当推进和组织建立中小企业信用担保体系，推动对中小企业的信用担保，为中小企业融资创造条件。

中小企业信用担保管理办法由国务院另行规定。

第二十条　国家鼓励各种担保机构为中小企业提供信用担保。

第二十一条　国家鼓励中小企业依法开展多种形式的互助性融资担保。

第三章　创业扶持

第二十二条　政府有关部门应当积极创造条件，提供必要的、相应的信息和咨询服务，在城乡建设规划中根据中小企业发展的需要，合理安排必要的场地和设施，支持创办中小企业。

失业人员、残疾人员创办中小企业的，所在地政府应当积极扶持，提供便利，加强指导。

政府有关部门应当采取措施，拓宽渠道，引导中小企业吸纳大中专学校毕业生就业。

第二十三条 国家在有关税收政策上支持和鼓励中小企业的创立和发展。

第二十四条 国家对失业人员创立的中小企业和当年吸纳失业人员达到国家规定比例的中小企业，符合国家支持和鼓励发展政策的高新技术中小企业，在少数民族地区、贫困地区创办的中小企业，安置残疾人员达到国家规定比例的中小企业，在一定期限内减征、免征所得税，实行税收优惠。

第二十五条 地方人民政府应当根据实际情况，为创业人员提供工商、财税、融资、劳动用工、社会保障等方面的政策咨询和信息服务。

第二十六条 企业登记机关应当依法定条件和法定程序办理中小企业设立登记手续，提高工作效率，方便登记者。不得在法律、行政法规规定之外设置企业登记的前置条件；不得在法律、行政法规规定的收费项目和收费标准之外，收取其他费用。

第二十七条 国家鼓励中小企业根据国家利用外资政策，引进国外资金、先进技术和管理经验，创办中外合资经营、中外合作经营企业。

第二十八条 国家鼓励个人或者法人依法以工业产权或者非专利技术等投资参与创办中小企业。

第四章 技术创新

第二十九条 国家制定政策，鼓励中小企业按照市场需要，开发新产品，采用先进的技术、生产工艺和设备，提高产品质量，实现技术进步。

中小企业技术创新项目以及为大企业产品配套的技术改造项目，可以享受贷款贴息政策。

第三十条 政府有关部门应当在规划、用地、财政等方面提供政策支持，推进建立各类技术服务机构，建立生产力促进中心和科技企业孵化基地，为中小企业提供技术信息、技术咨询和技术转让服务，为中小企业产品研制、技术开发提供服务，促进科技成果转化，实现企业技术、产品升级。

第三十一条 国家鼓励中小企业与研究机构、大专院校开展技术合作、开发与交流，促进科技成果产业化，积极发展科技型中小企业。

第五章 市场开拓

第三十二条 国家鼓励和支持大企业与中小企业建立以市场配置资源为基础的、稳定的原材料供应、生产、销售、技术开发和技术改造等方面的协作关系，带动和促进中小企业发展。

第三十三条 国家引导、推动并规范中小企业通过合并、收购等方式，进行资产重组，优化资源配置。

第三十四条 政府采购应当优先安排向中小企业购买商品或者服务。

第三十五条 政府有关部门和机构应当为中小企业提供指导和帮助，促进中小企业产品出口，推动对外经济技术合作与交流。

国家有关政策性金融机构应当通过开展进出口信贷、出口信用保险等业务，支持中小企业开拓国外市场。

第三十六条 国家制定政策，鼓励符合条件的中小企业到境外投资，参与国际贸易，开拓国际市场。

第三十七条 国家鼓励中小企业服务机构举办中小企业产品展览展销和信息咨询活动。

第六章 社会服务

第三十八条 国家鼓励社会各方面力量，建立健全中小企业服务体系，为中小企业提供服务。

第三十九条 政府根据实际需要扶持建立的中小企业服务机构，应当为中小企业提供优质服务。

中小企业服务机构应当充分利用计算机网络等先进技术手段，逐步建立健全向全社会开放的信息服务系统。

中小企业服务机构联系和引导各类社会中介机构为中小企业提供服务。

第四十条 国家鼓励各类社会中介机构为中小企业提供创业辅导、企业诊断、信息咨询、市场营销、投资融资、贷款担保、产权交易、技术支持、人才引进、人员培训、对外合作、展览展销和法律咨询等服务。

第四十一条 国家鼓励有关机构、大专院校培训中小企业经营管理及生产技术等方面的人员，提高中小企业营销、管理和技术水平。

第四十二条 行业的自律性组织应当积极为中小企业服务。

第四十三条 中小企业自我约束、自我服务的自律性组织，应当维护中小企业的合法权益，反映中小企业的建议和要求，为中小企业开拓市场、提高经营管理能力提供服务。

第七章　附　则

第四十四条　省、自治区、直辖市可以根据本地区中小企业的情况，制定有关的实施办法。

第四十五条　本法自 2003 年 1 月 1 日起施行。

11. 中华人民共和国刑法（摘录）

第三十条　公司、企业、事业单位、机关、团体实施的危害社会的行为，法律规定为单位犯罪的，应当负刑事责任。

第三十一条　单位犯罪的，对单位判处罚金，并对其直接负责的主管人员和其他直接责任人员判处刑罚。本法分则和其他法律另有规定的，依照规定。

第一百四十条　生产者、销售者在产品中掺杂、掺假，以假充真，以次充好或者以不合格产品冒充合格产品，销售金额五万元以上不满二十万元的，处二年以下有期徒刑或者拘役，并处或者单处销售金额百分之五十以上二倍以下罚金；销售金额二十万元以上不满五十万元的，处二年以上七年以下有期徒刑，并处销售金额百分之五十以上二倍以下罚金；销售金额五十万元以上不满二百万元的，处七年以上有期徒刑，并处销售金额百分之五十以上二倍以下罚金；销售金额二百万元以上的，处十五年有期徒刑或者无期徒刑，并处销售金额百分之五十以上二倍以下罚金或者没收财产。

第一百四十一条　生产、销售假药的，处三年以下有期徒刑或者拘役，并处罚金；对人体健康造成严重危害或者有其他严重情节的，处三年以上十年以下有期徒刑，并处罚金；致人死亡或者有其他特别严重情节的，处十年以上有期徒刑、无期徒刑或者死刑，并处罚金或者没收财产。

本条所称假药，是指依照《中华人民共和国药品管理法》的规定属于假药和按假药处理的药品、非药品。

第一百四十二条　生产、销售劣药，对人体健康造成严重危害的，处三年以上十年以下有期徒刑，并处销售金额百分之五十以上二倍以下罚金；后果特别严重的，处十年以上有期徒刑或者无期徒刑，并处销售金额百分之五十以上二倍以下罚金或者没收财产。

本条所称劣药，是指依照《中华人民共和国药品管理法》的规定属于劣药的药品。

第一百四十三条　生产、销售不符合食品安全标准的食品，足以造成严重食物中毒事故或者其他严重食源性疾病的，处三年以下有期徒刑或者拘役，并处罚金；对人体健康造成严重危害或者有其他严重情节的，处三年以上七年以下有期徒刑，并处罚金；后果特别严重的，处七年以上有期徒刑或者无期徒刑，并处罚金或者没收财产。

第一百四十四条　在生产、销售的食品中掺入有毒、有害的非食品原料的，或者销售明知掺有有毒、有害的非食品原料的食品的，处五年以下有期徒刑，并处罚金；对人体健康造成严重危害或者有其他严重情节的，处五年以上十年以下有期徒刑，并处罚金；致人死亡或者有其他特别严重情节的，依照本法第一百四十一条的规定处罚。

第一百四十五条　生产不符合保障人体健康的国家标准、行业标准的医疗器械、医用卫生材料，或者销售明知是不符合保障人体健康的国家标准、行业标准的医疗器械、医用卫生材料，足以严重危害人体健康的，处三年以下有期徒刑或者拘役，并处销售金额百分之五十以上二倍以下罚金；对人体健康造成严重危害的，处三年以上十年以下有期徒刑，并处销售金额百分之五十以上二倍以下罚金；后果特别严重的，处十年以上有期徒刑或者无期徒刑，并处销售金额百分之五十以上二倍以下罚金或者没收财产。

第一百四十六条　生产不符合保障人身、财产安全的国家标准、行业标准的电器、压力容器、易燃易爆产品或者其他不符合保障人身、财产安全的国家标准、行业标准的产品，或者销售明知是以上不符合保障人身、财产安全的国家标准、行业标准的产品，造成严重后果的，处五年以下有期徒刑，并处销售金额百分之五十以上二倍以下罚金；后果特别严重的，处五年以上有期徒刑，并处销售金额百分之五十以上二倍以下罚金。

第一百四十七条　生产假农药、假兽药、假化肥，销售明知是假的或者失去使用效能的农药、兽药、化肥、种子，或者生产者、销售者以不合格的农药、兽药、化肥、种子冒充合格的农药、兽药、化肥、种子，使生产遭受较大损失的，处三年以下有期徒刑或者拘役，并处或者单处销售金额百分之五十以上二倍以下罚金；使生产遭受重大损失的，处三年以上七年以下有期徒刑，并处销售金额百分之五十以上二倍以下罚金；使生产遭受特别重大损失的，处七年以上有期徒刑或者无期徒刑，并处销售金额百分之五十以上二倍以下罚金或者没收财产。

第一百四十八条　生产不符合卫生标准的化妆品，或者销售明知是不符合卫生标准的化妆品，造成严重后果的，处三年以下有期徒刑或者拘役，并处或者单处销售金额百分之五十以上二倍以下罚金。

　　第一百四十九条　生产、销售本节第一百四十一条至第一百四十八条所列产品，不构成各该条规定的犯罪，但是销售金额在五万元以上的，依照本节第一百四十条的规定定罪处罚。

　　生产、销售本节第一百四十一条至第一百四十八条所列产品，构成各该条规定的犯罪，同时又构成本节第一百四十条规定之罪的，依照处罚较重的规定定罪处罚。

　　第一百五十条　单位犯本节第一百四十条至第一百四十八条规定之罪的，对单位判处罚金，并对其直接负责的主管人员和其他直接责任人员，依照各该条的规定处罚。

　　第一百五十八条　申请公司登记使用虚假证明文件或者采取其他欺诈手段虚报注册资本，欺骗公司登记主管部门，取得公司登记，虚报注册资本数额巨大、后果严重或者有其他严重情节的，处三年以下有期徒刑或者拘役，并处或者单处虚报注册资本金额百分之一以上百分之五以下罚金。

　　单位犯前款罪的，对单位判处罚金，并对其直接负责的主管人员和其他直接责任人员，处三年以下有期徒刑或者拘役。

　　第一百五十九条　公司发起人、股东违反公司法的规定未交付货币、实物或者未转移财产权，虚假出资，或者在公司成立后又抽逃其出资，数额巨大、后果严重或者有其他严重情节的，处五年以下有期徒刑或者拘役，并处或者单处虚假出资金额或者抽逃出资金额百分之二以上百分之十以下罚金。

　　单位犯前款罪的，对单位判处罚金，并对其直接负责的主管人员和其他直接责任人员，处五年以下有期徒刑或者拘役。

　　第一百六十条　在招股说明书、认股书、公司、企业债券募集办法中隐瞒重要事实或者编造重大虚假内容，发行股票或者公司、企业债券，数额巨大、后果严重或者有其他严重情节的，处五年以下有期徒刑或者拘役，并处或者单处非法募集资金金额百分之一以上百分之五以下罚金。

　　单位犯前款罪的，对单位判处罚金，并对其直接负责的主管人员和其他直接责任人员，处五年以下有期徒刑或者拘役。

　　第一百六十一条　依法负有信息披露义务的公司、企业向股东和社会公众提供虚假的或者隐瞒重要事实的财务会计报告，或者对依法应当披露的其他重要信息不按照规定披露，严重损害股东或者其他人利益，或者有其他严重情节的，对其直接负责的主管人员和其他直接责任人员，处三年以下有期徒刑或者拘役，并处或者单处二万元以上二十万元以下罚金。

第一百六十二条 公司、企业进行清算时，隐匿财产，对资产负债表或者财产清单作虚伪记载或者在未清偿债务前分配公司、企业财产，严重损害债权人或者其他人利益的，对其直接负责的主管人员和其他直接责任人员，处五年以下有期徒刑或者拘役，并处或者单处二万元以上二十万元以下罚金。

第一百六十二条之一 隐匿或者故意销毁依法应当保存的会计凭证、会计账簿、财务会计报告，情节严重的，处五年以下有期徒刑或者拘役，并处或者单处二万元以上二十万元以下罚金。

单位犯前款罪的，对单位判处罚金，并对其直接负责的主管人员和其他直接责任人员，依照前款的规定处罚。

第一百六十二条之二 公司、企业通过隐匿财产、承担虚构的债务或者以其他方法转移、处分财产，实施虚假破产，严重损害债权人或者其他人利益的，对其直接负责的主管人员和其他直接责任人员，处五年以下有期徒刑或者拘役，并处或者单处二万元以上二十万元以下罚金。

第一百六十三条 公司、企业或者其他单位的工作人员利用职务上的便利，索取他人财物或者非法收受他人财物，为他人谋取利益，数额较大的，处五年以下有期徒刑或者拘役；数额巨大的，处五年以上有期徒刑，可以并处没收财产。

公司、企业或者其他单位的工作人员在经济往来中，利用职务上的便利，违反国家规定，收受各种名义的回扣、手续费，归个人所有的，依照前款的规定处罚。

国有公司、企业或者其他国有单位中从事公务的人员和国有公司、企业或者其他国有单位委派到非国有公司、企业以及其他单位从事公务的人员有前两款行为的，依照本法第三百八十五条、第三百八十六条的规定定罪处罚。

第一百九十二条 以非法占有为目的，使用诈骗方法非法集资，数额较大的，处五年以下有期徒刑或者拘役，并处二万元以上二十万元以下罚金；数额巨大或者有其他严重情节的，处五年以上十年以下有期徒刑，并处五万元以上五十万元以下罚金；数额特别巨大或者有其他特别严重情节的，处十年以上有期徒刑或者无期徒刑，并处五万元以上五十万元以下罚金或者没收财产。

第一百九十三条 有下列情形之一，以非法占有为目的，诈骗银行或者其他金融机构的贷款，数额较大的，处五年以下有期徒刑或者拘役，并处二万元以上二十万元以下罚金；数额巨大或者有其他严重情节的，处五年以上十年以下有期徒刑，并处五万元以上五十万元以下罚金；数额特别巨大或者有其他特别严重情节的，处十年以上有期徒刑或者无期徒刑，并处五万元以上五十万元以下罚金或者没收财产：

（一）编造引进资金、项目等虚假理由的；

（二）使用虚假的经济合同的；

（三）使用虚假的证明文件的；

（四）使用虚假的产权证明作担保或者超出抵押物价值重复担保的；

（五）以其他方法诈骗贷款的。

第一百九十四条　有下列情形之一，进行金融票据诈骗活动，数额较大的，处五年以下有期徒刑或者拘役，并处二万元以上二十万元以下罚金；数额巨大或者有其他严重情节的，处五年以上十年以下有期徒刑，并处五万元以上五十万元以下罚金；数额特别巨大或者有其他特别严重情节的，处十年以上有期徒刑或者无期徒刑，并处五万元以上五十万元以下罚金或者没收财产：

（一）明知是伪造、变造的汇票、本票、支票而使用的；

（二）明知是作废的汇票、本票、支票而使用的；

（三）冒用他人的汇票、本票、支票的；

（四）签发空头支票或者与其预留印鉴不符的支票，骗取财物的；

（五）汇票、本票的出票人签发无资金保证的汇票、本票或者在出票时作虚假记载，骗取财物的。

使用伪造、变造的委托收款凭证、汇款凭证、银行存单等其他银行结算凭证的，依照前款的规定处罚。

第一百九十五条　有下列情形之一，进行信用证诈骗活动的，处五年以下有期徒刑或者拘役，并处二万元以上二十万元以下罚金；数额巨大或者有其他严重情节的，处五年以上十年以下有期徒刑，并处五万元以上五十万元以下罚金；数额特别巨大或者有其他特别严重情节的，处十年以上有期徒刑或者无期徒刑，并处五万元以上五十万元以下罚金或者没收财产：

（一）使用伪造、变造的信用证或者附随的单据、文件的；

（二）使用作废的信用证的；

（三）骗取信用证的；

（四）以其他方法进行信用证诈骗活动的。

第一百九十六条　有下列情形之一，进行信用卡诈骗活动，数额较大的，处五年以下有期徒刑或者拘役，并处二万元以上二十万元以下罚金；数额巨大或者有其他严重情节的，处五年以上十年以下有期徒刑，并处五万元以上五十万元以下罚金；数额特别巨大或者有其他特别严重情节的，处十年以上有期徒刑或者无期徒刑，并处五万元以上五十万元以下罚金或者没收财产：

（一）使用伪造的信用卡，或者使用以虚假的身份证明骗领的信用卡的；

（二）使用作废的信用卡的；

（三）冒用他人信用卡的；

（四）恶意透支的。

前款所称恶意透支，是指持卡人以非法占有为目的，超过规定限额或者规定期限透支，并且经发卡银行催收后仍不归还的行为。

盗窃信用卡并使用的，依照本法第二百六十四条的规定定罪处罚。

第一百九十七条 使用伪造、变造的国库券或者国家发行的其他有价证券，进行诈骗活动，数额较大的，处五年以下有期徒刑或者拘役，并处二万元以上二十万元以下罚金；数额巨大或者有其他严重情节的，处五年以上十年以下有期徒刑，并处五万元以上五十万元以下罚金；数额特别巨大或者有其他特别严重情节的，处十年以上有期徒刑或者无期徒刑，并处五万元以上五十万元以下罚金或者没收财产。

第一百九十八条 有下列情形之一，进行保险诈骗活动，数额较大的，处五年以下有期徒刑或者拘役，并处一万元以上十万元以下罚金；数额巨大或者有其他严重情节的，处五年以上十年以下有期徒刑，并处二万元以上二十万元以下罚金；数额特别巨大或者有其他特别严重情节的，处十年以上有期徒刑，并处二万元以上二十万元以下罚金或者没收财产：

（一）投保人故意虚构保险标的，骗取保险金的；

（二）投保人、被保险人或者受益人对发生的保险事故编造虚假的原因或者夸大损失的程度，骗取保险金的；

（三）投保人、被保险人或者受益人编造未曾发生的保险事故，骗取保险金的；

（四）投保人、被保险人故意造成财产损失的保险事故，骗取保险金的；

（五）投保人、受益人故意造成被保险人死亡、伤残或者疾病，骗取保险金的。

有前款第四项、第五项所列行为，同时构成其他犯罪的，依照数罪并罚的规定处罚。

单位犯第一款罪的，对单位判处罚金，并对其直接负责的主管人员和其他直接责任人员，处五年以下有期徒刑或者拘役；数额巨大或者有其他严重情节的，处五年以上十年以下有期徒刑；数额特别巨大或者有其他特别严重情节的，处十年以上有期徒刑。

保险事故的鉴定人、证明人、财产评估人故意提供虚假的证明文件，为他人诈骗提供条件的，以保险诈骗的共犯论处。

第二百条 单位犯本节第一百九十二条、第一百九十四条、第一百九十五条规定之罪的，对单位判处罚金，并对其直接负责的主管人员和其他直接责任人员，处五年以下有期徒刑或者拘役，可以并处罚金；数额巨大或者有其他严重情节的，处五年以上十年以下有期徒刑，并处罚金；数额特别巨大或者有其他特别严重情节的，处十年以上有期徒刑或者无期徒刑，并处罚金。

第二百零一条 纳税人采取欺骗、隐瞒手段进行虚假纳税申报或者不申报，逃避缴纳税款数额较大并且占应纳税额百分之十以上的，处三年以下有期徒刑或者拘役，并处罚金；数额巨大并且占应纳税额百分之三十以上的，处三年以上七年以下有期徒刑，并处罚金。

扣缴义务人采取前款所列手段，不缴或者少缴已扣、已收税款，数额较大的，依照前款的规定处罚。

对多次实施前两款行为，未经处理的，按照累计数额计算。

有第一款行为，经税务机关依法下达追缴通知后，补缴应纳税款，缴纳滞纳金，已受行政处罚的，不予追究刑事责任；但是，五年内因逃避缴纳税款受过刑事处罚或者被税务机关给予二次以上行政处罚的除外。

第二百零二条 以暴力、威胁方法拒不缴纳税款的，处三年以下有期徒刑或者拘役，并处拒缴税款一倍以上五倍以下罚金；情节严重的，处三年以上七年以下有期徒刑，并处拒缴税款一倍以上五倍以下罚金。

第二百零三条 纳税人欠缴应纳税款，采取转移或者隐匿财产的手段，致使税务机关无法追缴欠缴的税款，数额在一万元以上不满十万元的，处三年以下有期徒刑或者拘役，并处或者单处欠缴税款一倍以上五倍以下罚金；数额在十万元以上的，处三年以上七年以下有期徒刑，并处欠缴税款一倍以上五倍以下罚金。

第二百零四条 以假报出口或者其他欺骗手段，骗取国家出口退税款，数额较大的，处五年以下有期徒刑或者拘役，并处骗取税款一倍以上五倍以下罚金；数额巨大或者有其他严重情节的，处五年以上十年以下有期徒刑，并处骗取税款一倍以上五倍以下罚金；数额特别巨大或者有其他特别严重情节的，处十年以上有期徒刑或者无期徒刑，并处骗取税款一倍以上五倍以下罚金或者没收财产。

纳税人缴纳税款后，采取前款规定的欺骗方法，骗取所缴纳的税款的，依照本法第二百零一条的规定定罪处罚；骗取税款超过所缴纳的税款部分，依照前款的规定处罚。

第二百零五条 虚开增值税专用发票或者虚开用于骗取出口退税、抵扣税款的其他发票的，处三年以下有期徒刑或者拘役，并处二万元以上二十万元以下罚金；虚开的税款数额较大或者有其他严重情节的，处三年以上十年以下有期徒刑，并处五万元以上五十万元以下罚金；虚开的税款数额巨大或者有其他特别严重情节的，处十年以上有期徒刑或者无期徒刑，并处五万元以上五十万元以下罚金或者没收财产。

单位犯本条规定之罪的，对单位判处罚金，并对其直接负责的主管人员和其他直接责任人员，处三年以下有期徒刑或者拘役；虚开的税款数额较大或者有其他严重情节的，处三年以上十年以下有期徒刑；虚开的税款数额巨大或者有其他特别严重情节的，处十年以上有期徒刑或者无期徒刑。

虚开增值税专用发票或者虚开用于骗取出口退税、抵扣税款的其他发票，是指有为他人虚开、为自己虚开、让他人为自己虚开、介绍他人虚开行为之一的。

第二百零五条之一 虚开本法第二百零五条规定以外的其他发票，情节严重的，处二年以下有期徒刑、拘役或者管制，并处罚金；情节特别严重的，处二年以上七年以下有期徒刑，并处罚金。

单位犯前款罪的，对单位判处罚金，并对其直接负责的主管人员和其他直接责任人员，依照前款的规定处罚。

第二百零六条 伪造或者出售伪造的增值税专用发票的，处三年以下有期徒刑、拘役或者管制，并处二万元以上二十万元以下罚金；数量较大或者有其他严重情节的，处三年以上十年以下有期徒刑，并处五万元以上五十万元以下罚金；数量巨大或者有其他特别严重情节的，处十年以上有期徒刑或者无期徒刑，并处五万元以上五十万元以下罚金或者没收财产。

单位犯本条规定之罪的，对单位判处罚金，并对其直接负责的主管人员和其他直接责任人员，处三年以下有期徒刑、拘役或者管制；数量较大或者有其他严重情节的，处三年以上十年以下有期徒刑；数量巨大或者有其他特别严重情节的，处十年以上有期徒刑或者无期徒刑。

第二百零七条 非法出售增值税专用发票的，处三年以下有期徒刑、拘役或者管制，并处二万元以上二十万元以下罚金；数量较大的，处三年以上十年以下有期徒刑，并处五万元以上五十万元以下罚金；数量巨大的，处十年以上有期徒刑或者无期徒刑，并处五万元以上五十万元以下罚金或者没收财产。

第二百零八条 非法购买增值税专用发票或者购买伪造的增值税专用发票的，处五年以下有期徒刑或者拘役，并处或者单处二万元以上二十万元以下罚金。

非法购买增值税专用发票或者购买伪造的增值税专用发票又虚开或者出售的，分别依照本法第二百零五条、第二百零六条、第二百零七条的规定定罪处罚。

第二百零九条　伪造、擅自制造或者出售伪造、擅自制造的可以用于骗取出口退税、抵扣税款的其他发票的，处三年以下有期徒刑、拘役或者管制，并处二万元以上二十万元以下罚金；数量巨大的，处三年以上七年以下有期徒刑，并处五万元以上五十万元以下罚金；数量特别巨大的，处七年以上有期徒刑，并处五万元以上五十万元以下罚金或者没收财产。

伪造、擅自制造或者出售伪造、擅自制造的前款规定以外的其他发票的，处二年以下有期徒刑、拘役或者管制，并处或者单处一万元以上五万元以下罚金；情节严重的，处二年以上七年以下有期徒刑，并处五万元以上五十万元以下罚金。

非法出售可以用于骗取出口退税、抵扣税款的其他发票的，依照第一款的规定处罚。

非法出售第三款规定以外的其他发票的，依照第二款的规定处罚。

第二百一十一条　单位犯本节第二百零一条、第二百零三条、第二百零四条、第二百零七条、第二百零八条、第二百零九条规定之罪的，对单位判处罚金，并对其直接负责的主管人员和其他直接责任人员，依照各该条的规定处罚。

第二百一十三条　未经注册商标所有人许可，在同一种商品上使用与其注册商标相同的商标，情节严重的，处三年以下有期徒刑或者拘役，并处或者单处罚金；情节特别严重的，处三年以上七年以下有期徒刑，并处罚金。

第二百一十四条　销售明知是假冒注册商标的商品，销售金额数额较大的，处三年以下有期徒刑或者拘役，并处或者单处罚金；销售金额数额巨大的，处三年以上七年以下有期徒刑，并处罚金。

第二百一十五条　伪造、擅自制造他人注册商标标识或者销售伪造、擅自制造的注册商标标识，情节严重的，处三年以下有期徒刑、拘役或者管制，并处或者单处罚金；情节特别严重的，处三年以上七年以下有期徒刑，并处罚金。

第二百一十六条　假冒他人专利，情节严重的，处三年以下有期徒刑或者拘役，并处或者单处罚金。

第二百一十七条　以营利为目的，有下列侵犯著作权情形之一，违法所得数额较大或者有其他严重情节的，处三年以下有期徒刑或者拘役，并处或者单处罚金；违法所得数额巨大或者有其他特别严重情节的，处三年以上七年以下有期徒刑，并处罚金：

（一）未经著作权人许可，复制发行其文字作品、音乐、电影、电视、录像作品、计算机软件及其他作品的；

（二）出版他人享有专有出版权的图书的；

（三）未经录音录像制作者许可，复制发行其制作的录音录像的；

（四）制作、出售假冒他人署名的美术作品的。

第二百一十八条 以营利为目的，销售明知是本法第二百一十七条规定的侵权复制品，违法所得数额巨大的，处三年以下有期徒刑或者拘役，并处或者单处罚金。

第二百一十九条 有下列侵犯商业秘密行为之一，给商业秘密的权利人造成重大损失的，处三年以下有期徒刑或者拘役，并处或者单处罚金；造成特别严重后果的，处三年以上七年以下有期徒刑，并处罚金：

（一）以盗窃、利诱、胁迫或者其他不正当手段获取权利人的商业秘密的；

（二）披露、使用或者允许他人使用以前项手段获取的权利人的商业秘密的；

（三）违反约定或者违反权利人有关保守商业秘密的要求，披露、使用或者允许他人使用其所掌握的商业秘密的。

明知或者应知前款所列行为，获取、使用或者披露他人的商业秘密的，以侵犯商业秘密论。

本条所称商业秘密，是指不为公众所知悉，能为权利人带来经济利益，具有实用性并经权利人采取保密措施的技术信息和经营信息。

本条所称权利人，是指商业秘密的所有人和经商业秘密所有人许可的商业秘密使用人。

第二百二十条 单位犯本节第二百一十三条至第二百一十九条规定之罪的，对单位判处罚金，并对其直接负责的主管人员和其他直接责任人员，依照本节各该条的规定处罚。

12. 中华人民共和国合同法（摘录）

第九条 当事人订立合同，应当具有相应的民事权利能力和民事行为能力。

当事人依法可以委托代理人订立合同。

第十条 当事人订立合同，有书面形式、口头形式和其他形式。

法律、行政法规规定采用书面形式的，应当采用书面形式。当事人约定采用书面形式的，应当采用书面形式。

第十一条　书面形式是指合同书、信件和数据电文（包括电报、电传、传真、电子数据交换和电子邮件）等可以有形地表现所载内容的形式。

第十二条　合同的内容由当事人约定，一般包括以下条款：

（一）当事人的名称或者姓名和住所；

（二）标的；

（三）数量；

（四）质量；

（五）价款或者报酬；

（六）履行期限、地点和方式；

（七）违约责任；

（八）解决争议的方法。

当事人可以参照各类合同的示范文本订立合同。

第十三条　当事人订立合同，采取要约、承诺方式。

第十四条　要约是希望和他人订立合同的意思表示，该意思表示应当符合下列规定：

（一）内容具体确定；

（二）表明经受要约人承诺，要约人即受该意思表示约束。

第十五条　要约邀请是希望他人向自己发出要约的意思表示。寄送的价目表、拍卖

公告、招标公告、招股说明书、商业广告等为要约邀请。

商业广告的内容符合要约规定的，视为要约。

第十六条　要约到达受要约人时生效。

采用数据电文形式订立合同，收件人指定特定系统接收数据电文的，该数据电文进入该特定系统的时间，视为到达时间；未指定特定系统的，该数据电文进入收件人的任何系统的首次时间，视为到达时间。

第十七条　要约可以撤回。撤回要约的通知应当在要约到达受要约人之前或者与要约同时到达受要约人。

第十八条　要约可以撤销。撤销要约的通知应当在受要约人发出承诺通知之前到达受要约人。

第十九条　有下列情形之一的，要约不得撤销：

（一）要约人确定了承诺期限或者以其他形式明示要约不可撤销；

（二）受要约人有理由认为要约是不可撤销的，并已经为履行合同作了准备

工作。

第二十条　有下列情形之一的,要约失效:

(一) 拒绝要约的通知到达要约人;

(二) 要约人依法撤销要约;

(三) 承诺期限届满,受要约人未作出承诺;

(四) 受要约人对要约的内容作出实质性变更。

第二十一条　承诺是受要约人同意要约的意思表示。

第二十二条　承诺应当以通知的方式作出,但根据交易习惯或者要约表明可以通过行为作出承诺的除外。

第二十三条　承诺应当在要约确定的期限内到达要约人。要约没有确定承诺期限的,承诺应当依照下列规定到达:

(一) 要约以对话方式作出的,应当即时作出承诺,但当事人另有约定的除外;

(二) 要约以非对话方式作出的,承诺应当在合理期限内到达。

第二十四条　要约以信件或者电报作出的,承诺期限自信件载明的日期或者电报交发之日开始计算。信件未载明日期的,自投寄该信件的邮戳日期开始计算。要约以电话、传真等快速通讯方式作出的,承诺期限自要约到达受要约人时开始计算。

第二十五条　承诺生效时合同成立。

第二十六条　承诺通知到达要约人时生效。承诺不需要通知的,根据交易习惯或者要约的要求作出承诺的行为时生效。

采用数据电文形式订立合同的,承诺到达的时间适用本法第十六条第二款的规定。

第二十七条　承诺可以撤回。撤回承诺的通知应当在承诺通知到达要约人之前或者与承诺通知同时到达要约人。

第二十八条　受要约人超过承诺期限发出承诺的,除要约人及时通知受要约人该承诺有效的以外,为新要约。

第二十九条　受要约人在承诺期限内发出承诺,按照通常情形能够及时到达要约人,但因其他原因承诺到达要约人时超过承诺期限的,除要约人及时通知受要约人因承诺超过期限不接受该承诺的以外,该承诺有效。

第三十条　承诺的内容应当与要约的内容一致。受要约人对要约的内容作出实质性变更的,为新要约。有关合同标的、数量、质量、价款或者报酬、履行期限、履行地点和方式、违约责任和解决争议方法等的变更,是对要约内容的实质性变更。

　　第三十一条　承诺对要约的内容作出非实质性变更的，除要约人及时表示反对或者要约表明承诺不得对要约的内容作出任何变更的以外，该承诺有效，合同的内容以承诺的内容为准。

　　第三十二条　当事人采用合同书形式订立合同的，自双方当事人签字或者盖章时合同成立。

　　第三十三条　当事人采用信件、数据电文等形式订立合同的，可以在合同成立之前要求签订确认书。签订确认书时合同成立。

　　第三十四条　承诺生效的地点为合同成立的地点。

　　采用数据电文形式订立合同的，收件人的主营业地为合同成立的地点；没有主营

　　业地的，其经常居住地为合同成立的地点。当事人另有约定的，按照其约定。

　　第三十五条　当事人采用合同书形式订立合同的，双方当事人签字或者盖章的地点为合同成立的地点。

　　第三十六条　法律、行政法规规定或者当事人约定采用书面形式订立合同，当事人未采用书面形式但一方已经履行主要义务，对方接受的，该合同成立。

　　第三十七条　采用合同书形式订立合同，在签字或者盖章之前，当事人一方已经履行主要义务，对方接受的，该合同成立。

　　第三十八条　国家根据需要下达指令性任务或者国家订货任务的，有关法人、其他组织之间应当依照有关法律、行政法规规定的权利和义务订立合同。

　　第三十九条　采用格式条款订立合同的，提供格式条款的一方应当遵循公平原则确定当事人之间的权利和义务，并采取合理的方式提请对方注意免除或者限制其责任的条款，按照对方的要求，对该条款予以说明。

　　格式条款是当事人为了重复使用而预先拟定，并在订立合同时未与对方协商的条款。

　　第四十条　格式条款具有本法第五十二条和第五十三条规定情形的，或者提供格式条款一方免除其责任、加重对方责任、排除对方主要权利的，该条款无效。

　　第四十一条　对格式条款的理解发生争议的，应当按照通常理解予以解释。对格式条款有两种以上解释的，应当作出不利于提供格式条款一方的解释。格式条款和非格式条款不一致的，应当采用非格式条款。

　　第四十二条　当事人在订立合同过程中有下列情形之一，给对方造成损失

的，应当承担损害赔偿责任：

（一）假借订立合同，恶意进行磋商；

（二）故意隐瞒与订立合同有关的重要事实或者提供虚假情况；

（三）有其他违背诚实信用原则的行为。

第四十三条 当事人在订立合同过程中知悉的商业秘密，无论合同是否成立，不得泄露或者不正当地使用。泄露或者不正当地使用该商业秘密给对方造成损失的，应当承担损害赔偿责任。

第三章 合同的效力

第四十四条 依法成立的合同，自成立时生效。

法律、行政法规规定应当办理批准、登记等手续生效的，依照其规定。

第四十五条 当事人对合同的效力可以约定附条件。附生效条件的合同，自条件成就时生效。附解除条件的合同，自条件成就时失效。

当事人为自己的利益不正当地阻止条件成就的，视为条件已成就；不正当地促成条件成就的，视为条件不成就。

第四十六条 当事人对合同的效力可以约定附期限。附生效期限的合同，自期限届至时生效。附终止期限的合同，自期限届满时失效。

第四十七条 限制民事行为能力人订立的合同，经法定代理人追认后，该合同有效，但纯获利益的合同或者与其年龄、智力、精神健康状况相适应而订立的合同，不必经法定代理人追认。

相对人可以催告法定代理人在一个月内予以追认。法定代理人未作表示的，视为拒绝追认。合同被追认之前，善意相对人有撤销的权利。撤销应当以通知的方式作出。

第四十八条 行为人没有代理权、超越代理权或者代理权终止后以被代理人名义订立的合同，未经被代理人追认，对被代理人不发生效力，由行为人承担责任。

相对人可以催告被代理人在一个月内予以追认。被代理人未作表示的，视为拒绝追认。合同被追认之前，善意相对人有撤销的权利。撤销应当以通知的方式作出。

第四十九条 行为人没有代理权、超越代理权或者代理权终止后以被代理人名义订立合同，相对人有理由相信行为人有代理权的，该代理行为有效。

第五十条 法人或者其他组织的法定代表人、负责人超越权限订立的合同，除相对人知道或者应当知道其超越权限的以外，该代表行为有效。

第五十一条　无处分权的人处分他人财产，经权利人追认或者无处分权的人订立合同后取得处分权的，该合同有效。

第五十二条　有下列情形之一的，合同无效：

（一）一方以欺诈、胁迫的手段订立合同，损害国家利益；

（二）恶意串通，损害国家、集体或者第三人利益；

（三）以合法形式掩盖非法目的；

（四）损害社会公共利益；

（五）违反法律、行政法规的强制性规定。

第五十三条　合同中的下列免责条款无效：

（一）造成对方人身伤害的；

（二）因故意或者重大过失造成对方财产损失的。

第五十四条　下列合同，当事人一方有权请求人民法院或者仲裁机构变更或者撤销：

（一）因重大误解订立的；

（二）在订立合同时显失公平的。

一方以欺诈、胁迫的手段或者乘人之危，使对方在违背真实意思的情况下订立的

合同，受损害方有权请求人民法院或者仲裁机构变更或者撤销。

当事人请求变更的，人民法院或者仲裁机构不得撤销。

第五十五条　有下列情形之一的，撤销权消灭：

（一）具有撤销权的当事人自知道或者应当知道撤销事由之日起一年内没有行使撤销权；

（二）具有撤销权的当事人知道撤销事由后明确表示或者以自己的行为放弃撤销权。

第五十六条　无效的合同或者被撤销的合同自始没有法律约束力。合同部分无效，

不影响其他部分效力的，其他部分仍然有效。

第五十七条　合同无效、被撤销或者终止的，不影响合同中独立存在的有关解决争

议方法的条款的效力。

第五十八条　合同无效或者被撤销后，因该合同取得的财产，应当予以返还；不能返还或者没有必要返还的，应当折价补偿。有过错的一方应当赔偿对方因此所受到的损失，双方都有过错的，应当各自承担相应的责任。

第五十九条 当事人恶意串通，损害国家、集体或者第三人利益的，因此取得的财产收归国家所有或者返还集体、第三人。

第四章 合同的履行

第六十条 当事人应当按照约定全面履行自己的义务。

当事人应当遵循诚实信用原则，根据合同的性质、目的和交易习惯履行通知、协助、保密等义务。

第六十一条 合同生效后，当事人就质量、价款或者报酬、履行地点等内容没有约定或者约定不明确的，可以协议补充；不能达成补充协议的，按照合同有关条款或者交易习惯确定。

第六十二条 当事人就有关合同内容约定不明确，依照本法第六十一条的规定仍不能确定的，适用下列规定：

（一）质量要求不明确的，按照国家标准、行业标准履行；没有国家标准、行业标准的，按照通常标准或者符合合同目的的特定标准履行。

（二）价款或者报酬不明确的，按照订立合同时履行地的市场价格履行；依法应当执行政府定价或者政府指导价的，按照规定履行。

（三）履行地点不明确，给付货币的，在接受货币一方所在地履行；交付不动产的，在不动产所在地履行；其他标的，在履行义务一方所在地履行。

（四）履行期限不明确的，债务人可以随时履行，债权人也可以随时要求履行，但应当给对方必要的准备时间。

（五）履行方式不明确的，按照有利于实现合同目的的方式履行。

（六）履行费用的负担不明确的，由履行义务一方负担。

第六十三条 执行政府定价或者政府指导价的，在合同约定的交付期限内政府价格调整时，按照交付时的价格计价。逾期交付标的物的，遇价格上涨时，按照原价格执行；价格下降时，按照新价格执行。逾期提取标的物或者逾期付款的，遇价格上涨时，按照新价格执行；价格下降时，按照原价格执行。

第六十四条 当事人约定由债务人向第三人履行债务的，债务人未向第三人履行债务或者履行债务不符合约定，应当向债权人承担违约责任。

第六十五条 当事人约定由第三人向债权人履行债务的，第三人不履行债务或者履行债务不符合约定，债务人应当向债权人承担违约责任。

第六十六条 当事人互负债务，没有先后履行顺序的，应当同时履行。一方在对方履行之前有权拒绝其履行要求。一方在对方履行债务不符合约定时，有权拒绝其相应的履行要求。

第六十七条　当事人互负债务，有先后履行顺序，先履行一方未履行的，后履行一方有权拒绝其履行要求。先履行一方履行债务不符合约定的，后履行一方有权拒绝其相应的履行要求。

第六十八条　应当先履行债务的当事人，有确切证据证明对方有下列情形之一的，可以中止履行：

（一）经营状况严重恶化；

（二）转移财产、抽逃资金，以逃避债务；

（三）丧失商业信誉；

（四）有丧失或者可能丧失履行债务能力的其他情形。

当事人没有确切证据中止履行的，应当承担违约责任。

第六十九条　当事人依照本法第六十八条的规定中止履行的，应当及时通知对方。对方提供适当担保时，应当恢复履行。中止履行后，对方在合理期限内未恢复履行能力并且未提供适当担保的，中止履行的一方可以解除合同。

第七十条　债权人分立、合并或者变更住所没有通知债务人，致使履行债务发生困难的，债务人可以中止履行或者将标的物提存。

第七十一条　债权人可以拒绝债务人提前履行债务，但提前履行不损害债权人利益的除外。

债务人提前履行债务给债权人增加的费用，由债务人负担。

第七十二条　债权人可以拒绝债务人部分履行债务，但部分履行不损害债权人利益的除外。

债务人部分履行债务给债权人增加的费用，由债务人负担。

第七十三条　因债务人怠于行使其到期债权，对债权人造成损害的，债权人可以向人民法院请求以自己的名义代位行使债务人的债权，但该债权专属于债务人自身的除外。

代位权的行使范围以债权人的债权为限。债权人行使代位权的必要费用，由债务人负担。

第七十四条　因债务人放弃其到期债权或者无偿转让财产，对债权人造成损害的，债权人可以请求人民法院撤销债务人的行为。债务人以明显不合理的低价转让财产，对债权人造成损害，并且受让人知道该情形的，债权人也可以请求人民法院撤销债务人的行为。

撤销权的行使范围以债权人的债权为限。债权人行使撤销权的必要费用，由债务人负担。

第七十五条　撤销权自债权人知道或者应当知道撤销事由之日起一年内行

使。自债务人的行为发生之日起五年内没有行使撤销权的，该撤销权消灭。

第七十六条 合同生效后，当事人不得因姓名、名称的变更或者法定代表人、负责人、承办人的变动而不履行合同义务。

第五章 合同的变更和转让

第七十七条 当事人协商一致，可以变更合同。

法律、行政法规规定变更合同应当办理批准、登记等手续的，依照其规定。

第七十八条 当事人对合同变更的内容约定不明确的，推定为未变更。

第七十九条 债权人可以将合同的权利全部或者部分转让给第三人，但有下列情形之一的除外：

（一）根据合同性质不得转让；

（二）按照当事人约定不得转让；

（三）依照法律规定不得转让。

第八十条 债权人转让权利的，应当通知债务人。未经通知，该转让对债务人不发生效力。

债权人转让权利的通知不得撤销，但经受让人同意的除外。

第八十一条 债权人转让权利的，受让人取得与债权有关的从权利，但该从权利专属于债权人自身的除外。

第八十二条 债务人接到债权转让通知后，债务人对让与人的抗辩，可以向受让人主张。

第八十三条 债务人接到债权转让通知时，债务人对让与人享有债权，并且债务人的债权先于转让的债权到期或者同时到期的，债务人可以向受让人主张抵销。

第八十四条 债务人将合同的义务全部或者部分转移给第三人的，应当经债权人同意。

第八十五条 债务人转移义务的，新债务人可以主张原债务人对债权人的抗辩。

第八十六条 债务人转移义务的，新债务人应当承担与主债务有关的从债务，但该从债务专属于原债务人自身的除外。

第八十七条 法律、行政法规规定转让权利或者转移义务应当办理批准、登记等手续的，依照其规定。

第八十八条 当事人一方经对方同意，可以将自己在合同中的权利和义务一并转让给第三人。

第八十九条　权利和义务一并转让的，适用本法第七十九条、第八十一条至第八十三条、第八十五条至第八十七条的规定。

第九十条　当事人订立合同后合并的，由合并后的法人或者其他组织行使合同权利，履行合同义务。当事人订立合同后分立的，除债权人和债务人另有约定的以外，由分立的法人或者其他组织对合同的权利和义务享有连带债权，承担连带债务。

第六章　合同的权利义务终止

第九十一条　有下列情形之一的，合同的权利义务终止：

（一）债务已经按照约定履行；

（二）合同解除；

（三）债务相互抵销；

（四）债务人依法将标的物提存；

（五）债权人免除债务；

（六）债权债务同归于一人；

（七）法律规定或者当事人约定终止的其他情形。

第九十二条　合同的权利义务终止后，当事人应当遵循诚实信用原则，根据交易习惯履行通知、协助、保密等义务。

第九十三条　当事人协商一致，可以解除合同。

当事人可以约定一方解除合同的条件。解除合同的条件成就时，解除权人可以解除合同。

第九十四条　有下列情形之一的，当事人可以解除合同：

（一）因不可抗力致使不能实现合同目的；

（二）在履行期限届满之前，当事人一方明确表示或者以自己的行为表明不履行主要债务；

（三）当事人一方迟延履行主要债务，经催告后在合理期限内仍未履行；

（四）当事人一方迟延履行债务或者有其他违约行为致使不能实现合同目的；

（五）法律规定的其他情形。

第九十五条　法律规定或者当事人约定解除权行使期限，期限届满当事人不行使的，该权利消灭。

法律没有规定或者当事人没有约定解除权行使期限，经对方催告后在合理期限内不行使的，该权利消灭。

第九十六条 当事人一方依照本法第九十三条第二款、第九十四条的规定主张解除合同的，应当通知对方。合同自通知到达对方时解除。对方有异议的，可以请求人民法院或者仲裁机构确认解除合同的效力。法律、行政法规规定解除合同应当办理批准、登记等手续的，依照其规定。

第九十七条 合同解除后，尚未履行的，终止履行；已经履行的，根据履行情况和合同性质，当事人可以要求恢复原状、采取其他补救措施，并有权要求赔偿损失。

第九十八条 合同的权利义务终止，不影响合同中结算和清理条款的效力。

第九十九条 当事人互负到期债务，该债务的标的物种类、品质相同的，任何一方可以将自己的债务与对方的债务抵销，但依照法律规定或者按照合同性质不得抵销的除外。

当事人主张抵销的，应当通知对方。通知自到达对方时生效。抵销不得附条件或者附期限。

第一百条 当事人互负债务，标的物种类、品质不相同的，经双方协商一致，也可以抵销。

第一百零一条 有下列情形之一，难以履行债务的，债务人可以将标的物提存：

（一）债权人无正当理由拒绝受领；

（二）债权人下落不明；

（三）债权人死亡未确定继承人或者丧失民事行为能力未确定监护人；

（四）法律规定的其他情形。

标的物不适于提存或者提存费用过高的，债务人依法可以拍卖或者变卖标的物，提存所得的价款。

第一百零二条 标的物提存后，除债权人下落不明的以外，债务人应当及时通知债权人或者债权人的继承人、监护人。

第一百零三条 标的物提存后，毁损、灭失的风险由债权人承担。提存期间，标的物的孳息归债权人所有。提存费用由债权人负担。

第一百零四条 债权人可以随时领取提存物，但债权人对债务人负有到期债务的，在债权人未履行债务或者提供担保之前，提存部门根据债务人的要求应当拒绝其领取提存物。

债权人领取提存物的权利，自提存之日起五年内不行使而消灭，提存物扣除提存费用后归国家所有。

第一百零五条 债权人免除债务人部分或者全部债务的，合同的权利义务部分或者全部终止。

第一百零六条　债权和债务同归于一人的，合同的权利义务终止，但涉及第三人利益的除外。

第七章　违约责任

第一百零七条　当事人一方不履行合同义务或者履行合同义务不符合约定的，应当承担继续履行、采取补救措施或者赔偿损失等违约责任。

第一百零八条　当事人一方明确表示或者以自己的行为表明不履行合同义务的，对方可以在履行期限届满之前要求其承担违约责任。

第一百零九条　当事人一方未支付价款或者报酬的，对方可以要求其支付价款或者报酬。

第一百一十条　当事人一方不履行非金钱债务或者履行非金钱债务不符合约定的，对方可以要求履行，但有下列情形之一的除外：

（一）法律上或者事实上不能履行；

（二）债务的标的不适于强制履行或者履行费用过高；

（三）债权人在合理期限内未要求履行。

第一百一十一条　质量不符合约定的，应当按照当事人的约定承担违约责任。对违约责任没有约定或者约定不明确，依照本法第六十一条的规定仍不能确定的，受损害方根据标的的性质以及损失的大小，可以合理选择要求对方承担修理、更换、重作、退货、减少价款或者报酬等违约责任。

第一百一十二条　当事人一方不履行合同义务或者履行合同义务不符合约定的，在履行义务或者采取补救措施后，对方还有其他损失的，应当赔偿损失。

第一百一十三条　当事人一方不履行合同义务或者履行合同义务不符合约定，给对方造成损失的，损失赔偿额应当相当于因违约所造成的损失，包括合同履行后可以获得的利益，但不得超过违反合同一方订立合同时预见到或者应当预见到的因违反合同可能造成的损失。

经营者对消费者提供商品或者服务有欺诈行为的，依照《中华人民共和国消费者权益保护法》的规定承担损害赔偿责任。

第一百一十四条　当事人可以约定一方违约时应当根据违约情况向对方支付一定数额的违约金，也可以约定因违约产生的损失赔偿额的计算方法。

约定的违约金低于造成的损失的，当事人可以请求人民法院或者仲裁机构予以增加；约定的违约金过分高于造成的损失的，当事人可以请求人民法院或者仲裁机构予以适当减少。

当事人就迟延履行约定违约金的，违约方支付违约金后，还应当履行债务。

第一百一十五条　当事人可以依照《中华人民共和国担保法》约定一方向对方给付定金作为债权的担保。债务人履行债务后，定金应当抵作价款或者收回。给付定金的一方不履行约定的债务的，无权要求返还定金；收受定金的一方不履行约定的债务的，应当双倍返还定金。

第一百一十六条　当事人既约定违约金，又约定定金的，一方违约时，对方可以选择适用违约金或者定金条款。

第一百一十七条　因不可抗力不能履行合同的，根据不可抗力的影响，部分或者全部免除责任，但法律另有规定的除外。当事人迟延履行后发生不可抗力的，不能免除责任。

本法所称不可抗力，是指不能预见、不能避免并不能克服的客观情况。

第一百一十八条　当事人一方因不可抗力不能履行合同的，应当及时通知对方，以减轻可能给对方造成的损失，并应当在合理期限内提供证明。

第一百一十九条　当事人一方违约后，对方应当采取适当措施防止损失的扩大；没有采取适当措施致使损失扩大的，不得就扩大的损失要求赔偿。

当事人因防止损失扩大而支出的合理费用，由违约方承担。

第一百二十条　当事人双方都违反合同的，应当各自承担相应的责任。

第一百二十一条　当事人一方因第三人的原因造成违约的，应当向对方承担违约责任。当事人一方和第三人之间的纠纷，依照法律规定或者按照约定解决。

第一百二十二条　因当事人一方的违约行为，侵害对方人身、财产权益的，受损害方有权选择依照本法要求其承担违约责任或者依照其他法律要求其承担侵权责任。

第八章　其他规定

第一百二十三条　其他法律对合同另有规定的，依照其规定。

第一百二十四条　本法分则或者其他法律没有明文规定的合同，适用本法总则的规定，并可以参照本法分则或者其他法律最相类似的规定。

第一百二十五条　当事人对合同条款的理解有争议的，应当按照合同所使用的词句、合同的有关条款、合同的目的、交易习惯以及诚实信用原则，确定该条款的真实意思。

合同文本采用两种以上文字订立并约定具有同等效力的，对各文本使用的词句推定具有相同含义。各文本使用的词句不一致的，应当根据合同的目的予以解释。

第一百二十六条　涉外合同的当事人可以选择处理合同争议所适用的法律，但法律另有规定的除外。涉外合同的当事人没有选择的，适用与合同有最密切联系的国家的法律。

在中华人民共和国境内履行的中外合资经营企业合同、中外合作经营企业合同、中外合作勘探开发自然资源合同，适用中华人民共和国法律。

第一百二十七条　工商行政管理部门和其他有关行政主管部门在各自的职权范围内，依照法律、行政法规的规定，对利用合同危害国家利益、社会公共利益的违法行为，负责监督处理；构成犯罪的，依法追究刑事责任。

第一百二十八条　当事人可以通过和解或者调解解决合同争议。

当事人不愿和解、调解或者和解、调解不成的，可以根据仲裁协议向仲裁机构申请仲裁。涉外合同的当事人可以根据仲裁协议向中国仲裁机构或者其他仲裁机构申请仲裁。当事人没有订立仲裁协议或者仲裁协议无效的，可以向人民法院起诉。当事人应当履行发生法律效力的判决、仲裁裁决、调解书；拒不履行的，对方可以请求人民法院执行。

第一百二十九条　因国际货物买卖合同和技术进出口合同争议提起诉讼或者申请仲裁的期限为四年，自当事人知道或者应当知道其权利受到侵害之日起计算。因其他合同争议提起诉讼或者申请仲裁的期限，依照有关法律的规定。